Kohlhammer
Urban Taschenbücher

W0041033

Band 761

Rolf G. Heinze
Gerhard Naegele
Katrin Schneiders

Wirtschaftliche Potentiale des Alters

Verlag W. Kohlhammer

1. Auflage 2011

Alle Rechte vorbehalten
© 2011 W. Kohlhammer GmbH Stuttgart
Umschlag: Gestaltungskonzept Peter Horlacher
Gesamtherstellung:
W. Kohlhammer Druckerei GmbH + Co. KG, Stuttgart
Printed in Germany

ISBN 978-3-17-020341-9

Inhalt

1 Einleitung: Seniorenwirtschaft – ein neuer Wachstumszyklus?

Nach einer jahrzehntelangen Verdrängung hat das Thema »demographischer Wandel« nunmehr Öffentlichkeit und Politik nicht nur erreicht, sondern sorgt für hektische Betriebsamkeit. Dabei zeigt sich aktuell ein gewisser Perspektivenwechsel. Noch vor einigen Jahren wurde das Altern der Gesellschaft nahezu ausschließlich als Bedrohung und Last für die Zukunftsfähigkeit von Wirtschaft und Gesellschaft wahrgenommen. Nun ändert sich diese Sicht; die jahrzehntelang dominante Defizitthese erhält Konkurrenz durch die Betonung von Kompetenzen und Potentialen. Seitens der Wissenschaft wird schon seit längerem nicht nur auf die Probleme, sondern auch explizit auf die Chancen einer alternden Gesellschaft hingewiesen (zusammenfassend die von Kocka, Staudinger 2009 herausgegebenen Bände zum Thema »Altern in Deutschland«). Auch Politik und Wirtschaft scheinen zunehmend zu erkennen, dass die konsumrelevanten Interessen älterer Menschen eine gute Grundlage sein können, um mit entsprechenden Produkten und Dienstleistungen Nachfrage zu generieren sowie Umsätze und Beschäftigung zu steigern bzw. zu sichern: »Neue Märkte und Berufe entstehen, Altern schafft Bedarf« (Naegele 1999: 436).

Im Fünften Altenbericht der Bundesregierung, der die (ökonomischen) »Potentiale des Alters in Wirtschaft und Gesellschaft« fokussiert, wird der Seniorenwirtschaft ein eigenes Kapitel gewidmet (BMFSFJ 2006). Das für Seniorenpolitik zuständige Bundesministerium für Familie, Senioren, Frauen und Jugend hat zudem das Programm »Wirtschaftsfaktor Alter – Unternehmen gewinnen« initiiert, welches insbesondere die Expansion der Idee und der Chancen der Seniorenwirtschaft in Deutschland anvisiert. Inzwischen scheint bei den relevanten Wirtschaftsakteuren[1]

---

1 Zugunsten einer besseren Lesbarkeit wurde an einigen Stellen ausschließlich die feminine bzw. maskuline Form verwendet. Gemeint ist jedoch immer auch das jeweils andere Geschlecht.

angekommen zu sein, über welche Wirtschaftsmacht ältere Menschen verfügen. Experten sprechen – bezogen auf die Gruppe 60 + – derzeit von einer Kaufkraft/Jahr von deutlich über 400 Milliarden Euro (Adlwarth 2008). Bereits heute kaufen sie 45 % aller Neuwagen, 80 % aller Oberklassewagen, 50 % aller Gesichtspflegeprodukte und buchen 50 % aller Reisen (BMFSFJ 2007; Wirtschaftswoche 2006).

Angesichts der demographischen Entwicklung, des kollektiven Alterns der Bevölkerung und ihrer stark gestiegenen Kaufkraft werden ältere Verbraucher künftig eine der wichtigsten Kundengruppen auf privaten Konsumgüter- und Dienstleistungsmärkten sein. Dadurch lassen sich – so die Erwartung – erhebliche ökonomische Potentiale für Wachstum und neue Arbeitsplätze erschließen. Tatsächlich besaßen – historisch betrachtet – Ältere noch nie eine größere Marktmacht als heute. Auch neueste empirische Studien über Einkommenslage und -dynamik sowie über Vermögen und Verschuldung beschreiben diese Zielgruppe als außerordentlich bedeutsam für die private Nachfrage. Dies gilt insbesondere für Westdeutschland. So liegt das Geldvermögen älterer Menschen im Durchschnitt deutlich über dem Niveau aller Haushalte (Adlwarth 2008; DIW 2007; Eitner 2009; Fachinger 2009). Für die zukünftige Entwicklung lässt sich mit großer Sicherheit prognostizieren, dass »die Einkommen der Älteren bis dahin [2030] preisbereinigt um etwa 20–48 % zunehmen werden« (Motel-Klingebiel, Zeman 2007: 71).

Zur Seniorenwirtschaft werden u. a. solche Branchen gezählt, deren Leistungen verstärkt von älteren Menschen bzw. von jenen, die sich auf das Alter vorbereiten, in Anspruch genommen werden. Diese ist dabei nicht als ein eigenständiger, klar abgrenzbarer Wirtschaftsbereich zu verstehen, sondern vielmehr als ein Querschnittsmarkt, der zahlreiche Wirtschaftsbereiche umfasst. Dazu gehören u. a. der Gesundheits- und Pflegemarkt, soziale und hauswirtschaftliche Dienste, Wohnen und Handwerk, private Versicherungs- und Finanzdienstleistungen (z. B. im Zusammenhang mit der privaten Altersvorsorge), die großen Bereiche Freizeit, Tourismus, Kommunikation, Bildung, Unterhaltung und Kultur sowie die damit zusammenhängenden Bereiche der Informationstechnik und der Neuen Medien. Nach vorliegenden Sonderauswertungen der Einkommens- und Verbrauchsstichprobe sind vor allem die folgenden Gütergruppen »demographiereagibel«, d. h. hier steigen die Verbrauchsausgaben mit dem Alter der Konsumenten:

- Wohnen (inkl. Energie und Wohnungsinstandsetzung) (kontinuierlich steigend),
- Gesundheit und Pflege (mit einem deutlichem Anstieg ab einem Lebensalter von 75 Jahren),
- soziale Dienstleistungen,
- Freizeit, Kultur und Unterhaltung (mit Rückgängen in der Altersgruppe der über 75-Jährigen),
- Urlaub und Reisen.

Mit der politischen Förderung des Konzepts der Seniorenwirtschaft als eigenständigem Politikfeld werden unterschiedliche gesellschaftliche wie ökonomische Ziele assoziiert:

Mikroökonomisch: Hierbei geht es um die Nutzung der demographisch beeinflussten/veränderten Konsumgüternachfrage für Innovationen, Umsatz- und Absatzerfolge im einzelbetrieblichen wie gesamtwirtschaftlichen Waren-, Produkt- und Dienstleistungsangebot sowie für die Entwicklung und Bearbeitung neuer Märkte. Im Einzelnen werden neue, demographiesensible Produkte und Dienstleistungen erschlossen/entwickelt. Diese sind dabei teilweise durchaus altenspezifischer Art wie etwa Hausnotrufsysteme oder spezielle hauswirtschaftliche Dienste für Ältere; zunehmend fallen darunter aber auch solche, die in das Konzept des *universal design* eingebunden sind und auf ein seniorenspezifisches oder -typisierendes Marketingkonzept verzichten.

Makroökonomisch: Nutzung der gestiegenen Marktmacht/ Kaufkraft älterer Menschen zur Stärkung der privaten Binnennachfrage. Dies gilt für alle großen Wirtschaftsbereiche mehr oder weniger gleichermaßen. So sind bereits heute die über 50-Jährigen in vielen Gütergruppen (z. B. Nahrungsmittel, Bekleidung, Reisen) für annähernd 50 % der Konsumausgaben verantwortlich. Szenarien zeigen, dass im Jahr 2035 die über 50-Jährigen knapp 60 % der Gesamtkonsumausgaben tätigen werden.

Arbeitsmarktpolitisch: Schaffung neuer bzw. Sicherung vorhandener Arbeitsplätze. Diese für die Gesundheitswirtschaft

schon sehr früh (z. B. vom Sachverständigenrat im Gesundheitswesen) betonten Wachstums- und Beschäftigungseffekte (SVR-
KAIG 1996) lassen sich insbesondere, z. B. anhand einer kürzlich
vorgelegten Studie des IW zur demographisch induzierten Bedeutungszunahme des Pflegesektors, für die professionelle Pflege (s. Kap. 8.9.1) feststellen (Enste, Imperz 2008).

Gesellschaftspolitisch: Der Verweis auf die vorhandenen Potentiale einer alternden Gesellschaft und Vorschläge, wie diese
Potentiale ökonomisch und gesellschaftlich besser genutzt werden können, relativieren demographische Krisenszenarien.

Gerontologisch: Diese Perspektive zielt insbesondere auf die
Unterstützung der selbstständigen Lebensführung im Alter und
die Erhöhung der Lebensqualität älterer Menschen durch ein entsprechendes Güter- und Dienstleistungsangebot. Dies war ein
Anknüpfungspunkt für das erste Memorandum zur »Wirtschaftskraft Alter« vom März 1999, mit dem das IAT (Institut für Arbeit
und Technik, Gelsenkirchen) und die FFG (Forschungsgesellschaft
für Gerontologie, Dortmund) erstmalig bundesweit auf die wachsende Bedeutung der Seniorenwirtschaft hingewiesen (Barkholdt
et al. 1999) und damit z. B. in NRW den Anstoß für die Landesinitiative Seniorenwirtschaft gegeben haben (s. Kap. 10.1).

Allerdings sind derartige Beschäftigungs- und Wachstumseffekte nicht voraussetzungslos zu erreichen. Es bedarf auch im
Bereich der Seniorenwirtschaft förderlicher Rahmenbedingungen. Insbesondere der Alterssicherungs- und der Rentenpolitik
kommt eine maßgebliche Bedeutung hinsichtlich der Steue-
rungsmöglichkeiten im »Seniorenmarkt« zu. Wie zu zeigen sein
wird, betreffen förderliche Rahmenbedingungen dabei nicht nur
die Nachfrage-, sondern auch die Angebotsseite.

Verschiedene Studien weisen dem sogenannten *Silver Market*
gute bis sehr gute Entwicklungsperspektiven zu, wenngleich die
Effekte etwa von (ggf. weiteren) Reformen der Alterssicherung
oder der jeweiligen gesamtwirtschaftlichen Situation nur schwer
abzuschätzen sind. Aus sozialwissenschaftlicher und gerontologischer Sicht gibt es erst wenige Studien, die sich explizit dieses
Feldes annehmen. Im Rahmen makroökonomischer Potential-
analysen werden zumeist nur Indikatoren wie Altersstruktur
und Produktivität der Beschäftigten aufgerufen, während die

reale Bedeutung des »Wirtschaftsfaktors Alter« nur langsam in den Blick der Forschung gelangt. Es ist inzwischen jedoch Konsens, dass sich intern differenzierte »Wachstumsmärkte« des Alters herauskristallisieren, z. B. intensive Formen der »Service-Ökonomie« für Hochaltrige oder Wellness- und gesundheitsförderliche Angebote für das »junge Alter«. Auch wenn die tangierten Branchen mit unterschiedlicher Intensität langsam reagieren, gilt: Die Option, dass ein Land wie Deutschland mit einer der ältesten Bevölkerung der Welt zu einem »Leitmarkt« für wirtschaftlich-soziale Innovationen für das Alter werden könnte, wird derzeit noch nicht breit diskutiert.

Die Fokussierung auf den Wirtschaftsfaktor Alter birgt allerdings auch Gefahren in sich, weil die Fixierung auf die privilegierten Alten mit hoher Kaufkraft gesellschaftliche Spaltungstendenzen und soziale Ungleichheiten verschärfen kann. Es wird dann weiteres Sozialkapital (zusätzlich zum vorhandenen ökonomischen Kapital) dort akkumuliert, wo es ohnehin schon vorhanden ist, während immer mehr ältere Menschen davon ausgeschlossen werden bzw. sich ausgeschlossen fühlen. Über den Umweg Wirtschaftsfaktor Alter kann andererseits auch Respekt vor dem Alter re-etabliert werden. Denn in einer ökonomiezentrierten Gesellschaft stellt die Kaufkraft – trotz aller Einseitigkeiten und Ambivalenzen – immer noch einen zentralen Integrationsfaktor dar. Der Hinweis auf die auch ökonomisch nachweisbare »Wirtschaftsmacht« dient insofern auch der Identitätsbildung älterer Menschen, stärkt ihre Rolle als Konsument und lenkt den Blick auf Ressourcen und Handlungspotentiale.

In den letzten Jahren haben sich Ausgrenzungsprozesse im Finanzmarktkapitalismus intensiviert und treffen Menschen nicht nur materiell (Verarmungsaspekt), sondern führen auch zu subjektiver Verunsicherung und Identitätsverlust. Insofern berührt die Thematisierung des Wirtschaftsfaktors Alter auch die alten sozialen Ungleichheiten und zudem die Debatte um soziale Gerechtigkeit zwischen den Generationen. Dieser Diskurs hat eine lange Geschichte, wird allerdings oft undifferenziert und pauschal geführt: »Generationengerechtigkeit wurde zum Kampfbegriff für eine Kürzung der Sozialleistungen für das Alter. Und da die Älteren die gewichtigsten Klienten des Wohl-

fahrtsstaates sind, richtete sich der Kampf – manchmal als un-
beabsichtigter Neben-, manchmal als beabsichtigter Haupteffekt
– gegen den Wohlfahrtsstaat insgesamt. Die deutsche Version
lautet, der Wohlstand der heutigen Rentner und Pensionäre ver-
ursachte enorme ökonomische Folgekosten (Arbeitslosigkeit
durch zu hohe Lohnnebenkosten, Kinderarmut, Staatsverschul-
dung), ebenso wie ökologische Schäden (hemmungslose Ausbeutung der Ressourcen, Umweltzerstörung) zu Lasten der jüngeren Generationen, welche die heute Älteren nie hätten tragen
müssen. Letztere würden sich derweil geruhsam in eine sozial
abgefederte Konsumentenrolle zurückziehen und in der Toska-
na oder auf Teneriffa überwintern. Die Wohlfahrtsbilanz über
den gesamten Lebenslauf sei somit ungerecht zwischen den Generationen verteilt« (Kohli 2006: 121).

Im Folgenden wollen wir nicht näher auf diesen Diskurs eingehen, sehen aber durchaus die problematischen Effekte einer
zu engen »ökonomistischen« Fokussierung auf das Thema. Der
Altersstrukturwandel hat viele Facetten, und hierzu zählen auch
die gewachsenen ökonomischen Potentiale. Die Produktivität
Älterer darf jedoch nicht nur nach traditionellen Rentabilitäts-
kriterien der formellen Ökonomie bewertet werden. Generationenbeziehungen oder soziales Engagement können nur bruch-
stückhaft in »Geldflüssen« gemessen werden. Dennoch spiegelt
sich die Wirtschaftsmacht Alter zunehmend in den verschiedenen Segmenten der Seniorenwirtschaft wider. Allein im Sektor
der Gesundheitswirtschaft, der umfassender als die Seniorenwirtschaft ist, wurden nach aktuellen Schätzungen (Henke, Troppens 2010a) 2005 fast 5,4 Mio. Menschen beschäftigt. Nach der
erweiterten Abgrenzung der Gesundheitswirtschaft arbeitet hier
fast jeder siebte Erwerbstätige (13,8 %); die Konsumausgaben
machen 17,6 % der Gesamtwirtschaft aus.

Die Entwicklung der Seniorenwirtschaft ist nicht zuletzt auch
auf den Ausbau der sozialen Sicherungssysteme zurückzuführen,
der z. B. den Anteil der in Armut lebenden über 65-Jährigen in
den letzten Jahrzehnten deutlich reduziert hat. Seit der Einführung der Pflegeversicherung 1994/5 zählt beispielsweise Pflegebedürftigkeit nicht mehr zu den zentralen Armutsrisiken. Umso
bedeutsamer ist die künftige soziale Sicherungspolitik, insbe-

sondere die Rentenpolitik, für die weitere Entwicklung der Seniorenwirtschaft. Zudem ist die stark wachsende Gruppe der
Älteren in sich heterogen, was u. a. dazu führen wird, dass sich
die Einkommens- und Vermögensdifferenzen weiter spreizen
werden (BMFSFJ 2006). Auch die Zunahme der sozialökonomischen und kulturellen Unterschiede zwischen den Alten erschwert eindeutige Aussagen zur internen Richtungsentwicklung
der Seniorenwirtschaft.

Dennoch verdeutlicht die Ausgabenstruktur der Rentnerhaus-
halte, dass Ältere nicht nur über eine hohe Kaufkraft verfügen,
sondern hinsichtlich der Einkommensverwendung Schwerpunkte z. B. bei Gesundheits- und Körperpflegedienstleistungen sowie
Reisen setzen. Diese Branchen gelten daher als »boomende«
Märkte der Seniorenwirtschaft, in denen sich jedoch eine eindeutige Zuordnung zu einzelnen (statistisch definierten) Wirtschaftsbranchen als schwierig erweist, da zwischen einzelnen Sektoren
Vermischungen entstanden sind (etwa Freizeit, Wellness und
Gesundheit oder Tourismus). Diese neuen Verknüpfungen sind
ökonomisch und wirtschaftssoziologisch wichtig und werden mit
dem Begriff des »Cluster« erfasst. Das Cluster »Gesundheitswirtschaft« z. B. umfasst Medizintechnik, Pharmawirtschaft, Life
Sciences, Biotechnologie, Umweltmedizin, Gesundheitsurlaub,
Naturkost, betriebliche Gesundheitsförderung, Gesundheitspä-
dagogik, Telemedizin/medizinische Ratgeber (in Presse, Funk
und Fernsehen) etc. Der Erfolg der »Jobmaschine« Senioren- und
Gesundheitswirtschaft ist aufgrund der Cluster-Struktur an bestimmte Bedingungen gebunden. Diese bestehen neben der Clusterbildung und der damit zusammenhängenden Vernetzung und
Koordinierung auch im kontinuierlichen Wissensaustausch zwischen den zentralen Akteuren aus Wirtschaft, Politik und Wissenschaft sowie in einer gemeinsamen Definition und Koordination der angestrebten Ziele und Vorgehensweisen.

Als förderliche Einflussfaktoren für eine Expansion der Seniorenwirtschaft gelten die folgenden Trends:

• Der demographische Wandel: Zunahme der Zahl Älterer und
  steigende Lebenserwartung der Bevölkerung werden zu einer
  weiter wachsenden Nachfrage insbesondere nach sozialen und
  gesundheitsbezogenen Dienstleistungen und Produkten führen.

- Der soziale und kulturelle Wandel: Damit einher geht u. a. ein steigender Bedarf an personenbezogenen Dienstleistungen auch für Ältere. Die derzeit beobachteten Individualisierungs- und Pluralisierungstendenzen, der Strukturwandel der Familien sowie gestiegene Mobilitätsanforderungen unterstützen diesen Trend zusätzlich.
- Der medizinisch-technische Fortschritt: Als eine weitere Wachstumsquelle haben sich in den vergangenen Jahren medizinisch-technische Innovationen erwiesen. Durch Produktinnovationen wurde u. a. eine Leistungsausweitung in den Bereichen Prävention, Diagnostik, Therapie und Rehabilitation ausgelöst.
- Wachsendes Konsumenteninteresse an Lebensqualität: In den letzten Jahren zeigt sich, dass Menschen mehr Zeit und private Mittel aufwenden, um es sich körperlich und geistig gut gehen zu lassen: Schon heute investieren rund zwei Drittel der Bevölkerung regelmäßig in ihre Gesundheitsvorsorge (mit wachsender Tendenz).
- Der Trend zur Eigenverantwortung: Der Perspektivwechsel wird gestützt durch eine empirisch nachweisbare Zunahme der individuellen Gesundheitsvorsorge.

Das vorliegende Buch bietet einen Überblick über die verschiedenen Facetten der wirtschaftlichen Potentiale des Alters. In den ersten beiden Kapiteln werden Themen aufbereitet, die bislang im Zusammenhang mit den Folgen des demographischen Wandels eher stiefmütterlich behandelt wurden. Sowohl »Produktivität« als auch »Innovation« werden im Alltag eher als von der Alterung der Gesellschaft negativ beeinflusste Phänomene wahrgenommen. Ausgehend von einer breiten bzw. modernen Interpretation der beiden Begrifflichkeiten werden wir zeigen, dass durch die Alterung der Gesellschaft sowohl verschiedene Formen von Produktivität aktiviert bzw. gestärkt werden als auch Innovationen entstehen können. Kapitel 4 und 5 fassen zentrale Daten zu den demographischen und sozioökonomischen Rahmenbedingungen der Seniorenwirtschaft zusammen. Hierbei werden insbesondere aktuelle Daten zur Einkommenslage sowie zur Einkommensverwendung dargestellt. Entgegen des immer noch verbreiteten Bildes des hilfebedürftigen, einsamen Alten zeigen wir in Kapitel 6 differenziert auf, inwiefern sich die Arbeits- und Beschäftigungsfähigkeit älterer Menschen von der jüngerer Kohorten unterscheidet, welchen Beitrag ältere Menschen in der Arbeitswelt leisten und unter welchen Voraussetzungen die Beschäftigungs- bzw. Arbeitsfähigkeit Älterer gewahrt werden kann. Jenseits der Erwerbstätigkeit in Form eines sozialversicherungspflichtigen Arbeitsverhältnisses gewinnt für einen steigenden Anteil älterer Menschen die informelle Arbeit in Form von ehrenamtlichem bzw. bürgerschaftlichem Engagement an Bedeutung. Kapitel 7 stellt die Ausprägungen der informellen Arbeit älterer Menschen sowie fördernde und hemmende Faktoren vor. Die »Seniorenwirtschaft« im engeren Sinne, d. h. die Auswirkungen des demographischen Wandels auf die Nachfrage nach verschiedenen Produkten und Dienstleistungen, ist Gegenstand des achten Kapitels. Für eine Vielzahl von Wirtschaftssektoren resultieren aus der Zunahme der Zahl der älteren Menschen, aus der gestiegenen Heterogenität ihres Bedarfs und ihrer Nachfrage wirtschaftliche Potentiale, aber auch neue Herausforderungen. Wir haben insgesamt acht Sektoren identifiziert, in denen relevante Auswirkungen zu erwarten sind, und stellen sowohl quantitative Daten als auch qualitative Informationen vor. In Kapitel 9 werden die für alle Sektoren relevanten Auswirkungen in Bezug auf die Erfordernisse des Marketings, der Qualifikation der Mitarbeiter sowie der Qualitätssicherung zusammenfassend dargestellt. Die Potentiale der »Seniorenwirtschaft« werden zunehmend auch aus struktur- bzw. beschäftigungspolitischer Perspektive diskutiert. Am Beispiel Nordrhein-Westfalens, einem Bundesland mit langjähriger Erfahrung in der Bewältigung struktureller Umwälzungen, werden seniorenwirtschaftliche Initiativen und ihre Auswirkungen vorgestellt (Kap. 10). Das letzte Kapitel gewährt einen Blick über den deutschen Tellerrand: Die japanische Gesellschaft ist der bundesdeutschen hinsichtlich des demographischen Wandels in doppelter Hinsicht voraus, denn einerseits hat Japan die älteste Bevölkerung weltweit, andererseits wurden hier die Potentiale des Silver Market schon wesentlich früher erkannt. Das Buch schließt mit einem zusammenfassenden Kapitel, in dem die wirtschaftlichen Potentiale des Alters diskursiv dargestellt werden.

2 Produktivität des Alters – die gesellschaftliche Perspektive

In der deutschsprachigen gerontologischen Literatur werden die wirtschaftlichen Potentiale des Alters zumeist unter der Perspektive der Einkommens- und Vermögensverteilung diskutiert. Daraus ergeben sich Konsequenzen für die private Nachfrage und die Kaufkraftentwicklung im Alter, die wiederum Gegenstand primär seniorenwirtschaftlicher Betrachtungen sind. Die in diesem Buch eingenommene Perspektive öffnet den Blick auf eine erweiterte ökonomische Sicht, die Alter und Altern als wirtschaftliche Produktivfaktoren begreift, und zwar nicht nur auf der Nachfrage- (Ältere als Verbraucher), sondern auch auf der Produzentenseite (Ältere als Produzenten von Gütern und Dienstleistungen). Dem entspricht eine in der Gerontologie seit Beginn der 1990er Jahre diskutierte neue Funktionsbestimmung von Alter(n) im Kontext von Produktivität.

2.1 Produktivitätsdiskurse in der Gerontologie

Mit der politisch bewusst vorgenommenen Aufnahme des Themas Seniorenwirtschaft in den Fünften Altenbericht der Bundesregierung mit dem Rahmenthema »Potentiale des Alters in Wirtschaft und Gesellschaft« gelangten die ökonomischen Ressourcen des kollektiven Alterns der Bevölkerung auf die Tagesordnung des altenpolitischen Diskurses in Deutschland. Dabei folgte man einem allgemeinen Paradigmenwechsel in der Gerontologie, nämlich die immer noch dominierende traditionelle Defizitorientierung zu überwinden und eine potentialorientierte Sicht vom Alter zu erreichen, nach dem Vorbild der USA, wo die soziale Gerontologie schon seit mehr als 25 Jahren das »productive ageing« diskutiert (Caro 2008; Morrow-Howell, Hinterlong, Sherraden 2003).

Ganz neu ist der Produktivitätsdiskurs in Deutschland im Grundsatz jedoch nicht (z. B. Knopf, Schäffter, Schmidt 1989; Kohli, Künemund 1986). Auch liegt dem Konzept selbst keine eindeutige Begriffsbildung zugrunde (Schroeter 2004), was übrigens auch kein isoliertes deutsches Phänomen zu sein scheint (für die USA Hinterlong, Morrow, Howell, Sherraden 2003). Hierzulande ging die Thematisierung von Altersproduktivität anfangs stark von der psychologisch beeinflussten Gerontologie aus und stand schwerpunktmäßig im Kontext von Bemühungen, das (vermeintlich) primär negative Altersbild in der Gesellschaft zu überwinden. Entsprechend erfolgte dies anfangs auch insbesondere mit Blick auf die individuellen physiologischen und psychologischen Ressourcen und Kompetenzen älterer Menschen, die jeweils auf ihre Produktivitätspotentiale hin »abgeklopft« wurden (verschiedene Beiträge in Baltes, Montada 1996).

Neuere psychologische Konzeptualisierungen von Produktivität, z. B. durch Staudinger oder Kruse, stellen eine individuelle Produktivität selbst bei eingeschränkter physischer Verfassung, Krankheit und Pflegebedürftigkeit fest: Sogar sehr kranke ältere Menschen können produktiv sein, indem sie in selbst- wie in mitverantwortlicher Weise einen Beitrag zur Reduzierung der kollektiven Belastungen des Alters leisten, z. B. indem sie sich selbst um ihre Gesundheitsförderung und die Vermeidung von Pflegebedürftigkeit bemühen oder professionelle wie informelle Helfer »durch bewusst angenommene Abhängigkeit« (Kruse 2005; Staudinger 1996) unterstützen.

Diese in der Psychologie naturgemäß stark individualisierende Perspektive wurde später von der deutschen Alterssoziologie zu einer gesellschaftsbezogenen Sicht der »Produktivität im Alter« weiterentwickelt und in einen gesellschaftsbezogenen Nützlichkeitsdiskurs im Kontext des demographischen Belastungsszenariums, nach dem das kollektive Altern der Gesellschaft als eine gesellschaftliche Bedrohung zu sehen sei, integriert (Naegele 1993; Naegele, Schmidt 1998; Tews 1996). Einige Autoren appellierten vor diesem Hintergrund sogar an die »Pflicht« der Älteren selbst, das weitgehend »entpflichtete« Alter nicht nur im konsum-, reise- und freizeitbezogenen Eigeninteresse, sondern auch im gesellschaftlich mitverantwortlichen Interesse stärker und besser zu nutzen. Die Rede war z. B. von der »(Wieder-) Verpflichtung des gesellschaftlich entpflichteten Alters« mit der expliziten Aufforderung, durch »produktive« Eigenbeiträge selbst an der Reduzierung der gesamtgesellschaftlichen Belastung durch das Alter und damit an der Überwindung der zumeist negativen Konnotation des demographischen Wandels aktiv mitzuwirken (Naegele 1993). Exemplarisch dazu steht die (auch heute noch) viel beachtete Konzeptualisierung von Hans-Peter Tews (Tews 1996). Er versteht unter Produktivität »Werte erzeugendes, sozial nützliches Verhalten«, das sich in Geld- und Sachleistungen, vor allem aber in der Zurverfügungstellung von Zeit (als eines der größten und gesellschaftlich viel zu wenig genutzten Ressourcen älterer Menschen), ausdrückt und jeweils an Tauschverhältnisse gebunden ist.

Eine mit der von Tews vertretenen Herangehensweise stark verwandte Konzeptualisierung findet sich in neueren Arbeiten rund um das »active ageing«, wie sie in der wissenschaftlichen Diskussion insbesondere der britische Soziologe Alan Walker (2002 a, b, 2006; 2010) vertritt. Dieses Konzept stammt politisch aus dem WHO-Umfeld, ist vor allem auf EU-Ebene weit verbreitet, mit der sogenannten »Lissabon-Strategie« der EU kompatibel und in der Zwischenzeit für die Mitgliedsstaaten der Europäischen Union so etwas wie die »ideologische Geschäftsgrundlage« für nationale Altenpolitik geworden; wenn auch zunehmend in unzulässiger Einengung auf die Politikfelder Arbeitsmarkt- und Beschäftigungspolitik (s. Kap. 7). Insgesamt zielt *active ageing* darauf ab, die Potentiale und Chancen des Alters stärker herauszustellen und zu nutzen und das Alter nicht – wie bisher – als eine weitgehend passive, sondern als eine durchaus rege und aktive Lebensphase zu begreifen. Betont werden dabei die Vorteile für Individuum und Gesellschaft. Es handelt sich also um eine individuelle wie kollektive Aufforderung zur Verbesserung des Älterwerdens bzw. des Lebens im Alter, sowohl bei sich selbst als auch bei anderen Gruppen, wobei der Schwerpunkt bewusst auf sozial, gesundheitlich oder etnisch-kulturell Benachteiligten liegt. Speziell in der Verbindung des »Für-sich-etwas-Tun« und des »Für-andere-etwas-Tun« (möglichst noch mit anderen gemeinsam) liegt die Kernidee von *active ageing*.

Im Grundsatz findet sich diese Argumentation auch in der Kernbotschaft des Fünften Altenberichtes der Bundesregierung wieder, der für eine bessere Nutzung der Potentiale älterer Menschen plädiert und dabei auf folgendem Grundverständnis von Potentialen beruht: »Unter ›Potentialen des Alters‹ sind sowohl vom Individuum wie von der Gesellschaft präferierte Lebensentwürfe und Lebensformen, die zur Wirklichkeit werden können, als auch die den älteren Menschen für die Verwirklichung von Lebensentwürfen und Lebensformen zur Verfügung stehenden Ressourcen zu verstehen. Dabei kann zwischen einer stärker individuellen und einer stärker gesellschaftlichen Perspektive differenziert werden. Während aus einer individuellen Perspektive die Verwirklichung persönlicher Ziel- und Wertvorstellungen im Vordergrund steht, ist aus gesellschaftlicher Perspektive vor allem von Interesse, inwieweit ältere Menschen zum einen auf Leistungen der Solidargemeinschaft angewiesen und zum anderen in der Lage sind, selbst einen Beitrag zum Wohl der Solidargemeinschaft zu leisten« (BMFSFJ 2006: 47).

2.2 Demographische Krisenszenarien und ökonomische Altersproduktivität

Demgegenüber sind explizit ökonomische Konzeptualisierungen von Altersproduktivität in Deutschland noch vergleichsweise selten anzutreffen. Als einer der wichtigsten Vertreter gilt der Bremer Ökonom Wilfried Schmähl (Schmähl 1988).

Definition
► Unter ökonomischer Altersproduktivität kann dabei zunächst ganz allgemein das vor allem auf Dritte gerichtete, ökonomische Werte erzeugende und/oder vermehrende sowie das bereits durch sie erzeugte ökonomische Güter verteilende Handeln älterer Menschen verstanden werden. ◄◄

Ähnlich lautet auch eine der ersten US-amerikanischen Definitionen von Caro, Bass und Chen (1993: 6), die mehr oder weniger ausschließlich auf ökonomische Dimensionen abheben:

»Productive ageing refers to any activity by an older individual that contributes to producing goods or services, or develops the capacity to produce them (whether or not the individual is paid for this activity).« Diese ökonomische Orientierung wird von Bass und Caro (2003: 39) später wie folgt ergänzt: »Productive ageing, under this definition, is restricted to activities that can be quantified as to some form of economic value« (Bass, Caro 2003: 39); oder von Caro (2008: 76) unter Bezugnahme auf Morgan (1986) in einer deutschen Übersetzung: »Der Begriff des produktiven Alterns [...] konzentriert sich auf solche Aktivitäten, die für die Älteren bezahlt werden oder die bezahlt würden, wenn sie nicht ein älterer Mensch ausübte. Es geht uns also – kurz gefasst – um die ökonomischen Beiträge der älteren Menschen für die Gesellschaft.«

Hinter dem Konzept der ökonomischen Altersproduktivität verbergen sich im Grundsatz ähnliche Bestrebungen, wie sie bereits seine stark individualisierenden oder gesellschaftsbezogenen Vorläufer charakterisiert haben: Ziel ist auch hier vornehmlich die Verbesserung des vorherrschenden Altersbildes, nun allerdings mit ökonomischen Begründungen. Betont wird z. B., dass Ältere keineswegs »bloße Kostgänger« des Systems oder »gierige Grufties« bzw. »eine gierige Generation« seien, die »die Jungen ausbeutet«, wie dies insbesondere schon in den 1990er Jahren in vielen stark negativ geprägten Altersthematisierungen zu lesen war (z. B. Schüller 1995, 1997; Tremmel 1996). Vielmehr seien viele Ältere selbst in hohem, aber durchaus noch ausbaufähigen Maße ökonomisch produktiv, und dies sowohl im Eigen- wie im (ökonomischen) Gesamtinteresse der Gesellschaft (Barkholdt et al. 1999).

Der Verweis auf die kompensierenden Wirkungen der ökonomischen Altersproduktivität findet sich erstmals explizit im Abschlussbericht der Enquete-Kommission »Demographischer Wandel« von 2002 (Deutscher Bundestag 2002). Darin wird u. a. bekräftigt, dass in einem gesamtwirtschaftlichen Sinne Ältere in vielfältiger Weise ökonomisch aktiv sind und dies auch noch ausbauen könnten. Letzteres bezieht sich dabei explizit – in Reaktion auf den damals noch sehr stark vorherrschenden Trend zur »Entberuflichung des Alters« – auf eine stärkere Integration

Älterer in bezahlte Erwerbsarbeit, für die aber geeignete Rahmenbedingungen zu schaffen seien (s. Kap. 6.4). Eine zweite Argumentationslinie der Enquete-Kommission richtet sich gegen die These von der »finanziellen Ausbeutung der Gesellschaft und insbesondere der Jungen durch die Alten«, die in unzulässiger Weise auf einer querschnittlichen Betrachtung der ökonomischen Austauschbeziehungen zwischen den Generationen beruhen würde. Erforderlich sei vielmehr eine längsschnittliche Analyse, denn nur dann würde deutlich werden, dass Menschen die verschiedenen Lebensphasen in unterschiedlichen Funktionen durchlaufen, also zeitweilig »Nettozahler« oder »Nettoempfänger« sind (Schmähl 1988). In diesem Zusammenhang verweist der Bericht – jenseits der Seniorenwirtschaft, die noch nicht im Fokus der Enquete-Kommission stand – auf folgende bedeutsamen ökonomischen Eigenleistungen und Aktivitäten der Älteren (Deutscher Bundestag 2002):

- Die Älteren beteiligen sich am Prozess der Wertschöpfung durch die Bereitstellung von Finanzmitteln, die sie im Lebensablauf angespart haben und die nun zur Finanzierung von privaten wie öffentlichen Investitionen genutzt werden können.
- Einmal im Lebenslauf akkumuliertes Einkommen und Vermögen wird in den meisten Fällen vererbt und fließt dann – in für Deutschland ganz erheblichen Dimensionen – in den Wirtschaftskreislauf zurück. Schätzungen zufolge werden in Deutschland jedes Jahr ca. 100 Mrd. Euro vererbt (Beckert 2009).
- Ältere führen wichtige immaterielle Arbeiten aus, die allerdings i. d. R. nicht monetär vergütet werden, folglich nicht in die Berechnung des Sozialproduktes eingehen und auch keine Erwerbsarbeit darstellen. Diese informelle Arbeit findet insbesondere im Rahmen familialer, nachbarschaftlicher und sonstiger informeller Netzwerke statt (s. Kap. 7).
- Ältere leisten z. T. an die Jüngeren erhebliche finanzielle Transferströme, die vielfach schon zu Lebzeiten als laufende Unterstützung und im Todesfalle als Erbschaften bedeutsam sind (Szydlik 2000).

- Zudem hat die Generation der Älteren die Renten ihrer Vorgängergeneration finanziert.
- Ältere finanzieren über z. T. höhere Eigenbeiträge die gesetzliche Kranken- und Pflegeversicherung mit.
- Ältere Menschen sind ebenfalls Steuerzahler und beteiligen sich so u. a. auch an der Finanzierung von Staatsaufgaben, also z. B. von Schulen, Hochschulen usw.
- Wenn und soweit sich die Struktur des Steueraufkommens weiterhin zu indirekten Steuern verlagert, dann sind die Älteren aufgrund ihrer vergleichsweise hohen Konsumquote, vor allem aber auch wegen ihres steigenden Anteils an der Bevölkerung (bzw. an der Gesamtheit der Konsumenten) immer stärker an der Finanzierung von Staatsaufgaben beteiligt – was nicht zuletzt auch den Jüngeren zugutekommt.

Bedenklich sind neuere, vor allem makroökonomisch begründete negative Konnotationen, wonach das Alter ein demographisches Bedrohungspotential für die Gesamtwirtschaft darstellt. Zwar ist damit zumeist das Schrumpfen der Bevölkerung gemeint, dennoch wird die Diskussion häufig von Alterungseffekten überlagert. Adressiert ist die Produzenten- wie die Konsumentenseite gleichermaßen. Auf der Produzentenseite bezieht sich das demographische Bedrohungsszenarium insbesondere auf das sinkende Erwerbspersonenpotential vor allem nach 2015/20 und infolgedessen auf das rasche Altern der Belegschaften. Vor diesem Hintergrund wird vor einer sinkenden Arbeitsproduktivität gewarnt. Für diese These gibt es aber bislang zu wenig belastbare empirische Beweise. Unbeachtet bleiben neben berufsgruppenspezifischen Unterschieden die allerdings leider kaum quantitativ messbaren Kompensationsmöglichkeiten durch Erfahrungswissen etc., desweiteren solche intelligenten Formen der intergenerationellen Arbeitsteilung und -organisation, mit denen es grundsätzlich möglich sein kann, altersspezifische Vor- und Nachteile in der beruflichen Leistungsfähigkeit auszugleichen (Börsch-Supan 2009; Naegele, Walker 2008) (s. Kap. 6.2).

Im Zentrum des ökonomischen »Bedrohungsszenariums« stehen weiterhin steigende Personalkosten wegen der stärkeren

Belastung des Faktors Arbeit mit Sozialabgaben in den Betrieben. In besonderer Weise gelten die Befürchtungen den demographisch bedingt sinkenden Innovationspotentialen wegen der älter werdenden inner- wie außerbetrieblichen »Innovations-« und »Gründungseliten« (Meier, Schröder 2007: 169; Ziebarth 2007). Auf der Konsumentenseite betrifft dies vor allem die alterstypisch sinkende Nachfrage nach besonders demographiesensiblen Konsumgütern und Dienstleistungen, mit der Konsequenz möglicher Umsatzeinbußen und Arbeitsplatzverluste in den betroffenen Branchen (Börsch-Supan 2007). So wird z. B. eine Zunahme der Beschäftigung im Gesundheitssektor, aber eine Abnahme im Verkehrssektor erwartet (Börsch-Supan 2009). Negative Wachstumseffekte werden auch aufgrund der demographieinduzierten Umschichtungen auf den Kapitalmärkten vermutet, nämlich dann, wenn die Babyboomer ihre Vermögensbestände konsumieren wollen oder müssen (Börsch-Supan 2007, 2009; Bahr, Widmann 2007). Darüber hinaus könnten bei demographischem Altern und Bevölkerungsrückgang die nachrückenden Kohorten überdurchschnittlich stark finanziell belastet und überfordert werden. Negative Rückkoppelungseffekte auf die ökonomische Leistungsbereitschaft Jüngerer werden dabei aufgrund des Mehrfacheffektes von sinkenden Renditeerwartungen bei den eigenen Ersparnissen, fortlaufenden Verpflichtungen gegenüber der nicht mehr erwerbstätigen Generation in den umlagefinanzierten Sicherungssystemen sowie zusätzlicher finanzieller Aufwendungen für den Aufbau der eigenen (privaten) Altersvorsorge (Riester-Rente) vermutet (s. Kap. 4.3) (Bäcker, Naegele et al. 2010; Bd. I). Ein weiteres Bedrohungsszenarium bezieht sich schließlich auf den Wohnimmobilienmarkt und hier insbesondere auf die zurückgehende bzw. sich verlagernde Nachfrage (z. B. mehr Eigentumsbildung im Geschosswohnungsbau statt Einfamilienhäuser) (Ziesewitz 2007).

Dem ist ganz generell entgegen zu halten, dass derartige makroökonomische Zukunftsszenarien seit langem bekannt sind und somit – zumindest theoretisch – genügend Zeit besteht, um Gegenmaßnahmen oder Abmilderungsstrategien einzuleiten (Bundesverband Öffentlicher Banken Deutschlands 2007). Zudem sind wirksame (auch rechtzeitig einzuleitende) beschäfti-

gungs-, bildungs-, wirtschafts- und finanzpolitische Gestaltungsoptionen im Grundsatz vorhanden. Die erste Gruppe betrifft
dabei all jene Maßnahmen, die auf eine positive Produktivitäts-
entwicklung in einer alternden Arbeitsgesellschaft zielen, dabei
– neben allgemeinen Überlegungen zur Lebensarbeitszeitver-
längerung und Erhöhung des Humankapitals alternder Beschäftigter – insbesondere durch Investitionen in ihre Beschäftigungsfähigkeit (Börsch-Supan 2009). Damit sind zugleich drei in der
Praxis hochvoraussetzungsvoll umzusetzende Kernthemen des
vorliegenden Buches angesprochen:

1. die Ausweitung der Beschäftigung Älterer und die Förderung
   ihrer Beschäftigungsfähigkeit (s. Kap. 6.4),
2. die »produktive« Nutzung der informellen Ressourcen des
   Alters (s. Kap. 7) sowie
3. die Förderung der Seniorenwirtschaft – u. a. auch durch bessere Nutzung der ökonomischen Potentiale älterer Hersteller,
   Anbieter und Verkäufer von Produkten und Dienstleistungen
   auf solchen Märkten, auf denen die Älteren als Nachfrager
   zunehmend bedeutsamer werden (s. Kap. 8.).

Auf der Beschäftigungsseite ist weiterhin auf die Erhöhung der
Frauenerwerbsquote sowie insbesondere auch auf die Ausweitung
und die zeitliche Verlängerung der (allerdings sozialversicherungspflichtigen!) Beschäftigung von Menschen mit Migrations-
geschichte zu verweisen. Was schließlich die demographischen
Risiken für die Kapitalmärkte betrifft, so verweisen Makroöko-
nomen schon seit längerem auf die Chancen einer weiteren In-
ternationalisierung, »die es erlaubt, diejenigen Produktivitäts-
stätten im Ausland zu finanzieren, aus denen zukünftige
Konsumgüter für das alternde Deutschland importiert werden«
(Börsch-Supan 2009: 40).

Vor diesem Hintergrund wird deutlich: Die politische Lösung
demographisiesensibler Gestaltungsaufgaben ist keine Black
Box. Für viele Fragen liegen bereits angemessene Konzepte für
Lösungen vor, die allerdings nur gemeinsam mit den Alten realisierbar sind. Dafür müssten diese mehr selbst- und gesellschaftsbezogene Mitverantwortung aufbringen (BMFSFJ 2006)
und sich z. B. dort, wo es möglich ist, bereit erklären, länger zu

arbeiten, mehr berufsbezogen zu lernen, zu entsparen bzw. einer gerechteren Verteilung der nur begrenzt zur Verfügung stehenden Sozialleistungen zwischen den Generationen zustimmen. Wie im Verlauf dieses Buches noch gezeigt wird, ist diese Bereitschaft in Teilen unter bestimmten Voraussetzungen durchaus vorhanden. Umsetzbar ist eine solche Strategie wiederum nur gemeinsam mit den Jungen, von denen man im Gegenzug ebenfalls eine größere Bereitschaft einfordern muss, z. B. zu mehr berufsbezogenem Lernen, neuen Erwerbsmustern inklusive kürzerer Ausbildungszeiten, mehr beruflicher Mobilität und Flexibilität sowie nicht zuletzt zu einem Leben mit Kindern.

2.3 Der gerontologische Produktivitätsdiskurs in der Kritik

Der sich im Produktivitätsdiskurs widerspiegelnde Paradigmenwechsel in der öffentlichen Bewertung von Altwerden und Altsein – weg von der Defizit- hin zur Aktivitäts- und Potentialorientierung – ist nicht unumstritten und auch in der politischen wie wissenschaftlichen Diskussion nicht unwidersprochen geblieben. Versucht man die dazu jeweils vorgetragenen Argumente zu systematisieren, dann ergeben sich – je nach wissenschaftstheoretischem und (politik-)ökonomischem Zugang – ganz unterschiedliche Kritikpunkte:

• Aus gerontologischer Sicht ist von Interesse, dass schon in der Enquete-Kommission Demographischer Wandel die dort vor allem von den mitwirkenden Vertretern der Gerontopsychologie stark geförderte Betonung von Aktivität und Produktivität im Alter bei den nicht-psychologischen Fachvertretern Anlass zur Kritik gegeben hat. In einem allerdings kaum zur Kenntnis genommenen Minderheitenvotum wurde z. B. explizit auf die im Alter sozial ungleich verteilten Chancen zur Ausübung eines aktiven und produktiven Lebensstils hingewiesen (Deutscher Bundestag 1994). Dieses Argument, das auch schon im US-amerikanischen Produktivitätsdiskurs eine Rolle gespielt hat (Caro

2008), taucht in einer neueren Veröffentlichung von Amann, Felder und Ehrgartner (2010: 45) wie folgt wieder auf: »Heute ist Älterwerden der Konstruktion eines Re-Engagement ausgesetzt, das auf dem Universalprogramm einer aktivierenden und aktiven Gesellschaft beruht, mit der Verpflichtung zu einem nützlichen, produktiven und gesunden Älterwerden. Dieses Ziel wurde in umfassender Weise dem Individuum aufgetragen. Nur jene, die einen nützlichen Beitrag leisten, können auch erwarten, als wertvolle Mitglieder der Gesellschaft anerkannt zu werden. Tatsächlich aber sind Marktgesellschaften aber gar nicht in der Lage, allen Aktivierungsfreudigen angemessene und entsprechend entlohnte Tätigkeiten zuzuweisen.«

- Aus sozialpolitikwissenschaftlicher Sicht wird ähnlich argumentiert: Es sei zu befürchten, dass die zweifellos bestehenden Chancen der ökonomischen Altersproduktivität an den Gruppen vorbei gehen, die zu ihrer praktischen Umsetzung, sei es als ältere Arbeitnehmer oder als ältere Konsumenten, nicht in der Lage sind bzw. daran gehindert würden (z. B. durch einen lange Zeit de facto altersexklusiven Arbeitsmarkt, das Einstellungsverhalten der Betriebe, das Nicht-nutzen-Können der privaten Alterssicherungsformen etc.). Damit würde zu einer Vertiefung der ohnehin schon bestehenden sozialen Ungleichheiten im Alter beigetragen (Naegele, Gerling, Scharfenorth 2006; verschiedene Beiträge in Erlinghagen, Hank 2008).

- Aus ökonomischer Sicht ist auf Zweifel an der dauerhaften Stabilität der Marktmacht der Älteren vor allem vor dem Hintergrund der künftigen Situation in der Alterssicherung hinzuweisen.

- Im Zentrum der Kritik einer politikökonomischen Auseinandersetzung steht die (nicht unrealistische) Möglichkeit einer sozial- wie fiskalpolitischen Instrumentalisierung des gerontologischen Produktivitätskonzepts: Dessen Überbetonung insbesondere in der Dimension »hohes verfügbares Alterseinkommen« käme einer positiven Altersinszenierung gleich, deren primäres Ziel die gerontologische Legitimierung bereits durchgeführter bzw. geplanter Sozialleistungskürzungen sei: »Angesichts der Fiskalkrise des Sozialstaats ist die Diskussion um die Potentiale des Alters in jüngerer Zeit in den Sog von politischen Debatten um die gesellschaftliche und wirtschaftliche Nutzung der Zeit- und Kompetenzressourcen der ›jungen Alten‹ geraten« (Lessenich 2005: 1; auch Naegele 2006; Streeck 2007).

- Dem entspricht eine im angloamerikanischen Raum schon seit längerem verbreitete Kritik an der neuen »age-productivity rhethorics«: Sie wird hier als eine Begründung für eine »new politics of old age« (Walker 2006a) angeführt, die ihrerseits auf der Makroebene beeinflusst ist durch »the burden of population ageing«. Ziel sei vor allem, die Ausgaben für die staatliche Alterssicherung zu senken und diese durch private Absicherungsformen zu ersetzen. Aus dieser Perspektive werden gerontologische Produktivitätsszenarien somit letztlich zum Vehikel ordoliberaler Politikkonzepte mit dem Ziel, den Sozialstaat rückzubauen (Walker 2006b; 2007).

- Eine stark soziologisch beeinflusste Kritik richtet sich ganz generell gegen die Verwendung des Produktivitätskonzepts zur Beschreibung von gesamtgesellschaftlicher Nutzenstiftung durch das Alter: Produktivität dient in der Ökonomie vor allem der Messung und Beurteilung erwerbswirtschaftlicher Leistung. Schon allein deshalb wirft eine Übertragung dieses Konzepts auf die Gerontologie Fragen auf, weil das Alter in aller Regel »entberuflicht« ist und stattdessen vielmehr zu großen Teilen auf wohlfahrtsstaatliche Sozialleistungen angewiesen ist, die in der Ökonomie oftmals sogar als »unproduktiv« gelten. Der Versuch, individuelle wie gesellschaftsbezogene Altersnützlichkeit und Produktivität zusammenzuführen, sei in der Konsequenz auch deshalb wenig überzeugend, weil er den »qualitative[n] Nutzen, den gesellschaftliche Tätigkeit im weitesten Sinn hervorbringt, auch nicht annähernd erfassen kann. Es ist ein eklatanter Denkfehler zu meinen, dass der Gesamtnutzen, der zugunsten einer Gesellschaft geschaffen wird, allein nach der Logik des ökonomischen Systems zu betrachten sei« (Amann, Felder, Ehrgartner 2010: 34; vgl. auch die Beiträge in van Dyck, Lessenich 2009).

Kontrollfragen zu Kapitel 2

Wie unterscheidet sich die traditionelle Defizitorientierung von neuen Sichtweisen der Produktivität älterer Menschen?

Was ist unter »ökonomischer Altersproduktivität« zu verstehen?

Welche kritischen Einwände bestehen aus gerontologischer Sicht gegen eine (einseitige) Interpretation der Produktivität Älterer?

Weiterführende Literatur

Akademiegruppe Altern in Deutschland (Hrsg.) (2009). *Produktivität in alternden Gesellschaften. Altern in Deutschland.* Halle/Saale: Wissenschaftliche Verlagsgesellschaft.

Amann, A. (2007). Produktives Altern und flexibles Altern: Forschungsprogrammatische Überlegungen zu einem Sozialprodukt des Alters. In U. Pasero, G.M. Backes & K.R. Schroeter (Hrsg.), *Altern in Gesellschaft. Ageing – Diversity – Inclusion* (S. 265–288). Wiesbaden: VS.

Amann, A., Felder, D. & Ehgartner, G. (2010). *Sozialprodukt des Alters. Über Produktivitätswahn, Alter und Lebensqualität.* Wien: Böhlau.

Erlinghagen, M. & Hank, K. (Hrsg.). (2008). *Produktives Altern und informelle Arbeit in modernen Gesellschaften. Theoretische Perspektiven und empirische Befunde.* Wiesbaden: VS.

Walker, A. (2007). The new politics of old age. In H.W. Wahl, C. Tesch-Römer & A. Hoff (Hrsg.), *New Dynamics in Old Age. Individual, environmental and social perspectives* (S. 307–324) Amityville, NY: Baywood.

3 Alter als wirtschaftlicher Innovationsmotor

Eine schrumpfende Gesellschaft mit einer Verschiebung der Altersstruktur, überdies zu Lasten Jüngerer, gilt üblicherweise als Kandidatin für den wirtschaftlichen Abschwung, da sich negative Konsequenzen für ein innovationsgetriebenes Wachstum ergeben können. In diesem Zusammenhang werden u. a. folgende Argumente genannt (Meier, Schröder 2007: 56):

- Jüngere akzeptieren neue Techniken eher als ältere Menschen.
- Die Risikobereitschaft älterer Gesellschaften ist niedriger als die jüngerer; dies erschwert die Akzeptanz von Produkt- wie Prozessinnovationen.
- Ältere haben geringere Anreize, in neues Wissen zu investieren, da sie bereits in ihr Wissen investiert haben (geringere Weiterbildungsbereitschaft).
- Der technische Fortschritt verkürzt den Amortisationszeitraum für Humankapitalinvestitionen (rasche Veralterung des Wissens).

Auch wenn für manche der vorgebrachten Argumente der empirische Beleg aussteht, ist das Risiko einer »Immobilisierung der Verhältnisse« (Kaufmann 2005: 62) nicht von der Hand zu weisen. Deshalb müssen die innovatorischen Aspekte der alternden Gesellschaft herausgearbeitet und auch kommuniziert werden (vgl. verschiedene Beiträge in Börsch-Supan et al. 2009; vgl. für eine zusammenfassende Darstellung auch Wydra 2009). Allerdings müssen alternde Gesellschaften auch nicht gleichsam automatisch weniger innovativ oder produktiv sein als jüngere, vielmehr kommt es auf die Rahmenbedingungen und deren aktive Anpassung an den Wandel an.

Im Folgenden wird ein Innovationsbegriff verwandt, der über naturwissenschaftlich-technische Produkt- und Prozessinnovationen oder Marktinnovationen hinausgeht. Die Rede ist von

»sozialen Innovationen«, und zwar mit relevanten ökonomischen Implikationen. Schon die zunehmende Bedeutung des Dienstleistungssektors und, in unserem Kontext, der Seniorenwirtschaft (s. Kap. 8.7) erfordert die Erweiterung des Innovationsbegriffs um die Neukonfiguration sozialer Arrangements. In das hier vertretene Innovationskonzept werden somit neben organisatorischen und institutionellen explizit auch soziale Neuerungen integriert. Zugleich wird der Blick auf heterogene Akteurgruppen, auf Interdisziplinarität und Reflexivität gerichtet. Bezogen etwa auf den Einsatz von Informations- und Kommunikationstechnologien im Pflegewesen oder im Bereich des vernetzten Wohnens sollten nicht nur die neuen technischen Optionen (etwa die dauerhafte Überwachung oder sogar Pflegeroboter) berücksichtigt werden, die angesichts der demographischen Herausforderungen ohnehin an Bedeutung gewinnen werden. Überdies sollte man die Techniknutzung systematisch mit den übergeordneten sozial- und gesundheitspolitischen Zielsetzungen einer Gesellschaft des langen Lebens verbinden, z. B. mit der Förderung der selbstständigen Lebensführung, des autonomem Wohnens oder des Gesundheitsstandortes »eigene Wohnung«. Diese neuen Vernetzungsoptionen, die eine weitere Form der »integrierten Versorgung« darstellen und insgesamt als eine soziale Innovation zu begreifen sind, werden nicht nur im Bereich der selbstständigen Lebensführung, des autonomen Wohnens oder im Feld der gesundheitlichen Versorgung, sondern auch aus gesamtgesellschaftlicher Perspektive weiter an Bedeutung gewinnen, was aber nicht impliziert, dass sie immer auch erfolgreich sind.

Gelingen werden derartige Prozesse nur, wenn sich gleichzeitig Innovationsnetzwerke bilden, in denen die verschiedenen Akteurgruppen – fokussiert auf eine Thematik – in einem interaktiven Prozess neue Wege zur Gestaltung des sozialen Wandels einschlagen. In einer alternden Gesellschaft werden derartige ökonomische Innovationspotentiale insofern generiert, als für ältere Menschen entwickelte Produkte und Dienstleistungsarrangements nicht nur neue Formen der technisch unterstützten selbstständigen Lebensführung selbst in schwierigen gesundheitlichen wie pflegerischen Lebenslagen und auch im sehr hohen Alter ermöglichen, sondern zugleich auch schon heute positive wirtschafts- und beschäftigungspolitische Effekte zeitigen. Einige dieser Marktinnovationen werden bereits unter dem Label »Seniorenwirtschaft« diskutiert.

Als eine zunehmend wichtige Form der Innovation an der Schnittstelle zwischen Technik und Sozialem kann z. B. das vernetzte Wohnen (auch Ambient Assisted Living, AAL) gelten: Integrierte Versorgung in Form von vernetztem Wohnen meint in diesem Zusammenhang nicht nur die rein technische Integration von Informations- und Kommunikationstechnologien in der Wohnung, sondern auch die in diesem Sinne soziale Vernetzung unterschiedlicher Branchen, Technologien und der hier jeweils engagierten Akteure. Dies gilt insbesondere auch für die Träger von sozialen Diensten (s. Kap. 8.5.3 und 8.7.5).

Mit der älter werdenden Bevölkerung wächst tendenziell der Bedarf an unterstützenden Dienstleistungen und an intelligenten Assistenzsystemen für selbstständiges Wohnen und Leben. Die Angebote, die einen gleitenden Übergang von noch vollständiger Selbstständigkeit bis zu abgestufter, betreuender und pflegender Unterstützung beinhalten, stehen erst am Anfang. Es ist aber von einer wachsenden Nachfrage nach vernetzten Wohnstrukturen auszugehen. Auch im Bereich der Prävention zeichnen sich Wachstumsmärkte für »vernetztes Wohnen« ab. Trotz einzelner Umsetzungen (»Innovationsinseln«) stellt sich jedoch die Frage, warum nicht längst auf breiter Front solche Innovationen aufgegriffen und in die Routineversorgung übernommen worden sind. Inzwischen ist zwar die Pilotierungsphase überschritten, Wohnungswirtschaft und -mieter sind bereit für praktische Umsetzungen. Auch werden sich bislang noch bestehende mentale Barrieren gegenüber den neuen Technologien in den nächsten Jahren sukzessive abbauen, weil sich die zukünftigen Älteren von den heutigen hinsichtlich der Aufgeschlossenheit gegenüber neuen Technologien und oder E-Health-Lösungen signifikant unterscheiden werden.

Auf Technik und IT-Nutzung basierende Konzepte zur Förderung selbstständiger Lebensführung im Alter sind nicht nur theoretisch, sondern auch mit Blick auf die Förderung der Lebensqualität praktisch überzeugend. Dennoch sind sie angewiesen auf eine Innovationsstrategie, die sowohl technische Inno-

vationen fördert als auch konkrete Unterstützungsnetzwerke
aufbaut. Viele der neuen technologischen Optionen (etwa im
Bereich der ambulanten Pflege und der Telemedizin für Risikopatienten oder bei einer ambulanten Rehabilitation) sind zudem
unter einer rein ökonomischen Betrachtung noch nicht profitabel. Deshalb müssen diese Prozesse einerseits optimiert werden
(d. h. vor allem muss die Infrastruktur auf den neuesten Stand
gebracht werden) und müssen auch Unterstützungsleistungen
von Seiten der klassischen professionellen Dienste (etwa der
Ärzte oder des ambulanten Pflegepersonals in Sozialstationen)
eingebracht werden. Andererseits ist das Feld der technisch-
sozialen Dienste aber auch ein Experimentierfeld für neue Konzepte des »Wohlfahrtsmixes« (Schneiders 2010) (s. Kap. 8.7.8).

Optionen für vernetztes Wohnen sind nur dann handlungs-
und vor allem überlebensfähig, wenn alle Akteure (auch die
Kostenträger) aktiv mitarbeiten und tragfähige Projekt- und
Innovationsnetzwerke entstehen. Deshalb heißt das Schlagwort
der Stunde: Kooperation. Wichtig für die Umsetzung dieser neu-
en im weitesten Sinne Gesundheitstechnologien ist deshalb die
aktive Beteiligung der zentralen Leistungsträger im deutschen
Gesundheitssektor wie der Krankenkassen. Nachdem die technische Infrastruktur für AAL inzwischen vorhanden ist und die
Wohnungen entsprechend »aufgerüstet« sind, geht es nach der
Modellprojektphase nun also um konkrete Umsetzungsformen,
i. d. R. um die Anwendung und den Aufbau innovativer Allianzen. Hierfür müssen neue soziale Kooperationsformen zwischen
Wohnungsunternehmen, sozialen und Gesundheitsdiensten,
Informations- und Kommunikationswirtschaft sowie Kranken-
und Pflegekassen entwickelt werden. Um eine Breitenwirkung
zu erzielen, sind neben den privaten Haushalten weitere Kostenträger von den Vorteilen der neuen Option des technikunterstützten Lebens und Alterns »zu Hause« zu überzeugen.

Ein zweites exemplarisches Handlungsfeld für soziale Innovationen und für neue Wertschöpfungsallianzen im Zuge des
demographischen Alterns der Bevölkerung, das ebenfalls unmittelbar die Seniorenwirtschaft tangiert, ist die Verknüpfung
von Leben im Alter mit Medizintechnik und Telemedizin
(s. Kap. 8.8.3). Insbesondere die intelligente Verknüpfung des

selbstständigen Lebens im Alter am »Gesundheitsstandort Haushalt« mit medizinischer Versorgung durch telemedizinische Verfahren (Homecare) gilt als innovative Zukunftstechnologie. Hier bestehen ebenfalls jeweils hoch bedeutsame wie auch ökonomisch interessante Anwendungsbereiche. Zudem ist auch die Telemedizin ohne die Verbreiterung der innovativen informations- und kommunikationstechnischen Ansätze nicht denkbar. Dadurch sind in den letzten Jahren sowohl neue Wege in der Diagnostik und der Therapie als auch in der Prävention und der Rehabilitation eröffnet worden. Allerdings findet diese Neuentwicklung bei den Anbietern immer noch zu wenig Beachtung, sodass die Gefahr besteht, dass Deutschland als einstmaliges Zentrum medizinischen Fortschritts und medizintechnischer Pionierarbeit im internationalen Maßstab zurückfällt. Das demographische Altern der Gesellschaft könnte hier eine wesentliche Schubkraft entwickeln.

Der Umbau des bundesrepublikanischen Sozialstaates muss – basierend auf seinen Stärken – neue Innovationsschwerpunkte kreieren, die sozialintegrierend und gleichzeitig beschäftigungsfördernd wirken. Generell gilt, dass sowohl in diesem wirtschafts- und sozialpolitisch relevanten Feld der Seniorenwirtschaft wie auch in anderen Branchen der Innovationsattentismus überwunden werden muss, der für Deutschland so typisch ist. Auch wenn sich die Umsetzung der Innovationen in den einzelnen Bereichen unterschiedlich gestaltet, gilt es, den Wohlfahrtsstaat nicht als »Bremser« der Entwicklung, sondern als »Motor« für soziale Innovationen zu begreifen.

Vor dem Hintergrund des demographischen Wandels und des expliziten Wunsches nach Selbstständigkeit im Alter ist die Option des selbstständigen Lebens auch bei chronischer Krankheit und/oder Pflegebedürftigkeit von großem Interesse, zum einen hinsichtlich einer Steigerung der Lebensqualität der Betroffenen, zum anderen in Bezug auf die allgemeine Produktivitäts- und Wirtschaftsentwicklung. Durch die wechselseitige Verknüpfung von leistungsfähigen, leicht bedienbaren Technologien und sozialen Diensten im Wohnumfeld könnte sich ein international beachteter neuer Leitmarkt für Welfare Technologies herauskristallisieren. Angesichts der strukturellen Probleme des Wirtschafts- und Sozialstandorts Deutschland ist diese Option aus alten- und sozialpolitischer Sicht eine interessante Strategie, aber auch wirtschaftspolitisch reizvoll.

Um auf dem hier beschriebenen Zukunftsmarkt eine führende Position einzunehmen, müssen alle verantwortlichen Akteure einen Innovationsschub bewirken, der sowohl die medizinische Qualität erhöht als auch neue Beschäftigungsmöglichkeiten in der Gesundheitswirtschaft schafft. Dies bedeutet aber auch, neue strategische Wertschöpfungsallianzen zu schmieden, was allerdings Innovation und Kreativität bei den Akteuren für solch ein »Kontingenzmanagement« erfordert. Für eine solche Neuausrichtung kann ein Blick in vergleichbare Länder lohnend sein. Wenn auch aufgrund der besonderen Situation eines jeden Landes Vergleiche (Benchmarking) nur bedingt hilfreich sind, sollte man über den Tellerrand hinaus schauen, um dort Anregungen für einen innovationsorientierten Umbauprozess hierzulande zu bekommen. Bedacht werden muss dabei aber, dass die institutionellen Besonderheiten der jeweiligen Modelle auch kulturelle Faktoren und gesellschaftliche Leitbilder spiegeln. Zudem gibt es hinsichtlich der Reichweite nationalstaatlicher Politik allgemeine Grenzen; angesichts der Einflussgrößen wie etwa der Investitionsentscheidungen von Großunternehmen und generell der Dynamik von Finanzmärkten wird die Politik sicherlich eher vom Marktgeschehen getrieben.

Trotz dieser ausgezehrten Staatsgewalt zeigen die Innovationsdiskurse in anderen Ländern, dass nicht nur ein Spielraum für Variationen innerhalb eines Entwicklungspfades möglich ist, sondern auch Pfadwechsel oder -kombinationen politisch umsetzbar sind. Schaut man auf Best-Practice-Beispiele aus den hier interessierenden Sektoren, wird oft auf skandinavische Länder verwiesen und explizit das finnische Beispiel der Verbindung von Gesundheitswesen und Informationstechnologie erwähnt.

Eine flächendeckende Umsetzung sozialer Innovationen in den genannten Bereichen leidet in Deutschland darunter, dass viele der neuen technologischen Optionen unter einer rein ökonomischen Betrachtung noch nicht profitabel sind (wenngleich ihr Beitrag zur Steigerung der Lebensqualität unbestritten ist). Deshalb müssen diese Prozesse optimiert und nachhaltige Geschäftsmodelle aufgebaut werden. Hier liegen große Herausforderungen für die klassischen Trägerorganisationen sozialer Dienste. Innerhalb der neu zu gestaltenden wohlfahrtsstaatlichen Arrangements im Rahmen integrierter Versorgungsmodelle muss gewährleistet werden, dass sich die Stärken und Schwächen der verschiedenen Träger sozialer Dienstleistungen optimal ergänzen, anstatt in einen Verdrängungswettbewerb einzutreten. Die Frage nach Kooperation, Vernetzung und mehr Wettbewerb und Management sozialer Dienstleistungen auf kommunaler Ebene wird eine der Schlüsselfragen nicht nur im Bereich der Sozialpolitik werden. Die bisher separaten, nebeneinander stehenden Einrichtungen müssen so vernetzt werden, dass Reibungsverluste verhindert und Ressourcen gebündelt werden. Erst dann kann wirklich von sozialen Innovationen gesprochen werden. In diesem Prozess spielt der Staat weiterhin eine wichtige Rolle, aber eher als Aktivator und Regulator, der zudem die Infrastruktur zur Nutzung von mehr eigeninitiierten und selbst organisierten Spielräumen bereithält. Gleichzeitig müssen die öffentlichen Institutionen (und auch massiv die Wohlfahrtsverbände) im Sinne eines neuen Managements sozialer Sicherheit einen Paradigmenwechsel von bürokratischer Organisation und Planung hin zu einer Rolle als Vernetzungsinstanz und Koordinatoren vollziehen.

Kontrollfragen zu Kapitel 3

Was kennzeichnet »soziale Innovationen«?

Inwiefern kann die Alterung der Gesellschaft als Innovationsmotor wirken?

Weiterführende Literatur

Heinze, R.G. (2006). *Wandel wider Willen. Deutschland auf der Suche nach neuer Prosperität.* Wiesbaden: VS.

Heinze, R.G. (2009). *Rückkehr des Staates. Politische Handlungsmöglichkeiten in unsicheren Zeiten.* Wiesbaden: VS.

Howaldt, J. & Jacobsen, H. (Hrsg.) (2010). *Soziale Innovation: Auf dem Weg zu einem postindustriellen Innovationsparadigma.* Wiesbaden: VS.

4 Demographische und sozio- ökonomische Grundlagen

Im Folgenden geht es um relevante demographische und sozio-ökonomische Bestimmungsfaktoren der Seniorenwirtschaft. Behandelt werden zunächst zentrale demographische Trends bezüglich der Bevölkerungsentwicklung und des kollektiven Alterns in Deutschland. Da private Konsumentscheidungen vielfach haushaltsgebunden sind, folgen Ausführungen zur Entwicklung der Wohn- und Lebensformen älterer Menschen. Abgeschlossen wird dieses Grundlagenkapitel mit Informationen zur Kaufkraft älterer Menschen und zu ihren Bestimmungsgründen.

4.1 Demographische Entwicklung

Schon seit mehreren Jahrzehnten wird die Bevölkerung Deutschlands kontinuierlich älter, und dieser Trend wird auch künftig anhalten. Mit anderen Worten: Die private Nachfrage nach Produkten und Dienstleistungen wird zunehmend von einer insgesamt alternden Kundschaft beeinflusst – wenn nicht gar in einzelnen Marktsegmenten entscheidend geprägt. Für diese Entwicklung sind insbesondere zwei als irreversibel geltende Megatrends verantwortlich: konstant niedrige Geburtenraten und eine weiter steigende mittlere und fernere Lebenserwartung.

Seit langem schon liegt die zusammengefasste Geburtenziffer bei etwa 1,4 und damit um etwa ein Drittel unterhalb der für die natürliche Reproduktion der einheimischen Bevölkerung erforderlichen Geburtenrate. Hierfür sind drei Trends bedeutsam:

1. Frauen werden immer später Mutter.
2. Die Zahl der lebenslang kinderlos bleibenden Frauen steigt.
3. Zwar bleibt die durchschnittliche Kinderzahl je Mutter relativ stabil, aber vor dem Hintergrund von Punkt 1 und 2 nimmt

die durchschnittliche Zahl der Kinder, die die Frauen eines Jahrgangs zur Welt bringen, im Zeitablauf ab.

Sowohl die mittlere (eines Neugeborenen) wie die fernere (gemessen ab einem Alter von i. Allg. 65 Jahren) Lebenserwartung sind in der Vergangenheit stark gestiegen. Ein weiterer Anstieg wird erwartet. Die 12. Koordinierte Bevölkerungsvorausberechnung des Statistischen Bundesamtes vom November 2009 kommt in ihrer Basisannahme für 2060 zu einer durchschnittlichen Lebenserwartung neugeborener Jungen von 85,0 Jahren und neugeborener Mädchen von 89,2 Jahren (zum Vergleich: Sterbetafel 2006/2008: 77,2 bzw. 82,4 Jahre). Für 65-jährige Männer wird für 2060 eine fernere Lebenserwartung von 87,3 Jahren und für 65-jährige Frauen von 90,5 Jahren angenommen (jeweils etwa 5 Jahre mehr gegenüber 2006/2008).

Zwar sind auch künftig allerdings moderat ausfallende Außenwanderungsgewinne zu erwarten – bedingt insbesondere durch das Schrumpfen des einheimischen Erwerbspersonenpotentials und dadurch induzierte Arbeitsmigration sowie weltweite, durch den Klimawandel verstärkte Wanderungsbewegungen. Allerdings wird dadurch der Trend des kollektiven Alterns der Bevölkerung nicht aufgehalten, allenfalls im Anstieg abgebremst bzw. kann das aufgrund des Sterbeüberschusses bedingte Schrumpfen der Gesamtbevölkerung nicht kompensiert werden. Je nach Annahme errechnet das Statistische Bundesamt für Deutschland im Jahre 2060 eine Gesamtbevölkerungszahl von zwischen 65 Mio. (Minimumvariante) und 77 Mio. (Maximumvariante) und damit jeweils einen z. T. erheblichen Rückgang gegenüber der jetzigen Bevölkerungszahl von rund 82 Mio. (Statistisches Bundesamt 2009).

Mit Blick auf das Altern der Bevölkerung setzt sich in der Konsequenz das »dreifache Altern« der Bevölkerung (Tews 1989) fort:

Das dreifache Altern der Gesellschaft (nach Tews)

1. Zunahme des Anteils der Älteren an der Gesamtbevölkerung,
2. Zunahme der absoluten Zahl der Älteren sowie
3. Zunahme insbesondere von Anteilen und Zahlen sehr alter Menschen (80+).

War im Jahre 2008 mit rund 20 % etwa jeder fünfte Einwohner Deutschlands älter als 65 Jahre, so werden es im Jahr 2030 schon 29 % der Bevölkerung sein. 2060 wird dann mit 34 % jeder dritte Einwohner Deutschlands das 65. Lebensjahr erreicht bzw. durchlaufen haben. 2008 lebten mit einem Anteil von etwa 5 % an der Gesamtbevölkerung in Deutschland etwa 4 Mio. Personen im Alter von 80 Jahren und mehr. Ihre Zahl wird bis 2050 auf etwa 10 Mio. steigen, um dann bis 2060 auf 9 Mio. abzusinken, d. h. dann auf einen immer noch extrem hohen Anteil von etwa 14 % an der Gesamtbevölkerung. Zu diesem Zeitpunkt wird dann jeder siebte Einwohner Deutschlands zur Gruppe der sogenannten »Hochaltrigen« zählen. Obwohl die Lebenserwartung der Männer insgesamt stärker als die der Frauen ansteigt, wird sich an der »Feminisierung des Alters« insbesondere in den obersten Altersgruppen nichts ändern.

Auf der anderen Seite sinkt die Zahl jüngerer Menschen weiter. Im Jahre 2060 wird es nach der 12. Bevölkerungsvorausberechnung des Statistischen Bundesamtes nur noch etwa 10 Mio. junge Menschen im Alter von unter 20 Jahren geben – gegenüber noch 16 Mio. im Jahre 2008. Ihr Anteil an der Gesamtbevölkerung wird somit von 19 % auf 16 % sinken. Es wird dann fast so viele über 80-Jährige geben wie unter 20-Jährige.

Entsprechend sinken auch Zahlen und Anteile der Menschen im sogenannten erwerbsfähigen Alter von etwa 50 Mio. auf – je nach Annahme – zwischen 33 und 36 Mio. im Jahre 2060. Schon im Jahre 2035 wird etwa die Hälfte der Bevölkerung 50 Jahre und älter ein.

Für die Seniorenwirtschaft lassen sich daraus folgende vorläufige Schlussfolgerungen ableiten:

1. Der Bevölkerungsrückgang geht mittel- bis längerfristig mit einem Rückgang der Zahl an Verbrauchern auf den privaten Konsumgüter- und Dienstleistungsmärkten einher.
2. Die private Nachfrage wird zunehmend durch ältere Menschen geprägt.
3. Unter den älteren, vor allem den ältesten Nachfragern befinden sich überdurchschnittlich viele Frauen.
4. In der Konsequenz haben sich die Anbieter von Produkten und Dienstleistungen künftig stärker auf die besonderen Konsumbedürfnisse einer insgesamt älteren und im höchsten Alter insbesondere weiblichen Kundenstruktur einzustellen, die zudem häufig noch allein lebt. Derartige Einsichten sind nach einer Studie der Commerzbank (2009) von 2008/9 bereits bei 90 % aller bundesdeutschen Unternehmen vorhanden. Dabei setzen diese vor allem auf Anpassung und Ausweitung ihres bestehenden Portfolios und auf eine veränderte Kommunikation.
5. Unternehmen, Betriebe und Verwaltungen werden künftig verstärkt mit im Durchschnitt älteren Belegschaften arbeiten müssen (s. Kap. 6.1).

4.2 Haushaltsstrukturen, Lebens- und Wohnformen älterer Menschen

Trotz deutlichem Rückgang der Gesamtbevölkerung gilt dies nicht für die Zahl der Haushalte, denn deren Entwicklung hat eine von der Einwohnerzahl abgekoppelte Eigendynamik. Ihre Höhe ist – u. a. bedingt durch eine zunehmende Anzahl von Scheidungen, Trennungen und Patchwork-Familien auf der einen und der Zunahme der ferneren Lebenserwartung sowie der Abnahme der Mehr-Generationen-Haushalte auf der anderen Seite – in der Vergangenheit stark angestiegen. Die klassische Haushaltsform der Zweigenerationenfamilie als für die Vergangenheit dominante Wohnform ist von einer Vielzahl verschiedener kleinerer Formen, vor allem Einpersonen- bzw. Singlehaushalte, abgelöst worden. Seit dem Beginn der 1990er Jahre haben die Haushalte in Deutschland immer weniger Mitglieder

(1991 waren es 2,27, 2004 2,12 und 2025 werden es weniger als 2 Mitglieder sein) (Roland Berger 2008; Schulz 2009). 2008 gab es in Deutschland rund 40 Mio. Haushalte, ihre Zahl wird aber – trotz bereits deutlich sinkender Gesamteinwohnerzahl – bis weit nach 2025 zunehmen. Erst danach wird sie – allerdings moderat – absinken, und zwar im Jahre 2040 auf etwa 39 Mio. und 2050 auf etwa 37,5 Mio. (DIW 2007).

Grund für diesen Trend ist vor allem die Zunahme der Einpersonenhaushalte, die mit einem Anteil von 37 % (2007) aller Haushalte zur führenden Haushaltsform herangewachsen sind. Gegenüber der Zahl von Anfang der 1990er Jahre bedeutet dies ein Anstieg um fast ein Viertel. Aber auch die Zweipersonen-Paar-Haushalte weisen eine positive Dynamik auf: Sie werden bis 2040 von jetzt rund 12 Mio. auf knapp 14 Mio. ansteigen, um dann bis 2050 auf etwas mehr als 13 Mio. abzusinken (DIW 2007).

Für die private Nachfrage insgesamt ist der einzelne Haushalt und seine je spezifische Zusammensetzung die relevante Bezugsgröße, nicht aber die Zahl der Verbraucher. Für die Beurteilung der Zukunftschancen der Seniorenwirtschaft ist daher zu beachten, dass schon 2020/2030 die Haushalte mit Personen über 50 knapp 60 % aller privaten Haushalte stellen werden. Da schon seit Jahren die Zahl der Einpersonenhaushalte Älterer kontinuierlich zunimmt, sinkt in der Altenbevölkerung auch die durchschnittliche Haushaltsgröße: Hinter dieser Entwicklung verbergen sich zwei unterschiedliche Trends, der Trend zur Singularisierung und der Trend zur Feminisierung.

Trend zur Singularisierung: Hierbei geht es keineswegs nur um die unfreiwillige Singularisierung (des zumeist weiblichen Alters) nach Tod des Partners, sondern zunehmend auch um eine gewollte Singularisierung, denn immer mehr alternde Menschen entscheiden sich – oftmals nach Trennung und Scheidung – dauerhaft für ein Leben allein (Naegele, Reichert 1999). Hinzu kommt eine ebenfalls demographisch bedingte Zunahme der Paarhaushalte Älterer (Wegfall der sogenannten Kriegsgeneration).

Trend zur Feminisierung: Dass die Singularisierung des Alters mit steigendem Alter zunehmend auch noch von der Feminisierung des Alters überlagert wird, also Singularisierung und Feminisierung immer öfter zusammen auftreten, ist u. a. auf die geschlechtstypischen Unterschiede in der (ferneren) Lebenserwartung und die noch heute bestehenden Unterschiede im Heiratsalter zurückzuführen.

Mit dem Alter steigt sowohl die Zahl der Einpersonen- wie die der Zweipersonenhaushalte. Während von allen Älteren im Alter von 65–74 Jahren gegenwärtig rund 38 % in einem Einpersonenhaushalt leben, sind es in der Altersgruppe 75+ immerhin bereits über 60 %. An dieser Verteilung wird sich bis 2050 – trotz ebenfalls moderat sinkender Zahl an Haushalten vor allem nach 2030/40 – nichts Wesentliches ändern: Für die Zweipersonen-Altenhaushalte wird für 2050 bei den 65- bis 74-Jährigen ein Anstieg von etwas über 50 % bzw. bei den 75+ von etwa 30 % auf 52 % bzw. in der Altersgruppe 75+ von knapp 35 % prognostiziert (vgl. **Abb. 4.1**).

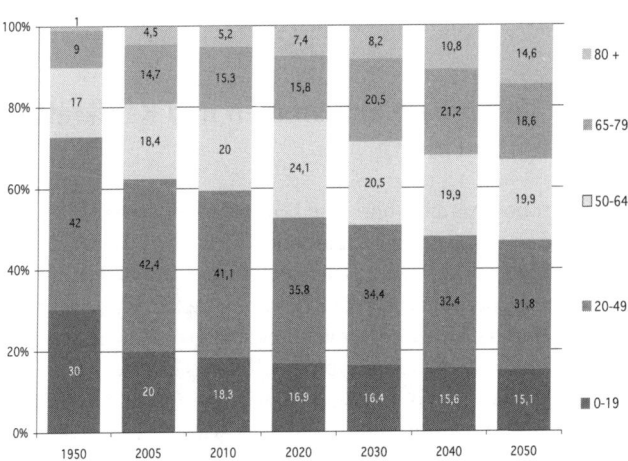

Abb. 4.1: Haushaltsentwicklung bis 2050 nach Altersgruppen und Haushaltstypen in Deutschland unter Berücksichtigung von Verhalten und demographischen Effekten (Quelle: Eitner 2009: 40)

Bestimmte makroökonomische Krisenszenarien besagen, dass aufgrund des demographisch bedingten Rückgangs der Konsumentenanzahl die Gesamtnachfrage sinke und dies zu negativen

Wachstums- und Beschäftigungseffekten führe. Zweifel an der Eindimensionalität der Beziehung, bei der die Menge der Konsumgüternachfrager die Konsumgütergesamtnachfrage bestimmt, hat bereits die Enquete-Kommission »Demographischer Wandel« 2002 geäußert (Deutscher Bundestag 2002). Für die Nachfrage nach privaten Konsumgütern ist die Haushaltszahl und -struktur von Bedeutung, nicht aber die Bevölkerungszahl. Dies gilt in ganz besonderer Weise für die stark demographiereagiblen Bereiche Energie, Wohnen, selbstständige Lebensführung oder haushaltsnahe Dienstleistungen (Eitner 2009; Schulz 2009). Auch muss die Konsumgüternachfrage nicht nur in ihrer Höhe, sondern auch in ihrer Struktur betrachtet werden. Hierauf wirken Perioden-, Alters- und Kohorteneffekte ebenso ein wie die in den einzelnen Lebensphasen stark unterschiedlich ausgeprägten Konsumbedürfnisse, wie z. B. die seit Jahren steigende Nachfrage nach sozialen Diensten und übrigen Gesundheitsgütern in den oberen Altersgruppen belegt.

4.3   Verfügbare Einkommen und Kaufkraftentwicklung

Wichtiger noch als die Wohn- und Lebensformen älterer Menschen ist für die Beurteilung der Zukunftsaussichten das verfügbare Haushaltseinkommen, das sich aus der Summe aller Bruttoeinkommen abzüglich Steuern und Abgaben zusammensetzt. Speziell für die deutschen Altenhaushalte ist die Kumulation von Einkommen aus unterschiedlichen Quellen typisch (Bäcker, Naegele et al. 2010, Bd. II; Schmähl 2005). In Haushalten mit jüngeren Alten bildet oftmals noch unselbstständige und/oder selbstständige Erwerbsarbeit die wichtigste Einkommensquelle. In Haushalten mit nicht mehr erwerbstätigen Älteren sind dies zumeist Renten (vor allem aus der gesetzlichen Rentenversicherung GRV, in vielen Fällen auch noch Betriebsrenten sowie Pensionen). Hinzu kommen (können) – neben Erwerbseinkommen aus »Rentnererwerbsarbeit« und dergleichen – weitere Sozialtransfers (wie z. B. Wohn- oder Pflegegeld) sowie – mit wachsender Bedeutung – Einnahmen aus Vermögen, Vermietung und Verpachtung. Eine wachsende Zahl von

Älterer besitzt zudem selbst genutztes Wohneigentum und verfügt über eine »indirekte« Einkommensquelle in Form von Naturalgütern z. B. aus eigener Gartenhaltung oder Landwirtschaft.

Für die Seniorenwirtschaft bedeutsam sind die verfügbaren Einkommen von Altenhaushalten, denn sie bilden die eigentliche Grundlage für die Kaufkraft. Nach einer Studie der Gesellschaft für Konsum-, Markt- und Absatzforschung (GfK) lag die Kaufkraft allein der 55- bis 60-Jährigen 2008 jährlich bei 25 167 Euro/Kopf bzw. insgesamt bei 272 Mrd. Euro/Jahr, was einem Anteil von etwa 18 % an der gesamten Kaufkraft in Deutschland zum Erhebungszeitpunkt entsprach. Für die Gruppe der 60- bis 64-Jährigen wurde ein Kaufkraftvolumen von 24 903 Euro pro Person bzw. 20 819 Euro bei den über 65-Jährigen ermittelt. Insgesamt verfügten die über 60-Jährigen damit über eine Kaufkraft von 447 Mrd. Euro und einen entsprechenden Anteilswert von 29 % (Zum Vergleich: unter 50 Jahre: 824 Mrd. Euro bzw. 53 %). Zum gleichen Zeitpunkt stellten die Gruppe der 50- bis unter 60-Jährigen aber nur einen Anteil an der Gesamtbevölkerung von etwa 13,5 % und die Gruppe 60+ einen Anteil von knapp 21 % (zum Vergleich unter 50: 61,2 %) (Adlwarth 2008).

Die für das verfügbare Einkommen älterer Menschen ausschlaggebende Kumulation von Einkommen aus unterschiedlichen Quellen hängt zum einen mit der Wohn- und Lebensform und daher mit der Haushaltszusammensetzung zusammen, weil die einzelnen Haushaltmitglieder i. d. R. zwar über eigene Einkommensquellen verfügen, die jedoch im Alltagsleben zumeist zusammenfließen. Zum anderen sind Einkommenskumulationen auch Ausdruck der bestehenden Alterssicherungssysteme in Deutschland. Hinzu kommen noch immer erhebliche Unterschiede zwischen den alten und den neuen Bundesländern.

4.3.1 Überblick über die Alterssicherung in Deutschland

Historisch bedingt ist die Alterssicherung in Deutschland unübersichtlich strukturiert und unorganisiert. Es gibt eine Reihe von Sicherungssystemen mit z. T. erheblichen Unterschieden hinsichtlich der Organisation, des erfassten Personenkreises, der jeweils angestrebten Sicherungsziele, der Leistungsvoraussetzungen und -niveaus sowie der Finanzierungsmodalitäten. Üblicherweise werden die einzelnen Systeme den folgenden vier Ebenen zugeordnet (vgl. insbesondere Bäcker, Naegele et al. 2010, Bd. II):

Auf der *ersten* Ebene befinden sich die Regelsicherungssysteme. Sie sind die weitaus bedeutsamsten Einkommensquellen älterer Menschen in Deutschland und setzen sich zusammen aus:

- der *gesetzlichen Rentenversicherung* (GRV),
- der *Beamtenversorgung* (BV) und
- den rund 60 Alterssicherungseinrichtungen für bestimmte Gruppen von Selbstständigen und Freiberuflern.

Zur *zweiten* Ebene zählen die betrieblichen Zusatzsysteme, die sich unterscheiden lassen in:

- die *betriebliche Altersversorgung* für die Beschäftigten in der Privatwirtschaft (BAV) und
- die *Zusatzversorgung für die Arbeiter und Angestellten im öffentlichen Dienst* (ZÖD).

Die *dritte* Ebene wird durch die private Altersvorsorge gebildet. Zu unterscheiden ist hier zwischen der altersbezogenen Vermögensbildung, der Lebensversicherung sowie neuerdings der privaten Rentenversicherung – hier danach, ob eine gezielte Förderung aus öffentlichen Mitteln erfolgt oder nicht.

Die *vierte* Ebene umfasst die nach dem Fürsorgeprinzip ausgestaltete (nach Bedürftigkeitsprinzip gezahlte) Grundsicherung im Alter und bei Erwerbsminderung.

Je nach berufsbiographischem Hintergrund setzen sich für die verschiedenen Gruppen der Bevölkerung die Alterseinkünfte in unterschiedlicher Weise zusammen. Am wichtigsten sind die erwerbs- und berufsbezogenen Alterssicherungssysteme der Ebenen eins und zwei, wobei die Zugehörigkeit an den Erwerbs- und Berufsstatus gebunden ist. Die Höhe der Alterseinkommen wiederum richtet sich im Wesentlichen nach dem Verdienst während der aktiven Erwerbsphase und der Dauer der Zugehörigkeit (Versicherungs-, Erwerbsdauer).

Das weitaus bedeutsamste berufsbezogene Alterssicherungssystem ist die GRV. Je nach Lebensform entfallen auf sie bis zu

72 % des gesamten Bruttoeinkommensvolumens (vgl. **Tab. 4.1 u. Abb. 4.2**).

Tab. 4.1: Anteile von Einkommenskomponenten am Bruttoeinkommensvolumen (Datenquelle: Alterssicherungsbericht der Bundesregierung 2008; eigene Darstellung)

	Bundesrepublik Deutschland			Alte Bundesländer			Neue Bundesländer		
Einkommenskomponenten	Ehepaare	allein-stehende Männer	allein-stehende Frauen	Ehepaare	allein-stehende Männer	allein-stehende Frauen	Ehepaare	allein-stehende Männer	allein-stehende Frauen
Gesetzliche Rentenversicherung	58 %	62 %	72 %	53 %	58 %	67 %	86 %	93 %	95 %
Andere Alterssicherungsleistungen	20 %	19 %	17 %	23 %	21 %	20 %	2 %	1 %	1 %
Private Vorsorge	12 %	11 %	6 %	14 %	12 %	7 %	4 %	3 %	2 %
Transferleistungen	0 %	1 %	1 %	0 %	1 %	1 %	0 %	0 %	0 %
Restl. Einkommen	10 %	8 %	4 %	10 %	8 %	4 %	8 %	3 %	1 %

Insgesamt lässt sich eine moderate, aber stetige Gewichtsverschiebung in Richtung individueller Vorsorge und betrieblicher Altersversorgung erkennen. Die zweite und dritte Ebene sind heute eigenständige Bestandteile der staatlichen Alterssicherungspolitik.

Um aus den Leistungen der einzelnen Sicherungssysteme die tatsächliche Kaufkraft der älteren Menschen von heute ablesen zu können, ist das monatliche Nettogesamteinkommen/Haushalt von Interesse. Dort hinein fließen neben Kumulationen einzelner Alterseinkommensquellen auch die einzelnen Einkommensquellen der übrigen Haushaltsmitglieder, da ein gemeinsames Wirtschaften angenommen werden kann. Annäherungsweise Auskunft darüber gibt die ASID-Studie (Alterssicherung in Deutschland), die in regelmäßigen Abständen im Auftrag des Bundesministeriums für Arbeit und Sozialordnung erstellt wird.

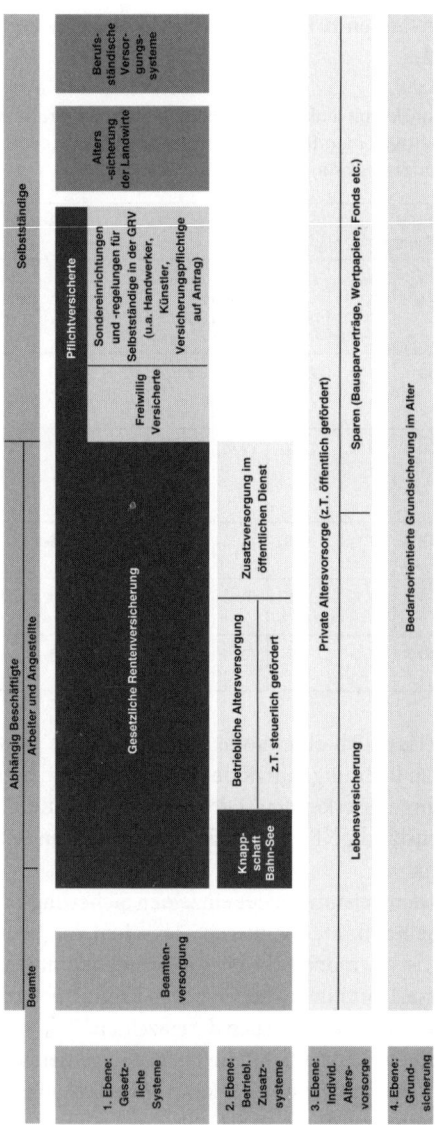

Abb. 4.2: Überblick über die Alterssicherungssysteme in Deutschland (Quelle: Ginn, Fachinger, Schmähl 2008: 33)

Neben den Renteneinkommen werden dabei auch Leistungen aus der betrieblichen Altersversorgung und der öffentlich-rechtlichen Zusatzversorgung berücksichtigt sowie Einkommen aus Vermögen, Vermietung und Verpachtung etc. wie auch Ausgaben für die Sozialversicherung (Krankenversicherung etc.). Die folgenden Daten differenzieren dabei u. a. auch nach neuen und alten Bundesländern, um die z. T. beträchtlichen Kaufkraftunterschiede abbilden zu können.

Tabelle 4.2 gibt einen Überblick über die einzelnen Sicherungssysteme und deren Bedeutung insgesamt sowie für den einzelnen (im Durchschnitt).

Hinzu kommen Einkommen aus Einmalzahlungen von Lebensversicherungen etc. Bislang basiert die Alterssicherung nur für einen sehr geringen Anteil von Älteren hauptsächlich auf privater Vorsorge (Bildung von Grund-, Produktiv- und Geldvermögen, Abschluss von Lebensversicherungen). Allerdings nimmt für eine wachsende Zahl von Menschen die private Vorsorge eine *ergänzende* Funktion ein. Dieser Trend wird sich durch die öffentliche Förderung im Gefolge der Einführung der Riester-Rente noch verstärken.

Neben den Lebensversicherungen spielen regelmäßige Vermögenseinnahmen sowie Einnahmen aus Vermietung und Verpachtung für eine wachsende Zahl älterer Menschen eine wichtige Rolle. Bezogen auf die Bruttoeinnahmen machen sie aktuell bereits knapp 15 % der Bruttoeinnahmen der Altenhaushalte aus (Schulz 2009) – und zwar ebenfalls mit stark sozial selektiver Verteilung innerhalb der Altenpopulation. Die höchsten Vermögensbestände werden zwischen 60 und 70 Jahren erreicht, um danach deutlich abzusinken. Dahinter verbergen sich nicht etwa nachfragebezogene Entsparvorgänge, sondern Kohorteneffekte sowie in diesen Jahrgängen bereits vererbtes Vermögen (Krause, Schäfer 2005). Die Kohorte der 50- bis 65-Jährigen profitiert dabei in doppelter Hinsicht als Erben und Immobilien- bzw. Vermögensbesitzer. Aktuell stellt die Gruppe der Rentner und Pensionäre einen Anteil von etwa 35 % am gesamten privaten Geld- und Immobilienvermögen.

Informationen zum Vermögensbestand der Rentner- und Pensionärshaushalte liefert eine jüngst veröffentlichte Sonder-

	Anteil an der Bezugsgruppe in %				Über 65jährige Bezieher – absolute Zahl in Mio.				Durchschnittliche Höhe pro Bezieher in Euro			
	Westen		Osten		Westen		Osten		Westen		Osten	
	m	w	m	w	m	w	m	w	m	w	m	w
GRV												
eigene	89	84	99	99	6,9	8,2	1,6	2,3	950	485	999	676
abgeleitete		86		99	0,4	5,5	0,2	0,9	230	551	275	572
kumuliert									1.217	999	1.245	1.205
BV												
eigene					0,95				2.018	1.798	/	/
abgeleitete					0,4				1.140		/	
BAV												
eigene	44	10	2	1	2,64				500	228	231	81
abgeleitete					0,52				240			
ZÖD												
eigene	80	55	18	12	1,73				426	262	125	101
abgeleitete					0,27				234			
Private Renten und Renten aus Lebensversicherungen	4	2			0,330				521	301	/	

/ zu geringe Fallzahlen

Tab. 4.2: Einkommen aus Alterssicherungssystemen (Datenquellen: ASID 2007; DRV 2010; tns Infratest 2009; eigene Darstellung)

auswertung des Sozioökonomischen Panels. Demnach hatte 2007 ein Rentner im Durchschnitt ein individuelles Netto-Geld- und Sachvermögen in Höhe von 108 129 Euro, ein Pensionär sogar von 195 857. Hinzu kamen Renten- und Pensionsanwart- schaften in Höhe von 125 093/Rentner bzw. 308 856/Pensionäre (Frick, Grabka 2010). Von diesen Vermögen fließen bei den 65- bis 70-Jährigen durchschnittlich 388 Euro, bei den 70- bis 80-Jäh- rigen 367 Euro und bei den über 80-Jährigen 320 Euro monatlich in das Nettoeinkommen (Statistisches Bundesamt: LWR 2007). Seit der Rentenreform 2001 ist es ein ausdrückliches Ziel der staat- lichen Sozialpolitik, die private, »kapitalgedeckte« Alterssicherung auszuweiten, um die gleichzeitig in Angriff genommene Senkung des Rentenniveaus wenigstens teilweise zu kompensieren (Schmähl 2006, 2007) (s. Kap. 4.3.3). Die seither eingeführten privaten Ab- sicherungsformen sind jedoch im Grundsatz freiwillig, mit der Gefahr einer ebenfalls stark sozial selektiven Verteilung bei Inan- spruchnahme und folglich auch bei späterem Leistungsbezug.

Über die vorgenannten Leistungen hinaus gibt es verschie- dene weitere Einkommensquellen, die meist neben den Leistun- gen aus den Regelsystemen bezogen werden und diese ergänzen. Nur in wenigen Ausnahmefällen dienen die im Folgenden auf- geführten Leistungen als Haupteinkommensquelle im Alter:

- (Neben-)Erwerbstätigkeit (überwiegend bei Selbstständigen und Freiberuflichen sowie bei Angehörigen landwirtschaft- licher Berufe);
- Kriegsopferversorgung;
- Pflegeversicherung (Pflegegeld);
- Renten aus der gesetzlichen Unfallversicherung, die allerdings teilweise mit den GRV-Renten verrechnet werden;
- Wohngeld;
- bedarfsorientierte Grundsicherung im Alter und bei Erwerbs- minderung (seit 2001).

4.3.2   Einkommensverteilung im Alter

Die zuletzt verfügbaren ASID-Daten für 2007 zeigen, dass das Nettoeinkommen älterer Menschen mit verschiedenen Faktoren, insbesondere der Lebensform, dem Geschlecht, der Region, der früheren Erwerbstätigkeit, aber auch mit dem Alter korreliert[2]. Zu beachten ist, dass sich hinter den im Folgenden berichteten Nettoeinkommen die o. g. Kumulation von Einkommen verbirgt. Auch sind darin die Vermögenseinkünfte jenseits von Renten und Lebensversicherungen nicht erfasst.

Die Höhe des Nettoeinkommens unterscheidet sich relevant nach der Lebensform. Erwartungsgemäß verfügen Ehepaare über ein deutlich höheres Einkommen als Alleinstehende, da hier die Einkommen der Partner kumulieren. Auffällig sind vor allem die Unterschiede innerhalb der Gruppe der Alleinstehenden. Neben geschlechtsspezifischen Unterschieden sind zudem solche zwischen den verwitweten und geschiedenen/getrennt lebenden bzw. den ledigen Alleinstehenden auffallend. Während aus einer Verwitwung zumeist ein zusätzliches Einkommen in Form der Hinterbliebenenrente resultiert, verfügen Geschiedene bzw. Getrenntlebende i. d. R. nur über das eigene (zumeist niedrigere) Alterseinkommen (vgl. **Abb. 4.3**).

Die berufliche Stellung vor dem Eintritt in das Rentenalter hat stärkere Auswirkungen auf das Niveau des Alterseinkommens als der Familienstand. Beamte verfügen über deutliche höhere Nettoeinkommen als Arbeiter bzw. Angestellte und Selbstständige.

Auch fast zwanzig Jahre nach der Vereinigung sind strukturelle Einkommensunterschiede im Alter auch zwischen Ost- und Westdeutschland signifikant. Die Alterseinkommen im Osten Deutschlands liegen bei einigen Lebensformen weiterhin, und zwar zum Teil deutlich, unterhalb der vergleichbaren West-Durchschnittseinkommen. Dies ist im Wesentlichen durch unterschiedliche Strukturen und Systeme der Alterssicherung in der alten Bundesrepublik bzw. der ehemaligen DDR bedingt. So waren andere zusätzliche Leistungsarten wie die betriebliche Altersversorgung, die Zusatzversorgung im öffentlichen Dienst, die Beamtenversorgung, die Alterssicherung der Landwirte oder die berufsständischen Versorgungssysteme in der DDR de facto

---

2 Auf den Zusammenhang mit dem Migrationshintergrund soll an dieser Stelle nicht eingegangen werden (vgl. hierzu ASID 2008).

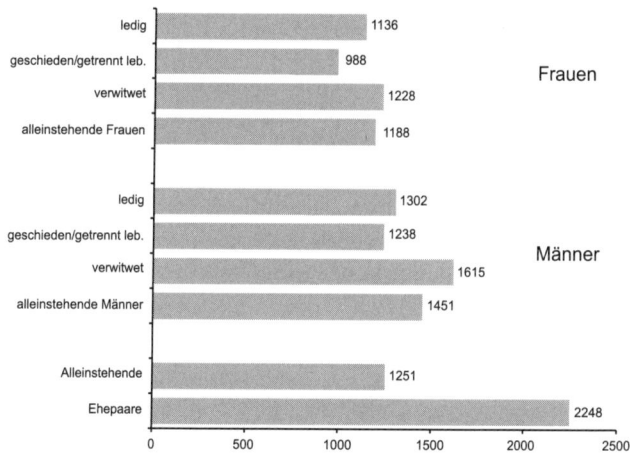

Abb. 4.3: Nettoeinkommen älterer Menschen in Euro nach Lebensform 2007 (Quelle: Schneiders 2010: 152).

unbekannt. Diese fehlenden zusätzlichen Einkommensquellen spiegeln sich auch in einem direkten Vergleich der Nettoeinkommen wider.

Die größten Unterschiede bestehen beim Alterseinkommen der alleinstehenden ostdeutschen Männer und ledigen ostdeutschen Frauen, die jeweils nur etwa 75 % des Einkommens der Westdeutschen in der gleichen Lebenslage erreichen. Die wesentlich höhere Erwerbsbeteiligung der Frauen in der DDR kann die Lücken im Zugang zu den »zusätzlichen Einkommen« nicht kompensieren. Zudem profitieren die Frauen in den alten Bundesländern im höheren Lebensalter überproportional von Hinterbliebenenrenten. Der aktuelle Alterssicherungsbericht zeigt zudem, dass sich die Unterschiede zwischen den alten und den neuen Bundesländern nach einer Phase der Annäherung in den letzten Jahren eher verstärkt als verringert haben. Zu berücksichtigen ist jedoch, dass diese Durchschnittswerte nur ein sehr unzureichendes Bild der tatsächlichen ökonomischen Lage vermitteln können (vgl. **Tab. 4.3**).

Insgesamt sind seit 1995 für Ost- wie für Westdeutschland deutliche Einkommenszuwächse zu konstatieren: Während 1995 nur ca. 25 % aller Altenhaushalte über ein Einkommen über 1 700 Euro verfügten, waren es 2005 bereits über 40 %.

Interessant sind Altersgruppenvergleiche: Dabei zeigt sich, dass jüngere Alterskohorten vom Einkommenszuwachs der vergangenen Jahre überdurchschnittlich stark profitieren konnten, während die Angehörigen älterer Kohorten zwar auch einen Einkommenszuwachs hatten, dieser jedoch deutlich hinter dem jüngerer Kohorten zurückblieb. Außerdem verfügen Männer aller Altersgruppen insgesamt jeweils über ein deutlich höheres Einkommen als Frauen.

Tab. 4.3: Entwicklung der Nettoeinkommen von Altenhaushalten in Ost und West[3]; Angaben in Euro (Datenquellen: ASID 1986, ASID 1992 ASID 1995, ASID 2003, ASID 2007; eigene Darstellung)

	Ehepaare		Alleinstehende Männer		Alleinstehende Frauen					
					Ledige		Geschiedene		Verwitwete	
	Bundesländer									
	Alte	Neue	Alte	Neue	Alte	Neue	Alte	Neue	Alte	Neue
1986	1 382		970		765		662		699	
1992	1 807	1 151	1 309	710	1 015	585	910	529	995	674
1995	1 927	1 594	1 386	1 045	1 080	793	966	687	1 057	977
2003	2 197	1 932	1 515	1 284	1 187	953	1 051	827	1 194	1 207
2007	2 350	1 937	1 586	1 188	1 237	929	1 051	879	1 218	1 244

Die Zusammensetzung der Einkommen variiert der ASID 2007 zufolge sowohl zwischen den Geschlechtern wie zwischen den einzelnen Kohorten stark:

• So verfügen ca. 10 % der männlichen Kohorten bis zu einem Alter von 75 noch über ein Einkommen aus Erwerbstätigkeit,

---

3   Im Gegensatz zur Befragung aus dem Jahr 1999/2000 wurden in den früheren Erhebungen auch Heimbewohner berücksichtigt. Insofern ist die Aussagekraft von Vergleichen im Zeitablauf nur eingeschränkt möglich.

in älteren Kohorten verliert diese Einkommensquelle fast gänzlich an Bedeutung.

- Die vergleichsweise hohen Einkommen der 80- bis unter 85-jährigen Männer sind nur zu einem geringen Teil auf leicht überdurchschnittliche eigene Alterssicherungsleistungen zurückzuführen. Diese Kohorte verfügt vielmehr über auffallend hohe zusätzliche Einkommen aus Vermietung und Verpachtung in Höhe von durchschnittlich 1 291 Euro. Die übrigen Kohorten bewegen sich hier nur zwischen 413–788 Euro/ Monat.
- Insgesamt verfügen die Altersjahrgänge zwischen 1923 und 1927 über überdurchschnittlich große Immobilienvermögen.
- Im Vergleich dazu sind ältere Frauen häufiger benachteiligt, denn sie verfügen sowohl über niedrigere Einkommen aus (eigenen) Alterssicherungsleistungen als auch über weniger Einkommen aus zusätzlichen Quellen. Allerdings gibt es relevante Gruppenunterschiede zwischen den einzelnen Kohorten.
- So verfügen die 70- bis unter 75-Jährigen nur über ca. 81 % des Einkommens der 85-Jährigen und älteren. Anders als bei den Männern steigt somit das Einkommen der Frauen mit dem Alter an, was in den oberen Kohorten vor allem auf abgeleitete Alterssicherungsleistungen (Hinterbliebenenrente) zurückzuführen ist.
- Auch ältere Frauen können zum Teil auf erhebliche zusätzliche Einkommen aus Vermietung und Verpachtung zurückgreifen, wenn auch auf deutlich niedrigere als die gleichaltrigen Männer. Die Jahrgänge der 1928 bis 1933 sowie der 1938 bis 1943 geborenen Frauen verfügen über deutlich höhere Einkommen aus Immobilienvermögen als die übrigen Alterskohorten.
- Die geschlechtsspezifischen Unterschiede sollten jedoch nicht überschätzt werden. »Eine Betrachtung der individuellen Einkommen greift bei Verheirateten zu kurz, da die Einkommen im Haushaltskontext gesehen werden müssen. So verfügen z. B. verheiratete Frauen, die aufgrund geringer eigener Erwerbsbeteiligung bereits während ihrer aktiven Phase auf das Erwerbs- bzw. Familieneinkommen des Ehemannes an-

gewiesen waren, i. d. R. nur über geringe eigene Alterssicherungsleistungen und sind auch im Alter auf das Einkommen
des Ehemannes angewiesen. In diesen Fällen sind geringe
eigene Alterssicherungsleistungen daher kein Ausdruck einer
unzureichenden individuellen Einkommenssituation im Alter, sondern Ergebnis der früheren traditionellen geschlechtsspezifischen Arbeitsteilung« (tns infratest 2008: 101).

4.3.3 Künftige Einkommenslage im Alter

Vor dem Hintergrund der hohen Bedeutung der Leistungen aus
den Regelsicherungssystemen für die private Nachfrage und
deren Bedeutung wiederum für die Seniorenwirtschaft ist die
künftige Entwicklung speziell hier von großem Interesse. Ausgehend von einem vergleichsweise hohen Leistungs- und Versorgungsniveau – die für frühere Kohorten typische Altersarmut
ist zur Ausnahme geworden – ist zu erwarten, dass der mit den
verschiedenen rentenpolitischen Beschlüssen eingeleitete Paradigmenwechsel, der auf eine Senkung des Leistungsniveaus der
GRV (und auch der BV) zielt, auch die private Nachfrage emp-
findlich beeinflussen wird. In der Konsequenz ist mit der »neu-
en Alterssicherungspolitik« das Ziel der Lebensstandardsiche-
rung in der GRV durch das »Beitragssatzstabilisierungsziel«
abgelöst worden. »Politisches Ziel der neuen Alterssicherungspolitik ist eine Reduzierung der Bedeutung der umlagefinanzierten GRV und ihr teilweiser Ersatz durch kapitalfundierte
private Alterssicherungsprodukte« (Schmähl 2007: 305). Dabei
wird längerfristig ein bis unter die 50 %-Marke sinkender Anteil
der GRV am gesamten Alterseinkommen erwartet (z. B. Miegel,
Wahl, Hefele 2002).

Spätestens seit Beginn dieses Jahrhunderts dominiert in der
GRV das Prinzip einer einnahmeorientierten Ausgabenpolitik.
In der Konsequenz ist das Rentenniveau zu einer abhängigen
Variablen geworden. Zwar gab es auch einige wenige Leistungs-
verbesserungen in der GRV, diese beschränkten sich jedoch auf
ausgewählte familienpolitische Komponenten sowie auf die Einführung einer bedarfsorientierten Grundsicherung (zu den einzelnen Eckpunkten Ginn, Fachinger, Schmähl 2007; Naegele,
Schmähl 2007; Schmähl 2007).

Dabei ist keineswegs sichergestellt, ob die mit der »neuen Alterssicherungspolitik« verknüpften finanziellen Verluste durch den Aufbau der politisch als »Kompensation« intendierten privaten Altersvorsorge (Riester- und Rürup-Rente) flächendeckend wettgemacht werden können. Dafür sprechen neben den vergleichsweise geringen Nutzungsquoten sozial selektive Verteilungseffekte zugunsten der bereits vergleichsweise gut Abgesicherten und zuungunsten niedriger Einkommensbezieher (Berner 2008; Berner, Romeo, Motel-Klingebiel 2010). Erschwerend hinzu kommen die sicherungsrechtlichen Konsequenzen struktureller Veränderungen in den Erwerbs-, Versicherungs- und Familienbiographien von Menschen im Kontext von Dauerarbeitslosigkeit, »Entnormalisierung« von versicherungspflichtiger Erwerbsarbeit bzw. stark zunehmenden sogenannten prekären Beschäftigungsverhältnissen (Bäcker, Naegele et al. 2010; Bd. I). Auch wirken sich bereits bei jüngeren Kohorten von Alterszugangsrentnern die versicherungsmathematischen Abschläge, die bei vorgezogenem Rentenbezug in Kauf zu nehmen sind, anspruchsmindernd aus: Fast die Hälfte aller neuen Altersrenten war 2007 bereits davon betroffen (Brussig 2010). Schon jetzt sinken die Rentenanwartschaften – vor allem in den neuen Bundesländern – und nimmt die Spreizung der Alterseinkommen zu (Frommert, Himmelreicher 2010). Es ist zu erwarten, dass kürzere bzw. sich ändernde Erwerbsbiographien zusätzlich zu den generellen Leistungsreduktionen im Gefolge der neuen Alterssicherungspolitik in vielen Fällen zu durchschnittlich niedrigeren Rentenansprüchen führen werden, als sie heute anzutreffen sind. Nicht zuletzt wirkt sich die veränderte Arbeitsmarktlage auch insgesamt hemmend auf die Möglichkeit zur Privatvorsorge aus (Schmähl 2007). In der Konsequenz ist für die Zukunft eine noch weitere Spreizung der Alterseinkommen einerseits sowie die baldige Zunahme der (fast schon überwunden geglaubten) Altersarmut absehbar (BMFSFJ 2006).

Es zeigt sich, dass das Einkommen aus den Regelsicherungssystemen – bislang ein wichtiger Garant für die »Erfolge« der Seniorenwirtschaft – vor Niveauverlusten nicht gefeit ist. Ob es im Gefolge entsprechend der empirisch aber bislang nicht bestätigten Lebenszyklushypothese künftig zu einem »Entsparen« kommt, d. h. während der Erwerbsphase aufgespartes Vermögen in der Zeit der Rente nach und nach für Konsumzwecke aufgebraucht wird (Fachinger 2002), oder ob mit (für die Seniorenwirtschaft »bremsenden«) Konsumverzichten reagiert wird, ist aktuell nicht zu beantworten. Plausibel wäre auch eine Spreizung der Konsumausgaben entsprechend der (zu erwartenden weiteren) Spreizung der Alterseinkommen. Andererseits muss jedoch berücksichtigt werden, dass die Wirkungen der neuen Alterssicherungspolitik die Kaufkraft der dann jeweils neuen Rentnergeneration erst in mittelfristiger Perspektive erreichen werden. Festzuhalten bleibt, dass es auch zukünftig neben einkommensstarken Senioren ältere Menschen geben wird, die über mittlere, aber auch sehr geringe Einkommen verfügen werden. Das Ausmaß künftiger Altersarmut ist allerdings nicht exakt abzuschätzen. Bezüglich der zukünftigen Entwicklung der Alterseinkommen insgesamt werden zurzeit unterschiedliche Szenarien diskutiert. Während z. B. der aktuelle Alterssicherungsbericht für eigens definierte Modellfälle von steigenden Alterseinkommen ausgeht, prognostizieren andere Studien eher sinkende bzw. polarisierende Alterseinkommen (Backes, Amrhein 2008: 73; Himmelreicher, Frommert 2006; Riedmüller, Willert 2008).

Kontrollfragen zu Kapitel 4

Welche demographischen Entwicklungstrends werden mit dem Begriff des »dreifachen Alterns« erfasst?

Wie entwickeln sich die privaten Lebensformen und welche Auswirkungen hat dies auf die (ökonomischen) Potentiale der Älteren?

Welche Bedeutung haben die gesetzlichen und privaten Alterssicherungssysteme heute und in Zukunft?

Weiterführende Literatur

Bäcker, G., Naegele, G., Bispinck, R. & Hofemann, K. (2010). *Sozialpolitik und soziale Lage in der Bundesrepublik Deutschland, 5. Auflage, 2 Bände.* Wiesbaden: VS.

Fachinger, U. (2009). Wovon leben die »Alten« und wofür geben sie ihr Geld aus? Eine empirische Analyse für Deutschland. In Deutsche Rentenversicherung Bund (Hrsg.), *Die Lebenslagen Älterer: Empirische Befunde und zukünftige Gestaltungsmöglichkeiten* (S. 65–96). Berlin: DRV-Schriften Band 85.

Ginn, J., Fachinger, U. & Schmähl, W. (2008): Pension reform and the socio-economic status of older people. In G. Naegele & A. Walker (Hrsg.), *Social Policy in Ageing Societies. Britain and Germany compared* (S. 22–45). Basingstoke/UK: Palgrave & Macmillan.

Tesch-Römer, C., Engstler, H. & Wurm, S. (Hrsg.). (2006). *Altwerden in Deutschland: Sozialer Wandel und individuelle Entwicklung in der zweiten Lebenshälfte.* Wiesbaden: VS.

5   Der Konsum älterer Menschen: Bedarf, Struktur und Verhalten

Die fachwissenschaftliche Diskussion um die älteren Verbraucher fand (und findet zum Teil immer noch) in stark polarisierender Weise statt. Galten ältere Verbraucher in der Vergangenheit als ausgesprochene »Konsummuffel«, die eher bescheiden, anspruchslos und zurückhaltend daherkamen und allenfalls in krankheits- und pflegenahen Kontexten (z. B. als Nutzer von Rollstuhlliften oder als Konsumenten von Geriatrika und Stärkungsmitteln à la Klosterfrau Melissengeist oder Doppelherz) Aufmerksamkeit auf den privaten Konsumgütermärkten fanden, so hat sich dieses Bild heute fundamental geändert. Dennoch ist es nicht weniger klischeebehaftet, denn nunmehr dominieren die drei Ks, gelten ältere Verbraucher als konsumfreudig, als kompetent und kaufkraftstark. Hinter beiden Bildern verstecken sich klassische gerontologische Konstrukte: Während ersteres seinen Bezug zu einem Defizitmodell des Alters nicht verleugnen kann, spiegeln die neuen Bilder das neue Konzept vom »productive« bzw. »active ageing« wider (s. Kap. 2.1).

Im Folgenden soll eine realitätsnähere Sicht älterer Verbraucher eingenommen werden. Zum einen wird gezeigt, dass die empirisch evidente soziale Differenzierung des Alters auch für die private Nachfrage Älterer auf privaten (wie öffentlichen) Konsumgüter- und Dienstleistungsmärkten gilt. Zum anderen wird auf die lebensphasenspezifische Prägung (auch) von Konsumbedarfen und -strukturen im Alter eingegangen. In zwei weiteren Abschnitten wird ein Überblick über typische Merkmale des Konsumentenverhaltens älterer Menschen gegeben bzw. werden relevante Verhaltensunterschiede zu jüngeren Konsumentengruppen behandelt.

5.1 Differenzierung und Pluralisierung des Alters

Gerade auch für das Alter gilt, dass Lebensläufe und Lebensphasen immer unterschiedlicher gestaltet und gelebt werden. Alter
und Altern sind zunehmend durch plurale Verlaufs- und Exis-
tenzformen gekennzeichnet. In der Konsequenz gilt dies auch
für ihre Konsuminteressen und -bedarfe. Dies ist zum einen mit
der zeitlichen Ausdehnung der Altersphase aufgrund des Dop-
peleffektes von immer früherer »Entberuflichung« des Alters
einerseits und zunehmender fernerer Lebenserwartung andererseits zu erklären. Das chronologische Alter eignet sich allenfalls noch für eine grobe Abgrenzung des risikobehafteten hohen
Alters (80–85 Jahre), aber nicht mehr als Distinktionsmerkmal
für Menschen innerhalb der gesamten Lebensphase »Alter«, die
heute nicht selten 40 und mehr Lebensjahre umfasst.

In der Gerontologie wird schon seit langem nach aussagefä-
higeren internen Abgrenzungen der Lebensphase Alter gesucht,
dabei durchaus auch unter Zuhilfenahme kalendarischer Altersgrenzen. Weit verbreitet ist die Einteilung in »junges Alter«
(55/65), »mittleres/normales Alter« (65/75), »hohes Alter« oder
»drittes Alter« (75–85/90) und »sehr hohes Alter/Hochaltrigkeit«
oder »viertes Alter« (ab 85/90). Dem entspricht, dass sich in den
jeweiligen kalendarisch abgegrenzten Segmenten oftmals auch
altersphasentypische Lebens- und Verhaltensmuster identifizieren lassen.

Hinzu kommt, dass die Konsequenzen des allgemeinen sozial-strukturellen Wandels längst auch das Alter erreicht haben
(Backes, Clemens 2008). Unterschiedliche Kohortenerfahrun-
gen und biographische Bedingungen, unterschiedliche Lebensformen, Lebensstile sowie Selbst- und Fremdbilder werden auch
im Alter wirksam. Gleiches gilt für lebensgeschichtliche Erfahrungen von sozialer Ungleichheit. Auch ergeben sich für den
Konsumbedarf und das Konsumverhalten relevante Kohorteneffekte in Form von Verbesserungen beim Einkommen, im
Gesundheitszustand, im Bildungs- und Qualifikationsniveau
und in der sozialen Integration bei den jeweils nachrückenden
Kohorten älterer Menschen. Außerdem hat die Pluralisierung

der sozialen Absicherungsformen (s. Kap. 4.3.1) und der Lebensarbeitszeit Folgen, die nicht ohne Einfluss auf private Konsumbedarfe und -entscheidungen bleiben.

Der sozial-strukturellen Differenzierung des Alters entspricht darüber hinaus die Zunahme der intraindividuellen Variabilität älterer Menschen, d. h. eine wachsende Differenzierung von individuellem Altern und Alter(n)serleben. Empirische Befunde zeigen, dass Flexibilität, Mobilität und Selbstständigkeit in sämtlichen Altersgruppen über 50 Jahre deutlich zugenommen haben. Auch fühlen sich Menschen zwischen 40 und 85 Jahren heute im Schnitt etwa zehn Jahre jünger, als es ihrem kalendarischen Alter entspricht (GfK 2008; Tews 1999). Mit dem Übergang in die berufsfreie Zeit beginnt für viele eine neue Lebensphase mit neuen Zielen und Ansprüchen an Dienstleistungen, Techniken und Beschäftigung.

Zudem zeigen Forschungsergebnisse zu Lebenslagen im Alter, dass diese sich nicht nur in einzelnen Altersphasen teilweise komplett anders darstellen, sondern dass selbst innerhalb dieser signifikante Unterschiede in wichtigen Dimensionen bestehen können, z. B. je nach Geschlecht, Familienstand, sozialem Status oder ethnisch-kultureller Herkunft (Clemens, Naegele 2004). Die Rede ist von einer Differenzierung des Alters (Bäcker, Naegele et al. 2010; Bd. II) je nach den untersuchten Merkmalen und Dimensionen der Lebenslage. Dies gilt ebenso für alterstypische Konsumhandlungen (vgl. Barkholt et al. 1999).

5.2   Für den privaten Konsum relevante Lebensphasen und -ziele

Die aktuelle Markt- und Konsumforschung adressiert die älteren Konsumenten mit euphemistischen Anglizismen, die z. T. wenig mit der realen Differenzierung des Alters zu tun haben wie z. B. »silver market«, »best agers«, »mid agers«, »Generation 50+« oder »Generation Silber«. Bereits die Verwendung des Begriffs der Generation suggeriert eine Erlebnisparallelität, die es angesichts der unterschiedlichen Lebenserfahrungen des jungen und des hohen Alters gar nicht gibt. Und selbst bei altersgleichen

Personengruppen gilt dies aufgrund der Variabilität von Lebenslagen, Lebensläufen und Lebensphasen allenfalls nur partiell.

Somit bedarf es auch für Studien zum Konsumverhalten bei älteren Menschen anderer Indikatoren. Weiterführend ist eine in der US-amerikanischen soziologischen Konsumforschung schon seit langem eingeführte Analyse der individuellen Konsumhandlungen und -entscheidungen vor dem Hintergrund ihrer jeweiligen Stellung im Lebenszyklus, verstanden als nicht selten idealisierte, aber zumeist empirisch abgrenzbare Abfolge typischer Lebensphasen. Hierbei werden üblicherweise drei konsumrelevante Lebenszyklusmodelle unterschieden: Familien-, Berufs- und Einkommens-/Sparzyklus. Bei all diesen Modellen wird die Lebensphase Alter nicht weiter unterteilt (Naegele 1978).

Bedingt durch die zeitliche Ausdehnung des Alters haben sich aber auch für die Lebensphase Alter mehrere Teilphasen herausgebildet, die von älteren und alten Menschen im Verlauf ihres jeweiligen Alterungsprozesses typischer Weise durchschritten werden (können) und die dabei wegen der wachsenden Variabilität in den Lebensläufen und -phasen nicht selten quer zum kalendarischen Alter stehen. Auch für sozialgerontologische Konsumuntersuchungen hilfreich sind dabei Phaseneinteilungen in Anlehnung an soziologische Forschungen zu Statuspassagen oder an psychologische Studien zu kritischen Lebensereignissen im Alter (Backes, Clemens 2008; Filipp 1999). Diese fokussieren jeweils empirisch abgrenzbare Übergänge zwischen einzelnen Lebensphasen im Alter, aus denen sich ggf. relevante Konsumbedarfe und -interessen ergeben, die sich auch verändern können (Naegele 2010a). Dabei ist noch zu beachten, dass bei den nachrückenden Kohorten Älterer die (auch zeitliche) Variabilität in den Lebensläufen und Lebensphasen noch zunehmen dürfte.

- Auszug der Kinder bzw. »empty nest« (z. B. Wohnungswechsel, neue Einteilung der Wohnung/des Hauses, oftmals verbunden mit Umstrukturierung im Mobiliar, neues Auto)
- Ausscheiden aus dem Erwerbsleben, Beginn der »späten Freiheit« (z. B. Wegfall der berufsbedingten Ausgaben, Wohnortwechsel, mehr freie Zeit, Neuorganisation und Umstrukturierung von Zeit und Kontakten, Aufnahme neuer Engagementsformen)

- Beginn des sogenannten »jungen« (aktiven) Alters (z. B. mehr Reisen, mehr Außenkontakte, steigendes Interesse an Wellness und gesundheitsfördernden Angeboten)
- Großelternschaft, »intergenerationell sorgendes, verantwortlich handelndes Alter« (z. B. Sparen und Geschenke für die Enkelkinder, materielle und ideelle Unterstützung der jungen Familie, gemeinsame Freizeit)
- beginnende funktionale Einschränkungen, »vorpflegebedürftiges Alter« (z. B. mehr Ausgaben für die eigene Gesundheitserhaltung, Veränderungen in den Mobilitätsmustern, veränderte Kommunikationskultur mit Freunden und Verwandten, sparen für die eigene spätere pflegerische Versorgung)
- Tod des Partners/der Partnerin, Überlebendenhaushalt, »singularisiertes Alter« (z. B. erneuter Wohnortwechsel ggf. in die Nähe der Kinder, Anpassung der variablen Ausgabeposten, weniger oder mehr Außenkontakte, mehr Ausgaben für individuelle Sicherheit)
- ernsthafte gesundheitliche Einschränkungen/Pflegebedürftigkeit, gemessen an den »activities of daily living«; »hilfebedürftiges, vulnerables Alter« (z. B. mehr Ausgaben für Aufrechterhaltung der selbstständigen Lebensführung, haushaltsnahe Dienste, pflegerische Dienste, Wohnraumanpassung, Pflegetechnik)
- Einzug in eine besondere Wohnform, »betreutes und beschütztes Alter« (z. B. Ausgaben für die eigene pflegerische Versorgung, ggf. höhere Wohnkosten)

Quer dazu stehen solche alterstypischen Einflussfaktoren auf Konsumbedarfe und -interessen, die sich aus lebensphasenübergreifenden allgemeinen Lebenszielen und -präferenzen älterer Menschen ableiten lassen, wie sie in der folgenden Typologie von sozialen Grundbedürfnissen enthalten sind (Adlwarth 2008; Eitner 2009; Heyl et al. 1997; Meier, Schröder 2007). Je nach individueller Lebensphase, Lebenslage und Lebensform lassen sie sich weiter differenzieren bzw. zuordnen:

- Gesundheit (als Vorbedingung für die Befriedigung anderer Bedürfnisse)
- Sicherheit (materiell, existenziell, baulich-wohnlich)

- Selbstständigkeit und Wunsch nach Selbstbestimmung
- Erhaltung von Mobilität
- Wohlbefinden und Lebensqualität (d. h. physisches wie psychisches Wohlergehen)
- Convenience/Bequemlichkeit
- Funktionalität und Alltagserleichterung
- soziale Teilhabe und Sozialkontakte
- Wünsche für das Wohlergehen anderer (vor allem mit Blick auf engste Familienangehörige)

5.3 Verbraucherverhalten, konsumrelevante Werteorientierungen und Lebensstile

Aus den typischen Konsumbedarfen und -interessen älterer Menschen lässt sich nur mittelbar auf das tatsächliche Verbraucherverhalten schließen. Vielmehr ist die tatsächliche Nachfrage nach Produkten und Dienstleistungen von einer Vielzahl von Faktoren abhängig, zu denen auch Werte und Präferenzen zählen. Folgende alterstypische Muster des Verbraucherverhaltens sind erkennbar (zusammengestellt nach Adlwarth 2008; Eitner 2009):

- häufige Nutzung von »internen Informationsquellen« wie persönlich gemachte Erfahrungen mit einer Marke bzw. einem Produkt/einer Dienstleistung
- hoher Nutzungsrad interpersoneller Informationsquellen (z. B. Familie, Freunde oder Verkaufspersonal)
- innerhalb einer Produktkategorie Präferenz zu bekannten Marken und geringe Wechselbereitschaft
- signifikant häufigeres Einkaufen, dafür aber pro Kauf im Durchschnitt geringere Ausgaben
- starke Abhängigkeit des Kaufverhaltens/der Produktwahl von Funktionalität, Qualität, Markennamen, Bequemlichkeit, Bediener- und Servicefreundlichkeit, »Atmosphäre« und »One-Stop-Shopping«
- bei der Wahl des Einkaufsortes hohe Bedeutung von Orientierungsfreundlichkeit der Einkaufsumgebung

- enger Zusammenhang zwischen Einkaufshäufigkeit und Kontaktwunsch
- unabhängig von der Zahl der Einkäufe geringe Zahl unterschiedlicher Einkaufsstätten
- im Non-Food-Handel häufigere Nutzung von Kauf- und Warenhäusern
- höhere Nutzungsquote von Fachgeschäften

Zu weiteren, insbesondere aus der Perspektive des Seniorenmarketings interessanten Differenzierungen im Verbraucherverhalten führen Segmentierungen des Alters nach Wertorientierungen und nach Lebensstilen. Während aus soziologischer und gerontologischer Perspektive die Konzeptualisierung altersbezogener Lebensstile eher skeptisch bis kritisch betrachtet wird, haben mittlerweile alle großen Marktforschungsinstitute Typologien zur Segmentierung der Älteren entwickelt. Die Modelle unterscheiden sich hinsichtlich der einbezogenen Daten und Informationen sowie der teilweise fast schon marktschreierisch anmutenden Bezeichnungen der einzelnen Lebensstil- bzw. Zielgruppen.

So untergliedert z. B. das IFAK Institut für Markt- und Sozialforschung nach dem kalendarischen Alter in die Gruppen »Vor-Senioren« mit 50- bis 60-Jährigen, »junge Senioren« mit 60- bis 70-Jährigen und »ältere Senioren« ab einem Lebensalter von 70 Jahren. Die Psychonomics AG bezieht in die Zielgruppe der Älteren bereits die 45-Jährigen mit ein und unterscheidet zwischen den »future seniors« (ca. 45–60 Jahre), »jungen Senioren« (ca. 60–75 Jahre) und »alten Senioren« (ab ca. 75 Jahren).

Neben den ausschließlich auf das chronologische Alter rekurrierenden Modellen existiert eine Reihe von Typologien, die weitere Lebenslage- und Lebensstilindikatoren miteinbeziehen. Meyer-Hentschel, Hanne, Gundolf 2004 verwenden eine Einteilung in drei Lebensphasen: Midager (berufstätig, Kinder aus dem Haus, 40–65 Jahre), Pensioner (Paarhaushalte, Rentner, ab 50 Jahre), Older Singles (Single-Haushalte, Rentner, ab 60 Jahre). Andere Institute beziehen stärker Werte und Präferenzen (Roland Berger Strategy Consultants 2010) oder die jeweilige Kaufkraft (GFK 2009) mit ein.

Eine vergleichende Analyse der verschiedenen Modelle zeigt, dass sich hinter den vielen, zuweilen etwas blumigen, Bezeichnungen Menschen mit sehr unterschiedlichen Lebenslagen und Lebensstilen verbergen. Der konkrete Nutzen dieser Modelle beschränkt sich angesichts der Vielfalt der – häufig auf der Basis von repräsentativen Untersuchungen entwickelten Typologien – vor allem auf die Sensibilisierung von Unternehmen für die Heterogenität des Alters von Marktteilnehmern und ggf. die Entwicklung von Marketingstrategien. Überdenkenswert ist die Breite der Altersgruppen, die dazu führt, dass teilweise bereits 45-Jährige in die Zielgruppe mit einbezogen werden. Durch diese sehr großzügige Interpretation von Altersgrenzen, die auch die starken Babyboomer-Jahrgänge mit erfasst, ergeben sich dann in der Hochrechnung z. T. exorbitante Marktchancen, die das tatsächlich vorhandene Potential strukturell eher überschätzen.

Auch die soziologische Sozialstrukturforschung beobachtet seit den 1980er Jahren neben den sozialen Lagefaktoren zunehmend auch die Werte, Präferenzen und Einstellungen von sozialen Gruppen mit Aufmerksamkeit. Während das Konzept der Lebensstile stärker auf das expressive Verhalten (in Bezug auf Freizeit und Konsum) rekurriert, handelt es sich bei den sozialen Milieus um »tief verankerte und vergleichsweise beständige Werthaltungen und Grundeinstellungen« (Hradil 2006: 5). Damit geht einher, dass Lebensstile im Lebenslauf einer größeren Dynamik unterliegen (können), als die Zugehörigkeit zu einem sozialen Milieu.

Bereits in den 1980er Jahren wurden im Rahmen der »differentiellen Gerontologie« verschiedene Alterns-Lebensstile identifiziert (Tokarski 1998: 113f); ein empirischer Beleg für die Existenz altersspezifischer Lebensstile wurde allerdings noch nicht erbracht (Künemund 2006). Es zeigt sich jedoch, dass Ältere in bestimmten Lebensstilgruppen bzw. sozialen Milieus stärker vertreten sind als andere Altersgruppen.

So werden in einer auf ALLBUS rekurrierenden Untersuchung zwar keine altersbezogenen Lebensstilgruppen ausgewiesen; es lassen sich jedoch einige Lebensstilgruppen identifizieren, in denen Ältere überproportional vertreten sind. Dabei handelt es sich um die »traditionell, zurückgezogen Lebenden« sowie die »Sicherheitsorientierten« (Schneider, Spellerberg 1999: 16).

Ähnliches gilt für das aktuelle Milieu-Konzept des Sinus Institut.
Über 65-Jährige sind vor allem in den von traditionellen Werten
wie »Pflichterfüllung« und »Ordnung« geprägten sozialen Milieus »Konservative« und »Traditionsverwurzelte« sowie »DDR
Nostalgische« überrepräsentiert, in modernen Milieus hingegen
unterrepräsentiert bzw. nicht vertreten (»Moderne Performer«)
(vgl. **Tab. 5.1**).

Tab. 5.1: Soziale Milieus nach Altersgruppen (Datenquelle: Hallenberg,
Poddig 2005; eigene Darstellung)

Soziales Milieu	Anteile der Milieus in Prozent		
	unter 50-Jährige	50- bis unter 65-Jährige	über 65-Jährige
Etablierte	10,1	13,9	6,3
Postmaterielle	11,1	12,1	5,1
Moderne Performer	14,5	4,3	/
Konservative	1,5	6,5	10,5
Traditionsverwurzelte	2,2	14,1	44,3
DDR-Nostalgische	5,6	6,5	5,8
Bürgerliche Mitte	16,3	19,9	12,5
Hedonisten	15,2	5,8	6,3
Konsum-Materialisten	11,9	12,3	6,9
Experimentalisten	11,5	4,7	2,2
Gesamt	99,9 %	100,1	99,9

* von 100 abweichenden Summen beruhen auf Rundungsdiffernezen

Die im Vergleich zu anderen Altersgruppen hohe Bedeutung
eines einzigen Milieus bzw. der drei »traditionellen Milieus« wird
auf kohortenspezifische Ursachen zurückgeführt. Den Älteren
wird z. B. unterstellt, aufgrund biographischer Erfahrungen noch
stark von Pflicht- und Akzeptanzwerten geprägt zu sein. Ausgehend von der These, dass sich diese (in den 1950er Jahren aus-
gebildeten) Grundeinstellungen im Lebenslauf nicht oder nur
marginal verändern, sind die Jahrgänge der vor 1940 Geborenen
demnach stark von diesen traditionellen Werten geprägt; die
Varianz der sozialen Milieus ist hier relativ beschränkt. In der
Gruppe der sogenannten »jungen Alten« der 50- bis 65-Jährigen

zeigt sich hingegen aufgrund des Ansteigens moderner hedonistischer Lebensvorstellungen eine größere Pluralisierung der sozialen Milieus. Insgesamt lässt sich zusammenfassen, dass die Lebensstil- bzw. Milieuforschung die Frage nach kohorten- bzw. altersgruppenbestimmten Ursachen für die Zugehörigkeit zu bestimmten Lebensstilen bzw. sozialen Milieus noch nicht hat beantworten können.»Während die heute älteren und alten Menschen noch eher an den materialistischen Werten ausgerichtet waren und sind (und es aufgrund ihrer biographischen Bedingungen auch eher sein mussten), finden sich unter den Jüngeren eher Vertreterinnen und Vertreter postmaterialistischer Orientierungen – was allerdings wiederum ein Ergebnis von deren biographisch und sozialstrukturell bedingten Lebens(lage) chancen sein dürfte« (Backes 1998: 28).

5.4 Konsum-und Sparstrukturen älterer Menschen

Grundsätzlich weisen ältere Haushalte gegenüber jüngeren eine höhere Konsum- und eine niedrigere Sparquote auf. Überdurchschnittlich hoch ist die Konsumquote in der Gruppe der 65- bis unter 75-Jährigen, hier ist die Sparquote entsprechend niedrig (vgl. **Tab. 5.2**).

Tab. 5.2: Durchschnittliche Konsumquote je Haushalt und Monat in Prozent des verfügbaren Einkommens nach Alter des Haupteinkommensbeziehers – Deutschland 2003 (Quelle: Olschewsky 2008: 31)

	Gesamt	Unter 35	35–50	50–60	60–65	65–75	75+
Verfügbares Einkommen	100,0	100,0	100,0	100,0	100,0	100,0	100,0
Privater Verbrauch	75,4	77,6	71,4	72,6	80,0	84,3	78,5
Übrige Ausgaben	13,3	10,0	14,4	15,3	13,8	11,4	10,8
Ersparnis	11,2	10,3	14,0	12,9	6,7	5,5	9,4
Statistische Differenz	0,1	2,0	0,3	-0,8	-0,5	-1,3	1,2

Über alle Altersgruppen hinweg sind die Ausgaben für Wohnen, Verkehr und Nachrichtenübermittlung, für Bildungs- sowie für Freizeit- und Gesundheitsgüter absolut wie relativ in den letzten Jahren gestiegen. Differenzierte Analysen zeigen zudem relevante Umschichtungen der Ausgaben mit fortschreitendem Alter: Die Ausgaben für Gesundheitsgüter, aber auch derjenigen im Bereich Freizeit, nehmen anteilsmäßig zu (BMFSFJ 2006; Fachinger 2006, 2009; Schulz 2009). Innerhalb der Konsumausgaben Älterer entfallen mehr als zwei Drittel der verausgabten Mittel auf die vier Gütergruppen: Wohnen; Nahrungsmittel; Verkehr; Freizeit, Unterhaltung und Kultur (vgl. **Abb. 5.1**).

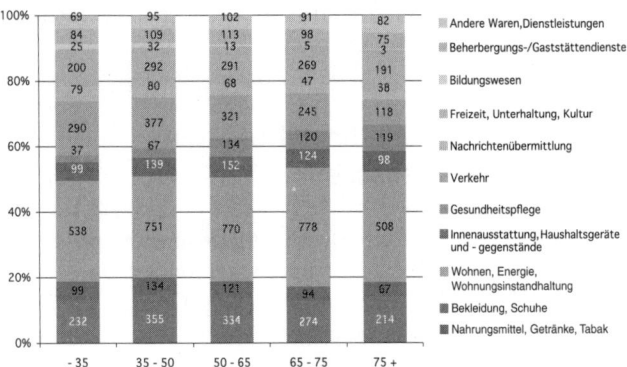

Abb. 5.1: Struktur der Konsumausgaben privater Haushalte 2003, unterteilt nach Alter des/der Haupteinkommensbeziehers/-bezieherin (Quelle: Eitner 2009: 156)

Mit knapp einem Drittel des verfügbaren Haushaltseinkommens entfallen deutlich hohe Ausgabenanteile auf Wohnen, Energie und Wohnungsinstandhaltung, während in allen anderen Altersgruppen Anteile zwischen einem guten Fünftel und einem Viertel üblich sind. Hier spiegelt sich u. a. die Weiternutzung großer und kostenintensiver Wohnungen bei gleichzeitiger Reduktion der Haushaltsgrößen und -einkommen wider. Demgegenüber gibt es wegen der (u. a. berufsaustrittsbedingten) geringeren Mobilitätserfordernis rückläufige Ausgabenanteile für Verkehr und Mobilität. Mit dem Lebensalter steigen demgegenüber die Ausgabenanteile für Güter der Gesundheitspflege kontinuierlich. Bei den Ausgabenanteilen für Körperpflege dominieren bei Älteren solche für Dienstleistungen, die mit dem Alter kontinuierlich zunehmen; bei Jüngeren überwiegen eher solche für Produkte. Umgekehrt verhält es sich bei Körperpflegeartikeln und -geräten. Andererseits wachsen mit dem Alter wiederum die Ausgabenanteile für Pauschalreisen.

Die erwähnten Konsumgütergruppen sind auch besonders geprägt durch alterstypische Ausgabensteigerungen, jedoch mit durchaus unterschiedlichen Verläufen. So steigen die Wohnkosten (inkl. Energie und Wohnungsinstandsetzung) kontinuierlich mit dem Alter an, während in den Gruppen Kultur, Freizeit und Unterhaltung bzw. Urlaub und Reisen nur in den Altersgruppen bis 75 Jahren Ausgabensteigerungen erfolgen. Jenseits von 75 Jahren steigen zudem die Ausgaben für Gesundheit und Pflege besonders stark an. Im Gegenzug zeigen sich in anderen Konsumsektoren alterstypische Ausgabenreduzierungen, vor allem in den Dienstleistungssektoren Verkehr und Mobilität bzw. Beherbergungs- und Gaststättenleistungen, aber auch bei den Konsumgütern Bekleidung und Schuhe. Auf konstant hohem Niveau verbleiben die Ausgabenanteile für Lebensmittel.

Aus der Perspektive der Seniorenwirtschaft ist von Interesse, wie sich vor dem Hintergrund der künftigen demographischen Entwicklung und der kollektiven Alterung der Bevölkerung die einzelnen Gütergruppen entwickeln werden. Hierbei lassen sich – mit Blick auf 2025 – die folgenden Gewinner- und Verliererbranchen identifizieren (Eitner 2009: 184).

Gewinnerbranchen mit einer demographisch induzierten Steigerung der Ausgabenanteile:
- Wohnen
- Gesundheit und Pflege
- Freizeit, Bildung und Unterhaltung
- Verkehr
- Nachrichtenübermittlung
- Reisen
- Beherbergungs-und Gaststättendienstleistungen

Verliererbranchen mit einer demographisch induzierten Reduzierung der Ausgabenanteile:

- Nahrungsmittel
- Bekleidung und Schuhe
- Einrichtungsgegenstände und dauerhafte Gebrauchsgüter
- Energie und Instandhaltung des Wohnbereichs

Allerdings bleiben dabei solche übergeordneten Megatrends der Konsumgüternachfrage unberücksichtigt, die sich – neben der Einkommensentwicklung und den Lebensformen im Alter – ergeben (Fachinger 2009):

- Innovationen im Bereich Technik (insbesondere in den Bereichen, Wohnen, Gesundheit, Pflege und soziale Dienstleistungen) (s. Kap. 8.5. und 8.9)
- Entwicklung sozialrechtlicher Regelungen (z. B. Zuzahlungsregelungen, Leistungsausgestaltung in der gesetzlichen Kranken-und Pflegeversicherung)
- allgemeine Preisentwicklung (z. B. für Energiekosten)
- Entwicklung auf den Kapitalmärkten (Sparverhalten)

Allgemein geht jenseits eines Alters von 75 bzw. 80 Jahren die Konsumneigung zugunsten der Sparneigung zurück. Das Sparverhalten und die Sparmotive verändern sich im Lebenslauf sowie innerhalb der einzelnen Alterskohorten. So sank z. B. in der Vergangenheit traditionell die Sparquote – gemessen in Prozent des verfügbaren Einkommens – ab 55 deutlich, um mit Erreichen des 70. Lebensjahres wieder anzusteigen. Es gibt dabei eine Verbindung zwischen dem Absinken der Sparquote im sechsten Lebensjahrzehnt, den Einkommenseinbußen bei Neurentnern und den häufigen zusätzlichen Leistungen aus weiteren Einkommensquellen wie Betriebsrenten, Abfindungen, Auszahlungen von Lebensversicherungen sowie Erbschaften, die speziell für diese Altersgruppe typisch sind und oftmals ein weiteres Altersvorsorgesparen entbehrlich machen. Demgegenüber gilt die Zunahme der Sparquote jenseits von 70 u. a. als Ausdruck rückläufiger langfristiger Konsumbedürfnisse und eines primär krankheits- und pflegemotivierten Sicherheitssparens. Auch Vererbungsmotive spielen dabei eine Rolle.

Was das Sparverhalten betrifft, scheint sich aktuell eine Wende anzubahnen, denn seit Mitte der 1990er Jahre geht auch in den obersten Altersgruppen die Sparneigung deutlich zurück.

Auch zeigen die Daten des Alterssurveys von 2002, dass die aktuelle Neurentner-Generation (65–70) die erste Rentnergeneration in Deutschland ist, die netto mehr Geldvermögen auflöst als bildet. Die Gründe dafür dürften insbesondere in einem allgemeinen Wertewandel liegen, denn die Vorgängergeneration, die Erfahrungen mit der Weltwirtschaftskrise, Hyperinflation und Krieg hatte, gibt es bald nicht mehr, wohingegen eine Rentnergeneration heranwächst, bei der konsumtive Interessen gegenüber Vorsorgeinteressen zunehmend wichtiger werden, was auch angesichts ohnehin vergleichsweise hoher Vermögensbestände erklärlich ist.

Weiterhin ist zu vermuten, dass für die Sicherung des Lebensstandards im Alter künftig das Entsparen, also die Auflösung eigener Ersparnisse, immer wichtiger wird, nämlich dann, wenn – wie beschlossen – die Leistungen der gesetzlichen Regelsysteme weiter zurückgefahren werden (s. Kap. 4.3.3). Zudem entfallen aufgrund von Kinderlosigkeit vor allem in Akademikerhaushalten immer mehr potentielle Erben und damit eine wichtige Motivation des Vermögenserhalts. Das zeigt sich u. a. bereits jetzt darin, dass das Sparmotiv »Unterstützung von Kindern und Enkeln« zunehmend an Bedeutung verliert.

Bei den Sparmotiven Älterer lässt sich erkennen, dass die Altersvorsorge ungebrochen ist und nur von dem Motiv, »für besondere Anschaffungen zu sparen«, übertroffen wird. Nahezu jeder zweite Ältere gibt an, fürs Alter zu sparen. Dass die Altersvorsorge auch für die Älteren von morgen schon heute ein deutliches Sparmotiv ist, belegen folgende Zahlen: So ergab eine bundesweite Untersuchung in allen Einkommensschichten und Altersklassen, dass 80 % der Befragten die Altersvorsorge für eines der wichtigsten Sparziele halten (Bertelsmann 2003). Aktuelle Zahlen bestätigen diese Beobachtung: Die Zunahme der Sparquote auf 10,7 % des verfügbaren Einkommens der privaten Haushalte im Jahr 2005 lässt sich zum großen Teil auf die verstärkte Altersvorsorge zurückführen (s. Kap. 8.4).

Der Anteil der älteren Menschen, die für Angehörige sparen, ist mit 17,2 % relativ gering, allerdings lässt sich hier ein Unterschied in den Altersklassen erkennen. Mit höherem Alter steigt die Bereitschaft, Geld für Angehörige zurückzulegen. Generell

lässt sich dabei eine hohe Korrelation zwischen Einkommens-
höhe und Spartätigkeit verzeichnen: Geben 80 % in den beiden
oberen Einkommensquintilen an, regelmäßig zu sparen, sind es
im unteren Quintil nur noch 40 % (Grabka 2004).

Kontrollfragen zu Kapitel 5

Inwiefern kann von einer Differenzierung und Pluralisierung
des Alters gesprochen werden?

Wodurch unterscheiden sich Lebenslage- von Lebensstilkon-
zepten und welche Bedeutung haben diese für die Abschätzung der Potentiale Älterer?

Wie ist die Einkommensverwendung im Alter gekennzeichnet und inwiefern unterscheidet sie sich von anderen Altersgruppen?

Weiterführende Literatur

Eitner, C. (2009). *Die Reaktionsfähigkeit des deutschen Einzelhandels auf
    den demographischen Wandel. Eine qualitative und quantitative Ana-
    lyse unter zielgruppen- und netzwerkspezifischen Gesichtspunkten.*
    Inauguraldissertation. Bochum.
Fachinger, U. (2009). Wovon leben die »Alten« und wofür geben sie ihr
    Geld aus? Eine empirische Analyse für Deutschland. In Deutsche
    Rentenversicherung Bund (Hrsg.), *Die Lebenslagen Älterer: Empiri-
    sche Befunde und zukünftige Gestaltungsmöglichkeiten* (S. 65–96).
    Berlin: DRV-Schriften Band 85.
Naegele, G. (2010). Der ältere Verbraucher – »(k)ein unbekanntes We-
    sen!«. In A. Honer, M. Meuser & M. Pfadenhauer (Hrsg.), *Fragile
    Flexibilität – Inszenierungen, Sinnwelten und Existenzbastler* (S. 251–
    261).Wiesbaden: VS.
Schneiders, K. (2010). *Vom Altenheim zum Seniorenservice. Institutio-
    neller Wandel und Akteurkonstellationen im sozialen Dienstleistungs-
    sektor.* Baden-Baden: Nomos.

6   Ältere Arbeitnehmer

Wenn man die vorliegende Literatur zum Thema »Wirtschaftskraft oder -faktor Alter« sichtet, dann fällt auf, dass es dabei zumeist um die Kaufkraft der älteren Menschen und ihre Rolle als Nachfrager auf Konsumgüter- und Dienstleistungsmärkten geht. Sehr viel seltener dagegen liest man, dass der Faktor Alter auch auf der Produzentenseite wichtig ist und mittel- bis längerfristig an Bedeutung zunehmen wird. Im Folgenden werden ältere Menschen in ihrer Funktion als Produzenten von Gütern und Dienstleistungen dargestellt, oder – in der Sprache der Mikroökonomie – mit ihrer Rolle »Produktionsfaktor Alter«.

National wie international gibt es keine allgemeingültige Definition dafür, ab wann in der Arbeitswelt jemand als »alt« gilt. Legt man z. B. die Altersgrenzen der Europäischen Kommission zugrunde, so gelten als ältere Arbeitnehmer die 55-Jährigen und älteren (European Commission 2007). Demgegenüber zählt die OECD diejenigen dazu, »die in der zweiten Hälfte ihres Berufslebens stehen, noch nicht in die Rente übergegangen und gesund sind« (OECD 2006). Nach Selbsteinschätzungen zählen sich deutsche Arbeitnehmer »so um die 50 herum« dazu (Koller, Gruber 2001).

Speziell in der Arbeitswelt ist es erforderlich, den Begriff »ältere Arbeitnehmer« kontextbezogen zu verwenden, weil relevante Unterschiede, die sich aus den konkreten Arbeitsbedingungen ergeben, berücksichtigt werden müssen. Noch immer gilt, dass die Grenze zur Einstufung dann niedrig ist, wenn das schulische wie berufliche Qualifikationsniveau niedrig ist, der Grad der Anforderungen und Arbeitsbelastungen hoch ist, in der Arbeit nur geringe Möglichkeiten für individuelle Dispositionen bestehen und häufige technisch-organisatorische Veränderungen stattfinden (Naegele 2006b). Dafür sprechen z. B. statusspezifische Unterschiede: Nach repräsentativen Studien gelten bei Personalverantwortlichen die Mitarbeiter etwa ab dem 50. Lebensjahr als

»ältere Arbeitnehmer«, dabei Arbeiter früher als Angestellte (48,8 bzw. 50,0 Jahre) (Frerichs, Georg 1999). Exemplarisch für z. T. extrem frühe »innerbetriebliche Altersgrenzen« steht die IT-Branche, hier gilt man häufig bereits mit 35/40 Jahren als »alt«.

6.1 Der Paradigmenwechsel von der Frühverrentung zur Verlängerung der Lebensarbeitszeit

In der Vergangenheit war die Beschäftigungssituation älterer Arbeitnehmer in Deutschland zumeist durch einen frühen Berufsausstieg geprägt. Beginnend mit den 1970er Jahren dominierte bis weit in das neue Jahrtausend hinein die Frühverrentung vor Erreichen der normalen gesetzlichen Altersgrenzen, zumeist noch »subventioniert« durch die Unternehmen und/oder die Sozialversicherung. Auch heute noch ist ein vorgezogener Berufsaustritt in Form der »geblockten« Altersteilzeit weit verbreitet. Dies war (und ist teilweise immer noch) u. a. Ausdruck einer Interessenidentität aller beteiligten Akteure einschließlich der weitaus meisten Betroffenen selbst – letztere häufig nach dem Motto »je früher desto besser«. Die Rede war von einer »großen Koalition für die Frührente« (Naegele 2004). Allerdings steigt seit einigen Jahren die Erwerbsbeteiligung älterer Beschäftigter allmählich wieder an (vgl. **Abb. 6.1**), in der Konsequenz auch das durchschnittliche Rentenzugangsalter, das 2008 bei 63,4 (Männer) bzw. 63,0 Jahren (Frauen) liegt. Allerdings verläuft die Entwicklung für Männer und Frauen unterschiedlich – bei den Frauen sind schon seit langem kontinuierliche Anstiege festzustellen. Zudem sind die Erwerbsquoten Älterer in Westdeutschland deutlich günstiger als in Ostdeutschland. Auch sind höhere Qualifikationen ein wichtiger Prädiktor für eine längere Erwerbsintegration im Alter und umgekehrt. Am frühesten gehen derzeit ältere ausländische Arbeitnehmer »in die Rente«.

Das gestiegene Renteneintrittsalter zeigt einen grundlegenden Paradigmenwechsel an. In Politik und Wirtschaft ist es übereinstimmendes Ziel, die ökonomische Produktivität älterer Beschäftigter möglichst lange zu nutzen. Neue Ziele sind die Verlängerung der Lebensarbeitszeit und damit die Ausweitung der Beschäftigung Älterer. Erreicht werden soll dies insbesondere durch die Anhebung der Altersgrenzen (Rente mit 67) und/oder das Auslaufen der Altersteilzeit (Naegele et al. 2008).

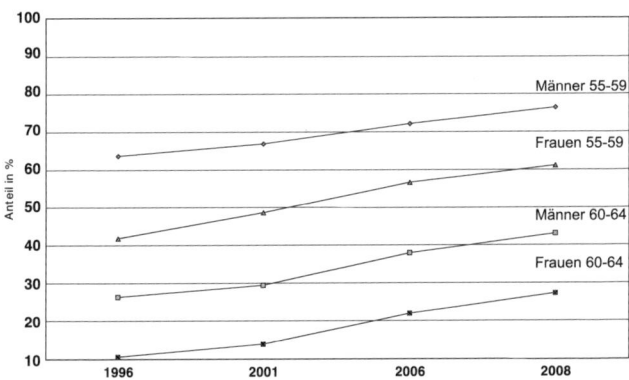

Abb. 6.1: Altersspezifische Erwerbstätigenquote nach Geschlecht (Deutschland in Prozent) (Datenquelle: Statistisches Bundesamt, Mikrozensus; Altersübergangsreport 2008-03; eigene Darstellung)

Es bestehen jedoch erhebliche Zweifel daran, wie wirksam eine alleinige Altersgrenzenanhebung in Verbindung mit finanziellen Abschlägen ist, wenn an der vorzeitigen Verrentung, wie im Konzept der Rente mit 67 vorgesehen, weiterhin festgehalten wird. Noch immer ist der Wunsch nach möglichst frühem Austritt aus dem Erwerbsleben weit verbreitet, sind viele Betroffene wie auch Betriebe gleichermaßen am Fortbestand der Frühverrentungsoption interessiert. Dies gilt auch für Teile der Gewerkschaften. Zudem gibt es immer noch Branchen und Arbeitsplätze, in bzw. auf denen man gar nicht alt werden kann (Behrens 2003). Und noch immer sehen viele Arbeitnehmervertreter innerhalb und außerhalb der Betriebe in einem frühen Berufsaustritt einen wichtigen Beitrag zur Humanisierung des Arbeitslebens älterer Kollegen und/oder zur Beschäftigungssicherung/-schaffung sonst von Entlassung Bedrohter und/oder jüngerer Arbeitssuchender (»Generationensolidarität«).

Zu fragen ist, ob die Struktur des Produktionsfaktors Alter der Realisierung des Ziels nach Verlängerung der Lebensarbeitszeit auf breiter Front entspricht, welche Anpassungserfordernisse ggf. bestehen und wie dies insbesondere in den Betrieben ermöglicht werden kann.

6.2 Zur beruflichen Leistungsfähigkeit älterer Arbeitnehmer

Es gibt keine eindeutigen, empirisch fundierten Belege für eine mit dem kalendarischen Alter (geradlinig) rückläufige berufliche Leistungsfähigkeit. Dies gilt auch für den Zusammenhang von Alter und Arbeitsproduktivität (Börsch-Supan, Düzgün, Weiß 2007; Hülskamp, Plünnecke, Seyda 2008). Weder das Defizitmodell noch das Kompetenzmodell des Alters – hier verstanden als Extrempole der Diskussion – beschreiben die reale Struktur des beruflichen Leistungsvermögens älterer Arbeitnehmer hinreichend, zumal auch konkrete Arbeitsplatzanforderungen oder branchenspezifische Besonderheiten in den Modellen weitgehend unberücksichtigt bleiben. Stattdessen belegt die gerontologische Grundlagenforschung eine mit fortschreitendem Alter stattfindende Parallelität von Abfall, Zunahme und Konstanz in einzelnen Leistungsbestandteilen (alterstypischer Leistungswandel) (Naegele 2004). Dabei besteht grundsätzlich die Möglichkeit, alterstypische Leistungseinbußen (z. B. in der Schnelligkeit der Informationsverarbeitung) durch spezifische Leistungsvorteile Älterer (wie z. B. Erfahrung und Verantwortungsbewusstsein) zu kompensieren. Die gerontologische Grundlagenforschung hat auch gezeigt, dass es in der Entwicklung der beruflichen Leistungsfähigkeit Älterer keinen »altersspezifischen Automatismus« gibt. Wohl aber kumulieren in der Spätphase des Erwerbslebens altersspezifische Beschäftigungsrisiken mit häufig negativen Konsequenzen für den »Produktionsfaktor Alter«. Diese wiederum folgen i. d. R. Entwicklungskarrieren und sind ganz wesentlich bedingt durch je spezifische Formen der Humankapitalnutzung auf früheren Stufen der Erwerbsbiographie, welche die Manifestation der Risiken in der Spätphase des Erwerbslebens begünstigen (Ilmarinen, Oldenbourg 2010; Naegele, Sporket 2010).

6.2.1 Geistige Leistungsfähigkeit und Lernfähigkeit

Bezüglich der geistigen Leistungsfähigkeit gilt, dass sich mit dem Alter die Geschwindigkeit der Informationsaufnahme und -verarbeitung sowie der geistigen Beweglichkeit und Umstellungsfähigkeit verringert. Des Weiteren sinken Reaktionsgeschwindigkeit und Arbeitsgedächtnis sowie die selektive Aufmerksamkeit. Negativ betroffen ist insbesondere die Bewältigung hochkomplexer Aufgaben mit insgesamt hohen kognitiven Anforderungen. Auch bei Tätigkeiten, die eine kontinuierliche Informationsverarbeitung mit vorgegebener hoher Geschwindigkeit erfordern, können altersbedingte Leistungsrückgänge auftreten. Dies gilt ebenfalls für Arbeiten, in denen viele Aktivitäten und Wahrnehmungen kombiniert und Informationen aus dem Arbeitsgedächtnis abgerufen werden müssen, vor allem, wenn Zeitdruck und ein hoher Grad an Komplexität hinzukommen (Wild-Wall, Gajewski, Falkenstein 2008).

Demgegenüber bleibt die Lernfähigkeit als solche im Allgemeinen unverändert, ebenso die allgemeine Fähigkeit zur Informationsaufnahme. Auch das Allgemeinwissen, die Konzentrations- und Merkfähigkeit sind weitgehend altersneutral. Zudem bestehen oftmals Möglichkeiten zur Kompensation der nachlassenden Fähigkeiten, z. B. durch Optimierung der Wissenssysteme oder den Erwerb ausgleichender Denk- und Gedächtnisstrategien. Andererseits nehmen bestimmte extrafunktionale Qualifikationsmerkmale wie Erfahrungswissen, Urteilsvermögen, Verantwortungsbewusstsein, Genauigkeit, Zuverlässigkeit und dergleichen mit dem Alter zu.

Das Auftreten sowie die arbeits- und tätigkeitsbezogenen Wirkungen des altersspezifischen Leistungswandels in den kognitiven Segmenten müssen immer in Abhängigkeit von der jeweiligen Humanressourcennutzung im Betrieb gesehen werden. So ist z. B. der Verlust der Lernfähigkeit generell nicht als Alters-, sondern als Fehlnutzungsergebnis (Disuse-Effekt) anzusehen, d. h. ist auch Ergebnis einer Arbeitsbiographie mit fehlenden kontinuierlichen arbeitsbezogenen Lernanforderungen und Lernangeboten.

6.2.2 Körperliche Leistungsfähigkeit und Gesundheitszustand

Der alterstypische Leistungswandel wird insbesondere im Zusammenhang mit der körperlichen Leistungsfähigkeit und dabei insbesondere mit dem Gesundheitszustand älterer Arbeitnehmer thematisiert. Dabei zeigen vorliegende Befunde, dass diese nicht per se weniger gesund sind als jüngere. Allerdings steigen mit dem Alter die krankheitsbedingten Ausfallzeiten, gemessen an der Arbeitsunfähigkeitsdauer/Fall (AU): Ältere sind seltener, dafür länger krank als jüngere Beschäftigte (Behrens 2003; Naegele 2005; Wurm, Tesch-Römer 2008). Insgesamt nimmt mit dem Alter die Bedeutung chronisch-degenerativer Krankheiten zu. Neben den bösartigen Neubildungen weisen insbesondere Herz-/Kreislauferkrankungen sowie Muskel- und Skeletterkrankungen alterstypische Steigerungsraten auf. Beide sind etwa für die Hälfte der krankheitsbedingten Ausfallzeiten Älterer verantwortlich. Von wachsender Bedeutung – vor allem für (ältere) Frauen – sind darüber hinaus psychische Erkrankungsbilder. Exemplarisch sei hier auf vorzeitige Burnout-Prozesse bei Lehrern oder in vielen Sozial- und Gesundheitsberufen (z. B. in Pflegeberufen) verwiesen.

Auch das höhere Krankheitsrisiko älterer Arbeitnehmer lässt sich keineswegs als »alterstypischer Automatismus« interpretieren, sondern kann wegen seiner spezifischen Verteilung auf bestimmte Brachen und Berufe als typisches »Berufsrisiko« gelten, das zumeist »Karrierecharakter« aufweist (Behrens 2003; Naegele 2005). Es dominiert in vorwiegend gering qualifizierten Beschäftigtengruppen mit hohen Anteilen an schwer körperlichen Tätigkeiten und geringem individuellen Handlungsspielraum und/oder in solchen Arbeitsbereichen, in denen typische Arbeiter- und/oder Produktionstätigkeiten vorherrschen. In diesem Zusammenhang weisen repräsentative Befragungsergebnisse körperliche Fehlbeanspruchungen, Arbeitsumgebungsbelastungen, hohe bzw. starre Leistungsvorgaben, hohe psychische Belastungen

sowie Schicht- und Nachtarbeit als besondere alternskritische
Arbeitsanforderungen aus (Ilmarinen 2005, 2008). Angehörige
höher qualifizierter Berufe mit höherem Sozialprestige und grö-
ßerem Entscheidungsspielraum bei der Arbeit weisen sowohl
geringere AU-Zeiten auf und beziehen deutlich seltener eine Erwerbsminderungsrente als Angehörige körperlich anstrengender
und/oder niedrig qualifizierter Berufe mit geringerem Sozialprestige. Folglich gibt es auch eine Vielzahl von Berufen mit »begrenz-
ter Tätigkeitsdauer«, in denen man unter normalen Bedingungen
gar nicht »alt« werden kann (Behrens 2003; Morschhäuser 2003).
Diese findet man besonders häufig im Baugewerbe, im verarbeitenden Gewerbe, im Transportgewerbe und/oder in der tayloris-
tischen Produktion, aber auch in vielen sozialen Berufen wie in
der Pflege oder in erzieherischen Berufen.

In zahlreichen Fällen mündet das höhere Krankheitsrisiko in
eine vorzeitige Minderung oder führt sogar zum vollen Verlust
der Erwerbsfähigkeit. Derzeit beginnt der Rentnerstatus für etwa
ein Sechstel aller Neurentner mit einer Erwerbsminderungsrente,
die meisten von ihnen (mit über 90 %) wegen voller Erwerbsminderung. Arbeiter sind nach wie vor überrepräsentiert. Auch lassen
sich bei den Verrentungen wegen Erwerbsminderung solche mit
dem alterstypischen Erkrankungsrisiko vergleichbare tätigkeits-
und/oder berufsgruppentypische Verteilungsmuster erkennen.

6.2.3 Berufliche Qualifikationen und Qualifikationsrisiken

Neben dem Gesundheitszustand bestimmt insbesondere das
berufliche Qualifikationsvermögen die Leistungsfähigkeit (jüngerer wie älterer) Arbeitnehmer. Für ältere Beschäftigte ergibt
sich die Notwendigkeit einer differenzierten Betrachtung, denn
Forschungsergebnisse zu den besonderen »qualifikatorischen
Risiken« älterer Arbeitnehmer belegen die kumulative Wirkung
unterschiedlicher Einzelrisiken (Naegele 2004).

- Intergenerationelle formale Qualifikationsunterschiede: Jüngere haben stets »frischere« Formalqualifikationen.
- Qualifikationsverluste, d. h. Dequalifikation, erstens als Ergebnis von längeren Prozessen betrieblicher und/oder aufga-

ben-/arbeitsplatzbezogener Qualifikationsentwertung (allgemeines Dequalifikationsrisiko im Zuge der Einführung neuer Technologien und/oder arbeitsorganisatorischer Veränderungen) und zweitens betriebsspezifisches Qualifikationsrisiko durch dauerhafte Einengung der Qualifikationsnutzung auf bestimmte Arbeitsvorgänge, -verfahren und -aufgaben (Disuse-Effekte durch Spezialisierung und dgl.) (Wolf, Spieß, Mohr 2001). Letzteres wurde bereits Anfang der 1970er Jahre von Böhle und Altmann (1972) als »betriebsspezifische Dequalifizierung« beschrieben.

- Geringere Beteiligung/Benachteiligung Älterer bei beruflicher innerbetrieblicher Fort- und Weiterbildung, vor allem bei betrieblich organisierter (»Matthäus-Prinzip«) (Bannwitz 2008; Fuchs 2006). Darin spiegeln sich wesentlich auch grundlegende Defizite in der Institutionalisierung von »lebenslangem Lernen« in Deutschland wider. Insgesamt gilt das deutsche berufliche Bildungssystem als »frontlastig« (Bosch 2010).
- Alterstypisch ist letztlich auch das Nachlassen der individuellen Weiterbildungsbereitschaft.

Den bisherigen Ausführungen entsprechen empirische Befunde aus dem Betriebspanel des Instituts für Arbeitsmarkt- und Berufsforschung aus der Welle 2002, in der Personalverantwortliche zu ihren Einstellungen gegenüber älteren Arbeitnehmern befragt wurden (vgl. Bellmann, Hilpert, Kistler, Wahse 2003; Stößel 2007). Es werden nicht ausschließlich die üblicherweise hoch bewerteten Qualifikationen wie Flexibilität oder Kreativität primär nachgefragt, sondern auch die klassischen Tugenden wie Arbeitsmoral und -disziplin, Qualitätsbewusstsein und Erfahrungswissen. Letzteres gilt dabei unabhängig von Branche oder Betriebsgröße. Viele der Befragten sehen zwischen Jüngeren und Älteren keine Unterschiede bezüglich der Eigenschaften, jedoch in Bezug auf deren Leistungsprofil. So werden den Älteren tendenziell eher Eigenschaften wie hohe Arbeitsmoral/-disziplin, starkes Qualitätsbewusstsein und Loyalität zugeschrieben. Körperliche Belastbarkeit, Lernfähigkeit, Lernbereitschaft und Kreativität werden hingegen eher bei den Jüngeren gesehen (vgl. **Abb. 6.2**).

Insgesamt werden Ältere von den Personalverantwortlichen zwar als *anders* leistungsfähig wahrgenommen, nicht aber zwingend als *weniger*. Unterschiede zeigen sich in Bezug auf die Betriebsgröße. Kleine Betriebe beurteilen Ältere deutlich positiver als Großbetriebe. Auch schätzen Betriebe mit einem höheren Anteil Älterer deren Leistungsfähigkeit positiver ein als Betriebe mit einem geringen Anteil.

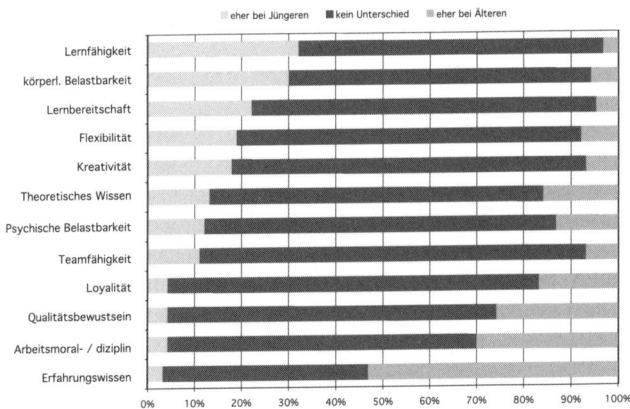

Abb. 6.2: Zuschreibung von Eigenschaften zu älteren und jüngeren Arbeitnehmern durch Betriebe (Quelle: Bellmann et al. 2003; eigene Darstellung)

6.3 Die Konzepte Arbeits- und Beschäftigungsfähigkeit

Die berufliche Leistungsfähigkeit ist für sich allein betrachtet nur bedingt aussagekräftig, wenn es um die Frage ihrer tatsächlichen Bedeutung geht. Immer auch entscheidet die Nachfrage auf dem Arbeitsmarkt und in den Betrieben über ihren tatsächlichen Gebrauchswert. Darauf beziehen sich die arbeitswissenschaftlichen Konzepte der Arbeits- und Beschäftigungsfähigkeit (Workability und Employability) (Ilmarinen 2005).

6.3.1 Arbeitsfähigkeit (Workability)

In ihrer allgemeinsten Form zielt Arbeitsfähigkeit auf die Fähigkeit des einzelnen (älteren) Beschäftigten, die an ihn gestellten Anforderungen des Arbeitsleben zu bewältigen.

Definition

▶ »Unter Arbeits(bewältigungs)fähigkeit versteht man das Potential eines Menschen, [...] eine gegebene Arbeitsaufgabe zu einem gegebenen Zeitpunkt zu bewältigen. Dabei muss die Entwicklung der individuellen funktionellen Kapazität ins Verhältnis gesetzt werden zur Arbeitsanforderung. Beide Größen können sich verändern und müssen ggf. alters- und alternsadäquat gestaltet werden« (Ilmarinen, Tempel, 2003: 88). ◀◀

Es sind also nicht nur die individuellen Voraussetzungen auf Seiten des einzelnen älteren Arbeitnehmers in den Blick zu nehmen. Vielmehr ist eine ganzheitliche Sicht erforderlich, bei der die jeweiligen Arbeitsbedingungen und -anforderungen, zusammengefasst als mentale und physische Arbeitsanforderungen und Arbeitsumgebungseinflüsse sowie nicht zuletzt das personelle Arbeitsumfeld mit einzubeziehen sind. Zur Visualisierung des Konzepts von Arbeitsfähigkeit bewährt hat sich das von dem finnischen Arbeitswissenschaftler Juhani Ilmarinen entwickelte »Haus der Arbeitsfähigkeit« (s. **Abb. 6.3**), das »viele Faktoren unter einem Dach vereint« (Ilmarinen, Tempel 2003: 91ff.):

- im Erdgeschoss: Gesundheit (auf dem die anderen Elemente jeweils aufbauen)
- im ersten Stock: Qualifikationen, d. h. professionelle Kompetenzen (mit den Unterdimensionen (berufliche) Kenntnisse und Fähigkeiten)
- im zweiten Stock: Arbeitsbezogene Werte (mit den Unterdimensionen Einstellungen und Motivationen)
- im dritten Stock: Arbeitsbedingungen (mit den Unterdimensionen Arbeitsumgebung, Arbeitsinhalte, Organisation, kollegiales Arbeitsumfeld sowie Management und Führung)
- im Dachgeschoss: das die Arbeitsfähigkeit (förderlich wie hemmend) beeinflussende soziale Umfeld (insbesondere bestehend aus Familie, Freunden und Verwandten, aber auch aus dem kommunalen Umfeld)

»Entscheidend ist, dass diese vier Stockwerke in einem ausgewogenen Verhältnis zueinander stehen, und dass bei Problemen der Arbeitsfähigkeit in jedem dieser Stockwerke nachgesehen und

ggf. ›Ordnung geschaffen‹ werden muss. [...] Eine solche Sicht-
weise der Arbeitsfähigkeit eröffnet dem Unternehmen neue Möglichkeiten, frühzeitig Maßnahmen der betrieblichen Gesundheitsförderung zur Vermeidung vorzeitiger Erwerbsunfähigkeit
und zum Erhalt ›der Mannschaft‹ durchzuführen. Benötigt wird
dabei die gleichberechtigte, interdisziplinäre Zusammenarbeit
aller Beteiligten auf den verschiedenen Stockwerken. Und: Es ist
nur im Dialog mit den Betroffenen möglich, Problemfelder zu
ermitteln, gemeinsam eine Rangfolge der Probleme aufzustellen
und über die Reihenfolge der Bearbeitung zu entscheiden« (Ilmarinen, Tempel 2003: 91; vgl. auch Au 2006; Ilmarinen 2005,
Ilmarinen, Oldenbourg 2010).

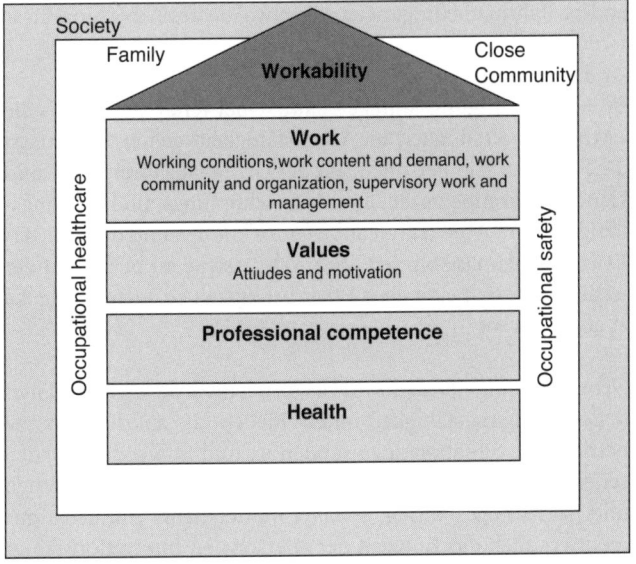

Abb. 6.3: Das Haus der Arbeitsfähigkeit (Quelle: Ilmarinen 2005: 133)

6.3.2 Beschäftigungsfähigkeit (Employability)

Kritiker betonen, dass das Workability-Konzept primär auf die
individuellen Komponenten der Arbeitsfähigkeit abhebe, wodurch die konkreten Voraussetzungen weder ihrer betrieblichen

Nutzung noch ihrer »Arbeitsmarktgängigkeit« unberücksichtigt blieben. Dem entspreche, dass eine noch so gute Arbeitsfähigkeit allein nicht ausreiche, um zugleich auch am Arbeitsmarkt zu bestehen bzw. bis zum Erreichen der Altersgrenzen im Erwerbsleben zu bleiben. Wichtigster Beleg dafür sei die mit dem Lebensalter steigende Dauer von Arbeitslosigkeit, d. h. die sinkende Wiedereingliederungschance nach Arbeitsplatzverlust. Zudem würden mit einer Verschlechterung des Gesundheitszustandes und/oder mit der beruflichen Qualifikation die allgemeinen Beschäftigungschancen Älterer sinken (Clemens 2008).

Derartige externe Faktoren berücksichtigt explizit das Konzept der Beschäftigungsfähigkeit. Es integriert die Arbeitsfähigkeit gleichsam als Kernvoraussetzung, berücksichtigt jedoch z. B. andere Rahmenbedingungen, wie etwa die des Arbeitsmarktes.

 Definition
▶ Beschäftigungsfähigkeit kann dabei vereinfachend als die »Arbeitsmarktfähigkeit der Arbeitsfähigkeit« gelten. Sie umfasst die Fähigkeit von Personen, auf der Grundlage ihrer Fach- und Handlungskompetenzen, ihrer Wertschöpfungs- und Leistungsfähigkeit ihre Arbeitskraft anbieten zu können und damit in das Erwerbsleben einzutreten, ihre Arbeitsstelle zu behalten oder wenn nötig, sich eine neue Erwerbstätigkeit zu suchen (Blanke et al. 2000). ◄◄

Neben der *individuellen* wird zusätzlich noch die *organisationale* Beschäftigungsfähigkeit unterschieden, die auf die konkrete betriebliche Situation anzuwenden ist und infolgedessen auch seitens der Betriebe, so z. B. durch Qualifizierungsmaßnahmen und Laufbahngestaltung, gestaltet werden kann. Ähnlich argumentiert auch das Konzept der »personalen Innovationsfähigkeit«, das insbesondere im Zuge des Wirtschaftsstrukturwandels an Bedeutung gewinnt (s. Kap. 6.4). Diese ist »weniger vom Alter als von den arbeitsstrukturellen, -organisatorischen und erwerbsbiographisch begleitenden Bedingungen abhängig« und daher »eine arbeitsorganisatorisch und -gestalterisch frühzeitig steuerbare Variable« (Meier, Schröder 2007: 248). Insgesamt zielt das Konzept der Beschäftigungsfähigkeit damit auch auf solche förderlichen wie hemmenden betriebsexternen Rahmenbedingungen ab, wie beispielsweise die der allgemeinen Bildungs-, Arbeitsmarkt- und Arbeitszeitpolitik, der Arbeitsschutz- und Gesundheitspolitik oder der jeweiligen nationalen Anti-Diskriminierungspolitik und -gesetzgebung. Das Konzept der Beschäftigungsfähigkeit ist somit im Hinblick auf mögliche personal-, bildungs- und beschäftigungspolitische Gestaltungsoptionen breiter aufgestellt als das schwerpunktmäßig auf der individuellen Ebene ansetzende Konzept der Arbeitsfähigkeit.

6.4 Arbeits- und Beschäftigungsfähigkeit älterer Arbeitnehmer in einer veränderten Arbeitslandschaft

Ausgehend von der individuellen Struktur der Leistungsfähigkeit der heute älteren Arbeitnehmer ist aus ökonomischer Sicht für die künftige arbeitsmarktpolitische Bedeutung des Produktivfaktors Alter zentral, wie sich mittel- bis längerfristig die Nachfrage entwickelt. Für den Fall, dass diese sich mit dem spezifischen Leistungsvermögen älterer Arbeitskraftanbieter deckt, dürften sich die Beschäftigungsaussichten Älterer im Grundsatz verbessern. Im Falle von »mismatches« hingegen wäre zu klären, welche Anpassungserfordernisse ggf. sowohl auf Seiten der betrieblichen Beschäftigungsbedingungen wie des Humanvermögens Älterer bestehen und wie dies idealerweise praktisch erfolgen könnte.

6.4.1 Strukturwandel der Arbeit und im Leistungsvermögen Älterer

Entsprechend neuerer industrie- und arbeitssoziologischer Studien ergeben sich im Zuge des allgemeinen Strukturwandels der Arbeit z. T. grundlegend veränderte Anforderungen an die Humankapitalausstattung der Beschäftigten von heute, erst Recht von morgen und übermorgen. Ganz generell lässt sich der Strukturwandel der Arbeit wie folgt beschreiben (European Commission 2007; Hardege, Klös 2008; Hülskamp, Plünnecke, Seyda 2008; Meier, Schröder 2007):

- Übergang von der Industrie- zur Wissens- und Informationsgesellschaft
- weiter wachsender Dienstleistungssektor
- Globalisierung und internationale Vernetzung von Wirtschaft
  und Märkten
- steigender Wettbewerbsdruck
- beschleunigte betriebliche Innovations- und Flexibilitätsdy-
  namik
- erhöhter Kostendruck
- Einsatz neuer Managementkonzepte wie z. B. mehr »Lean
  Management« und »Just in Time«
- Outsourcing von sogenannter unqualifizierter/unproduktiver
  Arbeit
- zunehmende Technikorientierung, d. h. Digitalisierung und
  Informatisierung in Produktion und Dienstleistung
- insgesamt steigende Anforderungen an die Formalqualifikationen und (weiter) rückläufige Nachfrage nach formal geringen Qualifikationen
- zunehmende Entnormalisierung, Destandardisierung oder
  Flexibilisierung von Arbeit in den Dimensionen von Arbeitsorganisation, Arbeitszeit und Beschäftigungsverhältnis
- Ausweitung von »prekären« Beschäftigungsverhältnissen
- steigender Zwang zur beruflichen und räumlichen Mobilität
  für die Beschäftigten

Eine vor diesem Hintergrund vorgenommene Gegenüberstel-
lung von wichtigen Dimensionen des Strukturwandels der Arbeit
einerseits mit typischen Kohorten- und Alterseffekten in der
Entwicklung des beruflichen Leistungsvermögens alternder Arbeitnehmer andererseits führt zu folgenden vorläufigen Einschätzungen, die sich ganz wesentlich auf Schlüsselqualifikatio-
nen beziehen. Für künftig verbesserte Beschäftigungschancen
lassen sich demnach u. a. anführen:

- Rückgang von Faktoren physischer Arbeitsbelastung
- Zunahme wissensintensiver Arbeit (da kompatibel mit alterstypisch höherem Erfahrungs-, Übersichts-, Zusammenhangs-
  und Qualitätswissen)

- Zunahme von vernetztem, selbst organisiertem und/oder dezentralisiertem Arbeiten (da kompatibel mit alterstypisch höherer/m Verantwortungsbereitschaft, Zusammenhangs- und Erfahrungswissen)
- Orientierung der Produkte und Dienstleistungen an eine insgesamt alternde Kundschaft (Seniorenwirtschaft) (da ökonomisch kontraproduktiv zu betrieblicher Externalisierung des Alters)
- steigendes Angebot an Teilzeitarbeitsplätzen (da in Übereinstimmung mit weit verbreitetem Teilzeitwunsch Älterer)
- steigende Erwerbsneigung von (älteren) Frauen (entspricht demographisch bedingt wachsendem Arbeitskräftebedarf);
- günstigere gesundheitliche Ausgangsbedingungen bei nachrückenden Kohorten Älterer
- Zunahme von höheren Bildungsabschlüssen und verstärkter Teilnahme an beruflicher Fort- und Weiterbildung
- häufige Passgenauigkeit von alterstypischen Qualifikationen für relevante Sektoren im (ohnehin an Bedeutung zunehmenden) Dienstleistungsbereich
- wachsende Einsicht Älterer in die *Mit*verantwortung für die eigene Arbeitsfähigkeit (Naegele et al. 2008; Prager, Schleiter 2006)

Andererseits sind relevante »mismatches« erkennbar, die für künftig sich eher verschlechternde Beschäftigungsaussichten sprechen (zudem häufig mit gruppentypischer Betroffenheit und dann auch kumulativer Wirkung):

- durchschnittlich höhere Personalkosten Älterer (Senioritätsprinzip und häufig längere Ausfallzeiten)
- Bedeutungszunahme von Faktoren psychischer Arbeitsbelastung
- kürzere »Halbwertzeit des Wissens« in bestimmten Branchen erfordert »frischere« Formal- und Spezialqualifikationen
- alterstypisches Sicherheitsbedürfnis in Bezug auf Arbeitsinhalte, Arbeitsplatz und Wohnort häufig inkompatibel mit wachsender beruflicher Entnormalisierungs-, Flexibilitäts- und Mobilitätserfordernis
- bei Älteren weit verbreitete negative Selbstbilder zu eigenen betriebsinternen wie -externen Beschäftigungsaussichten bzw.

zwischenbetrieblichen Mobilitätschancen (Meier, Schröder 2007; Naegele et al. 2008)

- alterstypischer Anstieg von privaten »Pull-Faktoren im »Haus der Arbeitsfähigkeit« (z. B. Vereinbarkeitserfordernisse mit Pflege von Angehörigen (Naegele, Reichert 1998), zunehmender Wunsch nach Synchronisierung des Berufsaustrittszeitpunktes bei Paaren, fehlender ökonomischer Zwang zur Arbeit bei vielen)

Es präsentiert sich somit eine für die künftigen Beschäftigungschancen älterer Arbeitnehmer widersprüchliche Empirie. Dabei wird vermutet, dass gesundheitlich beeinträchtigte, gering qualifizierte und/oder beruflich wie inner- und überbetrieblich immobile/inflexible ältere Arbeitnehmer eher negativ von den strukturwandelbedingt veränderten Anforderungen betroffen sind und umgekehrt.

6.4.2   Betriebliche »Diskriminierung« Älterer versus produktive Nutzung ihrer Leistungsvorteile

In vielen Dimensionen spiegelt die empirische Realität der tatsächlichen Beschäftigungssituation Älterer die bisherigen Einschätzungen wider. Darüber hinaus gelten folgende Formen innerbetrieblicher Benachteiligung Älterer als empirisch gut belegt (Kistler 2007; Naegele, Walker 2006; Wolf, Spieß, Mohr 2000):

- altersselektive Personaleinstellungs- und Rekrutierungspraktiken (Brussig 2009)
- alterssegmentierte Aufgabenzuweisungen – mit der häufigen Folge von Dequalifizierung und Reduzierung der praktischen Einsetzbarkeit
- unterdurchschnittliche Beteiligung bei betrieblich organisierter Fort- und Weiterbildung
- Benachteiligung bei innerbetrieblichen Aufstiegsprozessen
- Geringschätzung des Erfahrungswissens Älterer
- kurzfristige Kalküle bei Personalentscheidungen zu Lasten älterer Belegschaftsmitglieder

Dem gegenüber stehen ebenfalls gut belegte Beispiele dafür, dass sich die Beschäftigung Älterer durchaus betriebswirtschaftlich

»rechnet« (Naegele, Sporket 2010; Naegele, Walker 2006; Sporket 2009a,b). Dies gilt in besonderer Weise, wenn die mit dem Alter zunehmenden extrafunktionalen Qualifikationsmerkmale zur Anwendung kommen (können). So arbeiten Ältere außerordentlich produktiv in altersgemischten Teams, gelten in vielen Betrieben als hervorragende Qualitätskontrolleure, werden mit großem Erfolg als Vermittler von Wissen und Erfahrungen eingesetzt, sind in der Einzelberatung von Kunden überaus erfolgreich, gelten im Bereich sozialer Dienste als besonders qualitätsbewusst oder werden als Berater im Kundendienst vor allem bei gleichaltriger Kundschaft sehr geschätzt.

Ohnehin wächst bei vielen älteren Beschäftigten die Einsicht, künftig länger arbeiten zu müssen (Engstler 2006), gleichzeitig aber auch der Zweifel, dies auch zu schaffen (Ebert, Fuchs, Kistler 2006; Fuchs 2006; Naegele et al. 2008; Prager, Schleiter 2006), was dann häufig in Forderungen an Vorleistungsverpflichtungen seitens der Arbeitgeber und Vorgesetzten mündet. Diese richten sich insbesondere auf Verbesserungen bei der Vereinbarkeit von beruflichen und privaten Verpflichtungen (wie z. B. bei der Altenpflege), die Beseitigung von gesundheitsgefährdenden Arbeitsbedingungen (vor allem bei Arbeiten mit hoher Konzentrationserfordernis, hohem Zeitdruck und starkem Stress), auf Arbeitszeitverkürzungen, weniger Nacht- und Abendarbeit, auf betriebliche Fort- und Weiterbildung sowie insgesamt auf mehr Anerkennung der Arbeitsleistung durch die jeweiligen Vorgesetzten. Andererseits werden aber auch eigene Vorleistungserfordernisse ausdrücklich anerkannt, so z. B. beim Fitness- und Gesundheitserhalt sowie bei der Qualifikationssicherung (z. B. lebenslanges Lernen).

Es wird deutlich, dass die Ausweitung der Erwerbsbeteiligung Älterer in der Praxis nicht voraussetzungslos zu erreichen ist und dass z. B. Altersgrenzenregulierungen nach dem Muster der »Rente mit 67« für sich allein wenig bringen. Notwendig ist u. a. ein systematisches betriebliches Alternsmanagement mit unterschiedlichen Komponenten wie Altersstrukturanalyse, Gesundheitsförderung, Lebensarbeitszeitgestaltung, Einbezug in betriebliche Qualifizierungsmaßnahmen, Laufbahngestaltung oder eine demographiesensible Führungs- und Unternehmenskultur

(Sporket 2009a,b). Dies wird bestätigt durch internationale Benchmarkingbefunde zum »good practice im corporate age-management« (Naegele, Walker 2006). Sie belegen übereinstimmend, dass sich nachhaltiges betriebliches Alternsmanagement nicht im Selbstlauf einstellt, sondern neben betrieblichen Gründen und Anlässen wie Facharbeitermangel oder Interesse am Erhalt von Knowhow auf unterschiedlichen Ebenen insbesondere am Lebenslauf ausgerichtete Fördermaßnahmen voraussetzt. Die folgenden Maßnahmetypen gelten als »good practice« (BMFSFJ 2006; Hardege, Klös 2008; Ilmarinen 2006; Meier, Schröder 2008; Naegele 2005; Naegele, Sporket 2010; Naegele, Walker 2006):

- präventiver Gesundheitsschutz, Gesundheitsförderung und Prävention
- Qualifikationssicherung und -förderung, lebenslanges Lernen
- ergonomische Arbeitsplatzgestaltung
- Arbeitsorganisationsgestaltung und Gruppenarbeit
- Arbeitszeitgestaltung und -anpassung bei gleichzeitiger sozialer Absicherung von Flexibilitätsrisiken
- Lebensarbeitszeitgestaltung und »echte« Altersteilzeit als Bestandteil flexibler Lebensarbeitszeiten
- Personalentwicklung und Laufbahnplanung
- Schaffung einer demographiesensiblen Unternehmenskultur
- Motivationsförderung (insbesondere in den Dimensionen Qualität der Arbeit, Führungsstil, Arbeitsplatzsicherheit)
- mehr Flexibilität beim Übergang vom Erwerbsleben in den Ruhestand
- besondere Beachtung der »betrieblichen Problemgruppen«
- Flankierung durch demographiesensible Tarifverträge jenseits von bloßen »Bestandsschutzregelungen« (»qualitative demographiesensible Tarifpolitik«)

Allerdings gibt es keine Standardlösungen; Maßnahmen sind vielmehr betriebsspezifisch zu entwickeln (Naegele, Walker 2006). Auch müssen die Betriebe häufig erst noch auf die Herausforderungen einer alternden Belegschaft und auf ihre jeweiligen Möglichkeiten, die organisationale Beschäftigungsfähigkeit ihres alternden Personals zu fördern, vorbereitet werden.

Gefordert ist eine den Lebenslauf explizit einbeziehende »Älte-re-Arbeitnehmer-Politik aus einem Guss« (Naegele, Sporket 2010). Diese Idee findet neuerdings auf betrieblicher Ebene ihre Entsprechung im Konzept der lebensphasenbezogenen Personalpolitik (Flüter-Hoffmann 2010). Die entsprechenden Handlungsebenen sind dabei nicht isoliert voneinander zu sehen, sondern als Teil einer integrierten Strategie, mit der betrieblichen Ebene als hauptverantwortlich, zu begreifen (Naegele, Walker 2006).

6.5   Ältere Unternehmensgründer

Von Annette Franke

Die bisherige Analyse hat weitgehend auf abhängige Beschäftigung fokussiert. Selbstständig Beschäftigte, Freiberufler und Unternehmensgründer werden demgegenüber in der bisherigen Diskussion um den Produktionsfaktor Alter zumeist außer Acht gelassen. Der Anteil Selbstständiger an allen Erwerbstätigen macht derzeit in Deutschland nur etwa 10 % aus. Es fällt auf, dass mit Überschreiten des 60. Lebensjahres die Anteile von Selbstständigen in der Gruppe der Erwerbstätigen erheblich steigen, d. h. selbstständiges Arbeiten in der Spätphase des Erwerbslebens möglicherweise aufgrund der höheren Zeitsouveränität und besserer Steuerung der eigenen Arbeitsbelastung eher möglich ist als eine abhängige Beschäftigung.

Bezogen auf das Jahr 2007 zählte das Institut für Mittelstandsforschung (IfM) Bonn auf Basis der amtlichen Gewerbestatistik insgesamt etwa 426 000 Neugründungen. Damit lag Deutschland im internationalen Vergleich im hinteren Mittelfeld. Zudem sind die Gründungsaktivitäten seit 2004 rückläufig (Günterberg 2008). Rechnet man die Zuwächse im Bereich der freien Berufe hinzu, so entstanden 2007 insgesamt etwa 464 000 neue Unternehmen durch Gründungen. Ein Blick auf die soziodemographischen Merkmale der Gründerpersonen lässt dabei folgende typischen Gründereigenschaften erkennen: Es sind vor allem

Männer zwischen 25 und 44 Jahren, die neue Unternehmen gründen. Auffallend ist weiterhin der hohe Anteil von Gründern mit Migrationshintergrund. Hinsichtlich des Bildungshintergrundes sind sowohl Gründer mit Hochschulabschluss sowie ehemalige Führungskräfte überrepräsentiert als auch als arbeitslos gemeldete Personen.

Zu den unterrepräsentierten Gruppen zählen neben Frauen auch ältere Menschen. Die altersdifferenzierte Gründungsaktivität hat dabei die Form eines »umgedrehten U« (Werner, Faulenbach 2008): Die Gründungsneigung nimmt etwa ab dem fünfundzwanzigsten Lebensjahr zu, hat ihren Höhepunkt dann zwischen 35 und 45 Jahren und fällt danach ab (KfW 2007, 2008). Ältere Existenzgründer jenseits des 45. Lebensjahres sind somit eher untypisch. Nur 12 % aller Gründerpersonen fallen in diese Altersgruppe (Sternberg et al. 2007). Die Gründungsquote der 55- bis 64-Jährigen liegt in Deutschland derzeit folgerichtig bei unter 3 %.

Eine Ursachenforschung für die vergleichsweise geringe Beteiligung Älterer an unternehmerischen Gründungsaktivitäten leidet an der defizitären Datenlage. Neben eher gründungsfeindlichen Selbstbildern (»bin zu alt dazu«) werden vor allem fehlende finanzielle Anreize bzw. die restriktive Vergabe von Fördermitteln (Altersgrenzen) in Kombination mit Furcht vor finanziellen Risiken (drohender Verlust sozialer Sicherungsansprüche: s. Klammer, Tillmann 2001) genannt. Ausgehend von einem sehr niedrigen Niveau von Existenzgründungen durch Ältere lassen sich seit einigen Jahren Steigerungen erkennen. Sie betreffen insbesondere den Existenzgründungszuschuss im Rahmen des Gesamtpaketes »Moderne Dienstleistungen am Arbeitsmarkt«, d. h. die 2003 eingeführten, aber schon 2006 wieder ausgesetzten »Ich-AGs«. Offensichtlich gelang es mit diesem Instrument, auch sonst eher gründungsferne Bevölkerungsgruppen zu erreichen, darunter auch viele Frauen und Ältere (May-Strobl et al. 2005).

Dessen ungeachtet scheint insbesondere die Gründungsmotivation »Überwindung von Arbeitslosigkeit« bei Älteren an Bedeutung zu gewinnen. Neben dem unerwarteten Erlebnis des frühen Ausrangiert-Werdens bilden häufig noch finanzielle Belastungen (z. B. durch vorhandenes Wohneigentum) sowie die Furcht vor möglichen ökonomischen Folgeproblemen im Alter, die durch Verdienste aus eigener Selbstständigkeit zumindest abgemildert werden könnten, mögliche Anreize. Vergleicht man jüngere und ältere Existenzgründer in Deutschland, so fallen neben Gemeinsamkeiten im Gründungsverhalten auch Unterschiede auf.

• So lassen sich z. B. für jede Altersgruppe unterschiedliche Erfolgsfaktoren für Gründungen ausmachen: Sind jüngere Gründer z. B. im Vorteil, was Innovationsfähigkeit, neues Wissen und Kräftepotentiale betrifft, können ältere Gründer mit i. d. R. längerer Berufs- und Lebenserfahrung, sozialen Kontakten und Branchenkenntnissen punkten (Engel et al. 2007; Franke 2009, 2010).
• Besonders beliebte Gründungsbranchen bei Älteren sind personenbezogene und unternehmensnahe Dienstleistungen, seltener findet man ältere Existenzgründer in den Bereichen Land- und Forstwirtschaft oder im Verarbeitenden Gewerbe (ebd.).
• Im Übrigen zeigen sich auch späte Gründer durchaus zufrieden und weisen eine überdurchschnittlich hohe Bereitschaft auf, länger als bis zum gesetzlichen Renteneintrittsalter zu arbeiten (Franke 2009).

Um Gründungen in der zweiten Lebenshälfte zu unterstützen, bedarf es insbesondere neuer Leitbilder vom Alter bzw. von älteren Existenzgründern, der Aussetzung von Altersgrenzen bei Fördermitteln, einer gezielter Beratung älterer Gründungsinteressierter, der Überprüfung sozialrechtlicher Hemmfaktoren beim Statuswechsel von abhängiger Beschäftigung in die Selbstständigkeit sowie einer verbesserter Infrastruktur zur Vereinbarkeit von Selbstständigkeit und typischen Familienaufgaben im höheren Erwachsenenalter. Im internationalen Vergleich weist Deutschland eine ungünstigere Gründersituation auf. So zeigen die im Global Entrepreneurship Monitor ausgewiesenen altersspezifischen Gründungsquoten für andere Länder günstigere Altersverteilungen auf.

Kontrollfragen zu Kapitel 6

Inwiefern unterscheidet sich die berufliche Leistungsfähigkeit
Älterer von der anderer Altersgruppen?

Auf welche Aspekte fokussieren die Konzepte von Workability und Employability?

Durch welche Maßnahmen kann die berufliche Produktivität
Älterer gefördert werden?

Weiterführende Literatur

Ilmarinen, J. (2005). *Towards a longer worklife! Ageing and the quality
of worklife in the European Union.* Helsinki: Finish Institute of Oc-
cupational Health, Ministry of Social Affairs and Health.
Naegele, G., Heien, T., Kowalski, I., Leve, V., Rockhoff, M. & Sporket,
M. (2008). *Rente mit 67 – Voraussetzungen für die Weiterarbeitsfähigkeit älterer Arbeitnehmerinnen.* Online: http://www.inqa.de/Inqa/
Redaktion/Zentralredaktion/PDF/2009-08-31-rente-mit-67,proper
ty=pdf,bereich=inqa,sprache=de,rwb=true.pdf
Naegele, G. (Hrsg.) (2010). *Soziale Lebenslaufpolitik.* Wiesbaden: VS.
Sporket, M. (2010). *Organisationen im demographischen Wandel – Al-
ternsmanagement in der betrieblichen Praxis.* Dissertation: Technische Universität Dortmund.

7   Informelle Arbeit im Alter: Ehrenamtliches und bürgerschaftliches Engagement

Neben der Erwerbsarbeit sind Tätigkeiten im informellen Sektor von erheblicher auch wirtschaftlicher Bedeutung. Gut ein Drittel der Gesamtbevölkerung ist nach neuesten Erhebungen des Freiwilligensurveys im bürgerlichen und ehrenamtlichen Engagement aktiv (BMFSJ 2010). Auch wenn ökonomische Potentialberechnungen in diesem Feld schwierig sind, kann aufgrund von Schätzungen davon ausgegangen werden, dass der volkswirtschaftliche Nutzen dieses sozialen Engagements einem Arbeitsvolumen von rund 3,2 Mio. Vollzeitbeschäftigten entspricht (vgl. Schmid 2011). Von daher ist dieses Potential auch für den Wohlfahrtsstaat und insbesondere für die sozialen Dienste in wachsendem Maße interessant.

Über das Bürgerengagement im Allgemeinen und speziell über die angewachsene Beteiligung älterer Menschen daran wurde in den letzten Jahren breit diskutiert, der Fünfte Altenbericht widmete ihm sogar ein eigenes Kapitel (BMFSFJ 2006). Aktuelle Daten des Freiwilligensurveys zeigen, dass die Engagementquote der 60- bis 69-Jährigen inzwischen bei etwa 37 % liegt (Freiwilligensurvey 2009). Die Zeitumfänge, die in verschiedenen Studien für das Engagement älterer bürgerschaftlich Aktiver ermittelt wurden, sind beträchtlich: Sie liegen zwischen durchschnittlich 15 und 29 Stunden monatlich (vgl. Menning 2004). Die höchsten Werte werden in der Altersgruppe der 65- bis 74-Jährigen erreicht. Ältere Menschen, die sich für eine Tätigkeit im Rahmen des bürgerschaftlichen Engagements entscheiden, sind also offenbar bereit, große Teile ihrer durch den Berufsausstieg gewonnenen disponiblen Zeit in diese Aktivität zu investieren.

Dies betrifft vor allem ehrenamtliche Aktivitäten aber auch Hilfe- und Transferleistungen in der Familie und in den sozialen Netzwerken wie Pflegetätigkeiten und Kinderbetreuung sowie die gezielte Weitergabe von Kenntnissen und Fertigkeiten (z. B.

Projekte im Kontext von »Erfahrungswissen«, Senior-Experten-
Service und Wissensbörsen). Diese Tätigkeiten haben – im Gegensatz zu stärker konsumtiv ausgerichteten Tätigkeiten – nicht
nur individuellen Wert (z. B. Sinnerfüllung und soziale Integration), sondern zusätzlich einen ökonomischen und gesellschaftlichen Nutzen. Ihre Bedeutung lässt sich erahnen, wenn man
berücksichtigt, dass für viele dieser Tätigkeiten – würden sie
nicht weitgehend unentgeltlich erbracht – sozialstaatliche Mittel
aufgebracht werden müssten. Auch hängt die Funktionsfähigkeit
vieler intermediärer Organisationen – z. B. der Wohlfahrtsverbände, aber auch der Sportvereine – zu einem großen Teil von
der Bereitschaft zu ehrenamtlichem Engagement ab. Es geht hier
nicht nur um den Zusammenhalt der Generationen, sondern
darüber hinaus um jenen der Gesellschaft insgesamt – um den
»sozialen Kitt«, der aktuell auch in den Diskussionen um die
Bürger- oder Zivilgesellschaft eingefordert wird.

Seit rund 20 Jahren zeigt sich in Deutschland bei den über
60-Jährigen ein Wachstum der Engagementbereitschaft und des
realisierten Engagements in allen Dimensionen. Da die vorliegenden Studien aber zum überwiegenden Teil das Engagement
älterer Menschen nicht als bürgerschaftliches Engagement definieren, muss hier zunächst auf die empirisch erfassten Engage-
mentkategorien zurückgegriffen werden. Die vorliegenden Studien kommen bei der quantitativen Beurteilung des Engagements
Älterer zu jeweils unterschiedlichen Ergebnissen bzgl. der Be-
teiligungsquoten. Der Grund liegt in unterschiedlichen Erhe-
bungsmethoden und Messkonzepten. Folgende generelle Trends
wurden jedoch in allen Untersuchungen (Freiwilligensurvey,
Alterssurvey; Erlinghagen 2008) ermittelt:

- In den letzten Jahren ist die Beteiligung älterer Menschen am
  ehrenamtlichen/bürgerschaftlichen Engagement generell gestiegen. Sie liegt mittlerweile genauso hoch wie bei der Bevölkerung im mittleren Alter. Der Zuwachs ist bei den Frau-
  en in der Gruppe der »jungen Alten« am stärksten, bei den
  Männern in der Gruppe der »älteren Alten«.
- Der Zeitaufwand älterer Menschen für die aktive Beteiligung
  im Bürgerengagement ist insgesamt beträchtlich.

- Nach den Ergebnissen des Alterssurveys ist gut die Hälfte der 40- bis 85-Jährigen Mitglied in mindestens einem Verein oder Verband, und davon sind wiederum die Hälfte Mitglied in mindestens zwei Vereinen oder Verbänden. Männer sind in allen Altersgruppen häufiger Mitglied als Frauen. Im Osten Deutschlands sind solche Mitgliedschaften bei Männern und Frauen seltener als im Westen.
- Neben diesen Mitgliedschaften in Gruppen, Vereinen und Verbänden hat der Alterssurvey auch informelle Gruppen in den Blick genommen: Treffen in informellen, aber dennoch festen Gruppen (Stammtisch, gemeinsames Kaffeetrinken, Skatabende oder regelmäßig stattfindende Wanderungen). Wie bereits 1996 ergibt sich ein Anteil von 40 % bei den 40- bis 85-Jährigen, die sich in solchen informellen Gruppen treffen.
- Ein Blick auf die Engagementbereiche Älterer zeigt überein-stimmend, dass die Sektoren »Sport und Bewegung«, »kirch-licher und religiöser Bereich« und »sozialer Bereich«, gefolgt von »Freizeit und Geselligkeit« und »Kultur und Musik« an der Spitze der Aufgabenfelder stehen, die von älteren Men-schen übernommen werden. Rund 25 % der sich ehrenamt-lich engagierenden Älteren tun dies im Kontext von »Sport und Bewegung«, wobei die Anteile bei den 50- bis 59-Jährigen noch höher liegen. Dahinter folgen kirchliche bzw. religiöse Gruppen mit 22 % und die wohltätigen Organisationen mit 20 %.
- Im altersspezifischen Segment gibt es soziale Ungleichheiten im Bürgerengagement: Je gehobener der bildungsbezogene, berufliche und ökonomische Status einer älteren Person ist, desto eher wird diese ehrenamtlich tätig. Der sozial ungleiche Zugang zum Engagement hat sich laut Freiwilligensurvey in den letzten Jahren sogar verschärft. Weiter sind die »jungen Alten« häufiger engagiert als die »älteren Alten«, Männer häu-figer als Frauen und Westdeutsche häufiger als Ostdeutsche.

Generell gilt, dass ältere Menschen ihr Engagement eher im Sin-ne einer sozialintegrativen Kraft definieren. (BMFSFJ 2010; Gensicke 2008).

Sowohl der Freiwilligensurvey als auch der Alterssurvey belegen, dass in den höheren Altersgruppen Männer im Durchschnitt mehr Zeit für ihre ehrenamtliche Arbeit aufwenden als Frauen mit einem Ehrenamt. Es kann vermutet werden, dass dies mit der Struktur von Ehrenämtern in Zusammenhang steht. Männer engagieren sich z. B. eher in zeitintensiven Leitungsfunktionen von Vereinsvorständen als Frauen. Diese leisten oft ehrenamtliche Aktivitäten und soziale Unterstützungsaufgaben im informellen Bereich (von der Familie und Nachbarschaft bis hin zu Verwandten etc.), die nur unzureichend in den offiziellen Statistiken abgebildet wird.

Bevor auf Ausmaß und Struktur bürgerschaftlichen bzw. ehrenamtlichen Engagements Älterer eingegangen wird, werden zunächst die verschiedenen Erscheinungsformen informeller Arbeit dargestellt.

7.1 Nützliche Tätigkeiten außerhalb der Erwerbssphäre

Vorangetrieben wird die Debatte um mehr Ehrenamt und bürgerschaftliches Engagement im Alter von den im historischen Vergleich sehr guten Voraussetzungen, die ältere und alte Menschen heute aufweisen (Kohorteneffekte). Hingewiesen sei nur auf die gestiegene und weiter steigende Lebenserwartung, auf höhere Bildung und mehr Möglichkeiten der sozialen Vernetzung und Einbindung, auf bessere gesundheitliche Voraussetzungen sowie auf eine verbesserte Finanzausstattung im Alter. Im Rahmen der soziologischen Diskurse um eine »Krise der Arbeitsgesellschaft« gibt es schon seit einiger Zeit eine breite Diskussion um nützliche Tätigkeiten außerhalb der Erwerbssphäre, die auch für das Aufzeigen des produktiven Potentials älterer Menschen genutzt werden kann. Sämtliche Formen informeller Arbeit befinden sich in einer Grauzone zwischen der rein konsumtiven Zeitverwendung und der förmlichen Erwerbsarbeit, bei der Arbeitsleistungen bzw. deren sachliche Resultate gegen ein monetäres Erwerbseinkommen getauscht werden, weshalb es erhebliche Abgrenzungsprobleme gibt (vgl. ausführlich bereits Offe, Heinze 1990 und die Beiträge in Erlinghagen, Hank 2008).

Hinsichtlich dieser Grauzone gibt es seit langer Zeit Grenzstreitigkeiten, an denen naturgemäß erhebliche gesellschaftliche Interessen hängen. Letzteres ist deswegen der Fall, weil nur diejenigen Tätigkeiten, die als geleistete Arbeit geltend gemacht werden können, Achtung und Anerkennung genießen. Die verschiedenen Formen individuell und gesellschaftlich nützlicher Tätigkeiten lassen sich grob in folgenden Dimensionen verorten: Haushaltsarbeit im Familienverbund, Hobbys, Vereinswesen und Selbsthilfegruppen sowie ehrenamtliches bzw. bürgerschaftliches Engagement.

Ein großer Teil der informellen Tätigkeiten von Älteren wird als Haushaltsarbeit im Familienverbund erledigt, wo sie ihre spezifische Produktivität entfalten (wie Unterstützung bei der Enkelkinderbetreuung, häusliche Altenpflege etc.). Es besteht hier allerdings eine unscharfe Grenze zwischen »Zwecktätigkeit« und »Beziehungs- bzw. Sorgearbeit« (»care work«). Nicht das Hinarbeiten auf einen vorgestellten und intendierten Zweck, sondern die auf Werte, Sympathie, Liebe und Fürsorge gestützte Erledigung einer diffusen Vielzahl von Aufgaben ist das Merkmal dieser Tätigkeiten. In der soziologischen Theorie wird deshalb die Familie von allen formal organisierten Handlungssystemen in der Weise abgesetzt, dass die spezifischen Aktivitäten innerhalb von Familien als funktional diffus im Gegensatz zu der funktional spezifischen Handlungsweise von Unternehmen, Verbänden oder Verwaltungen gekennzeichnet werden. Die von der Familienarbeit erzeugten Leistungen werden von den Beteiligten als relativ diffuse Pflichten übernommen und können aus materiellen und/oder moralischen Gründen nicht durch externe Leistungen substituiert werden.

In eingeschränktem Umfang können solche Dienste und Hilfen auch auf Beziehungen vom Typ der Nachbarschaft, der Freundschaft oder der Verwandtschaft beruhen, jedoch mit dem Unterschied, dass im Rahmen solcher Beziehungen Dienste und Hilfen für den Einzelfall erbeten und gewährt werden und nicht (jedenfalls nicht ohne eine verabredete äquivalente Gegenleistung) als Routinepflichten der Leistenden in Anspruch genommen werden können. Anders sieht es beim gerade in Deutschland ausgeprägten Vereinswesen und auch bei den Selbsthilfegruppen aus, die inzwischen vielen Älteren Aktivitätsspielräume bieten.

7.1.1 Selbsthilfegruppen

Selbsthilfegruppen haben ihren Schwerpunkt im Bereich der psychosozialen und gesundheitlichen Hilfe und Beratung. Sie sind häufig Orte freiwilligen sozialen Engagements von Menschen, die ein ähnliches oder gleich gelagertes Problem überwunden bzw. die eine subjektive Betroffenheit im Sinne von helfender Anteilnahme entwickelt haben.

Alle einschlägigen empirischen Studien weisen darauf hin, dass die besonderen Leistungsmöglichkeiten von Selbsthilfegruppen nur von solchen Bevölkerungsteilen genutzt werden können, die über bestimmte soziale Kompetenzen verfügen: Die Beteiligten müssen in der Lage sein, intensive Gruppenprozesse initiieren beziehungsweise aushalten zu können. Der Praxis von Selbsthilfegruppen liegt häufig ein professionenkritisches und in diesem Sinne emanzipatives Selbstverständnis zugrunde, das sich in der Arbeitshypothese zusammenfassen lässt, dass »wir« uns selbst gegenseitig besser, weniger diskriminierend und kostengünstiger helfen können als die Angehörigen der helfenden Berufe und die Behörden, die deren Dienste organisieren.

Die Zahl der Selbsthilfegruppen in Deutschland wird auf 70 000–100 000 mit 2,5–3 Mio. Teilnehmern geschätzt; es kann davon ausgegangen werden, dass ca. 9 % der erwachsenen Bevölkerung in einer Selbsthilfegruppe mitmachen (vgl. Bäcker, Naegele et al. 2010 sowie Hundertmark-Mayser et al. 2004). Da viele dieser Gruppen relativ klein sind und oft informell funktionieren, sind diese Zahlen nur Schätzungen, und die reale Ausbreitung selbstorganisierter Hilfe dürfte noch größer sein. Die seit den 1970er Jahren zu beobachtende Bedeutungszunahme der Gesundheitsselbsthilfe in Deutschland hat verschiedene Gründe: Infolge der Studentenbewegung ist bei vielen Menschen ein neues Gesundheits- und Patientenselbstverständnis entstanden. Früher wurden Empfehlungen der Fachleute von den Laien und Patienten entgegengenommen, jetzt wird klar, dass selbstverantwortliche und mündige Patienten an ihrer Gesunderhaltung mitwirken können. Immer mehr Menschen haben auch erkannt, dass professionelle Hilfsangebote oftmals nicht ausreichen, um die erwünschten gesundheitlichen Effekte zu erzielen. Der Erfahrungsaustausch von Betroffenen und das Sich-wechselseitig-Stützen konnte in vielen Fällen weiterhelfen – zumeist ergänzend, oft aber auch in Konkurrenz zu professionellen Angeboten.

In den Anfangsjahren hat es zwischen der Selbsthilfe und dem professionellen Gesundheitssystem oft Spannungen gegeben, mittlerweile werden Gesundheitsselbsthilfegruppen aber auch von den gesetzlichen Krankenversicherungen oder auch von den Ländern und Kammern unterstützt. Hinsichtlich der Sozialstruktur von Selbsthilfegruppen ist die Datenlage weiterhin spärlich, allerdings dominiert im gesundheitspolitischen Diskurs die These eines Mittelschichtenbias. Es liegen Überblicksstudien vor, die vorsichtiger und differenzierter argumentieren (Borgetto 2004).

Für eine realistische Einschätzung der Bedeutung und Qualität der Arbeit von Selbsthilfegruppen fehlen allerdings noch genauere empirische Untersuchungen. Alle bisherigen Erfahrungen zeigen einen Leistungsschwerpunkt von Selbsthilfegruppen bei der psychosozialen Unterstützung, Beratung und Aktivierung der Betroffenen. Sie können also das professionell-sozialstaatliche Leistungssystem allenfalls ergänzen, nicht aber ersetzen.

Wie die Familie zeichnen sich auch Selbsthilfegruppen durch die Verwendung und Organisation von »Sozialzeit« und die besondere Qualität der Betroffenenkompetenz aus. Sie haben vor allem den Effekt, durch die individuelle Stabilisierung die Hilfsbereitschaft und -fähigkeit generell zu steigern. Dem Engagement in Selbsthilfegruppen liegt oft ein Austauschprinzip zugrunde; mit ihm sind direkte ideelle und praktische Rückerstattungserwartungen verbunden, die sich auf konkrete Problemlösungen beziehen. Es gibt aber auch Hinweise auf einen zusätzlichen Nutzen von Selbsthilfegruppen im Sinne der Hilfe von Stärkeren für Schwächere. Direkte Rückerstattungserwartungen schließen eine sinnvolle Anwendung des Begriffs »praktische Solidarität« nicht aus.

Inhaltlich fokussieren die meisten Selbsthilfegruppen auf chronische Erkrankungen, also etwa Allergien, Neurodermitis, Diabetes oder Rheuma. Rund die Hälfte aller Selbsthilfegruppen sind freie, nicht organisierte Selbsthilfegruppen. Die anderen haben sich überregionalen Selbsthilfeorganisationen angeschlossen, wie etwa der Deutschen Rheumaliga. Die Arbeit in den lokalen Selbsthilfegruppen erfolgt in aller Regel ehrenamtlich. Wenig ist darüber bekannt, an welchen Orten die Leistungen erbracht werden, die bei der Arbeit von Selbsthilfegruppen zustande kommen. Gleichwohl ist davon auszugehen, dass der private Lebenszusammenhang von Menschen eine große Rolle spielt.

7.1.2 Bürgerschaftliches bzw. ehrenamtliches Engagement

Gerade mit Blick auf Ältere gibt es Überschneidungen zwischen Selbsthilfe und bürgerschaftlichem Engagement. Bei der altersspezifischen Selbsthilfe und in den sozialen Engagementformen, bei denen die Hilfe von Älteren für Ältere im Vordergrund steht, sind auf der Seite der Motive und aus Sicht der individuellen Zugangswege zum Engagement die Selbst- und die Fremdhilfeaspekte häufig kaum voneinander zu trennen. Ältere Menschen, die zur Bewältigung eigener Probleme oder von Entwicklungsaufgaben einer Selbsthilfegruppe beitreten, übernehmen neben der Funktion, andere Gruppenmitglieder durch das Zuhören und Teilen von Erfahrungen zu unterstützen, auch häufig weitergehende Aufgaben, wie die Organisation oder die Leitung von Treffen. Darüber hinaus entwickeln sich aus der Selbsthilfe im Zeitverlauf häufig eindeutig nach außen gerichtete Aktivitäten, wie die Beratung und Unterstützung anderer Betroffener. Nach erlittenen Krankheiten, sozialen Verlusten oder anderen Belastungen entscheiden sich viele ältere Menschen, ihre Erfahrungen und Kompetenzen für andere in ähnlichen Situationen einzusetzen, ohne selbst jemals die Unterstützung einer Selbsthilfegruppe gesucht zu haben. Ihr bürgerschaftliches Engagement hat dann insofern eine Selbsthilfefunktion, als es dazu beiträgt, eigene Verluste und Verletzungen zu reflektieren sowie deren weitere Bewältigung zu unterstützen (Klehm 2002).

Neuere empirische Studien zum Bürgerengagement der Bevölkerung zeigen für 2009, dass insgesamt rund 36 % der Bun-

desbürger (ab 14 Jahren) in irgendeiner Form ehrenamtlich bzw.
freiwillig engagiert waren. Zudem sind weitere 35 % Mitglied in
Vereinen und anderen gesellschaftlichen Organisationen, ohne
aber freiwillige Aufgaben zu übernehmen. Der Anteil Aktiver
hat sich in den letzten Jahren stetig erhöht; im Saldo engagieren
sich deutlich mehr Menschen in Deutschland als früher.

Besonders positiv verläuft die Entwicklung seit Ende der
1990er Jahre in der Altersgruppe der über 60-Jährigen. Bei den
60- bis 69-Jährigen stieg das ehrenamtliche Engagement zwischen
1999 und 2009 von 31 % auf 37 %, in der Gruppe der über 70-Jäh-
rigen von 20 % auf 25 %. »Das Engagement der Älteren schiebt
sich also immer weiter über den Ruhestandsbeginn hinaus und
die Grenze der Entwicklung liegt hauptsächlich in einem Fitness-
gefälle, das den gesundheitlichen Barrieren des höheren Alters
geschuldet ist. Es ist zudem auffallend, dass ältere Menschen
entsprechend ihres Engagementprofils zunehmend besonders
wichtige Aufgaben in den Bereichen Soziales, Pflege und Betreuung übernehmen« (BMFSJ 2010: 5).

Vor diesem Hintergrund ist es auch nicht überraschend, dass
im Diskurs über die Förderung des bürgerschaftlichen Engagements der Gruppe der Älteren eine herausgehobene Stellung
zukommt, da dort große Potentiale der Aktivierung von Engagement gesehen werden (z. B. bei der Zusammenführung der
Generationen, von der Jung und Alt gleichermaßen profitieren
können).

Verschiedene Befragungen zur Bereitschaft von Älteren, ein
Ehrenamt aufzunehmen bzw. ein bestehendes Engagement auszuweiten, lassen darauf schließen, dass es ein bisher unausge-
schöpftes Potential für bürgerschaftliche Tätigkeiten innerhalb
der älteren Bevölkerung gibt. Laut Freiwilligensurvey besteht bei
etwa 9 % der bisher nicht engagierten 60- bis 69-Jährigen die
Bereitschaft, sich zukünftig in Vereinen, Initiativen oder Selbsthilfegruppen zu engagieren und dort auch konkrete Aufgaben
zu übernehmen. Weitere 16 % wären unter Umständen an einem
freiwilligen Engagement interessiert, wenn die Bedingungen für
die Übernahme einer Tätigkeit günstig wären. Von den bereits
engagierten 60- bis 69-Jährigen äußern 27 % die Bereitschaft,
ihr ehrenamtliches Engagement noch auszuweiten.

Mit dem zunehmenden Anteil älterer Menschen gewinnt sowohl
das »Ehrenamt« als auch das bürgerschaftliche Engagement dieser Gruppe an gesellschaftlicher Bedeutung. Bereits die Enquete-
Kommission »Zukunft des bürgerschaftlichen Engagements« des
Bundestags (Deutscher Bundestag 2002b), hat sich ausführlich
der Darlegung eines qualifizierten Begriffs des bürgerschaftlichen
Engagements gewidmet. »Ehrenamtliches Engagement erfährt
wieder ein hohes Ansehen und eine enorme Aufmerksamkeit.
Noch vor wenigen Jahren – in den 70er Jahren, der Blütezeit der
Alternativ- und Selbsthilfebewegung – galt das Ehrenamt als ein
veraltetes Konzept. Inzwischen ist jedoch wieder ein beachtlicher
Aufschwung des Begriffs in der Öffentlichkeit festzustellen. Mit
einer gewissen Selbstverständlichkeit wird dabei heute der Bereich der Selbsthilfe dem ›Ehrenamt‹ zugerechnet. Der Diskurs
darüber wird auch durch neue Konzepte wie freiwillige ›soziale
Tätigkeit‹ oder ›bürgerschaftliches Engagement‹ zunehmend unübersichtlich. Die gilt insbesondere für die nachberufliche Lebensphase« (Künemund, Schupp 2008: 145).

Bürgerengagement charakterisiert sich danach als a) freiwillig,
b) nicht auf materiellen Gewinn ausgerichtet, c) gemeinwohlori-
entiert, d) öffentlich bzw. im öffentlichen Raum stattfindend, und
wird e) i. d. R. gemeinschaftlich ausgeübt (Deutscher Bundestag
2002b). Im Alter spielen darüber hinaus solche Engagementformen eine Rolle, die auf die Aufrechterhaltung der gesellschaftlichen Integration älterer und alter Menschen und auf deren Au-
tonomie zielen, wie dies z. B. kollektive Selbsthilfeaktivitäten (etwa
im Kontext »Wohnen im Alter«) bewirken können.

Ein konkretes Beispiel kann die Produktivität dieser informellen Engagements anschaulich belegen.

Bürgerschaftliches Engagement in der pflegerischen Versorgung älterer Menschen
    In der Diskussion um die Zukunft der pflegerischen Ver-
sorgung älterer Menschen gilt die Förderung/Ermöglichung
von gemischten Unterstützungsarrangements aus familiären,
professionellen und ehrenamtlichen Helfern als Erfolg ver-
sprechendes Mittel, um die Herausforderungen der demo

graphischen Entwicklung in diesem sozialpolitischen Feld zu bewältigen. Bereits heute betätigen sich freiwillig Engagierte in vielfältiger Form bei der Unterstützung von älteren pflegebedürftigen Menschen.

Eine Studie aus Baden-Württemberg (Klie, Hoch & Pfundstein 2005) zeigt beispielsweise für die stationäre Altenpflege auf, dass dort, wo freiwillige Helfer in die Arbeit des Heimes einbezogen werden, ihr Tätigkeitsspektrum sehr breit ist. An erster Stelle der Aktivitäten steht der Besuch von Heimbewohnerinnen und -bewohnern, gefolgt von der Mitwirkung bei Gruppenangeboten innerhalb der Heime. Auch die Organisation von Festen, Basaren oder Gesprächskreisen, der Dienst in der Bewohnercafeteria und Vorlesen spielen eine bedeutende Rolle. Deutlich wird in dieser Untersuchung aber auch, dass die Einrichtungen i. d. R. keine systematischen Konzepte für die Einbeziehung von Freiwilligen haben, sodass hier noch ein großer Entwicklungsbedarf besteht.

Ein Bereich, der bisher quantitativ nicht an der Spitze des Engagements in diesem Feld rangiert, zukünftig aber eine bedeutendere Rolle spielen könnte, ist das freiwillige Engagement von jungen Alten für hilfebedürftige Hochaltrige in der anwaltschaftlichen Interessenvertretung und der Sachwalterschaft beim Verbraucherschutz im Bereich sozialer Dienstleistungen und der pflegerischen Versorgung.

Beispielhaft sei hier ein Projekt der Bundesinteressenvertretung der Altenheimbewohner (BIVA) zur Qualifizierung von Heimbeiräten und Heimfürsprechern durch sog. Multiplikatoren genannt. Die BIVA hat in verschiedenen Bundesländern ehrenamtliche Beraterinnen und Berater ausgebildet, um vor Ort Heimbeiräte zu informieren, zu beraten und sie bei der Wahrnehmung ihrer Mitwirkungsrechte zu unterstützen. Die Heimbeiräte vertreten die Interessen der Heimbewohnerinnen und -bewohner gegenüber dem Heimträger und den Heimmitarbeiterinnen und -mitarbeitern, nehmen aber gleichzeitig auch eine Vermittlerrolle zwischen beiden ein. Sie sind überwiegend in die Veranstaltungs- und Tagesgestaltung eingebunden, sie haben aber auch Mitspracherechte in Fragen der Vertragsgestaltung und bei Entgeltveränderungen. In der Weiterbildung der Heimbeiräte liegt eine wesentliche Voraussetzung für die effektive Förderung der Heimbeiratsarbeit. Die freiwillig engagierten Multiplikatoren unterstützen in regelmäßigen Gesprächen die Heimbeiräte und Heimfürsprecher bei der Durchsetzung ihrer Interessen, indem sie ihr Wissen weitergeben und Kontakte und Austausch mit anderen Heimbeiräten organisieren. Das Projekt der Multiplikatorenschulung lief in vier Bundesländern und ist in Schleswig-Holstein durch die Landesregierung dauerhaft etabliert worden. Auch die in Deutschland existierenden Pflege-Not-Telefone als Informations- und Beschwerdestellen für Probleme mit Heimen oder ambulanten Diensten arbeiten überwiegend mit freiwillig engagierten älteren Menschen. Die freiwilligen Helfer im Telefondienst beraten und informieren Pflegebedürftige und ihre Angehörigen bei Pflegeproblemen mit professionellen Anbietern und schalten ggf. Heimaufsicht oder MDKs ein oder informieren die Öffentlichkeit über Missstände in der pflegerischen Versorgung älterer Menschen. Ihnen kommt eine wichtige Funktion bei der basisnahen Verbraucherberatung und Verbraucherorganisierung zu.

In diesem Zusammenhang kann bürgerschaftliches Engagement von jungen Alten für Hochaltrige einen Aspekt der prospektiven Selbsthilfe aufweisen, indem zukünftige mögliche eigene gesundheitliche, funktionelle oder soziale Einbußen durch die Helfenden antizipiert und Handlungsstrategien für diese Fälle entwickelt werden und indem die psychische Auseinandersetzung mit Verlusterfahrungen bereits frühzeitig aufgenommen wird.

Speziell in jüngster Zeit fällt auf, dass bürgerschaftliches Engagement Älterer oft zuerst dann genannt wird, wenn es um Fragen des produktiven Alterns geht (s. Kap. 2). Auch die Initiative »Alter schafft Neues« des BMFSFJ fokussiert mit dem Programm »Freiwilligendienste aller Generationen« auf das Engagement Älterer.

So leisten etwa Kirchengemeinden ehrenamtlich soziale Dienste, ohne dass hierzu aufgrund gesetzlicher Verpflichtungen und/oder materieller Anreize und Entschädigungen ein motivierender Anlass bestünde.

Die individuellen oder assoziativen Anbieter solcher bürgerschaftlichen Dienstleistungen gehören zumeist einem deutlich ausgeprägten und abgegrenzten sozialen Milieu oder einer Gemeinschaft an, die eine gewisse Verpflichtung zur Übernahme derartiger Tätigkeiten normiert und die soziale Sichtbarkeit derjenigen, die diese Pflichten übernehmen, gewährleistet. Je nach der Stärke und dem Formalisierungsgrad solcher Verpflichtungen und der Intensität der Kontrolle kann man von Übergangsformen zwischen dem bürgerschaftlichen Engagement und offiziellen Verpflichtungen zu einer bestimmten Tätigkeit (etwa der des Schöffen) sprechen.

Es gibt selektive Anreize und Vorteile, die denjenigen zugutekommen, die bürgerschaftliches Engagement leisten; diese können u. U. finanziell attraktive Aufwandsentschädigungen sein, aber auch (erwartete) Gelegenheiten, durch entsprechende Kontakte und Kommunikationen berufliche Karrieren und geschäftliche (wie auch ideell-weltanschauliche) Interessen zu fördern oder durch wohltätige Vorleistungen im Dienste der Öffentlichkeit die Aussichten auf öffentliche Förderungsmittel zu verbessern oder zu erhalten.

Insgesamt ist für ehrenamtliche Tätigkeitsformen charakteristisch, dass sie auf einer ungeklärten und im Einzelfall auch gar nicht klärungsbedürftigen Gemengelage von förmlicher Verpflichtung, Vorteilskalkül und selbstlosem Engagement zugunsten einzelner oder aller Angehörigen einer größeren Gemeinschaft beruhen. Dabei muss aber auf die Unterschiede ehrenamtlicher Tätigkeiten geachtet werden: Es gibt sie im organisierten Zusammenhang mit Verbänden, Vereinen oder Kirchen. Daneben stehen – zunehmend auch bei älteren Menschen – solche, die außerhalb formaler Organisationen und an bestimmte Personen gebundene Hilfeleistungen erbracht werden. Diese Unterscheidung ist deswegen wichtig, weil mit ihrer Hilfe gegenläufige Tendenzen bei der »alten« Ehrenamtlichkeit, die in größere Organisationen eingebunden ist, und bei der

»neuen« Ehrenamtlichkeit der unorganisierten individuellen Hilfsbereitschaft sichtbar gemacht werden können.

Letztere kann unter Rückgriff auf soziologische Kategorien wie Individualisierung und Wertewandel so charakterisiert werden, dass an die Stelle der bedingungslosen Hingabe an die soziale Aufgabe unter Verzicht auf die Befriedigung eigener Bedürfnisse und Interessen heute der Wunsch nach einem freiwillig gewählten Engagement tritt, das sich zeitlich den eigenen Kräften und Möglichkeiten anpassen lässt und die eigenen Kräfte und Möglichkeiten qualitativ nicht übersteigt. Angesichts dieses Motivationswandels ist eine Grenze ehrenamtlicher Tätigkeit zu sehen, die auch z. B. von den Wohlfahrtsverbänden registriert wird. Es ist zunehmend schwierig, das an sie gebundene und häufig überalterte Potential an ehrenamtlichen Helfern mit Angehörigen jüngerer Generationen aufzufüllen und insbesondere den traditionell dominierenden weiblichen Anteil an diesem Potential aufrechtzuerhalten, während es gleichzeitig ein offenbar wachsendes Potential an Bereitschaft zu »neuer« Ehrenamtlichkeit gibt, das sich jedoch wegen der genannten Motive in den bestehenden Organisationen nicht beheimatet fühlt.

7.2   Alter als Chance für Engagement

Die Produktivität älterer Menschen auf dem informellen Sektor ist beträchtlich. In der in den letzten Jahren pulsierenden Debatte um die Zivilgesellschaft bzw. das bürgerschaftliche Engagement wurde versucht, sowohl das breite Spektrum der gesellschaftlichen Selbstorganisation anzusprechen als auch den Bürgerinnen und Bürgern vermehrte und verbesserte Möglichkeiten der Einflussnahme auf öffentliche Politik zu geben. Dabei wird oft auf das Konzept des »Sozialkapitals« verwiesen. Im Vergleich zu Kapitalformen wie Geld- und Sachkapital lässt sich das Sozialkapital als »öffentliches Gut« auffassen; in Abgrenzung zum Humankapital betrifft es nicht personale Eigenschaften, sondern die Qualität interpersonaler Beziehungen. Das Sozialkapital einer Region oder einer Nation bemisst sich am Grad des generalisierten Vertrauens und der Aufmerksamkeit, die Individuen für soziale Belange ent-

gegenbringen und dem Grad und der Verteilung von Mitgliedschaften in »sekundären Assoziationsmustern«, die sich nicht nur
von Familienstrukturen, sondern auch von den formalisierten
Strukturen politisch-strategischer und ökonomisch-kommerzi-
eller Organisationen unterscheiden. Hierzu zählen Verbände,
Kultur- und Sportvereine aber auch Wohlfahrtsorganisationen,
also die Institutionen, die auch als zivilgesellschaftliche Akteure
oder als soziales Kapital verstanden werden.

Angesichts des vielfach belegbaren Wandels der Motivationen
und Formen freiwilligen Engagements taucht allerdings verstärkt
die Frage auf, ob sich mit dem geringeren Grad an persönlicher
Verpflichtung und Bindung auch die Qualität des sozialen Kapitals verringert. Von manchen Zeitbeobachtern wird zwar ein
wachsender Bedarf konstatiert (man denke etwa an die stadt-
teilbezogenen Projekte), gleichzeitig aber auf ein langsames Ver-
siegen dieser nichterneuerbaren Ressource hingewiesen.

Allerdings sind die bürgerschaftlich und ehrenamtlich aktiven
Menschen insgesamt gesehen trotz ansteigender Engagementquoten in der Gruppe der Älteren noch immer in der Minderheit (wie
in anderen Altersgruppen auch). Dies zeigt sich auch in anderen
Ländern: »Während international vergleichende Untersuchungen
einerseits auf bislang ungenutzte Potentiale verweisen, zeigen sie
doch andererseits auch, dass selbst in jenen Ländern, die gemeinhin als Vorbilder für bürgerschaftliches Engagement gelten (z. B.
USA, Niederlande), die Mehrheit der Menschen sich nicht freiwillig engagiert. Selbst in den Ländern mit besonders hohem Engagement älterer Bürger (ist) maximal ein Drittel der Bevölkerung
ehrenamtlich aktiv. Auch wenn es gelänge, die Beteiligung älterer
Menschen an z. B. ehrenamtlicher Arbeit deutlich zu steigern, ist
somit eine Beteiligungsrate von mehr als 40 % kaum ernsthaft zu
erwarten. Die sich hierin widerspiegelnden Grenzen müssen in
der Debatte um die Potentiale produktiven Alterns berücksichtigt
werden, insbesondere dann, wenn wohlfahrtsstaatliche Leistungen
zurückgefahren und durch – dann möglicherweise nur noch bedingt freiwilliges – bürgerschaftliches Engagement substituiert
werden sollen« (Hank, Erlinghagen 2008: 15f.).

Die aktiven älteren Menschen weisen zudem in allen vergleichbaren Ländern hinsichtlich ihrer soziodemographischen Merkma-

le einige Besonderheiten auf (insbesondere im Hinblick auf Bildung), die darauf schließen lassen, dass sich im Zuge der Verbesserung der individuellen Ressourcen dieser Personenkreis erweitern könnte. Allerdings könnte zugleich auch der Anteil jener Älteren steigen, die eine solche Produktivität nicht erbringen können. Gesellschaftlich sinnvolle und produktive Tätigkeiten wie auch familiale Unterstützungsleistungen setzen entsprechende Ressourcen voraus, diese wiederum eine sozialstaatliche Infrastruktur.

Für die nähere Zukunft spricht vieles dafür, dass sich die quantitative Verbreitung des Engagements älterer Menschen in Deutschland erhöhen wird. Heute liegen die Schwerpunkte in den meisten Partizipationsfeldern noch im traditionellen Bereich von Verbänden und Organisationen, in denen die Älteren vielfach als »Stamm-Mitglieder« gelten können. In Zukunft dürften die Partizipationsansprüche der Älteren anspruchsvoller werden und sich vermehrt auch auf selbstorganisierte und selbstbestimmte Formen richten. Allerdings muss ein wenig vor einem linearen Anstieg der Engagementquoten gewarnt werden.

7.3   Chancen und Grenzen ehrenamtlichen Engagements Älterer

Damit die erhofften positiven Effekte des freiwilligen sozialen Engagements Älterer tatsächlich eintreten, müssen die Förderpolitiken und -maßnahmen bestimmte Voraussetzungen erfüllen. Nicht zuletzt müssen aber auch ältere Frauen und Männer ihre Rolle im Engagement offensiv interpretieren und neben der Möglichkeit zum freiwilligen sozialen Engagement auch stärker politische Partizipationsrechte in Politik und Verwaltung einfordern.

Zudem darf die Diskussion über bürgerschaftliches Engagement nicht instrumentell geführt werden. Das Verständnis von Freiwilligen als Ressource, die es aus Gründen der Kosteneffizienz zu aktivieren gelte, geht an den Motiven und vielfach auch der Lebenslage der Engagierten vorbei. Deshalb sollte auch nicht von Freiwilligengewinnung die Rede sein, sondern die Ermöglichung von Engagement im Zentrum der Debatte stehen. Die Fünfte Altenberichtskommission wendet sich deutlich gegen die Einführung von verpflichtenden Diensten für Senioren (BMFSFG 2006). Die Hoffnungen, welche in das bürgerschaftliche Engagement Älterer für die Belebung des Gemeinwesens und die Stärkung der Bürgergesellschaft gesetzt werden, können sich nur in einem freiwilligen Rahmen entfalten. Dabei sind zur optimalen Nutzung des potentiellen Engagements älterer und alter Frauen und Männer in ihrem eigenen und im gesellschaftlichen Sinne folgende Kriterien zusammenfassend zu beachten:

• Freiwilliges Engagement darf nicht zur gesellschaftlichen Verpflichtung im Alter werden. Das bedeutet auch den Verzicht auf eine negative gesellschaftliche Sanktionierung derjenigen, die sich daran nicht beteiligen.

• Das Angebotsspektrum sollte sehr breit gestaltet, zur Weiterentwicklung offen und möglichst transparent sein für unterschiedliche soziale Milieus, Altersgruppen, Geschlechter, Menschen in verschiedenen Lebenslagen etc. Es sollte außerdem direkt an den Interessen und (nicht nur formal erkennbaren/messbaren) Qualifikationen wie Erfahrungen und sozialen Netzen der (potentiell) sich Engagierenden ansetzen.

• Engagementförderung ist eine lebenslaufübergreifende Aufgabe. Sie sollte sich nicht allein auf die Gruppe der älteren und alten Menschen konzentrieren oder gar beschränken. Die am meisten Erfolg versprechenden Ansätze zur Erhöhung der Engagementquoten auch im Alter sind diejenigen, die bereits in früheren Lebensphasen ansetzen und dort positive Erfahrungen initiieren. Auch hier zeigt sich, dass es im Prinzip darum geht, »aus einer alterssequenzierenden Gesellschaft – zuerst Bildung, dann Familie, dann der immer länger während Ruhestand – eine horizontale, parallelisierende entstehen zu lassen« (Baltes 2005).

Der hohe gesellschaftliche Nutzen des Engagements älterer Menschen scheint also unbestritten. Weil aber zur Aktivierung und Stabilisierung des Engagements Infrastrukturen benötigt werden, sollten die Aktivitäten zur Förderung des freiwilligen oder bürgerschaftlichen Engagements verstärkt werden, um die Potentiale besser ansprechen zu können. Gleichzeitig gilt es, die Informations- und Kontaktstellen für engagierte und engagementbereite Bürgerinnen und Bürger auszubauen bzw.

abzusichern. Diese »Mittlerorganisationen« übernehmen ein breites Spektrum von Funktionen wie die Anbahnung und Vermittlung von Engagementverhältnissen, Information von interessierten Bürgerinnen/Bürgern und Organisationen, Lobbying oder Weiterbildung von Freiwilligen. Wenn das bürgerschaftliche Engagement ernsthaft als Teil einer Reformperspektive für die Bürgergesellschaft verstanden wird, muss eine geeignete Infrastruktur vorhanden sein, welche die Prozesse der (Selbst-)Aktivierung der Bürgerinnen und Bürger begleiten und unterstützen kann. Zudem sollte die kommunale Bürgerbeteiligung stärker ausgebaut werden. Die Öffnung der Verwaltung für das Engagement ihrer Bürger sollte auf allen Ebenen vorangetrieben werden. Es handelt sich dabei aber explizit um eine Aufgabe, die Altersgruppen übergreifend zu verstehen ist. Die politische Repräsentation und Partizipation sowie die Aktivierung des Engagements aller Altersgruppen sind Voraussetzung für ein funktionierendes Gemeinwesen.

Ein weiteres, zukünftig bedeutendes Aufgabengebiet für das bürgerschaftliche Engagement von Älteren und für Ältere ist im Bereich der Verbraucherpolitik und des Verbraucherschutzes zu sehen. Engagierte ältere Menschen können im Feld der sozialen Dienstleistungen und der Seniorenwirtschaft verstärkt anwaltschaftliche Funktionen übernehmen.

Bürgerschaftliches Engagement kann jedoch nur dann geleistet werden, wenn die eigene soziale Lage gesichert ist und eigene Ressourcen in den Dienst der Gemeinschaft bzw. Gesellschaft gestellt werden können. Für das Engagement und die Teilhabe älterer Menschen ist es notwendig, dass ihr Alterseinkommen, ihre Wohn- und Lebenssituation sowie ihr gesundheitlicher Zustand ein zufriedenes und abgesichertes Leben ermöglichen – die Hinwendung zu anderen setzt voraus, dass die individuelle Sorge nicht nur um das eigene Leben kreist. Damit verbunden ist der Kampf gegen soziale Prozesse der Ausschließung und Diskriminierung, sei es aufgrund materieller, gesundheitlicher, ethnischer, regionaler oder anderer Benachteiligungen.

Manche Experten sehen im bürgerschaftlichen Engagement »mehr als eine zeitgemäße Form der Altersaktivität. Sie ist das Kernelement eines völlig neuen Vergesellschaftungsmodells, das

mit der Betonung der Ressourcen und der Handlungspotentiale das Leitbild des verdienten Ruhestands ergänzt« (Amann,
Kolland 2008: 37). Um diese gesellschaftspolitischen Partizipa-
tionsprozesse Älterer nicht nur exklusiv auf die bereits mit Sozialkapital ausgestatteten Personengruppen zu begrenzen, ist
staatliche Förderpolitik notwendig.

Gerade auch weil das bürgerschaftliche Engagement Älterer
gut zum neuen Leitbild von Altersaktivitäten passt, ist dabei der
Eindruck zu vermeiden, »dass das zivilgesellschaftliche Engagement der Senioren lediglich die Mängelverwaltung der öffentlichen Hand kompensiert« (Amann, Kolland 2008: 37; vgl. auch
weitere Beiträge darin).

Deshalb muss auf die Voraussetzungen zur Potentialentfal-
tung hingewiesen werden. Bürgerschaftliches Engagement
braucht Dispositionsmöglichkeiten und muss biographisch gut
einzuordnen sein. Die Struktur der Aufgabe muss Raum für
Kreativität und Spontaneität zulassen. Gerade das Engagement
Älterer verträgt keine unbegrenzte Verpflichtung mehr, vielmehr
muss der inhaltliche und zeitliche Umfang der Aufgabe variabel
gestaltbar sein. Trotz aller politischen Beteuerungen, wie wichtig das Bürgerengagement sei (was in Zeiten knapper öffentlicher
Kassen auch leicht nachvollziehbar ist) und auch empirischer
Daten, die von einer relativ hohen Engagementbereitschaft ausgehen, stellt sich deshalb die Frage, ob die zweifellos vorhandenen Zeitpotentiale älterer Menschen auf lokaler Ebene real genutzt werden. Laut einiger Untersuchungen werden die
Möglichkeiten einer am Gemeinsinn orientierten bürgerschaftlichen Zeitnutzung trotz aller Debatten um neue Zeitverwen-
dungsmuster, Sozialkapital und um die Zivil- oder Bürgergesellschaft weiterhin nur begrenzt aufgegriffen. Es gibt auch unter
älteren Menschen eine hoch selektive soziale Nutzung, die einerseits zu der ökonomisch irrational zu nennenden Brachle-
gung von Potentialen gesellschaftlicher Wohlfahrt und mithin
auch zu einem geringeren Versorgungsniveau führt. Insbesondere diejenigen Bevölkerungsgruppen, bei denen ungenutzte,
aber nutzbare Zeitressourcen verfügbar und die aufgrund ihrer
allgemeinen Versorgungslage am dringlichsten darauf angewiesen wären, diese verfügbare Zeit auch in Gebrauchswerte um-

zusetzen, sind scheinbar dazu nicht in der Lage. Damit erhöhen sich im Alter die Gefahren der Exklusivität und der Umverteilung von unten nach oben, zumal die individualistische Privatisierung der Lebens- und Konsumweise weiter fortschreitet.

Bürgerschaftliches Handeln kann aber gut neue, integrierte Versorgungsstrukturen, die auf ein längeres eigenständiges Leben im vertrauten Wohnumfeld zielen, unterstützen. Eine selbstständige Lebensführung im Alter ist angewiesen auf eine Innovationsstrategie, die sowohl technische Innovationen fördert als auch konkrete soziale Unterstützungsnetzwerke aufbaut. Dabei dürfen die Älteren nicht nur als Konsumenten betrachtet werden, sondern müssen als »Mit-Produzenten« sozialer Dienste in das Konzept integriert werden (Gaugisch et al. 2006; Heinze 2006; Bäcker, Naegele et al. 2010).

Kontrollfragen zu Kapitel 7

Welche Entwicklungstrends zeichnen sich im ehrenamtlichen bzw. bürgerschaftlichen Engagement Älterer ab?

In welchen Bereichen engagieren sich Ältere besonders stark? Auf welche Ursachen ist dies zurückzuführen?

Wie kann das ehrenamtliche Engagement Älterer gefördert werden?

Weiterführende Literatur

BMFSFJ (Hrsg.) (2010). *Monitor Engagement (Nr. 2) – Freiwilliges Engagement in Deutschland 1999-2004-2009*. Berlin.

Deutscher Bundestag (2002b). *Bericht der Enquete-Kommission »Zukunft des bürgerschaftlichen Engagements«. Bürgerschaftliches Engagement: Auf dem Weg in eine zukunftsfähige Bürgergesellschaft*. (Bundestagsdruckerei) (BT-Drucksache 14/8900). Berlin.

Gensicke, T. (2008): Gemeinschaftsaktivität und freiwilliges Engagement älterer Menschen. Ergebnisse des Freiwilligensurveys. In M. Erlinghagen & K. Hank (Hrsg.), *Produktives Altern und informelle Arbeit in modernen Gesellschaften. Theoretische Perspektiven und empirische Befunde* (S. 119–143). Wiesbaden: VS.

8   Sektoren der Seniorenwirtschaft

In den beiden vorherigen Kapiteln haben wir uns schwerpunktmäßig mit der Rolle des Alters auf der Angebotsseite beschäftigt,
also mit dem »Produktionsfaktor Alter«, und zwar bezogen auf
ältere Arbeitnehmer in den Betrieben und Verwaltungen und
als Produzenten von Gütern und Dienstleistungen einerseits und
als ältere, i. d. R. freiwillige Produzenten von zumeist (sozialen)
Dienstleistungen im informellen Bereich mit Schwerpunkten im
bürgerschaftlichen und ehrenamtlichen Engagement andererseits. Im nächsten Hauptabschnitt wenden wir uns nun der
Nachfrageseite zu, untersuchen den »Nachfragefaktor Alter«,
und fragen dabei nach der Bedeutung des demographischen
Alterns der Bevölkerung für die private (und öffentliche) Nachfrage auf (zumeist privaten) Güter- und Dienstleistungsmärkten.
In einem engen Verständnis von wirtschaftlichen Potentialen
wird gemeinhin nur dieser Bereich der Seniorenwirtschaft zugeordnet.

Spricht man über die Seniorenwirtschaft, dann ist damit ein
breites und nur schwer einzugrenzendes Feld wirtschaftlicher
Aktivitäten gemeint. Es geht dabei längst nicht mehr – wie etwa
noch in den 1970er und 1980er Jahren (Naegele 1978, 1986) –
nur um typische »Seniorenprodukte« oder »Seniorendienstleis-
tungen« im Zusammenhang mit Geriatrika, Pflegeprodukten
oder speziellem Alten-Tourismus, die zumeist noch zu den klassischen sozialen Dienstleistungen öffentlicher und frei-gemein-
nütziger Träger gehören, sondern um Produkte und Dienstleistungen in ganz unterschiedlichen, keineswegs nur sozialen
Marktsegmenten. Die Seniorenwirtschaft ist somit kein eigenständiger Wirtschaftsbereich, sondern vielmehr ein »Querschnittsmarkt«. Dieser Querschnittsmarkt kann in Sektoren
unterteilt werden, die nicht immer mit Branchenabgrenzungen
bzw. Wirtschaftszweigen kongruent sind. Vielmehr zeichnet sich
die Seniorenwirtschaft durch eine Vermischung von Segmenten

aus. Dabei sind sowohl Kombinationen aus verschiedenen Bereichen des Dienstleistungssektors als auch des produzierenden Gewerbes und der Dienstleistungsökonomie möglich. Für diese neuen Verknüpfungen, die aus beschäftigungspolitischer und wirtschaftssoziologischer Sicht besonders bedeutsam sind, kann der Begriff des »Cluster Seniorenwirtschaft« genutzt werden.

Definition
▶ Als (Wirtschafts-)Cluster wird die räumliche Konzentration von Unternehmen verschiedener Produktionsstufen innerhalb einer Wertschöpfungskette bezeichnet. ◀◀

Zum Cluster Seniorenwirtschaft gehören neben Wohnangeboten, Pflege, sozialen Diensten und Gesundheitswirtschaft auch Handel und Handwerk, Tourismus, Neue Medien und Technik sowie Bank- und Finanzdienstleistungen (BMFSFJ 2006; Enste, Naegele, Leve 2008; Naegele, Heinze 2006; Hilbert 2003) (vgl. **Abb. 8.1**):

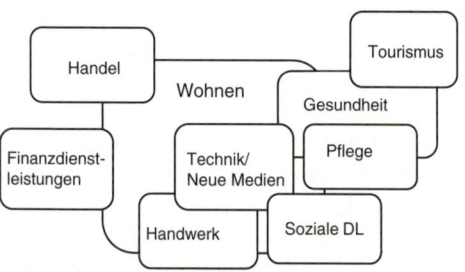

Abb. 8.1: Sektoren der Seniorenwirtschaft

Neben den sozialen Diensten und hier insbesondere der Pflege, die in den letzten Jahrzehnten als ein wesentlicher Teil des expandierenden Dienstleistungssektors auch beschäftigungspolitisch große Bedeutung erlangt haben (s. Kap. 8.9), sind vor allem in der Wohnungswirtschaft seniorentypische Wachstumsmärkte entstanden. Das Spektrum reicht hier von individuellen Wohnraumanpassungen, die insbesondere durch das lokale Handwerk (s. Kap. 8.6) ausgeführt werden, bis hin zur Entwicklung neuer mit intelligenter Technik angereicherter Wohnformen. Durch die

Integration von modernen Informations- und Kommunikationstechnologien (IKT) wird sich auch die Art der Gesundheitsproduktion nachhaltig in Richtung einer stärkeren Rolle des Privat-
haushaltes als drittem Standort der Gesundheitsproduktion
entwickeln (s. Kap. 8.5). Auch über den Privathaushalt sowie die
stationäre und ambulante Versorgung hinaus werden der Gesundheitswirtschaft in Kombination mit anderen Sektoren (z. B.
Gesundheitstourismus, Gesundheitssport: Fitness und Wellness)
erhebliche Expansionschancen zugeschrieben (s. Kap. 8.8). Andere Bereiche wie Handel, Tourismus und Finanzdienstleistungen
zeigen – zum Teil ausgehend von einem recht niedrigen Niveau
– ebenfalls deutliche Wachstumstendenzen.

Im Folgenden werden zentrale Sektoren der Seniorenwirtschaft hinsichtlich ihrer ökonomischen und gesellschaftlichen
Relevanz, den derzeitigen und erwarteten Ausprägungen sowie
ihrer Schnittstellen zu anderen Bereichen dargestellt.

8.1 Einzelhandel

Von Carolin Eitner

Ältere Menschen stellen für den deutschen Einzelhandel eine
zunehmend relevante Zielgruppe dar; die strategische Nutzung
der Potentiale des Wirtschaftsfaktors Alter und die Umsetzung
in Handlungsstrategien erfolgt jedoch noch selten. Stattdessen
orientieren sich Kommunikation, Sortimente oder Warenpräsentation vielfach an jüngeren Kundengruppen: Die Werbung
ist durch junge, makellose Models geprägt; die Produkte werden
technisch immer raffinierter und komplizierter, Verkaufsflächen
immer größer und Beratungsmöglichkeiten zunehmend kleiner.
Dabei kommt gerade dem Einzelhandel als an Endverbrauchern
orientierter Markt und Schnittstelle zwischen Industrie und
Kunden eine besondere Aufgabe zu: Denn er ist Ort des direkten
Kundenkontaktes und Agglomerationsfeld der Generierung
neuen Wissens über Kundengruppen. Im Folgenden werden die
Gestaltungsmöglichkeiten des Einzelhandels in Bezug auf die
Seniorenwirtschaft erläutert, Praxisbeispiele dargelegt sowie die

Bedürfnisse von Älteren an Geschäfte und Einkaufsumgebung betrachtet.

8.1.1 Einzelhandel – eine demographiesensible Branche

2008 arbeiteten 4 Mio. sozialversicherungspflichtig Beschäftigte im Handel, davon 2,56 Mio. im Wirtschaftszweig Einzelhandel[4]. Der gesamte Einzelhandel hatte 2008 einen Umsatz von ca. 561 Mrd. Euro erwirtschaftet. Der Einzelhandel i. e. S., d. h. ohne Kraftfahrzeuge und Kraftstoffe, setzte 2008 Waren im Wert von ca. 400 Mrd. Euro um und gehört damit zu den wichtigsten Bereichen der deutschen Binnenwirtschaft. In den Jahren zuvor befand sich der deutsche Einzelhandel in einer schwierigen Situation mit deutlichen Strukturveränderungen. Allein von 1992 bis 2008 reduzierte sich der Anteil des Einzelhandelsumsatzes i. e. S. am privaten Konsum von 38 % auf 28 %; im gleichen Zeitraum wurde die Verkaufsfläche von 63 Mio. qm auf 120 Mio. qm ausgeweitet (HDE 2009). Die heutige Handelslandschaft ist stark geprägt von Hard-Discountern, Fach- und Verbrauchermärkten sowie von Großflächenkonzepten. Diese Vertriebslinien besitzen ein kostensparendes, aber aktuelles Waren- und Dienstleistungsangebot und somit hohe Preisaggressivität. Auch das Internet, Direktvertriebe sowie vertikale Anbieter (z. B. H&M, Gerry Weber) erzielen kontinuierlich Marktzugewinne, während traditionelle Vertriebswege wie Facheinzelhändler, Kauf- und Warenhäuser aufgrund langer Durchlaufzeiten der Sortimente und gestiegener Mobilität der Konsumenten schrumpfende Marktanteile erfahren.

Bis vor einigen Jahren waren Ältere für den Einzelhandel eine wenig relevante Zielgruppe – sie galten als kaum konsuminteressiert und wenig ausgabefreudig, mit festgefahrenem Kaufverhalten. Dieses Bild hat sich geändert: Ältere Kunden werden für den Einzelhandel zunehmend zur wichtigsten Zielgruppe mit Kaufkraft und Konsumbereitschaft. Die steigende Lebenserwartung – bei guter Gesundheit – ermöglicht älteren Menschen länger in einer konsumaktiven Lebenssituation zu bleiben. Wei-

---

4   Einen Überblick zur Begriffsdefinition Handel und Einzelhandel sowie seinen Ausprägung bietet der Katalog E 2006.

terhin beeinflusst der Wandel der Haushaltszusammensetzung
(d. h. mehr und kleinere Haushalte) den haushaltsnahen Konsum, wie z. B. kleinere Verpackungsgrößen, Einkaufsfrequenz
und langfristige Anschaffungen. Dies alles bedingt Kaufakte, die
früher undenkbar waren, wie z. B. der Kauf eines neuen Autos
mit 75 Jahren oder die neue Küche mit 70 Jahren.

Werden Studien und Prognosen der zukünftigen Konsument-
wicklung (z. B. BMFSFJ 2007; DBR 2007; DIW 2007; Lührmann
2005) herangezogen und die für den Einzelhandel relevanten
Erkenntnisse extrahiert, so zeigen sich starke Differenzierungen
innerhalb einzelner Handelsbereiche: Wachstum werden jene
Branchen erfahren, die sich mit den Themen Gesundheit, Wellness, Freizeit und Kultur befassen. Künftig wird es allerdings
weniger um die Heilung von Krankheiten, sondern um die Förderung des Wohlbefindens und die Prophylaxe gehen (s. Kap. 8.8).
Hierzu gehören z. B. Produkte, die jung und gesund halten und
die gesundheitsbedingten Probleme des Alters verringern, ver-
zögern, lindern oder vergessen lassen wie z. B. rezeptfreie Arz-
neimittel, Nahrungsergänzungen, Convenience- oder diätetische
Produkte, kosmetische Artikel und Körperpflegemittel, Sport-
artikel, gesundheitsorientierte oder wohnungsunterstützende
Produkte und Dienstleistungen. Handelsanbieter, die sich auf
den Vertrieb von Alltagsprodukten spezialisiert haben, wie z. B.
Teile der Genussmittelindustrie sowie Anbieter von kinder-,
jugend- und familienorientierten Produkten und Services, werden dagegen zu den potentiellen Verlierern der demographischen Entwicklung gehören und ihre Strategien entsprechend
anpassen müssen (Eitner 2009). Absatzmärkte, deren Produkte
und Dienstleistungen generationenfreundlich gestaltet sind,
könnten sich demgegenüber positiv entwickeln, indem die potentielle Kundengruppe eines Produktes erhöht wird[5].

---

5   Der Ansatz der Generationenfreundlichkeit hat das Ziel, die Zu-
    gänglichkeit und Benutzung von Produkten und Dienstleistungen
    für viele Menschen zu ermöglichen, unabhängig der divergierenden
    Fähigkeiten und Kenntnisse des Einzelnen. Einen Überblick zur
    Generationenfreundlichkeit bieten u. a. IDZ Berlin 2008; Vander-
    heiden, 1997.

8.1.2 Wünsche und Anforderungen älterer Menschen an den Einzelhandel

Ältere Menschen haben in erster Linie gleiche oder ähnliche Anforderungen an einen Einkauf bzw. an eine Einkaufsumgebung wie jüngere Kunden auch. Dennoch ergeben sich aufgrund der Heterogenität im Alter Differenzierungen hinsichtlich der Bedarfe, Wünsche und Lebensumstände. Biologische, psychologische und soziale Veränderungen des Alters und Alterns haben Auswirkung auf das Einkaufsverhalten und den Einkaufsprozess. Physiologische Veränderungen wie die Einschränkungen des Bewegungsapparates oder der Sinnesfunktionen beeinflussen den Kaufakt sowie die Nachfrage nach Gütern und Dienstleistungen ebenso wie Veränderungen der kognitiven Funktions- und Leistungsfähigkeit im Alter oder der alltagspraktischen Kompetenz (Eitner 2009). Das »soziale Alter« lässt sich anhand der Veränderung im Lebenslauf, sozialer Rollen und sozialer Strukturen konkretisieren. Zu den sich aus den Dimensionen des Alters ableitenden gemeinsamen Bedürfnissen von älteren Menschen zählen Erhaltung der Selbstständigkeit, Sicherheit, Erhaltung von Mobilität, Gesundheit/Wellness, soziale Teilhabe/Sozialkontakte, Alltagserleichterung/Convenience/Funktionalität. Bedürfnisse und sich daraus ergebende Konsumbedarfe sind eng gekoppelt mit Altersphasen bzw. Statuspassagen im Lebenslauf (s. Kap. 5.2). Diese Anpassung an individuelle und soziale Gegebenheiten bzw. der Umgang mit kritischen Lebensereignissen und Statuspassagen im Leben Älterer beeinflusst die Struktur und Intensität der Bedürfnisse der Betroffenen; zugrundeliegende Konsumanforderungen und das Konsumverhalten werden justiert oder neu entwickelt.

Die Anforderungen, Wünsche sowie Erwartungen älterer Menschen an Einzelhandelsstätten sowie an Produkte und Dienstleistungen vergegenwärtigen sich in der tatsächlichen Wahl ihrer Einkaufsstätten. Preißner, Knob (2006) zeigen in ihren Auswertungen, dass ältere Menschen bei der Wahl ihrer Einkaufsstätte das Kriterium Wohnortsnähe dem Kriterium Betriebsform vorziehen, um ihren aufgrund der kleineren Haushaltsgröße und der geringeren Einkaufsmengen eher kurzfristigen Bedarf zu decken. Ca. 65 % der Befragten kaufen häufig in

ihrem nahen Wohnumfeld ein; ebenfalls beliebt sind innerstäd-
tische Fußgängerzonen und kleine Handelsgeschäfte. Einkäufe
auf der »grünen Wiese« oder in Einkaufszentren finden seltener
statt (AWA 2005; Preißner, Knob 2006). Die Frequenz der Einkäufe weitet sich im Alter aus, die Ausgaben und Artikelanzahl
pro Einkauf sinken jedoch (GfK 2004). Einkäufe werden gerne
vormittags und wochentags erledigt (Burzan 2002). Ab etwa dem
70. Lebensjahr nimmt die Einkaufsfrequenz deutlich ab (Preißner, Knob 2006). Für den Lebensmittelhandel zeigt eine Untersuchung der BAGSO aus 2007, dass Ältere zu wenig Mitarbeiter
sowie das Fehlen einer Kundentoilette bemängeln (BAGSO
2007). Kommt es zum Kauf von Gütern des mittel- und langfris-
tigen Bedarfs, fallen Faktoren wie Erreichbarkeit, Infrastruktur
und die Erlebniskomponente stärker ins Gewicht (Kaapke, Bald,
Knob et al. 2005).

8.1.3 Handlungsoptionen des Einzelhandels zur Marktbearbeitung älterer Kunden

Die absatzpolitischen Instrumente des Handelsmarketing – Ware/
Sortiment, Qualität und Preis, Standort, Verkaufsraumgestaltung
und Warenpräsentation, Service, Mitarbeiter, Werbung, Verkaufsförderung, Kommunikation (Berekoven 1990) – sind die Hand-
werkzeuge des Einzelhändlers. Mit ihnen erfolgen die strategische
Ausrichtung eines Handelsunternehmens sowie die Wahl der
Marktbearbeitung (differenzierte oder undifferenzierte Ausrichtung auf eine oder mehrere Kundengruppen). Sie bilden damit
die Handlungsfelder, um sich auf ältere Kunden einzustellen.

Bei der *Sortimentsgestaltung* spielt die Wahl der Marktstrategie eine zentrale Rolle: Die Konzentration auf die Zielgruppe
Älteren ist sinnvoll, wenn es sich beim Warenportfolio um ein
reines Seniorenangebot handelt. Die Erfahrungen zeigen jedoch,
dass ein spezielles »Seniorenkaufhaus« nicht im Interesse älterer
Menschen wäre; vielmehr wollen sie in alle gesellschaftlichen
Prozesse integriert werden bzw. bleiben. Sensibilisierte Handelsunternehmen gehen dazu über, jene Warenbereiche zu stärken,
in denen die Ausgaben der älteren Bevölkerung und das Interesse dafür höher sind als die der jüngeren Bevölkerung (u. a.

gesundheits- und freizeitorientierte Warengruppen, Kosmetik, Convenience-Food und Innenausstattung). Dies kommt der Strategie der differenzierten Marktbearbeitung gleich. Insbesondere bei der Kleidung ist es relevant, modische und schicke Waren anzubieten, die an die körperlichen Veränderungen (z. B. Körperproportionen, Gelenkigkeit) angepasst sind. Vor allem technische Geräte sollten einfach zu handhaben und leicht zu bedienen sein. Einzelne Hersteller (u. a. Miele, BSH, SCA Tissue Europe) haben bereits damit begonnen, Produkte nach den Prinzipien des *Universal Design* zu entwickeln: Produktdesign, Handhabung und Funktion sollen von Jung und Alt, unabhängig vom jeweiligen Wissen und Erfahrungsschatz, gleichermaßen genutzt werden können (Meyer-Hentschel 2008).

Hinsichtlich der *Preis- und Qualitätspolitik* in Bezug auf ältere Kunden gilt: Sie haben eine lange Konsumerfahrung und verfügen über eine höhere Kaufkraft als der Bevölkerungsdurchschnitt. Ein hohes Qualitätsniveau bei gutem Preis-Leistungs-Verhältnis ist ihnen, genauso wie anderen Kundengruppen, wichtig. Die Bereitschaft ist vorhanden, bei einem höheren Maß an Komfort, Sicherheit und Zuverlässigkeit auch einen angemessenen Preis für bestimmte Produkte und Dienstleistungen zu zahlen. Dennoch reagieren insbesondere sehr alte Menschen durchaus auch preissensibel. Warenbereiche sollten daher Artikel in verschiedenen Preislagen anbieten, ohne preisaggressiv zu wirken (u. a. Kölzer 2007).

Die Festlegung des *Standorts* ist eine langfristige und strategische Entscheidung, die nur mit erheblichen Kosten revidiert werden kann. Ältere Menschen bevorzugen kleinere und insbesondere wohnortnahe Geschäfte, die einen Überblick über das Sortiment sowie – auf Wunsch – Beratung sicherstellen (s. Kap. 5.3 u. 8.1.2). Eine gute Verkehrsanbindung und die Erreichbarkeit öffentlicher Verkehrsmittel, Parkplätze sowie ein barrierefreier Zugang sind bedeutende Standortkriterien zur Erschließung der Zielgruppe der Älteren.

Über die *Ladengestaltung und Warenpräsentation* soll ein bequemer, reibungs- und gefahrloser Einkauf ermöglicht werden. Bequem erreichbare Regale, sichere Bodenbeläge, helle, nicht blendende Lichtquellen, leichte Streckenführung, ergänzende

Orientierungshilfen und Informationstafeln sind wichtige Gestaltungselemente. Die Warenpräsentation soll eine schnelle Übersicht über die Produkte erlauben und ohne Betonung auf Alterseinschränkung gestaltet werden. Seniorenorientierte Gestaltungselemente fügen sich also in das gesamte Ladenbild nahtlos ein. Produkte, die für ältere Menschen interessant sein könnten, sollten in Griffhöhe präsentiert werden, d. h. ohne Bücken oder Strecken zu erreichen sein. Schilder, Etiketten und Informationstafeln sollten eine gute Lesbarkeit (z. B. Schriftgröße) aufweisen. Ruhezonen und Treffpunkte bieten die Möglichkeit zu verweilen oder auszuruhen und werden gerne von der älteren Kundengruppe angenommen. Zudem bieten diese Zonen die Möglichkeit zum sozialen Kontakt und damit zu einer längeren Verweildauer und höheren Kaufbereitschaft im Einzelhandelsgeschäft. Ein entscheidendes Kriterium ist eine Kundentoilette; sie ist in den Augen älterer Menschen ein essentielles Gestaltungselement, welches von Handelsunternehmen oft noch vernachlässigt wird (BAGSO 2007).

Servicepolitik umfasst all jene Leistungen, die einen Zusatz- oder Ergänzungscharakter zur eigentlichen Kernleistung des Warenverkaufs haben (Berekoven 1990). Dienstleistungen und Services werden zukünftig für Handelsunternehmen an Gewicht gewinnen, da durch diese die Bedürfnisse älterer Menschen nach Lebensqualität, Selbstständigkeit, Gesundheit/Wellness oder Alltagserleichterung/Convenience besonders bedient werden können. Dies gilt z. B. für Services wie Einkaufsberatung, Hol- und Bringdienste, Einpackservice, Kundenberatung. Kooperationen mit anderen Anbietern (Handwerk, Gesundheitsanbieter, Reiseveranstalter etc.) bieten sich insbesondere bei Dienstleistungspaketen an (z. B. Kauf neuer Möbel inklusive Renovierung, Lauftreff inklusive Sportschuhen).

Die *Mitarbeiter* sind die direkte Schnittstelle zum Kunden und für ältere Menschen ein wesentlicher Faktor für die Wahl der Einkaufsstätte (z. B. AWA 2005; GfK 2002; Hock, Bader 2001). Die Qualifizierung des Verkaufspersonals gewinnt damit an Bedeutung, zumal ältere Menschen gerne und häufiger Beratung in Anspruch nehmen als jüngere Kunden. Sie wollen allerdings nicht als solche wahrgenommen und angesprochen werden. Psychologisches Feingefühl, soziale Kompetenz im Kundenkontakt und Kenntnis der Lebenswelt und Bedürfnisse älterer Menschen sind wichtig; Freundlichkeit, Ehrlichkeit, Präsenz und Kompetenz sind ausschlaggebend. Der gezielte Einsatz von älteren Mitarbeitern, welche die Lebenswelt aufgrund ähnlicher Erfahrung eher verstehen als jüngere, bildet eine weitere Möglichkeit, sich älteren Kunden zu widmen.

Die *Kommunikationspolitik* umfasst vor allem die werbliche Ansprache. Bei der Kommunikation mit älteren Kunden sollte eine Segmentierung der Zielgruppe aufgrund ihrer Heterogenität und Vielfalt vorgenommen werden; die Einteilung anhand von Lebensphasen, Interessen oder Lebenswelten bietet sich eher an als die Differenzierung nach dem Lebensalter. Damit die Werbebotschaft auch vollständig bei der Zielgruppe ankommt, ist die Wahl der Kommunikationsmittel und -kanäle entscheidend. Neben handwerklichen Elementen wie z. B. Schriftgröße, Farbwahl, Bildgestaltung, Informationsgeschwindigkeit und Fachbegriffe ist die inhaltliche Dimension der Nachricht wichtig. Im Sinne der Marktstrategie kann die Werbebotschaft produktspezifisch, seniorenspezifisch oder generationenübergreifend übermittelt werden (Reidl 2007). Ein weiteres Element der Kommunikationspolitik ist die Verkaufsförderung. Vor allem erlebnis- und unterhaltungsorientierte Aktionen (z. B. Verkostungen, Produktvorführungen, Gewinnspiele, Events, Preisausschreibungen) steigern die Bedeutung des Einkaufs als Freizeiterlebnis und werden gerne von älteren Kunden frequentiert.

8.1.4   Ausgewählte Praxisbeispiele

Mit dem »Supermarkt der Generationen« reagiert die EDEKA Handelsgesellschaft Nordbayern, Sachsen und Thüringen seit einigen Jahren auf die steigende Bedeutung älterer Kunden. Das Konzept des »Supermarktes der Generationen« reicht von der Ladengestaltung über das Sortimentsangebot bis hin zur Schulung der Mitarbeiter. Die Idee des ersten generationenfreundlichen Supermarktes geht auf eine Anfrage des Sächsischen Förderzentrums für Blinde und Sehbehinderte zurück. Der große Anteil älterer Menschen im Umkreis des Marktes ließ zusätzli-

ches Potential vermuten. Breite unverstellte Gänge, gut lesbare
Etiketten und Lupen, Einkaufswagen mit Sitzgelegenheit und
Bremse, Klingel bei Beratungsbedarf und Ruhezonen sollen Älteren und Sehschwachen den Einkauf erleichtern und bequem
machen. Leitsysteme, Blindenschrift und sprechende Scanner
helfen bei der Produktauswahl. Die Mitarbeiter verfügen über
Kenntnisse in Erster Hilfe und wurden im Umgang mit einem
Defibrillator geschult. Mittlerweile wurde das Konzept des »Supermarkt der Generationen« auf ca. 30 Standorte in Nordbayern,
Sachsen und Thüringen ausgeweitet (EDEKA Unternehmensgruppe Nordbayern-Sachsen-Thüringen 2009).

Das Warenhaus-Unternehmen Galeria Kaufhof ist gemeinsam
mit der Bundesarbeitsgemeinschaft der Seniorenorganisationen
(BAGSO) Mitinitiator der »Berliner Erklärung«, in der sich vier
Wirtschaftsunternehmen und zwei Verbände zur aktiven unternehmerischen Gestaltung des demographischen Wandels ver-
pflichten. Die Bedeutung des Themas wurde personell mit einer
Demographie-Beauftragten im Unternehmen verankert. Galeria
Kaufhof forciert in ihren Filialen eine barrierefreie »Galeria für
Generationen« und passt sowohl die Verkaufsräume, das Serviceangebot, die Kommunikationspolitik als auch das Gesund-
heitsmanagement der Mitarbeiter an die veränderten Kunden-
und Mitarbeiterbedürfnisse an. Mitarbeiter im Verkauf und im
Einkauf werden für das Thema sensibilisiert und auch die Lie-
feranten werden eng in die Kommunikation eingebunden. Veränderungen finden nicht mit der Brille des »defizitären Alters«
statt, sondern richten sich nach der Devise des Universal Design,
d. h. die Angebote bieten älteren und jüngeren Kunden zugleich
Komfort (Handelsjournal 2009).

Bereits gegenwärtig ist die Versorgung dünn besiedelter Gebiete nicht ausreichend bzw. nicht mehr sichergestellt. Kleinflä-
chige und großflächige Vertriebskonzepte lohnen sich finanziell
nicht mehr. Die Entwicklung geht oft einher mit der Ausdün-
nung des Öffentlichen Personennahverkehrs. Daher gewinnen
*mobile Kaufhäuser, Wochenmärkte, Dorfläden und rollende Wa-
renhäuser* für die Versorgung der Güter des täglichen Gebrauchs
an Bedeutung. Insbesondere für ältere Menschen spielt die Nah-
versorgung eine existenzielle Rolle, wenn z. B. Einschränkungen

der Mobilität vorliegen. Getragen werden diese Konzepte meist durch kommunale und privatwirtschaftliche Initiativen bzw. Bürgerinitiativen. Mobile Dorfläden (Kleinlaster mit ausklappbarer Seitenwand), die kurzlebige Gebrauchsgüter verkaufen, werden in stark ausgedünnten Regionen eingesetzt; z. B. beliefert die Firma Heiko – rollende Lebensmittelmärkte (www.heiko. info) in Form von über 70 Fahrzeugen die gesamte Eifel. Eine Mischform ist das Konzept »MarktTreff« in Schleswig-Holstein, das mit Landesmitteln gefördert wird und in kommunaler Projektträgerschaft verbleibt, allerdings unter der Prämisse eines Wirtschaftsunternehmens wettbewerbsorientiert arbeitet. Daneben existieren Nahversorgungskonzepte/-Netzwerke, die über Genossenschaften/Bürgergenossenschaften, Gemeinden, Bürgervereine oder soziale Träger finanziert und damit stark durch ehrenamtliches Engagement getragen werden. Beispielhaft sind hier der Bergische Regionalladen, der Dorfladen oder der Nachbarschaftsladen zu nennen. Mittlerweile finden sich auch Dorfläden zu Netzwerken zusammen, um Erfahrungen auszutauschen (www.dorfladen-netzwerk.de).

Das Versandhandelsunternehmen Seniorenland hat sich ganz auf die Bedürfnisse älterer Menschen spezialisiert. Die Produktpalette umfasst u. a. die Bereiche Gesundheit, Alltagshilfen, Mobilität, Möbel und Wohnen, Sicherheit und Technik sowie Freizeit und ist speziell auf die Anforderungen hilfsbedürftiger älterer Menschen ausgerichtet (www.seniorenland.de; DIHK 2009). Das Modemobil bringt Bekleidung direkt zu Senioreneinrichtungen. Die Auswahl der Ware berücksichtigt das deutlich gestiegene Interesse an Mode; Highlight sind Modenschauen mit den Senioren als Models.

Durch die Bildungsoffensive »Pluspunkt Erfahrung: Ein Gewinn für alle!« werden ältere Arbeitslose und ältere Beschäftigte im Einzelhandel speziell in Bezug auf die Beratung der Kundengruppe 50+ geschult. Es wird durch die gewerkschaftliche Bildungseinrichtung »Arbeit und Leben« sowie durch den ›Handelsverband Deutschland – Der Einzelhandel‹ getragen und durch das Bundesministerium für Familie, Senioren, Frauen und Jugend (BMFSFJ) gefördert (www.pluspunkterfahrung. arbeitundleben.de).

Mit der gemeinsamen Erklärung »Demographischer Wandel –
Chance für den Handel« des Einzelhandelsverbandes Baden-
Württemberg, des Landesseniorenrates und der baden-württem-
bergischen Staatsrätin für demographischen Wandel und
Senioren wurde 2008 ein Katalog mit konkreten Handlungsempfehlungen, Schulungen und Informationsveranstaltungen verabschiedet, um Einzelhändler für den demographischen Wandel
zu sensibilisieren. In diesem Rahmen werden auch Geschäfte
auf ihre Seniorenfreundlichkeit zertifiziert (vgl. z. B. Senioren-
freundlicher Service in Karlsruhe). Die [BMFSF]-Initiative
»Wirtschaftsfaktor Alter« entwickelt gemeinsam mit dem ›Handelsverband Deutschland (HDE) – Der Einzelhandel‹ und weiteren Partnern das »Qualitätszeichen generationenfreundliches
Einkaufen«. Eine erste Pilotphase ist im November 2009 in Niedersachsen gestartet; für das Frühjahr 2010 ist die bundesweite
Einführung geplant (www.wirtschaftsfaktor-alter.de).

8.1.5 Fazit

Die Ausführungen zeigen, dass der deutsche Einzelhandel von
den demographischen Veränderungen im Allgemeinen und der
Alterung der Bevölkerung im speziellen durch seine letztver-
braucherorientierte Struktur stark betroffen ist. 35 % der Unternehmen des Einzelhandels erwarten vom demographischen
Wandel eher Absatzeinbußen (Commerzbank 2009: 22).

Bislang finden nur erste Anpassungen auf Handelsebene statt,
werden nur einzelne »Insellösungen« initiiert. Viele Handelsbe-
triebe haben Scheu, sich dem Seniorenmarkt strategisch zu nä-
hern. Unternehmen sehen vor allem die Gefahr, durch Anpassungen an die Bedürfnisse und Wünsche älterer Menschen als
»alt« und dadurch als unattraktiv für andere Zielgruppen zu
gelten. In der Konsequenz zeigen sich Entwicklungen, nach denen Unternehmen ihre absatzpolitischen Handelsinstrumente
nicht offensiv, sondern subtil verändern (Eitner 2009). Maßnahmen, die dem Gedanken der Generationenfreundlichkeit ent-
stammen, z. B. im Sinne des Komforts oder der Bequemlichkeit,
finden stärker Beachtung, als die Konzentration auf die Zielgruppe ältere Menschen allein.

8.2   Technik und Neue Medien

Spätestens seit dem Ende des Zweiten Weltkriegs erreicht die Technisierung zunehmend das Alltagsleben der Menschen. Mittlerweile ist kaum ein Bereich des menschlichen Handelns ohne technische Vermittlung oder mediale Unterstützung vorstellbar. Die technische Ausstattung der Privathaushalte hat sich kontinuierlich erhöht und ausdifferenziert. In den letzten Jahren erreichte die Technisierung mit der Vernetzung bzw. Systemintegration eine neue Dimension (Mollenkopf et al. 2000). In einer groben Systematisierung kann unterschieden werden zwischen *Haushaltstechnik, Pflegehilfsmitteln* i. w. S., *Medizintechnik* sowie *Informations- und Kommunikationstechnologien*, die zur Kommunikation, Informationsbeschaffung und Dienstleistungsvermittlung eingesetzt werden können.

Der Einsatz von Technik zur Erleichterung von hauswirtschaftlichen Tätigkeiten ist nicht neu. Bereits in der Vorkriegszeit, verstärkt jedoch seit den 1950er bzw. 1960er Jahren, wurden *Haushaltsgeräte* entwickelt, die den Menschen von körperlich anstrengenden oder monotonen Arbeiten entlasten sollten. Für Ältere werden vor allem technische Geräte bzw. Hilfsmittel entwickelt, die die körperlichen Beeinträchtigungen kompensieren und so die Selbstständigkeit in der eigenen Häuslichkeit unterstützen sollen, wie z. B. elektrische Rollläden, elektrisch fahrbare Küchenschränke, aber auch einfache technische Hilfsmittel wie Strumpfanzieher, Greifwerkzeuge oder Schneidehilfen. Einen weiteren Schwerpunkt stellen wohnungsbezogene technische Hilfsmittel bzw. moderne Formen der Haustechnik dar, die vor allem auf Sicherheitsaspekte abzielen, wie automatische Herd- und Steckdosenabschaltungen sowie Türöffnungssysteme.

Der Begriff *Neue Medien* bezieht sich auf zeitbezogene neue Medientechniken. In Abgrenzung zu traditionellen Medien (Zeitungen, Radio etc.) werden diejenigen Techniken als »neu« bezeichnet, welche Daten in digitaler Form übermitteln oder auf Daten in digitaler Form zugreifen. Als Datenübermittlungssystem erfährt das Internet bzw. das World Wide Web, als Informationsträger vor allem DVD, CD-ROM, MP3 usw., die stärkste Verbreitung. Darüber hinaus gewinnen in den letzten Jahren

Spielkonsolen an Bedeutung. Die Neuen Medien sind vielfach durch eine rechnergestützte Handhabung, das digitale Vorliegen der jeweiligen Daten sowie die Interaktivität beim Umgang mit diesen Daten gekennzeichnet. Der Begriff Multimedia wird nahezu synonym verwendet, da durch die Digitalisierung die Integration der unterschiedlichen Kommunikationsmittel Sprache und Text, Video und Audio, Telekommunikation, Unterhaltungselektronik und Computertechnik gewährleistet ist. Diese Integration ist kennzeichnend für die Neuen Medien.

Von diesen Technisierungsprozessen wird auch das Alltagsleben älterer Menschen zunehmend beeinflusst. Die Auswirkungen werden durchaus kontrovers diskutiert. Während Technikbefürworter insbesondere auf die Potentiale hinweisen, die u. a. darin liegen, mit dem Alter verbundene Einschränkungen ausgleichen zu können (vgl. Wahl 2004), sehen Kritiker vor allem die Gefahr von Entfremdung (z. B. Mollenkopf 2008). Die Verknüpfung der Neuen Medien mit der Life Science-, Sensor-, Mikro- und Nano- sowie Werkstofftechnik hat in den letzten Jahren zu einer Fülle von Innovationen im Bereich der technischen Produkte und Dienstleistungen geführt. Durch die Informations- und Kommunikationstechniken hat für einen Teil der personenbezogenen Dienstleistungen das Uno-actu-Prinzip (s. Kap. 8.7.3) an Bedeutung verloren. Immer mehr Dienstleistungen können auch von zu Hause aus ohne den direkten Kontakt zum Dienstleister in Anspruch genommen werden, z. B. im Rahmen von telemedizinischen Verfahren (s. Kap. 8.8).

Vor diesem Hintergrund soll im Folgenden vor allem auf die Anwendungsbereiche Neuer Medien und Techniken im privaten bzw. häuslichen Bereich eingegangen werden.

8.2.1 Produkte und Dienstleistungen

Der Spitzenreiter unter den technischen Hilfsmitteln, sowohl im Bezug auf die Verbreitung in der Bevölkerung als auch die Akzeptanz (s. Kap. 8.2.2), ist der *Hausnotruf*. Hier können Ältere mittels eines einfach zu bedienenden technischen Gerätes (armbanduhrähnliches Gerät am Handgelenk, stiftähnliches Gerät zum Umhängen o. ä.) einen Notruf absetzen, der in einer Not-

rufzentrale (eines privat-gewerblichen oder wohlfahrtsverbandlichen Dienstes) empfangen wird. Von dort aus werden dann –
ggf. nach einem Kontrollanruf – die nächsten Schritte der
Notfallversorgung (z. B. Alarmierung von Angehörigen und
Notarzt) in die Wege geleitet. Mittlerweile sind in Deutschland
ca. 350 000 Menschen an ein solches Notrufsystem, das vor allem
auf die Sicherheit der Älteren abzielt, angeschlossen.

Die Erhöhung der Sicherheit im Sinne der Prävention ist ein
wichtiges Stichwort auch für andere Einsatzbereiche technischer
Geräte und Hilfsmittel. Im Bereich der technischen *Pflegehilfsmittel bzw. assistiven Technologien* bieten Sanitätsgeschäfte ein
umfangreiches Angebot an, das vom Badewannenlifter über
Toilettenerhöhungen und Pflegebetten bis hin zu Treppenliftern
reicht. Hier ist nicht nur die Unterstützung der selbstständigen
Lebensführung Ziel der Intervention, sondern auch die Unterstützung bzw. Entlastung der Pflegepersonen, insbesondere pflegender Angehöriger. Daher werden zugelassene pflegebedingte
Hilfsmittel bei einer entsprechenden Verordnung durch den
behandelnden Arzt auch von den Krankenkassen bzw. Pflegekassen bezuschusst (s. Kap. 8.9.4). Im Gegensatz zum umfäng-
lichen Angebot im Bereich der assistiven Technologien für sen-
sorisch oder motorisch eingeschränkte Menschen – das
Hilfsmittelverzeichnis der gesetzlichen Krankenkassen www.
rehadat.de umfasst zur Zeit ca. 22 700 Einträge – ist der Einsatz
von Technik zur Kompensation kognitiver Beeinträchtigungen,
insbesondere dementieller Erkrankungen, noch relativ gering
(Schneiders 2010). Diesen Überwachungs- und Ortungsgeräten
stehen Angehörige und Pflegekräfte aus ethischen Gründen bislang noch sehr kritisch gegenüber (Mollenkopf 2008).

Ähnliches gilt für technische Lösungen, die zur *Unterstützung
von Informationsbeschaffung* und *Beratung* bzw. zur *Dienstleistungsvermittlung* eingesetzt werden. Auch hier ist – befördert
durch die erweiterten Datenübertragungsmöglichkeiten – in den
letzten Jahren eine Reihe von Modellprojekten gestartet worden.
Das erste Projekt in diesem Kontext war das 1994 vom Institut
Arbeit und Technik entwickelte »virtuelle Altenheim«. Nach
einer Pilotphase, in der die Kosten von den Projektpartnern
übernommen wurden, konnte das Projekt aufgrund mangelnden

Interesses der Zielgruppe jedoch nicht in den Regelbetrieb überführt werden. Als Grund für das Scheitern wurde zum einen die
»Vollkaskomentalität« der Zielgruppe (Scharfenorth 2004: 329)
angeführt, zudem aber auch technische Schwierigkeiten sowie
erhebliche Probleme bei der Zusammenführung der Partner und
dem Zielgruppenmarketing.

Projekte, die in eine ähnliche Richtung weisen, werden zurzeit
in vielen Regionen Deutschland erprobt. Das in Bamberg entwickelte SOPHIA-Modell zur Dienstleistungsvermittlung hat
sich als erstes bundesweit etablieren können und wird mittels
Franchising mittlerweile in mehreren deutschen Regionen eingesetzt. Anfängliche technische Probleme scheinen überwunden;
zur Übermittlung der Daten werden verschiedene Geräte und
Plattformen eingesetzt (per Internet, per Telefon, per Datenüber-
tragungs-Stift). Genaue Daten über die Zahl der Nutzer etc.
liegen jedoch bislang nicht vor.

Während sich eine Vielzahl von – mehr oder weniger einfachen – technischen Geräten im Haushalt und bei der Gesundheitsversorgung bzw. der Pflege in Deutschland durchgesetzt
haben, haben Technologien, die die Face-to-face-Beziehung der
sozialen bzw. medizinischen Dienstleistung tatsächlich ersetzen,
die Modellprojektphase bislang noch nicht überwinden können.
Dies kann nur zu einem Teil auf die mangelnde Technikakzeptanz
der Älteren zurückgeführt werden. Die Akzeptanz für technische
Lösungen ist bei den potentiellen Nutzern deutlich höher als
allgemein angenommen (Meyer, Schulze 2009).

Neben diesen technischen Hilfsmitteln bzw. Dienstleistungen,
die auf spezielle (altersbedingte) Einschränkungen zugeschnitten
sind, gibt es zunehmend Produkte und Dienstleistungen im Bereich der Neuen Medien speziell für die Zielgruppe der älteren
Menschen. So werden z. B. mittlerweile von mehreren Anbietern
Handys entwickelt, die sich durch große Bedienelemente und eine
einfache Menüführung besonders für Menschen mit geringen
technischen Erfahrungen, eingeschränkten Anforderungen (die
Telefonfunktion ist ausreichend, weitergehende Funktionen stören
eher) und/oder Einschränkungen in der Handmotorik eignen.

Das Internet kann mittlerweile als das zentrale Informations-
und Kommunikationsmedium bezeichnet werden. Anfang der

1960er Jahre entwickelt, hat es sich in den 1990er Jahren zu einem Massenmedium entwickelt. Stetig zunehmend werden Alltagsvorgänge im Beruf sowie im Privatleben über das World Wide Web abgewickelt. Das Spektrum der privaten Nutzung reicht vom E-Mail über das Online-Banking bis zur Bestellung von Gütern des täglichen Bedarfs. Aber auch Dienstleistungen wie z. B. Reisen werden von über 50-Jährigen zunehmend über das Internet gebucht (dmc 2009). Zukunftsszenarien zu Folge werden Unternehmen bestimmte Angebote und Funktionen ausschließlich im Internet anbieten (Stadelhofer 2002).

Das räumliche Entfernungen mühelos überbrückende Internet wird auch für Ältere zunehmend zum Informationsmedium, mit dem alle gewünschten Informationen jederzeit und von zu Hause aus abgefragt werden können. Hinzu kommt die Möglichkeit, auch über räumliche Distanzen hinweg mit anderen Menschen zu interagieren. Das Internet ist inzwischen neben dem Telefon ein »wichtiger Draht« (Becker et al. 2007: 29) zu Kindern und Enkeln, Freunden und Bekannten. Die Möglichkeit der Kommunikation von zu Hause aus fördert v. a. eine verlängerte Selbstständigkeit im Alter (Becker et al. 2007; Meyer-Hentschel, Meyer-Hentschel 2004).

Das Internet weist für ältere Menschen schon heute eine Vielzahl an positiven Aspekten gegenüber den traditionellen Medien wie Büchern, Zeitungen oder dem Fernsehgerät auf. So bieten viele Internetseiten mittlerweile die Möglichkeit, die Darstellung an die eigenen Bedürfnisse anzupassen. Je nach Wunsch können Inhalte als Film-, Text- oder Audio-Version angezeigt werden. Darüber hinaus kann die Schriftgröße bzw. Lautstärke von Audio-Inhalten an die individuellen Bedürfnisse angepasst werden (Meyer-Hentschel, Meyer-Hentschel 2004). Die Neuen Medien können auch zu therapeutischen Zwecken eingesetzt werden (Gehirntrainingssoftware für Spielkonsolen; Wii zur Bewegungsanregung).

8.2.2 Technikakzeptanz und Nutzung

Die Nutzung von modernen Informations- und Kommunikationstechnologien unterscheidet sich stark zwischen den Alters-

gruppen. Während in der Altersgruppe der 16- bis 24-Jährigen
mittlerweile eine fast hundertprozentige Ausstattung mit Com-
putern sowie Internetzugang bzw. Handys zu beobachten ist,
liegen die Werte in den höheren Altersgruppen zum Teil deutlich
niedriger. Dennoch ist erkennbar, dass die Technisierung der
Gesellschaft auch die Älteren erreicht hat. Im Jahr 2008 haben
bereits fast 40 % der über 65-Jährigen mindestens einmal einen
Computer, 25 % das Internet und über 55 % ein Handy genutzt.
Dabei liegen die Nutzungsquoten der älteren Männer deutlich
oberhalb der Frauen (Statistisches Bundesamt 2009a: 20). Die
Älteren haben insbesondere bei der Internetnutzung erheblich
aufgeholt. Nach der aktuellen ARD-Onlinestudie ist der Anteil
der »Onliner« im Alter von 60 bis 79 im Vergleich zu 2007 von
26,3 % auf 29,2 % angestiegen. Dies entspricht einer Zuwachs-
rate von 11 %. Somit stellen die 60- bis 79-Jährigen die am
schnellsten wachsende Klientel dar. Auch zukünftig können von
diesem Alterssegment erhebliche Wachstumspotentiale erwartet
werden (van Eimeren, Frees 2008).

Die hohen Zuwachsraten bei den 60- bis 79-Jährigen haben
nach der ARD/ZDF-Onlinestudie 2008 vielschichtige Gründe.
Ein Grund ist darin zu sehen, dass es in der Vergangenheit gelungen ist, technische und finanzielle Barrieren bei der Hard-
und Software durch bedienungsfreundliche Applikationen abzubauen. Außerdem spielen die, insbesondere durch Flatrate- und
All-in-one-Paketangebote, deutlich gesunkenen Preise für die
Internetnutzung eine wesentliche Rolle. Hinzu kommt, dass die
technische Kompetenz der älteren Menschen durch die voran-
gegangene berufliche Erfahrung, die Hilfe der im Haushalt lebenden Kinder und durch zielgruppenspezifische Angebote
deutlich gesteigert wurde (van Eimeren, Frees 2008).

Neben den zielgruppenspezifischen Angeboten (z. B. www.
seniorennetz.de, www.platinnetz.de, www.seniorenmarkt.de)
ist die veränderte Wahrnehmung der Medien für ältere Menschen eine der zentralen Antriebsfedern (van Eimeren, Frees
2008), sich im Internet zu bewegen. Noch vor einigen Jahren
haben ältere Menschen die Meinung vertreten, dass der Hör-
funk, die Tageszeitung und das Fernsehen eine für sie vollkom-
mene Unterhaltungs- und Informationsplattform darstellen.

Heute ist die Beurteilung der Medien durch die über 60-Jährigen
wesentlich differenzierter. Immer mehr haben erkannt, dass die
neuen Technologien für den persönlichen Alltag einen großen
Wert besitzen (van Eimeren, Frees 2008). Bestimmte Inhalte
sind mit keinem Medium komfortabler, schneller und insbesondere umfassender zu beschaffen, als über das Internet. An
erster Stelle stehen hinsichtlich der spezifischen Inhalte Freizeit-,
Service- und Produktinformationen (insbesondere die Preis-
vergleiche) und die elektronische Kommunikation.Trotz der
veränderten Wahrnehmung und der hohen Wachstumsraten
stellt das Internet für ältere Menschen im Gegensatz zu den
Jüngeren aber noch nicht »das Allroundmedium für Kommunikation, Information und Unterhaltung« dar (van Eimeren,
Frees 2008).

Innerhalb der Gruppe der älteren Menschen besteht kein
einfacher linearer Zusammenhang zwischen dem Alter und der
Technikakzeptanz bzw. -nutzung. Die Empirie zeigt vielmehr,
dass zwischen einzelnen »Techniktypen« unterschieden werden
kann. In diese Typenbildung gehen die grundsätzliche Beurteilung von Technik, das persönliche Interesse und die Anwen-
dungskompetenz (Grauel, Spellerberg 2007: 197f.) bzw. die
Technikerfahrung und Technikbewertung ein (Mollenkopf 2008:
229). Darüber hinaus sind für die Techniknutzung und Zahlungsbereitschaft sozialstrukturelle Indikatoren wie Einkommen
und Bildung von Relevanz.

Beide Studien zeigen, dass an sicherheitsrelevante Techniken
wie Sturzarmbänder, Notrufvorrichtungen bzw. Alarmsignale
und Geräte zur automatischen Abschaltung von Elektrogeräten
auf die höchste Akzeptanz treffen. Dienstleistungen wie das
Online-Banking werden bislang noch wenig genutzt (Keck 2005).
Die Zahlungsbereitschaft für technikbasierte Dienstleistungen
korreliert erwartungsgemäß mit dem Einkommen, nicht aber
mit dem Alter. Senioren im mittleren Alter (zwischen 68 und 75
Jahren) stehen neuen Techniken besonders aufgeschlossen gegenüber (Grauel, Spellerberg 2007), während Hochaltrige, Alleinlebende und in ihrem Alltag eingeschränkte Menschen die
neuen Techniken am wenigsten nutzen (Becker et al. 2007; Mollenkopf 2008).

Trotz der erwähnten Bedeutung weiterer sozialstruktureller Indikatoren wie Bildung und Einkommen scheint die These von einer tendenziell höheren Technikakzeptanz und Nutzungsbereitschaft bei jüngeren Alterskohorten zuzutreffen. Bislang dominiert in den oberen Altersgruppen noch eine diffuse (zum Teil auch manifeste) Skepsis gegenüber der intelligenten Haustechnik. Es ist jedoch davon auszugehen, dass »dieser neueste Schub der Wohnungs- und Haushaltstechnisierung hin zur Vernetzung von bisher isolierten Geräten und Systemen zur sogenannten ›intelligenten Haustechnik‹ in einem ›Intelligent Home‹ älteren Menschen in Zukunft ganz neue, eigenständige Handlungsspielräume eröffnen« wird (Mollenkopf et al. 2004: 304). Wenn schon in jüngeren Lebensphasen unterstützende Technik genutzt wird, so hat dies für das Alter zwei Vorteile: »Erstens findet der Anpassungsprozess der Technologie in einer Lebensphase statt, die noch nicht durch schwerwiegende körperliche und geistige Einschränkungen bestimmt wird. [...] Zweitens lernt die Person den Umgang mit der Technologie in einer Lebensphase, in der ihr das Lernen neuer Informationen und Routinen leichter fällt als im höheren Erwachsenenalter« (Lindenberger 2007: 224).

Ein noch sehr neuer Trend ist der Einsatz von Neuen Medien zu therapeutischen Zwecken. Immer mehr Anbieter von Spielkonsolen bieten spezielle Software auch für die Zielgruppe der Älteren an (z. B. Gedächtnistraining). Mit der Einführung der fernsehbasierten Konsole Wii will der Hersteller Nintendo ganz bewusst neue Zielgruppen erschließen. Hierzu gehören mittlerweile auch Ältere, für die die Spielkonsole sowohl individuelle Trainingsmöglichkeiten, aber auch gemeinschaftliche sportliche Aktivitäten eröffnet – ohne erheblichen Zeit- und Kostenaufwand.

8.2.3 Fazit – Chancen und Risiken

Trotz aller Chancen, welche die neuen Informations- und Kommunikationstechnologien bieten, ist zu beachten, dass die Nutzung und Anwendung neuer Technologien aufgrund ungleicher Zugangs- und Handlungsspielräume bei älteren Menschen auch zu neuen Formen sozialer Ungleichheit führen können. Denn die für die Nutzung der neuen Technologien notwendige Kompetenz wird weitgehend im Rahmen der beruflichen Tätigkeiten vermittelt (Mollenkopf et al. 2004a). Ein Teil dieser Zugangsbarrieren kann durch Endgeräte beseitigt werden, die auf die besonderen Bedarfe bzw. Kompetenzen bei der Bedienung abgestimmt sind.

Die Wahrnehmung von Zugangsbarrieren hat dazu geführt, dass die öffentliche Hand eine Reihe von Projekten initiiert hat, mit der über die neuen Techniken informiert und Hinweise zur Handhabung gegeben wird. Auch die Bundesregierung förderte den Kompetenzaufbau durch sogenannte »Senioren-Nets«. Im europäischen Programm »ElSe-academy – Die E-learning Akademie für Senioren« – werden Multiplikatorinnen und Multiplikatoren in der Seniorenarbeit, im Verbands- und Vereinswesen, Wohlfahrtsverbänden und Unternehmen dabei unterstützt, die Möglichkeiten digitaler Medien in Hinblick auf persönliche Interessen und Bedürfnisse von Älteren zu zeigen und gemeinsam mit ihnen zu erfahren.

Erhebliche Zukunftschancen ergeben sich insbesondere für den Einsatz neuer Technologien in Privathaushalten und zur Unterstützung personenbezogener Dienstleistungen. Innovationsbedarf besteht aus Sicht der Seniorenwirtschaft dabei weiterhin in der Verbesserung der Bedienbarkeit von Endgeräten sowie der besseren Integration und Vernetzung der verschiedenen Technologien. Letztendlich werden die Potentiale der Neuen Medien nur erschlossen werden können, wenn es gelingt, die technischen Möglichkeiten an den wirklichen Bedarfen und den sozialen Gegebenheiten älterer Menschen auszurichten.

8.3   Tourismus

Der Tourismus gehört seit Jahrzehnten innerhalb wie außerhalb Deutschlands zu den wichtigsten Wachstumsmärkten. Weltweit wurden im Jahr 2008 nach Angaben der Welttourismusorganisation der Vereinten Nationen (UNWTO) über 924 Mio. internationale Reisen gezählt. Der Gesamtumsatz im internationalen Tourismus umfasst mit 642 Billionen Euro ca. 30 % des gesamten Dienstleistungsumsatzes.

Die weltweit zunehmende Reiseaktivität ist Ausdruck einer allgemeinen Wohlfahrtssteigerung, die sich u. a. in den wirtschaftlichen und zeitlichen Ressourcen niederschlägt. Darüber hinaus
hat die Verbesserung der Verkehrsinfrastruktur dazu geführt,
dass geographisch weit entfernte Ziele jetzt mit überschaubarem
Zeit- und Kostenaufwand erreichbar sind.

Ältere Menschen werden von den Akteuren der Tourismusbranche zunehmend als interessante Nachfragegruppe wahrgenommen. Nicht nur aufgrund ihrer quantitativ steigenden Bedeutung, sondern auch weil in dieser Zielgruppe die für
touristische Aktivitäten erforderlichen zeitlichen und ökonomischen Ressourcen vorhanden sind. Bereits heute werden rund
30 % aller Urlaubsreisen von Menschen über 60 bzw. 55 % aller
Pauschalreisen von über 55-Jährigen unternommen. Zukünftige
Generationen werden aufgrund eines anzunehmenden kohor-
tenabhängigen Reiseverhaltens ihre touristischen Aktivitäten
weiter intensivieren (Zahl, Lohmann, Meinken 2009).

8.3.1 Wirtschaftliche Bedeutung

Deutschlandweit sind etwa 2,8 Mio. Personen (inklusive Teil-
und Saisonarbeitskräfte) in den unmittelbar und mittelbar dem
Tourismus zugeordneten Bereichen (z. B. Einzelhandel, Verkehrsmittel etc.) beschäftigt, die einen jährlichen Gesamtumsatz
in Höhe von rund 150 Mrd. Euro erwirtschaften. Schätzungen
gehen davon aus, dass ca. 8 % aller Arbeitsplätze hierzulande
vom Tourismus abhängig sind.

Die Urlaubsreiseintensität[6] ist seit den 1970er Jahren insgesamt erheblich gestiegen. Noch 1972 machten nur 49 % der
Deutschen eine mindestens fünftägige Urlaubsreise, 2007 waren
es bereits 75 %. Diese Zuwachsraten sind auch auf eine überproportional gestiegene Reiseintensität der Älteren zurückzuführen.
Lag die Reisetätigkeit der 60- bis 69-Jährigen mit 41 % bzw. der
über 70-Jährigen mit 30 % im Jahr 1972 noch deutlich unter dem

---

6   Die Urlaubsreiseintensität ist eine Kennziffer, die den Anteil inner-
    halb einer Bevölkerungsgruppe, der in einem Jahr mindestens eine
    Reise von mindestens fünf Tagen Dauer unternimmt, abbildet.

Durchschnitt, so haben sich die Werte über die Altersgruppen hinweg mittlerweile angenähert. Aktuell ist davon auszugehen, dass ca. 60 % der über 70-Jährigen und 77 % der 60- bis 69-Jährigen mindestens eine Urlaubsreise pro Jahr unternehmen (Lohmann, Aderhold 2009).

Untersuchungen, die das Reiseverhalten anhand von Geburtskohorten analysieren, zeigen, dass Personen im Laufe ihres Lebens ihr Reiseverhalten aus jüngeren Jahren oft übernehmen und im Alter ihre Reisegewohnheiten nur wenig verändern. Die Reisetätigkeit einer Kohorte nimmt nach dem 50. Geburtstag entgegen landläufiger Meinung nicht ab, sondern sogar leicht zu. Das bedeutet, dass der Anteil der Älteren an den Reisen nicht nur durch die Verschiebung des Altersaufbaus der Bevölkerung steigt, sondern auch durch die Beibehaltung der langjährigen, individuellen Reisegewohnheiten. Prognostiziert man das Urlaubsverhalten künftiger Generationen Älterer, dann zeichnen sich deutliche Steigerungsquoten ab.

Während sich die Zahl der Urlaubsreisen jüngerer Altersgruppen in den nächsten Jahren eher stabil bzw. rückläufig entwickeln wird, wird für die Zielgruppe der über 60-Jährigen eine Steigerungsquote von ca. 20 % erwartet. Prognosen gehen davon aus, dass im Jahr 2020 von den über 60-Jährigen mehr als 20,3 Mio. Urlaubsreisen durchgeführt werden. Als besonders reisefreudig gilt die Zielgruppe der 60- bis 69-Jährigen, aber auch die über 80-Jährigen werden dann noch über 3,2 Mio. Urlaubsreisen jährlich unternehmen (Lohmann, Aderhold 2009).

Die Bedeutung von Urlaub bzw. Tourismus im Alter wird auch deutlich, wenn man den jeweiligen Anteil an dem gesamten Konsumausgaben betrachtet. Nach aktuellen Daten des Statistischen Bundesamtes wenden Haushalte mit Haupteinkommensbeziehern zwischen 60 und 69 Jahren ca. 4 % ihres Konsumbudgets für Pauschalreisen auf, verglichen mit 2,7 % im Durchschnitt aller Haushalte. Haushalte mit 65- bis unter 70-Jährigen Haupteinkommensbeziehern geben mit 75 Euro monatlich deutlich die höchsten Beträge für Pauschalreisen aus; der Durchschnitt liegt bei 55 Euro im Monat. Sogar Haushalte mit Haupteinkommensbeziehern im Alter von 70 bis

unter 80 Jahren lagen mit 68 Euro im Monat für Pauschalreisen
über dem Durchschnittswert (vgl. Statistisches Bundesamt
2008).

Der Markt des Seniorentourismus berührt potentielles Personal in verschiedenen Dienstleistungsbranchen. Die Dienstleistungen beziehen sich in aller Regel auf Transport/Verkehr,
Hotellerie sowie medizinisch-therapeutische Untersuchungen.
Insbesondere für die *betreuten* Seniorenreisen, die in den nächsten Jahrzehnten schrittweise einen größeren Marktanteil aus-
bilden dürften, sind personenbezogene Dienstleistungen von
großer Bedeutung. Zum grundsätzlichen Anforderungsprofil
gehören ein hohes Maß an sozialer Kompetenz, Flexibilität,
Freundlichkeit und Empathie, grundlegende pflegerische Kenntnisse und ein lebensweltlicher Bezug zur betreuenden Gruppe.
Da diese personenbezogenen Dienstleistungen arbeitsökono-
misch konstant sind, ist insbesondere für diese touristische
Entwicklung ein höherer Arbeitskräftebedarf zu erwarten
(s. Kap. 8.3.3).

Mittelfristig wird es vor allem Pensionärshaushalten und
Empfängern von höheren Renten möglich sein, diesen Bedarf
aus privaten Mitteln zu decken. Bei weiterem Anstieg der Nachfrage nach betreuten Reiseangeboten ist es fraglich, ob sich die
Nachfrage nach Begleitpersonal allein aus den haupt- und ehrenamtlichen Personalressourcen gemeinnütziger Einrichtungen
und dergleichen speisen lässt. Hier entstehen möglicherweise
berufliche (Wieder-)Einstiegsmöglichkeiten für medizinisch
vorgebildetes Personal, das zeitlich und örtlich flexibel einsatz-
bereit ist. Insgesamt werden die Beschäftigungseffekte unterschiedlich eingeschätzt: Eine Machbarkeitsstudie der Landes-
entwicklungsgesellschaft (LEG) aus dem Jahr 2000 prognostiziert
für die Nische des betreuten Seniorentourismus: »Hinsichtlich
qualitativer und quantitativer Aspekte ist nicht davon auszugehen, dass aus wirtschaftlicher Sicht eines spezialisierten Einzel-
unternehmens ein ausreichendes Nachfragepotential [nach
Arbeitskräften, d. V.] kurzfristig erschlossen werden kann« (LEG
2000: 13).

Für den Bereich des *Gesundheitstourismus*, der insbesondere
für Selbstzahler derzeit noch in den Anfängen steckt, ist eher

eine Verlagerung von Arbeitsplätzen vom öffentlichen in den privaten Bereich zu erwarten. Da die Sozialversicherungsträger ihre Patientenzuweisungen in der Vergangenheit in Kureinrichtungen immer weiter einschränken mussten, besteht hier die Möglichkeit, die frei werdenden Kapazitäten – zumindest zum Teil – mit privat bezahlenden (älteren) Gesundheitsurlaubern zu belegen. Ein Arbeitsplatzzuwachs ist aber eher nicht zu erwarten, in einigen Bereichen ist zumindest mit einer Sicherung der Arbeitsplätze zu rechnen. Für den Bereich des *Langzeittourismus* ist dagegen kaum ein Zuwachs an inländischen Arbeitsplätzen zu erwarten, da die Dienstleistungen zum größten Teil im Ausland in Anspruch genommen werden.

8.3.2   Touristische Zielgruppen

Diese Durchschnittswerte sind nur ein erster Anhaltspunkt für die Erfassung des tatsächlichen Reiseverhaltens im Alter. Eine differenzierte Darstellung berücksichtigt neben dem kalendarischen Alter auch die Lebenssituation. Dabei wird z. B. unterschieden in »Seniorenpaare« (Personen, die älter als 60 Jahre und verheiratet sind oder mit Partner/in zusammenleben) und in »alleinstehende Senioren« (Personen, die älter als 60 Jahre sind, ohne Partner/in), da die Lebensform ebenfalls unterschiedliche Präferenzen im Reiseverhalten zur Folge haben kann (Sonntag, Sierck 2005). Unter Berücksichtigung der bevorzugten Reiseziele, Komfortansprüche und der Häufigkeit der unternommenen Reisen kann zwischen folgenden touristischen Zielgruppen der Älteren unterschieden werden (Born et al. 2000 in Anlehnung an IFF 1996):

- Die *Gruppe der Repräsentativ-/Prestigeorientierten* (rd. 1,3 Mio. Personen) mit einer starken Neigung zu Kurz- und Auslandsreisen: Ältere, die diesem Cluster zugeordnet werden, unternehmen Kreuzfahrten und Fernreisen, spielen Golf oder bevorzugen renommierte Bade- oder Wintersportorte. Sie besuchen bevorzugt prominente Kultur- und Sportereignisse. Die Reiseaktivität dieser Gruppe ist leicht überdurchschnittlich.
- Die *Gruppe der Bürgerlichen* (ca. 6,8 Mio. Personen) mit einer Vorliebe für Pauschalreisen, Inlandsreisen und Reisen in das

deutschsprachige Ausland (z. B. Österreich, Südtirol): Bevorzugt werden Wander- oder Erholungsurlaube im gleichen
Sprachgebiet, das Urlaubsziel wird gern mehrfach bereist.
Diese Gruppe verhält sich auch im Urlaub eher preisbewusst
und weist eine leicht unterdurchschnittliche Reiseintensität
auf.

- Die *Gruppe der Konservativen* (ca. 5,4 Mio. Personen) mit
  einer hohen Neigung zu Gesundheits- und Erholungsurlaub
  im Inland, gern in Form von organisierten Busreisen: Diese
  Gruppe konzentriert sich vorwiegend auf Inlandsreisen und
  pauschale Kurzurlaubsreisen. Die Reisehäufigkeit liegt deutlich unter dem Durchschnitt, und das Konsumverhalten ist
  sehr preisbewusst, aber aufgeschlossen für Produkte und
  Dienstleistungen mit Gesundheitsaspekten.

- Die *Gruppe der junggebliebenen Singles* (rd. 0,7 Mio. Personen)
  bucht gerne sportiven Urlaub und greift dabei vorzugsweise
  auf Auslands- und Fernreisen zurück: Die Bereitschaft, auch
  im Urlaub Geld auszugeben ist, ebenso wie die Reiseaktivität
  insgesamt, stark überdurchschnittlich.

- Die *Gruppe des gepflegten Genusses* (rd. 7,1 Mio. Personen)
  In diesem Cluster werden bevorzugt Studien- und Bildungs-
  reisen gebucht. Aber auch sportliche Aktivitäten in gepfleg-
  tem Ambiente sowie Fitness- und Schönheitsurlaube kommen in Frage. Diese Klientel ist aufgeschlossen für Produkte
  und Dienstleistungen aus dem Bereich der Kunst und Kultur
  und überdurchschnittlich reiseaktiv.

- Die *Gruppe der kritisch-alternativen Senioren* (rd. 1,1 Mio.
  Personen). Hier überwiegt das Interesse an fremden Kulturen
  und Lebensformen. Individualreisen und »sanfter Tourismus« werden von diesen älteren Reisenden bevorzugt. Hob-
  by- und Studienreisen, Wanderurlaub und Urlaub auf dem
  Bauernhof haben ebenso hohe Bedeutung. Es existiert eine
  hohe Bereitschaft für Mehrausgaben, insbesondere für um-
  weltfreundliches Reisen, Naturprodukte und gesunde Ernährung.

Die Reisewünsche von Älteren differenzieren sich zwar stark
aus, dennoch zeichnen sich einige Gemeinsamkeiten ab: Hier-

zu zählen die Priorität für gut erreichbare Ziele. Deutschland ist das beliebteste Reiseland von älteren Menschen, denn in keiner anderen Altersgruppe ist Deutschland als Urlaubsziel so beliebt. Während für den Durchschnitt aller deutschen Reisenden nur zu 30 % Ziele ausschließlich in Deutschland in Frage kommt, gilt dies bei den Älteren für 50 %. Die Rangfolge der beliebtesten Bundesländer führt Bayern mit einem Marktanteil von 9 % an. Mit deutlichem Abstand folgen die Bundesländer Mecklenburg-Vorpommern, Baden-Württemberg, Schleswig-Holstein und Niedersachsen (Statistisches Bundesamt 2008).

Das Reiseverhalten bezogen auf ausländische Reisen folgt eher dem der jüngeren Bevölkerung. Weit vorne in der Gunst der älteren Auslandstouristen liegen die Länder Spanien und Italien. Daneben ist das Nachbarland Österreich attraktiv. Das Ziel des Urlaubs ist eher »Ausruhen« als »Abenteuer«. Des Weiteren werden weniger Flug- und Auslandsreisen gebucht. Auch die Verwendung des PKWs geht im höheren Alter zurück. Zudem erfolgen die Reisen i. d. R. so, dass die Haupturlaubszeiten in den Schulferien weitgehend vermieden werden (F.U.R. 2005a). Bei der Auswahl der Reiseziele spielt das Kriterium der Sicherheit vor Terror bzw. Kriminalität für über 60 % der Älteren eine herausragende Rolle (GFK 2008).

8.3.3   Segmente und Teilbereiche

Der Reisemarkt ist sehr stark segmentiert. Das Angebot kann zunächst hinsichtlich der Ziele, Aufenthaltsdauer, Organisationsform (pauschal oder individuell zusammengestellt) sowie der Fortbewegungs- bzw. Verkehrsmittel (PKW, Bus, Flugzeug, Schiff) unterschieden werden. Eine zunehmende Bedeutung gewinnt in den letzten Jahren die thematische Ausrichtung des Urlaubs (Sport, Kultur, Natur, Gesundheit etc.). Als Haupttrends innerhalb des Segments der deutschen Seniorenreisen lassen sich der Gesundheitstourismus, das begleitete Reisen sowie der Langzeittourismus ausmachen.

Gesundheitstourismus

Die Gesundheit spielt eine steigende Rolle und wird zunehmend auch in »normale« Reisen einbezogen. Als Gesundheitstourismus wird hier die ganze Spannbreite des auf Gesundheit hin orientierten Tourismus, vom präventiven, gesundheitsfördernden über den rehabilitativen bis zum kurativen Urlaub, verstanden. Dazu zählen auch die grenzüberschreitenden Formen von medizinisch betreutem Tourismus (z. B. Urlaub für Dialysepatienten mit kurativem wie rehabilitativem Charakter) und Medical-Wellness-Tourismus (kurative Behandlung, die Wohlfühlelemente einschließt). Gesundheitstourismus umfasst damit sowohl die traditionelle, vornehmlich krankheitsbedingte Reise in Kliniken und Kurorte. Darüber hinaus sind auch Wellness-Reisen eingeschlossen, ein aus dem wachsenden Gesundheitsbewusstsein heraus motivierter Tourismus, der auf Wohlfühlen, Entspannung, gesunde Ernährung und Fitness konzentriert ist. Im Spektrum des Gesundheitstourismus bilden ältere Menschen eine wichtige und wachsende Kundengruppe. Wie auch in ihrem übrigen Konsumverhalten zeigen sie sich hier anspruchsvoll und kritisch. Während das Interesse an sogenannten Fitness- und Wellness-Urlauben nach 60 Jahren deutlich nachlässt, steigt das Interesse an originären Gesundheitsurlauben und Kuren im Urlaub (F.U.R. 2005b).

Der Wachstumsmarkt des Gesundheitsurlaubs wird allerdings nicht nur von deutschen Kurorten, Wellnesshotels und Kurkliniken bearbeitet; einige europäische Länder mit traditionsreichen Badeorten befinden sich ebenfalls mit im Wettbewerb. An der Spitze des Verbraucherinteresses liegen die Länder Österreich, Italien und die Schweiz. Im oberen Mittelfeld der Nachfrage folgen dann Spanien, Ungarn und Tschechien (Institut für Freizeitwirtschaft 2005). Mit niedrigen Preisen wirbt insbesondere Polen als neues Wellness-Ziel. In den Hotels an der Ostseeküste und in Niederschlesien sind die personenbezogenen Dienstleistungen (z. B. Massagen) in aller Regel preisgünstiger als in deutschen Kurorten. Aus diesem Grund etablieren sich auch Spezialanbieter, die ältere Deutsche in die Kurorte der östlichen Nachbarländer bringen. In der Konsequenz befindet sich die deutsche Gesundheits- und Tourismusbranche in einem intensiven Preiswettbewerb mit den östlichen Anbietern

Betreutes Reisen

Ein ganzheitliches Angebot, das neben der eigentlichen Reise auch Service-, Betreuungs- und teilweise auch Pflegeleistungen integriert, wird vermehrt von hochaltrigen Urlauberinnen und Urlaubern nachgefragt. Unter dem Begriff des »betreuten Reisens« hat sich mittlerweile ein differenziertes Nischenangebot etabliert. Es bestehen verschiedene Angebotsvarianten, die sich auf die Reisedauer (von fünf Tagen bis zu drei Wochen) und auf verschiedene Reiseinhalte beziehen. Neben Reisezielen in der näheren Umgebung (»Verreisen ohne Kofferpacken«) werden immer mehr Angebote für Reisen ins Ausland aufgelegt. Spezielle Reisen werden in diesem Zusammenhang auch für Menschen mit Behinderung und Hilfebedarf sowie für Pflegebedürftige und ihre Angehörigen angeboten. Die Reisen werden meistens als Gruppenreisen durchgeführt.

Kennzeichen der betreuten Seniorenreisen ist eine mehr oder weniger stark ausgebaute persönliche Betreuung der Reisenden während der gesamten Reisezeit und ein breites Serviceangebot, das die etwaigen gesundheitlichen Einschränkungen der Reisenden berücksichtigt (z. B. Koffertransport von Haustür zu Haustür, ärztliche Betreuung vor Ort). Insgesamt wird dieses Reisesegment überwiegend von den »älteren Alten« sowie den »jüngeren Alten« mit bereits vorhandenen gesundheitlichen Einschränkungen wahrgenommen. Auch viele alleinstehende Ältere sind hier vertreten, da die Gruppenreisen die Möglichkeit zum Aufbau und zur Pflege sozialer Kontakte bieten.

Mittlerweile haben sich Spezialangebote im Bereich des betreuten Reisens ausgebildet. Dabei treten sowohl rein marktwirtschaftliche, gemischte (Kooperation von Wohlfahrtsverbänden mit Reiseunternehmen) und rein wohlfahrtsverbandliche Organisationsformen als Anbieter auf. Teilweise haben ehemalige Mitarbeiter von Wohlfahrtsverbänden eigene Reiseunternehmen gegründet (z. B. Reiseteam Moers, Beratungsfirma ReMO Reisen und Mobilität, Videlis Seniorenreisen) und verbinden damit die verschiedenen Kompetenzen, die für die Organisation von betreuten Seniorenreisen notwendig sind. Diese konzentrieren sich z. B auf den Aufbau barrierefreier Angebote, die Schulung von Mitarbeiterinnen und Mitarbeitern und auf die Zusammenführung von personenbezogenen und konsumbezogenen Dienstleistungen. Einige Spezialanbieter haben sich auch Marktnischen erschlossen, die sich auf einzelne Krankheitsbilder oder bestimmte Lebenssituationen beziehen, die das Reisen beschwerlich bzw. – ohne Hilfestellung – unmöglich machen. Zum quantitativen Ausmaß der betreuten Seniorenreisen gibt es derzeit nur wenige statistische Daten, da dieser Typ auch in den Spezialstatistiken der Tourismusforschung noch nicht als Kategorie aufgenommen wurde.

Insgesamt wird die Zukunft des betreuten Reisens optimistisch eingeschätzt. Einzelne Anbieter gehen von einem »Bruch« in einem sehr hohen Alter aus, also erst ab 80 Jahren, wenn die Nachfrage nach betreuten Reisen langsam nachlässt.

Langzeittourismus

Während sich Gesundheits- und betreute Reisen in einem Zeitrahmen zwischen wenigen Tagen und ca. vier Wochen bewegen, verbringen Langzeittouristen zwischen vier und dreizehn Wochen in Urlaubsregionen (Schöppmann 2004). Zu den Zielen zählen Regionen, die auch im Winter von der Sonne profitieren wie z. B. Mallorca, die Kanarischen Inseln, die türkische Riviera oder Madeira. In den Anfangszeiten des »Langzeittourismus« in den 1960er und 70er Jahren war diese Art des Urlaubs für die Veranstalter eine Art »Lückenfüller« für den Winter. Den Gästen wurden – im Vergleich zu den Sommermonaten – eher weniger Dienstleistungen angeboten. Die steigenden Buchungszahlen haben jedoch die Veranstalter veranlasst, zunächst die Infrastruktur ihrer Häuser z. B. durch Heizungen und beheizte Schwimmbäder zu verbessern und – nach einer Stagnation der Langzeiturlauber Mitte der 1980er Jahre – den Langzeittourismus aktiv zu bewerben. Die Zielgruppe der Langzeitgäste sind überwiegend Menschen, die nicht (mehr) im Erwerbsprozess stehen, aber auch Selbstständige, die über eine hohe Zeitautonomie verfügen.

Bislang liegen noch keine verlässlichen Daten bezüglich des quantitativen Umfangs der Langzeiturlauber vor. Die neun großen Reiseanbieter Deutschlands bieten für die Buchung von Langzeiturlaubern jedoch insgesamt über 1 000 Hotels an (Schöppmann 2004: 145). Die Freizeitaktivitäten werden auf die ältere Kundschaft abgestimmt und beinhalten neben Aktivitäten wie Wandern, Gymnastik auch Sprachkurse und Gesundheitschecks. Insgesamt kann man für den Bereich des Langzeittourismus festhalten, dass sich die bevorzugten Gebiete immer weiter in den Süden verlagern und mittlerweile auch Küstengebiete der Türkei und Ägypten umfassen. Dies liegt zum einen an der Sonnengarantie für diese Gebiete, aber auch an den verhältnismäßig niedrigen Lebenshaltungskosten dort.

Eine weitere Entwicklung, die sich in den letzten Jahren stabilisiert, ist der Dauerresidenztourismus, auch bekannt als Ruhesitzwanderung oder Wohlstandsmigration, wenn Rentnerinnen und Rentnern ihren Ruhestand dauerhaft in südlichen Regionen verbringen und dorthin umsiedeln.

Dabei liegt die Konzentration der europäischen Langzeitziele im Mittelmeerraum. Spanien verzeichnet das größte Ausmaß der internationalen europäischen Altersmigration, allein auf Mallorca leben nach Schätzungen 15 000 deutsche Dauerresidenten über 55 Jahre (Müller-Roth 2004).

Während die Wohlstandsmigration der deutschen Bevölkerung in die Schweiz (Tessin) und nach Spanien eine lange Tradition hat, entsteht in den letzten Jahren auch eine deutsche »Kolonie« an der türkischen Küste. Im Süden der Türkei, in Alanya haben sich mehrere zehntausend Deutsche angesiedelt, die im Rentenalter in der Türkei Immobilien erworben haben. Mit ausschlaggebend sind insbesondere das milde Klima, die niedrigeren Lebenshaltungskosten, die vergleichsweise günstigeren Immobilienpreise sowie die zumeist guten deutschen Sprachkenntnisse der dortigen Dienstleister.

8.3.4   Zukunft des Seniorentourismus

Wie sich der Seniorentourismus in Zukunft entwickeln wird, hängt von einer Vielzahl von Rahmenbedingungen ab, etwa von

der Entwicklung des Renteneintrittsalters und der Höhe der
Rentenbezüge und von der zukünftigen Ausgestaltung des Gesundheitssystems. Diese haben auch Einfluss darauf, welche Art
des Urlaubs von den kommenden Seniorengenerationen nachgefragt werden wird. Abhängig von der Stellung im Erwerbsprozess und dem ökonomischen Potential ändert sich die Anzahl,
die Dauer und die Art der Reisen, die – auch abhängig von der
alltäglichen Arbeitsbelastung – zwischen den Polen eines reinen
Erholungsurlaubs und eines Aktivurlaubs pendeln können.

Bislang nimmt die Reisehäufigkeit mit der Hochaltrigkeit
langsam ab. In der Altersgruppe zwischen 70 und 79 Jahren
unternehmen 25 % weder Tagesausflüge noch Reisen. Bei den
über 80-Jährigen steigt der Anteil der Nicht-Reisenden aber auf
über 63 % an.»Eine Zäsur scheint zwischen 70 und 75 Jahre zu
sein. SeniorInnen bis 70 Jahre bevorzugen eine Mehrgeneratio-
nen-Unterkunft, die in ein touristisch erschlossenes Umfeld
eingebunden ist. Älteren Menschen ist das weniger wichtig, dafür sind sie stärker gruppenorientiert und wünschen das Einhalten von Ruhezeiten« (LEG 2000: 6).

Opaschowski (2001: 151) malt für die Zukunft ein differenziertes und zurückhaltendes Bild:»Die älter werdende Gesellschaft kann zum Problem für die erfolgsverwöhnte Tourismusbranche werden. Der Anteil der Reiseverweigerer wird größer
[...] Hinter der wachsenden Zahl dieser Reiseverweigerer kann
sich auch Reisemüdigkeit bzw. lebenslange Reiseerfahrung verbergen: Wer im Leben fast alles schon bereist hat, setzt mit zunehmendem Alter andere Akzente, die mehr auf die heimische
Lebensqualität und das nähere Umfeld gerichtet sind.« Dem
kann entgegengehalten werden, dass zumindest die Reisenden,
die sich mit zunehmendem Alter wegen der körperlichen Einschränkungen vom klassischen Reisemarkt zurückziehen, ein
großes und zukunftsorientiertes Potential für das betreute Reisen
darstellen.

Demgegenüber wird von der Tourismusbranche selbst ein
kohortenspezifischer Ansatz vertreten, der davon ausgeht, dass
sich das in jungen Jahren praktizierte Reiseverhalten im Alter
nicht wesentlich verändert. Dies hätte insgesamt eine Ausweitung der Reiseaktivitäten im Alter zur Folge, von der insbeson-

dere Auslandsreisen sowie Flugreisen profitieren könnten. Die Marktforschung in diesem Segment geht zudem davon aus, dass sich der Nachfragemarkt zukünftig noch tiefer spalten wird in konsumfreudige Erlebnisreisende auf der einen und in Sparkonsumenten auf der anderen Seite, die zwar ein hohes Interesse an Reisen haben, sich jedoch nur mit einem relativ geringen Budget am Reisegeschehen beteiligen können. Diese Differenzierung kann auch für den heutigen Nachfragemarkt in Grundzügen bereits festgestellt werden. Insgesamt wird es daher darauf ankommen, qualitätsgerichtete Angebote auch für ältere Menschen mit geringem finanziellem Hintergrund zu entwickeln und bereitzustellen.

Wie in vielen anderen Bereichen der Seniorenwirtschaft, so ist auch im Tourismus für die Entwicklung nachfragegerechter und damit erfolgreicher Produkte das gemeinsame und kooperative Auftreten der beteiligten regionalen und überregionalen Akteure erforderlich. Dies betrifft alle Formen von Seniorentourismus, insbesondere aber das betreute Reisen. Dessen Organisation ist aber an zahlreiche Voraussetzungen geknüpft. Die wichtigste Herausforderung besteht vor allem darin, ein Angebotspaket zu schnüren, das unterschiedliche Dienstleistungen – die bislang von unterschiedlichen Akteuren angeboten wurden – miteinander kombiniert. Die Rede ist zum einen von den traditionellen Reisedienstleistungen, die z. B. das Buchen der Reise, den Transfer, Unterkunft und Verpflegung beinhalten, und zum anderen von sozialen Dienstleistungen, die soziale sowie teilweise auch medizinische bzw. pflegerische Kompetenzen von den Betreuungspersonen erfordern. Aus diesem Grund trifft man in diesem Reisesegment auf eine differenzierte Angebotslandschaft. Dabei dominieren zwei Angebotsmodelle: Entweder kooperieren die Reiseanbieter mit einem bestimmten Wohlfahrtsverband, der dann verschiedene Service- und Betreuungsleitungen übernimmt, oder aber der Wohlfahrtsverband organisiert die Reisen in eigener Regie.

Im Bereich des betreuten Reisens entwickeln sich also zunehmend vernetzte Angebote, die von gewerblichen und gemeinnützigen Anbietern erbracht werden. Wohlfahrtsorganisationen zeichnen sich in diesem Reisesegment teilweise noch durch einen

Wettbewerbsvorsprung aus, da sie aus ihren traditionellen Arbeitsfeldern wie Beratung und Pflege über gute Kontakte zum Klientel und geschultes Personal verfügen. Darüber hinaus können sie auf die Ressourcen ehrenamtlichen Engagements zurückgreifen.

Durch die Organisation der Reisen kann sich ein Wechselspiel zwischen der Wahrnehmung des eigentlichen Urlaubs und weiteren Angeboten der Verbände ergeben: »Durch die Reiseangebote wird auch der Zugang zu anderen Diensten des Verbandes, wie Essen auf Rädern, den Sozialstationen und Altenheime erleichtert« (Kues 2005: 3). Gerade auch für das ehrenamtliche Begleitpersonal sind die Reisen trotz der hohen Verantwortung oft interessant, da Reisegebühren nicht oder nur ermäßigt anfallen und Fortbildungen auf die Reise vorbereitet haben.

Ein Novum auf dem Reisemarkt ist die Kooperation von Reiseveranstaltern mit Krankenkassen. Die Deutsche Angestelltenkrankenkasse (DAK) und die Kaufmännische Krankenkasse (KKH) bezuschussen z. B. Gesundheitsurlaub mit Präventionscharakter aus dem Katalog »TUI Vital« mit bis zu 150 Euro. Kunden, die primärpräventive Leistungen in Anspruch nehmen, also nicht an akuten oder chronischen Erkrankungen leiden, können unter 36 Programmen in 25 Hotels auswählen (Berliner Zeitung vom 3. Dezember 2005). Ein bewährtes Instrument der deutschen Betriebskrankenkassen ist die sogenannte »Aktiv-Woche«. In ausgewählten Hotels, für deren Leistungen die Versicherten die Kosten selbst übernehmen, wird für präventive Gesundheitsangebote ein Kassenzuschuss von 150 Euro gewährt. Wenn gesundheitsorientierte Verhaltensweisen erlebbar gemacht werden und die positive Körpererfahrung vermittelt wird, werden die Teilnehmenden befähigt und motiviert, das erworbene Wissen selbstständig anzuwenden und weiterzuführen. An Präventionsmaßnahmen Teilnehmende sollen erkennen, dass Gesundheit ein dynamischer Prozess ist, der ständige Bemühungen erfordert. Das Setting »Urlaub« kann somit als Katalysator für zukünftige Präventionsbemühungen der Versicher-

ten eingesetzt werden, etwa dann, wenn Gesundheitsprävention im Handlungsfeld »Bewegung« niedrigschwellig im Urlaub erfahrbar gemacht wird und leicht in den Alltag danach
übertragen werden kann. Auch auf einigen Kreuzfahrtschiffen
werden neben den üblichen medizinischen Versorgungsleistungen, Angebotserweiterungen für den Gesundheitsbereich
vorgenommen. Es gibt beispielsweise Kreuzfahrtschiffe, die
Fachpersonal und Dialysestationen mitführen, und damit auch
nierenkranken Menschen längere Reisen ermöglichen (vgl.
http://viventi-tours.de/News.html).

8.4   Finanzdienstleistungen

Unter dem Begriff der »Finanzdienstleistungen« werden solche
Dienstleistungen zusammengefasst, die dazu beitragen, vorhandenes Einkommen oder Vermögen für aktuelle oder zukünftige
Ausgaben verfügbar zu machen und es ggf. durch Anlagestrategien zu vermehren. Diese Dienstleistungen werden vor allem
von Banken und/oder Versicherungsunternehmen bzw. entsprechenden Vermittlungsorganisationen angeboten.

Während ein Teil der Finanzdienstleistungen weitgehend
unabhängig vom Alter der Kunden gestaltet und beworben wird
(z. B. Girokonten, Konsumkredite), fokussiert eine steigende
Anzahl von Anbietern und Produkten auf die prospektive Absicherung gegen die (vermeintlichen) Risiken des Alters (private Rentenversicherungen, zusätzliche Pflegeversicherungen etc.).
Noch relativ neu – aber mit erheblichen Wachstumserwartungen
verbunden – sind Produkte und Dienstleistungen, die sich an
Personengruppen richten, die das Rentenalter bereits erreicht
haben (besondere Unfallversicherungen, Versicherungsberatungen). Im Folgenden soll vor allem auf die Dienstleistungen fokussiert werden, welche die unmittelbare Nutzung von Finanzdienstleistungen durch ältere Menschen selbst betreffen.

Grundsätzlich gilt für alle Altersgruppen und in jeder Lebensphase eine einheitliche Zielstellung von Finanzdienstleistungen:
In dieser unspezifischen allgemeinen Zielstellung gibt es zu

nächst per se keine alterstypischen Besonderheiten, teilen ältere Menschen die damit verbundenen Probleme und Risiken mit jüngeren Menschen gleichermaßen. Wohl aber gibt es relevante Unterschiede zwischen jüngeren und älteren Nutzern von Finanzdienstleistern bezogen auf das jeweilige Finanzvolumen, um das es geht, die Zwecksetzungen der beabsichtigten Ausgaben und nicht zuletzt bezogen auf Wünsche bezüglich der konkreten Praxis der Finanzdienstleistungserbringung.

8.4.1 Wirtschaftliche Bedeutung

Insgesamt ist die durchschnittliche Einkommens- und Vermögenssituation älterer Menschen in Deutschland – bei einer erheblichen Spreizung – als gut zu bezeichnen (s. Kap. 4.3): Ältere Menschen besitzen heute rund 53 % des Gesamtvermögens, und laut Prognosen wird dieser Wert in wenigen Jahren auf Zweidrittel ansteigen. Zum Management ihrer unterschiedlichen Einkommensquellen nehmen ältere Menschen Finanzdienstleistungen des Privatkundengeschäfts von Banken in Anspruch, hauptsächlich ein Girokonto, auf dem vor allem regelmäßige Einzahlungen aus öffentlichen und privaten Transferzahlungen eingehen und von dem die Ausgaben des täglichen Lebens bestritten werden, sowie Geldanlagen und Kredite.

Bundesdeutsche Altenhaushalte überführen nach der Einkommens- und Verbrauchsstichprobe (EVS) von 2007 pro Monat durchschnittlich zwischen 901 Euro (80 Jahre und älter) und 1 087 Euro (70–80 Jahre) in die Bildung von Geldvermögen (Einzahlungen auf Sparbücher, Verleihen von Geld, Instandhaltungsrücklagen bei Eigentumswohnungen etc.). Insgesamt handelt es sich hierbei in der Altersgruppe der über 65-Jährigen um 124 Mrd. Euro pro Jahr. Zum Vergleich: Von den 25- bis 45-Jährigen werden im gleichen Zeitraum nur ca. 89 Mrd. Euro angelegt. Gleichzeitig werden von über 65-Jährigen aber auch erhebliche Einnahmen aus Vermögensumwandlung generiert, d. h. Sparguthaben aufgezehrt, und zwar mit einem Gesamtvolumen von ca. 115 Mrd. Euro jährlich bzw. 921 Euro monatlich pro Haushalt. Es ist jedoch zu berücksichtigen, dass sich hinter diesen Durchschnittswerten erhebliche Spannweiten verbergen.

Demgegenüber nehmen ältere Menschen in unterdurchschnittlichem Maße Kredite in Anspruch bzw. haben relativ geringe Verpflichtungen aus Krediten. Während von jüngeren Haushalten (zwischen 35 und 45 Jahren) durchschnittlich 384 Euro monatlich für den Zinsen- und Tilgungsdienst von Krediten aufgebracht werden müssen, sind es bei den 65- bis 70-Jährigen Beträge von nur ca. 33 Euro monatlich. Insbesondere die Finanzierung von Immobilienvermögen, die den Großteil der Kreditverpflichtungen jüngerer Haushalte ausmachen, ist in höheren Altersgruppen nicht mehr erforderlich, da das Wohnungseigentum bereits vollständig oder weitgehend schuldenfrei ist. Ältere verfügen in Deutschland im Vergleich zu jüngeren Altersgruppen mit einem Anteil von weit über 50 % deutlich häufiger über Immobilienbesitz, der im Westen zudem noch deutlich über dem im Osten Deutschlands liegt.

8.4.2   Spezifischer Bedarf und Nachfrage

»In den letzten 30 Jahren hat sich das Geld mit der Entwicklung der Kredit- und Dienstleistungsgesellschaft immer stärker als Vermittler zwischen Bedürfnissen und Mittel der Bedürfnisbefriedigung gestellt« (Reifner 2005). Hierfür gibt es zahlreiche Beispiele: Eine aktive Freizeitgestaltung, Mobilität, die Erhaltung der Gesundheit durch sportliche und präventive Maßnahmen oder auch Bildung und Kulturgenuss sind ohne finanzielle Aufwendungen heute nicht mehr möglich.

Finanzdienstleistungen nehmen in jeder Lebensphase einen wichtigen Stellenwert ein und tragen in erheblichem Maße zur Steigerung der Lebensqualität der Menschen bei. Grundsätzlich haben sie für ältere Menschen die gleiche Funktion wie für alle anderen Altersgruppen. Da Finanzdienstleistungen aber ihre Strukturen und Wirkungen in unterschiedlichen Lebensphasen der Menschen verändern, gibt es einige altersabhängige Besonderheiten: Die Nachfrage nach Krediten ist z. B. in der Altersgruppe 25–35 Jahre am höchsten, während die höchste Spartätigkeit in der Altersgruppe ab 35 Jahre zu beobachten ist. Ähnliches gilt für die Versicherungswirtschaft. Während die Absicherung einiger Risiken unabhängig vom Alter relevant ist (z. B. Unfall, Krankheit), gibt es andere, die auf spezielle Lebensphasen bzw. Altersgruppen beschränkt sind (Berufsunfähigkeit, Arbeitslosigkeit, Berufsausbildung etc.).

Im Wesentlichen ist zwischen drei Kriterien zur Bewertung von Finanzdienstleistungen von Banken zu unterscheiden. Zum einen soll die Geldanlage eine Rendite erwirtschaften. Des Weiteren sollte die Anlageform relativ sicher sein, und es muss drittens eine schnelle und unkomplizierte Möglichkeit geben, ein Produkt gegen ein anderes eintauschen zu können. Diese Kriterien decken sich auch mit den Wünschen und Bedürfnissen älterer Menschen. Der Faktor Sicherheit spielt dabei für ältere Menschen im Vergleich zu anderen Altersgruppen eine hervorgehobene Rolle (vgl. Keck 2005). Im Gegensatz dazu wird der Rentabilität eine untergeordnete Bedeutung beigemessen, was sich auch im Anlageverhalten widerspiegelt. Ein großer Teil der älteren Menschen legt einen Geldbetrag eher sicher und weniger rentabel auf dem Sparbuch an, anstatt eine risikoreichere, dafür eventuell aber rentablere Anlageform (z. B. Aktien, Immobilienfonds) zu wählen (Naegele et al. 2005). Wesentlich wichtiger ist hingegen das Kriterium der schnellen Verfügbarkeit: Produkte mit langer Laufzeit oder längeren Festlegungszeiträumen werden von älteren Menschen – aus nachvollziehbaren Gründen – eher abgelehnt (Reifner 2005). Neben der Sicherheit spielt auch die Gewohnheit in Verbindung mit Produkttreue eine Rolle sowie nicht zuletzt ein leichter und schneller Zugang, d. h. die komplikationslose Verfügbarkeit des Vermögens im Bedarfsfall.

Das Kriterium des Zugangs zu Finanzdienstleistungen muss bei älteren Menschen aus verschiedenen Blickwinkeln betrachtet werden. Dabei ist zwischen räumlichen und systematischen Zugangsproblemen zu unterscheiden. Zum einen sind Ältere durch altersbedingte körperliche Einschränkungen häufig in ihrer Mobilität eingeschränkt. Dieser Aspekt spielt gerade im ländlichen Raum eine zunehmende Rolle, da dort oftmals kein differenziertes Filialnetz von Banken und Versicherungen zur Verfügung steht. Ein weiterer Aspekt ist die Altersdiskriminierung: Zwar geben in einer Untersuchung der BAGSO 95 % der befragten älteren Menschen an, dass ihnen aufgrund ihres Alters noch keine Leistung verweigert wurde. Gerade bei der Vergabe von Krediten sieht das Bild jedoch noch immer häufig anders aus: Wenn älteren Menschen ein Kredit gewährt wird, geschieht dies nicht selten zu deutlich schlechteren Konditionen als bei jüngeren Menschen in einer vergleichbaren Vermögenssituation bzw. wird ein Kredit gänzlich verweigert (Keck 2005).

Wenn bislang – zumindest implizit – hauptsächlich über die Bankenwirtschaft gesprochen wurde, so gelten viele Aussagen auch für die Versicherungswirtschaft, vor allem für die Sparte der Personenversicherungen. Über den erforderlichen Finanzbedarf im Alter bestehen häufig Unsicherheiten, zumal er auch nicht planbar ist. Pflegebedürftigkeit oder Unfälle und der damit verbundene spezifische Finanzbedarf sind nicht vorhersehbar. Vor diesem Hintergrund besteht bei vielen ein Bedarf an Versicherungsprodukten, die auf die Absicherung derartiger Risiken zielen.

Auch wenn die Höhe der monatlichen Ausgaben für Versicherungsprämien nach Erreichen des 65. Lebensjahres deutlich von monatlich durchschnittlich 141 Euro (45- bis 55-Jährige) auf 74 Euro (über 80-Jährige) sinkt, so beläuft sich das Gesamtvolumen dennoch auf fast 12 Mrd. Euro pro Jahr. Etwa die Hälfte aller Versicherungsausgaben der Älteren entfällt auf private Krankenversicherungen, andere Risiken werden deutlich weniger bzw. mit geringeren Beiträgen abgesichert.

8.4.3 Produkte

Ältere Menschen verfügen mit durchschnittlich sechs Bankprodukten und ca. acht Versicherungsprodukten pro Haushalt über zahlenmäßig weniger Verträge als jüngere Zielgruppen (durchschnittlich 5,6 Bank- bzw. 10 Versicherungsprodukte). Die Bedeutung dieser Produkte wird jedoch als überdurchschnittlich wichtig erachtet (GFK 2008). Schaut man sich die Wünsche und Bedürfnisse der älteren Menschen genauer an, kann man erkennen, dass ihre Grundbedürfnisse im klassischen Finanzdienstleistungsbereich oftmals mit den bereits vorhandenen Produkten befriedigt werden können. Die klassischen Leistungen könnten jedoch auch durch geringfügige Modifikationen auf kurzfristige Änderungen der Präferenzstruktur optimiert werden, z. B. durch kürzere Laufzeiten, flexiblere Auszahlungspläne etc.

Sind einmal Finanzdienstleistungen zur Realisierung eines größeren Finanzbedarfes erforderlich, so zielt dieser bei älteren
Menschen typischerweise nicht, wie bei Jüngeren, auf Geschäfts-
kredite, z. B. für Unternehmensgründungen, Hypothekendarle-
hen oder auf private Verbraucherkredite, sondern primär auf die
Umwidmung oder Auflösung eigener Vermögensbestände zum
Zweck der zusätzlichen Finanzierung bestimmter privater Konsumwünsche und/oder ergänzender eigener sozialer Sicherung
oder der von Kindern und Enkeln. Zu diesem Zweck können sich
ältere Menschen oft aus dem selbst angesparten Vermögen bedienen, wohingegen jüngere Altersgruppen im Regelfall ihren
Finanzbedarf aus (von Fremden angesparten) Vermögen decken
müssen. Dass für die Kreditvergabe an Jüngere dabei häufig die
Ersparnisse der Älteren die materielle Grundlage bilden, ist ein
Aspekt, der in der aktuellen Debatte um intergenerationelle Solidarität häufig übersehen wird.

Nach den Schlussfolgerungen des Fünften Altenberichts der
Bundesregierung (BMFSFJ 2006) lassen sich produktseitig zwei
Tendenzen für den Markt der Finanzdienstleistungen für Ältere
beschreiben: Zum einen werden auch künftig die einfachen, alltäglichen Formen der Einkommens- und Vermögensverwaltung
bedeutsam sein, der Versicherung und des Zahlungsverkehrs, die
im Wesentlichen eine nutzerfreundliche Handhabung und deren
kundenorientierte Präsentation erfordern. Zum anderen wird es
um komplexe und beratungsintensive Produkte gehen, die be-
darfsgerecht an die je spezifische Lebenssituation und die individuellen Kundenbedürfnisse angepasst sind. Diese können
spezielle »Seniorenprodukte« sein; überwiegend wird es sich aber
um Varianten bestehender Produkte handeln, die flexibel gestaltet sind und baukastenartig an individuelle Bedarfslagen angepasst werden können. »In Zukunft kommt es darauf an, integrierte Produkte und Pakete zu entwickeln. Aufgrund der
fließenden Übergänge sind Konzepte erforderlich, die flexibel auf
veränderte Bedingungen des Leistungsnehmers reagieren« (Naegele et al. 2005: 20), wie z. B. die Umwandlung einer Berufsun-
fähigkeitsversicherung in eine zusätzliche Pflegeversicherung.

Mittlerweile bietet eine Reihe von Anbietern speziell auf Senioren zugeschnittene Versicherungs- bzw. Beratungsdienstleis-

tungen an. Zur Absicherung des Risikos der Pflegebedürftigkeit wird z. B. eine aufgeschobene Rentenversicherung mit Kapitalwahlrecht und einer Pflegerentenoption angeboten. Der Versicherte zahlt bis zu einem vereinbarten Ablauftermin (i. d. R. mindestens 12 Jahre) Beiträge in eine Rentenversicherung ein und kann anschließend entscheiden, wie das Guthaben ausgezahlt werden soll.

Die Entwicklung und Erprobung solcher »innovativer Finanzdienstleistungen« wird zu einem Schlüsselthema der Finanzwirtschaft in der Seniorenwirtschaft werden. Dabei muss die Branche einen »strategischen Schwenk« bewältigen. Geht es in der Finanzdienstleistungsbranche bei jüngeren Kundinnen und Kunden primär um *Aufbauberatung*, d. h. Beratung in Richtung auf Ansammlung von Kapital, um den Aufbau von Versicherungsschutz etc., muss es in der Finanzdienstleistungsberatung bei älteren Kundinnen und Kunden um so etwas wie *Abbauberatung* gehen, d. h. um eine Beratung mit dem Ziel, vorhandenes Kapital für bestimmte alterstypische Zwecke und Anliegen abzubauen.

Exemplarisch sei hier auf die Möglichkeit der alterszweckgebundenen Liquidation erinnert, d. h. an den Verkauf bzw. die Beleihung von Immobilienbesitz, um aus den »Erlösen« – gleichsam in Form von Zusatzrenten und dergleichen – zusätzliche Einnahmen im Alter zu erhalten. Obendrein würde auch noch ein volkswirtschaftlich positiver Nebeneffekt erzielt, nämlich in Immobilienbesitz gebundenes totes Kapital wieder dem Wirtschaftskreislauf zuzuführen. Hierbei bedeutet die Umwandlung des Kapitals aus dem Immobilien- in Geldvermögen nicht nur eine Rückführung in den volkswirtschaftlichen Kreislauf, sondern ermöglicht zugleich eine flexiblere Handhabung des eigenen Vermögens durch Ältere. So gilt es die Anlagesituation und -optionen Älterer an die veränderten Lebensbedingungen und Bedarfe flexibel anzupassen. Vergleichbare Modelle dieser sogenannten »Reverse Mortgages« werden in Japan, den USA und Großbritannien bereits umgesetzt, stoßen in Deutschland bislang jedoch auf nur wenig Interesse bei den Älteren. Die von einigen Banken, aber auch privaten Stiftungen (Dresdner Bank und Stiftung Liebenau) entwickelten Produkte

werden bislang nur vereinzelt in Anspruch genommen, da sie
das Sparprinzip, das im Leben vieler Älterer bestimmend war,
auf den Kopf stellen und so die Hemmschwelle für die Zielgruppe erhöhen.

8.4.4   Fazit

Die Gruppe der älteren Menschen und die Finanzwirtschaft stehen in mancherlei Hinsicht in einem ambivalenten Verhältnis
zueinander: Auf der einen Seite handelt es sich bei den heutigen
Älteren um eine relativ einkommens- und vermögensstarke
Gruppe. Auf der anderen Seite kommt es gerade in der Finanzwirtschaft zu spezifischen Diskriminierungen und Benachteiligungen, beispielsweise im Rahmen der Festsetzung von Altersgrenzen bei der Vergabe von Privatkrediten, bei Alterszuschlägen
für Versicherungen oder zusätzlichen Gesundheitsprüfungen ab
einem gewissen Alter.

Dennoch ist es erstaunlich, dass die seniorenwirtschaftlichen
Dimensionen dieser Entwicklung – insbesondere im Bereich der
Finanzdienstleistungen – lange Zeit keine oder nur ganz wenig
Beachtung gefunden haben, obwohl mit der Alterung der Ge-
sellschaft und dem Eintritt der Babyboomer-Generation in die
Rente allmählich eine spürbare Verlagerung in der Nachfrage
nach traditionellen Produkten der Banken und der Finanzwirt-
schaft stattfindet.

»Die Versicherungs- und Bankenbranchen haben lange Zeit
die Gruppe der Älteren vernachlässigt, obwohl diese Altersgruppe über eine relativ gute Einkommens- und Vermögenssituation verfügt und zudem für diese Branche die einzig wachsende Zielgruppe bildet. Nicht nur das momentan vorhandene
Vermögen, sondern auch die Vermögenszuwächse sind bei der
Bewertung der finanziellen Situation älterer Menschen ein ent-
scheidender Faktor. In diesem Zusammenhang sind auch noch
Vermögenszuwächse durch Vererbung von großer Bedeutung«
(BMFSFJ 2006: 159).

Für die Zukunft ergeben sich aufgrund der im Durchschnitt
günstigen Einkommens- und Vermögensverteilung sowie der
besonderen alterstypischen Motive bei der Nutzung von Finanz-

dienstleistungen wirtschaftlich interessante Perspektiven; dies
umso mehr, da sich der politisch gewollte Trend zur Eigenbetei-
ligung und Eigenvorsorge insbesondere in der gesetzlichen Ren-
ten-, Kranken- und Pflegeversicherung fortsetzen dürfte. Andererseits jedoch gilt auch hier die Differenzierung des Alters
(s. Kap. 5.1), nämlich die hohe und weiter wachsende auch ökonomische und sicherungsmäßige Heterogenität der verschiedenen
Gruppen älterer Menschen, die womöglich auch noch lebensla-
gespezifisch unterschiedliche Motive haben, sich Finanzdienstleistungen zu erschließen. Diese Heterogenität muss sich auch in
einer entsprechenden Differenzierung der Angebotsstruktur und
konkreten Dienstleistungserbringung widerspiegeln. Dies gilt
umso mehr, als es drittens so etwas wie psychologische Barrieren
und Probleme zu beachten gilt, die speziell ältere Menschen –
zumal noch sehr alte und/oder Menschen in eingeschränkten
Lebenslagen – haben, wenn es darum geht, konkrete Finanzdienstleistungen zu entwickeln.

Unverzichtbar ist in diesem Zusammenhang der Hinweis auf
das besondere Interesse speziell einer älteren Kundschaft an
persönlicher Beratung, und zwar in der Filiale oder einer Zweig-
stelle und nicht zu Hause. Dies gilt – so haben Erfahrungen
insbesondere aus dem Bereich des Einzelhandels gezeigt
(s. Kap. 8.1) – auch hinsichtlich der Qualifikationen und nicht
zuletzt des Alters des Beratungspersonals. Speziell Finanzdienstleistungen für ältere Menschen sind *Vertrauensdienstleistungen*,
die darauf beruhen, dass alte Menschen gerade in Geldangele-
genheiten ein besonderes Vertrauen benötigen und zudem ihre
Mitwirkungs-, d. h. vor allem ihre persönliche Auskunfts- und
Informationsbereitschaft, voraussetzen. Schon von daher ist eine
gewisse psychisch-emotionale Nähe des Beratungspersonals
zum Kunden erforderlich. In der Konsequenz wird es für die
Finanzdienstleistungsbranche darauf ankommen, nicht nur die
Heterogenität in der Altersgruppe, sondern auch die Heterogenität der Erwartungen, Bedürfnisse und Fähigkeiten im Umgang
mit Finanzdienstleistungen in den Angeboten angemessen zu
berücksichtigen. So wird ein Teil der älteren Kundinnen und
Kunden immer höhere Ansprüche an die Produkte und vor
allem an die Beratung stellen und ein Anlagekonzept erwarten

und präferieren, das seine ganz persönlichen Anlageziele und Rendite- bzw. Risikoprofile einbezieht. Ein anderer Teil wird sich auch künftig auf möglichst einfache, verständliche und nachvollziehbare Versicherungs- und Sparformen beschränken.

Das Thema der privaten Altersvorsorge wird in der Zukunft – auch, da politisch gewollt (s. Kap. 4.3.3) – einen wesentlichen Bedeutungszuwachs erfahren. Zwar betrifft es nicht die momentane Rentnergeneration, sondern eher die zukünftigen Generationen, weshalb es auch genau genommen nicht dem Themenbereich der »Finanzdienstleistungen für ältere Menschen« zugeordnet wird. Dennoch hat die Thematik schon jetzt erhebliche Auswirkungen auf die Banken- und Versicherungsbranche und steht in direktem Zusammenhang mit den Auswirkungen der demographischen Alterung unserer Gesellschaft: Bezüge aus gesetzlicher und privater Altersvorsorge bilden den größten Teil der Einnahmen der älteren Menschen und haben somit einen wesentlichen Einfluss auf die Einkommenssituation im Alter. Daher ist davon auszugehen, dass der »Paradigmenwechsel« in der Alterssicherungspolitik einen wesentlichen Einfluss auf den Konsum von privaten Altersvorsorgeprodukte haben wird.

8.5   Wohnen

Das Thema »Wohnen im Alter« ist in den letzten Jahren sowohl in der Wissenschaft als auch in der Öffentlichkeit zu einem breit diskutierten Thema und überdies zu einem wichtigen Arbeitsfeld innerhalb der Seniorenwirtschaft avanciert. Die Ausgestaltung der Wohnbedingungen ist gerade für ältere Menschen, die den weitaus größten Teil ihrer Zeit in den eigenen vier Wänden verbringen, von erheblicher Bedeutung für Lebensqualität und gesellschaftliche Teilhabe. Die Wohnung wird zunehmend zum Lebensmittelpunkt, für sehr alte Menschen nicht selten zum einzigen Aufenthaltsort; hier werden Kommunikation, soziales Leben und Freizeit erlebt, hier verbringen die Menschen im Falle von schwerer Krankheit und Pflegebedürftigkeit nicht selten vollständig die letzten Jahre ihres Lebens. Dies belegen auch die Ergebnisse von Zeitbudget-Studien zum Thema »Alltagsverlauf im Alter«, die mit fortschreitendem Alter einen Anstieg der Verweildauer pro Tag in der Wohnung ausweisen (Engstler et al. 2004; Mollenkopf, Oswald, Wahl 2007).

Möglichst lange selbstständig zu Hause »in den eigenen vier Wänden« zu leben, selbst im Falle körperlicher und gesundheitlicher Einschränkungen bzw. erheblich eingeschränkter Mobilität, ist daher nicht nur der dominante Wunsch der Älteren, sondern gilt in Deutschland zugleich als oberste Maxime von Altenpolitik und Altenarbeit. Vor diesem Hintergrund sind die Wohnbedingungen entscheidend für die Möglichkeit, bis ins hohe Alter selbstständig und in sozialen Bezügen leben zu können.

Ein möglichst langer Verbleib in der eigenen Häuslichkeit ist aus vielen Gründen erstrebenswert (Deutscher Verband 2009; Büscher, Emmert, Hurrelmann 2009). Die Privatwohnung ist aus volkswirtschaftlicher Perspektive i. d. R. die bessere Alternative, da eine ambulante Versorgung in den allermeisten Fällen weniger Kosten verursacht als eine stationäre. Aus gerontologischer Perspektive ist auf die Aktivierungsfunktion der eigenen Wohnung hinzuweisen. Die Selbstständigkeit erhaltende bzw. -fördernde Gestaltung der Wohnung gilt als zentrales Merkmal von Wohnqualität im Alter. Eine adäquat gestaltete Wohnung kann – im Sinne eines präventiven Technik- und Dienstleistungseinsatzes – dazu beitragen, Hilfe- und Pflegebedürftigkeit zu vermeiden oder zumindest aufzuschieben (s. Kap. 8.2).

Aus wohnungswirtschaftlicher Sicht stellen ältere Haushalte eine der wenigen Zielgruppen dar, die auch in Zukunft quantitativ in Bedeutung gewinnen wird. Schon heute wird die Mieter- bzw. Mitgliederschaft vieler Wohnungsunternehmen, besonders die der Wohnungsgenossenschaften, von über 65-Jährigen dominiert. Die aktuelle Wohnungsmarktprognose des Bundesinstituts für Bau-, Stadt- und Raumforschung (BBSR) geht kurz- und mittelfristig trotz einer sinkenden Bevölkerungszahl von einer konstanten Zahl der Haushalte und demnach einem Wohnungsbedarf aus. Die Zahl der älteren Haushalte wird jedoch erheblich ansteigen und wird nach Angaben der BBSR im Jahr

2025 mit 42 % den mit Abstand größten Anteil an allen Haushalten bzw. Wohnungsnachfragern ausmachen (BBSR 2010; s. Kap. 4.2).

8.5.1 Wirtschaftliche Bedeutung und Status Quo der Wohnsituation

Ältere Menschen verbringen in der Wohnung nicht nur den Großteil ihrer Zeit, das Wohnen bindet auch einen erheblichen Teil des verfügbaren Einkommens, nicht nur, aber besonders im Alter. Die Wohnkosten (d. h. die Kosten für Wohnen, Energie und Wohnungsinstandhaltung) machen ca. ein Drittel ihrer gesamten Ausgaben aus, bei den Hochaltrigen sogar mehr als 40 %. Damit stellen die Wohnkosten den größten Ausgabeposten der älteren Bevölkerung (s. Kap. 5.4). Bei einer durchschnittlichen monatlichen Belastung von 650 Euro (2007) pro Haushalt handelt es sich dabei hochgerechnet um ein Volumen von 6,6 Mrd. Euro pro Monat (EVS 2007).

Diesen Aufwendungen stehen Wohnungen gegenüber, deren Ausstattungsmerkmale sich in den letzten Jahren deutlich verbessert haben. Heute beträgt die durchschnittliche Wohnfläche pro Person 54,1 qm, 1994 waren es noch 40 qm. Bäder mit Dusche und Zentralheizung gehören mittlerweile zur Standardausstattung. 2004 verfügten 74 % der Wohnungen Älterer über einen Balkon oder eine Terrasse verglichen mit nur 64,4 % in 1994 (Schneiders 2010:170). Daraus lassen sich jedoch keine differenzierten Aussagen über die Wohnsituation älterer Haushalte ableiten. Von zentraler Bedeutung für die Qualität des Wohnens Älterer ist vielmehr, inwieweit die Wohnsituation zur Aufrechterhaltung der Selbstständigkeit beiträgt. Hierfür ist neben der räumlichen Erreichbarkeit auch der Zugang zu Dienstleistungen entscheidend. Ein erheblicher Teil der Wohnungen, die von Älteren bewohnt werden, stammt zudem aus den 1950er und 1960er Jahren, die durch eine Vielzahl von baulichen Barrieren sowohl in den Wohnungen selbst (geringe Türbreiten, sehr kleine Sanitärbereiche, keine Balkone etc.) als auch der Wohngebäude (Treppen im Eingangsbereich, keine Aufzüge etc.) geprägt sind.

Wohnen im Alter betrifft aber nur etwa zur Hälfte den Mietwoh-
nungsbau, dabei im Westen noch mehr als im Osten: Dies ist
wesentlich durch den im Rahmen von Suburbanisierungsprozes-
sen in den 1970er und 1980er Jahren erfolgten Bau von Einfamilienhäusern bedingt, in denen viele Ältere nach Beendigung der
Familienphase wohnen bleiben: Heute liegt die Eigentumsquote
der über 65-Jährigen mit über 55 % (Westdeutschland) deutlich
oberhalb bzw. mit 32 % (Ostdeutschland) leicht unterhalb der
jeweiligen Durchschnittswerte von 42,4 % in den alten und
33,4 % in den neuen Bundesländern (Datenreport 2008; Zahlen
für 2006). Speziell bei den Einfamilienhäusern wirken sich die
baulichen Strukturen aufgrund der vorhandenen Barrieren in
vielen Fällen nachteilig auf die Selbstständigkeit aus.

Die Umsetzung einer selbstbestimmten Lebensführung wird
wesentlich von der Wohnung und dem direkten Wohnumfeld
determiniert. Da sich mit zunehmendem Alter die physischen
und kognitiven Fähigkeiten eines Menschen verändern, werden
Umweltfaktoren für das eigene subjektive Wohlbefinden, aber
auch die objektive körperliche Integrität immer wichtiger. Die
physische Vitalität korreliert mit der Anpassungsfähigkeit an
günstige und ungünstige Umweltfaktoren. Das bedeutet, dass
ein körperlich gesunder Mensch angesichts von Faktoren wie
einer von Barrieren geprägten Wohnumwelt keine Defizite be-
merkt, während sich bei älteren, gehbehinderten Menschen
dieser ungünstige Zustand einschränkend auf Lebenswelt und
Wohlbefinden auswirkt. Die Folge von altersbedingten Erschei-
nungen ist, dass der räumliche Aktionsradius geringer wird
(Mollenkopf, Oswald, Wahl 2007; Reichert, Saup 1999).

Wichtige Aufgaben der Wohnungsgestaltung und Wohnraumanpassung im Alter sind neben der Förderung der selbstständigen Lebensführung Alltagserleichterung und Unterstützung bei der häuslichen Pflege. Auch die Vermeidung von
Stürzen gehört dazu. Sie sind meist multifaktoriell verursacht,
das Sturzrisiko steigt mit der Zahl der Risikofaktoren. Zu diesen zählen neben gesundheitlichen Einschränkungen insbesondere Faktoren der räumlichen Umwelt wie Stolperfallen in
der Wohnung, fehlende Bewegungsflächen im Sanitärbereich,
schlechte Beleuchtung sowie Schnee und Glatteis (RKI 2009).

Viele dieser Umweltfaktoren können durch relativ einfache Wohnanpassungsmaßnahmen verbessert werden (Reichert, Saup 1999).

Eine aktuelle repräsentative Befragung von rund tausend Seniorenhaushalten, die das Kuratorium Deutsche Altershilfe (KDA 2009) im Auftrag des Bundesbauministeriums durchgeführt hat, ergibt, dass in knapp 23 % der Altenhaushalte Menschen mit Bewegungseinschränkungen leben. Ausgehend von derzeit insgesamt 11 Mio. Altenhaushalten (d. h. Haushalten, deren Haupteinkommensbezieher älter als 65 Jahre alt ist) müssten somit rund 2,5 Mio. Wohneinheiten in diesem Sinne altersgerecht ausgestattet sein (Deutscher Verband 2010). Da für diese Bedarfe weder kurz noch mittelfristig ein entsprechendes Angebot bereitgestellt werden kann und zudem aus bestehenden *Bedarfen* nicht uneingeschränkt auf eine tatsächliche *Nachfrage* nach altersgerechtem bzw. barrierefreiem Wohnraum geschlossen werden kann, ist eine Hochrechnung der wirtschaftlichen Potentiale mit Schwierigkeiten behaftet. Daher sind die folgenden Ausführungen als eine vorsichtige Annäherung an die zu erwartenden Volumina zu verstehen.

Ausgehend von der sehr vorsichtigen Schätzung, dass nur für ca. 10 % der Haushalte, in denen ein älterer Mensch mit Bewegungseinschränkungen lebt, ein entsprechendes Wohnungsangebot geschaffen wird, ergibt sich eine Zahl von ca. 250 000 Wohneinheiten. Es ist davon auszugehen, dass der überwiegende Teil dieser 250 000 Wohneinheiten im Rahmen von Bestandsanpassungen und nur zu einem geringen Teil im Neubau realisiert wird (vgl. auch Just 2009: 91). Die Kosten für eine Neubauwohnung weisen eine erhebliche Spannweite auf und hängen von der Größe, Ausstattung und Lage, sowie der jeweiligen Wohnungsmarktregion ab. Unter Berücksichtigung dieser Varianzen liegen die Herstellungskosten pro altersgerechter Wohneinheit im Durchschnitt bei ca. 50 000 Euro. Wohnraumanpassungsmaßnahmen reichen von der Installation eines zusätzlichen Haltegriffes im Badezimmer bis hin zu aufwändigen baulichen Maßnahmen wie z. B. Türverbreiterungen, Einbau von bodengleichen Duschen etc. Entsprechend ist auch hier ein Durchschnittswert nur schwer zu bestimmen.

Vor diesem Hintergrund orientieren wir uns an dem Betrag, der von den Pflegekassen für Maßnahmen der Wohnraumanpassung nach § 40, 4 SGB XI, übernommen wird (2 500 Euro) (s. Kap. 8.9.4). Angenommen, dass sich die Zahl der Bestandsanpassungen zu den Neubauten in etwa im Verhältnis von 70 zu 30 verhält, ergäbe sich somit ein Gesamtvolumen von ca. 4,1 Mrd. Euro. Dieses könnte erhebliche beschäftigungspolitische Wirkungen entfalten, von denen verschiedene Branchen bzw. seniorenwirtschaftliche Sektoren, neben der Bau- und Wohnungswirtschaft insbesondere das Handwerk, aber auch der (Sanitär-)Handel sowie Beratungsunternehmen (v. a. Architekten sowie Wohnberater), profitieren würden.

Inzwischen hat auch die Bundesregierung die erheblichen Beschäftigungspotentiale des Sektors erkannt und fördert im Rahmen des Konjunkturprogramms II seit 2009 mit Mitteln der KfW altersgerechte Umbau- bzw. Anpassungsmaßnahmen.

8.5.2   Wünsche und Anforderungen

Diese objektiv vorhandenen Defizite in der Wohnungsversorgung werden von den Älteren auch zunehmend subjektiv wahrgenommen. Untersuchungen zu Wohnwünschen zeigen, dass der Großteil der Älteren zwar grundsätzlich mit ihrer Wohnsituation zufrieden ist. Gleichwohl werden von den Älteren zunehmend Wünsche an eine Veränderung der Wohnsituation artikuliert. Diese fokussieren insbesondere auf die Beseitigung von Barrieren im Sanitärbereich, barrierefreie Zugänge zur Wohnung und Wohngebäude, aber auch auf Verbesserungen der infrastrukturellen Ausstattung des Wohnumfeldes (Schneiders 2010). Zu widersprechen ist auch dem herkömmlichen Bild, dass ältere Menschen weniger Wohnraum zum Leben bräuchten als Jüngere. Ältere Menschen sind im Gegenteil aufgrund des engeren Aktionsradius und des Bedarfs an Bewegungsflächen sogar auf einen größeren Wohnraum angewiesen.

Vor diesem Hintergrund überrascht es nicht, dass die Umzugsbereitschaft mit ca. 35 % aller Älteren höher als landläufig angenommen ist. Anders als noch vor einigen Jahren werden jedoch Standorte »auf der grünen Wiese« nicht präferiert. Vielmehr ist eine gewisse Ausdifferenzierung der Lagepräferenzen erkennbar. Grundsätzlich werden heute Umgebungen bevorzugt, in denen zentrale Produkte und Dienstleistungen für den alltäglichen Bedarf fußläufig erreicht werden können. Darüber hinaus ist in jüngster Zeit eine gewisse Renaissance der (Innen-)Städte mit ihrem breiten Angebot an kulturellen, sozialen und Versorgungsinfrastrukturen für den täglichen Bedarf auch bei den Älteren erkennbar (Bundesgeschäftsstelle der Landesbausparkassen 2006)

8.5.3 Altersgerechte Wohnformen

Nur ca. 4 % der über 65-Jährigen leben in institutionalisierten Lebensformen. Das Altenpflegeheim stellt für die große Mehrheit der Älteren weiterhin die Ultima Ratio dar, wenn keine anderen Möglichkeiten mehr zur selbstständigen Lebensführung bestehen (Bäcker, Naegele et al. 2010, Bd. II). Selbst im Falle von Pflegebedürftigkeit, bleibt mit derzeit 68 % der größte Teil der Betroffenen zu Hause in der eigenen Wohnung und wird dort versorgt (s. Kap. 8.9.2). Oftmals kann durch einfache bauliche Anpassungsmaßnahmen oder durch den Einsatz von IT und Technik die häusliche Pflege in »Normalwohnungen« stabilisiert und unterstützt werden (s. Kap. 8.9). Als Alternative zur stationären Pflege auf der einen und der »Normalwohnung« auf der anderen Seite hat sich in den letzten Jahren eine Reihe von »altersgerechten« Wohnformen etabliert.

Der zurzeit fortschreitende Ausdifferenzierungsprozess der Wohnformen für ältere Menschen ist durch technische, bauliche und soziale bzw. organisatorische Innovationen gekennzeichnet (Bertelsmann-Stiftung, Kuratorium Deutsche Altershilfe 2003; Heinze, Ley, Schneiders 2009; Schneiders 2010). Die im Zuge länderspezifischer Förderrichtlinien in den 1970er und 1980er entstandenen *altersgerechten* Wohnungen unterscheiden sich von anderen Wohnungen vor allem hinsichtlich ihrer im Vergleich zu Familienwohnungen geringeren Größe (ca. 40 m² für einen Einpersonenhaushalt, ca. 55 m² für einen Zweipersonenhaushalt) sowie der entsprechenden Preis- und Belegungsbindung. Sie erfüllen jedoch i. d. R. nicht die heutigen Anforderun-

gen an Barrierefreiheit und Ausstattung, die vor allem in der
DIN 18025 formuliert sind[7].

Betreute- bzw. Service-Wohnungen[8] bieten zusätzlich zur Wohnung und Gemeinschaftsflächen mit einer besonderen baulichen
Qualität, die sich meistens an den Standards der DIN 18025, Teil
2 orientiert, ein integriertes Dienstleistungsangebot. Ist der ältere Mieter in der altersgerechten Wohnung hinsichtlich der
Organisation von Service- Unterstützungsangeboten weitgehend
auf sich selbst gestellt, sind im betreuten Wohnen soziale und
haushaltsnahe Dienstleistungen integraler Bestandteil des Wohn-
konzepts.

Das Spektrum *gemeinschaftlicher Wohnformen* ist groß und
reicht von der aus ökonomischen Gründen gegründeten Zweck-
wohngemeinschaft über Wohnpartnerschaften zwischen Alt und
Jung, Hausgemeinschaften ohne besondere Zielsetzung, die gewisse bauliche Infrastrukturen wie z. B. Gemeinschaftsräume
gemeinsam nutzen, bis hin zu Wohngemeinschaften von Haushalten bzw. Individuen, die sich zur Verwirklichung einer besonderen Lebensorientierung (ökologische Lebensweise, religiöse Vorstellungen, gleichgeschlechtliche Lebensgemeinschaften)
zusammengeschlossen haben (Jansen, Schneiders, Bölting 2009).
In Bezug auf die hier interessierende Zielgruppe der Älteren
können die gemeinschaftlichen Wohnformen hinsichtlich ihrer
Gründungsmotivation, der Mitglieder und des Wohn- bzw. Ge-
meinschaftskonzepts unterschieden werden. Bei von den Bewohnern selbst initiierten Projekten ist wiederum zwischen al-
tersmäßig homogenen Haus- bzw. Wohngemeinschaften und
intergenerationellen Projekten zu differenzieren. Einem Großteil

---

7   Die DIN 18025 wird zurzeit von einem Normenausschuss überar-
    beitet. Die neue Norm (DIN 18040) war bei Redaktionsschluss je-
    doch noch nicht verabschiedet.

8   Da es sich beim Betreuten bzw. Service-Wohnen nicht um geschütz-
    te Begriffe handelt, ist das Spektrum der unter diesem Label ange-
    botenen Wohnangebote sehr breit. Wir orientieren uns in der Be-
    schreibung an den Standards, die vom »Kuratorium Qualitätssiegel
    Betreutes Wohnen für ältere Menschen in NRW« entwickelt wurden
    (vgl. Kuratorium 2009).

dieser Projekte liegt der Grundgedanke der gegenseitigen Unterstützung zugrunde. Von einem Teil der Projekte geht eine Ausstrahlungskraft aus, die über die Haus- bzw. Wohngemeinschaft hinausreicht und bis zum Aufbau neuer sozialer Beziehungen im Quartier beitragen kann. Intergenerationelle Wohnprojekte können so die Netzwerkbildung im Quartier anstoßen und zu einer Stärkung des sozialen Zusammenhalts beitragen (vgl. für Best-practice-Beispiele SONG 2008).

Neben diesen bislang vor allem von akademischen Milieus bzw. von Kommunen oder Dritte-Sektor-Organisationen initiierten und getragenen gemeinschaftlichen Wohnformen hat sich mit der *Haus-/Wohngemeinschaft für dementiell Erkrankte* in den letzten Jahren eine Wohnform entwickelt, die nicht von den Bewohnern selbst, sondern von anderen Akteuren (Wohlfahrtsverbänden, privaten Anbietern sozialer Dienste, Angehörigen bzw. Angehörigen-Selbsthilfegruppen) getragen wird. In einer solchen Wohngemeinschaft leben acht bis zwölf Menschen mit dementiellen Erkrankungen zusammen; jeder Bewohner verfügt über ein eigenes Zimmer; Küche, Wohnräume, und meist auch Sanitärbereiche werden gemeinschaftlich genutzt. Die Haus-/ Wohngemeinschaft wird von einem Betreuungsteam aus Altenpflegerinnen bzw. vergleichbar qualifizierten Fachkräften (z. B. Hauswirtschafterinnen) betreut. Hier ist die Gemeinschaft nicht Ausdruck einer bewusst gewählten Lebensform, sondern besteht vielmehr in der Zusammenlegung von Ressourcen zur Finanzierung einer Lebensform zwischen stationärer Pflege und eigener Häuslichkeit, die den Bedürfnissen dementiell Erkrankter besonders gut entspricht und insofern aus organisatorischer Perspektive eine Innovation darstellt (Jansen, Schneiders, Bölting 2009; Landesinitiative Demenz 2007).

Die Bedeutung der verschiedenen altersgerechten Wohnformen wird kontrovers diskutiert. Insbesondere gemeinschaftliche Wohnformen sind Gegenstand wissenschaftlicher und politischer Debatten. Befürworter betrachten diese Wohnformen und die hier praktizierte gegenseitige Unterstützung sowohl als die qualitativ bessere als auch aus Kostengründen angemessenere Lösung für die alternde Gesellschaft. Ihr Plädoyer reicht dabei zum Teil bis zu einer Substitution der stationären Pflege durch neue gemeinschaftliche Wohnmodelle (Scherf 2006; 2008). Skeptiker hingegen verweisen auf den (noch) geringen Verbreitungsgrad, die Beschränktheit des Ansatzes auf bestimmte akademische Milieus und die Grenzen der gegenseitigen Unterstützung bei einsetzender schwerer Pflegebedürftigkeit eines Bewohners (Jansen, Schneiders, Bölting 2009). Hinzu kommen gerontologische Bedenken: Vor dem Hintergrund einer zunehmenden intraindividuellen Variabilität und einer Verstärkung von Persönlichkeitsfaktoren spricht einiges dafür, bei wohnungspolitischen Empfehlungen auf Standardmodelle für das Wohnen im Alter zu verzichten und stattdessen im Wohnangebot stärker den individuellen Bedürfnissen der Betroffenen Rechnung zu tragen (Saup, Reichert 1999). Diese richten sich, zumindest bei der jetzigen Kohorte Älterer, eindeutig auf das selbstständige Wohnen und Leben in der gewohnten häuslichen Umgebung.

Auch wenn die mediale Öffentlichkeit etwas anderes suggeriert, handelt es sich bei diesen Wohnformen derzeit (noch) um »Nischenprodukte«. Ihre zukünftigen Entwicklungspotentiale hängen nicht nur von den Wohnwünschen und -bedarfen der potentiellen Zielgruppen ab, sondern auch von den rechtlichen Rahmenbedingungen[9]; insbesondere was die Wohnformen für dementiell erkrankte Menschen angeht. Der bislang vor allem experimentelle Charakter der gemeinschaftlichen Wohnformen zeigt sich auch in ihrem noch sehr geringen Verbreitungsgrad. Zudem konzentrieren sich die Angebote vor allem auf Großstädte.

Schätzungen gehen davon aus, dass in Deutschland zurzeit ca. 430 000 altersgerechte Wohneinheiten angeboten werden. Hierbei handelt es sich um ca. 173 000 altersgerechte Wohnungen, 198 000 betreute Wohnungen, 50 000 Wohneinheiten in Seniorenresidenzen und 9 000 Wohneinheiten in alternativen Wohnformen wie Wohngemeinschaften und Mehrgenerationenhäusern (vgl. **Abb. 8.2**; KDA 2006; Schneiders 2010).

---

9 Infolge der im Rahmen der Föderalismusreform 2007 auf die Länder übertragenen Zuständigkeit für die Heimgesetzgebung wurden von den Landesregierungen entsprechende Gesetzgebungsverfahren eingeleitet, teilweise bereits abgeschlossen und für die Wohngemeinschaften dementiell Erkrankter gesonderte Standards eingeführt.

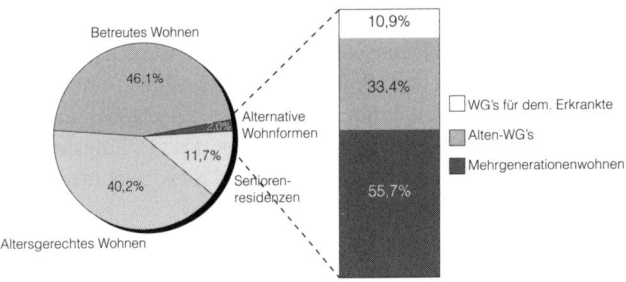

Abb. 8.2: Verbreitungsgrad altersgerechter Wohnformen (Quelle: Schneiders 2010: 112) Die Angaben beziehen sich jeweils auf
Wohneinheiten (Betreutes bzw. altersgerechtes Wohnen sowie Mehrgenerationenwohnen) bzw. Plätze (Seniorenresidenzen bzw. Alten-WGs und Wohngemeinschaften für de-
menziell Erkrankte).

Mit einem Marktanteil von ca. 4 % aller älteren Haushalte haben
die altersgerechten Wohnformen jenseits der Normalwohnung
mittlerweile eine ähnliche quantitative Größenordnung wie die
stationäre Pflege erreicht.

Der Bestand an altersgerechten Wohnformen konzentriert
sich in Deutschland auf altersgerechte und betreute Wohnungen,
die jeweils einen Anteil von ca. 40 % ausmachen. Demgegenüber
sind Wohngemeinschaften, Mehrgenerationenhäuser und
Wohngemeinschaften für dementiell Erkrankte mit jeweils ca.
1 % von untergeordneter Bedeutung. Einen relevanten Anteil
am Gesamtmarkt altersgerechter Wohnformen machen Wohnungen in Seniorenresidenzen (ca. 12 %) aus.

Aufgrund der starken Zersplitterung des Wohnungsmarktes,
aber auch des Fehlens einheitlicher Definitionen für die unterschiedlichen altersgerechten Wohnformen bieten die Bestands-
zahlen allerdings nur grobe Anhaltspunkte und sind mit Vorsicht
zu interpretieren. So weisen z. B. »altersgerechte Wohnungen«
ein sehr weites Spektrum auf.

Als altersgerecht werden sowohl Wohnungen bezeichnet, die
in den letzten Jahren gemäß des DIN Standards 18024, Teil 2
erbaut wurden, als auch Wohnungen, die in den 1970er Jahren
im Rahmen des öffentlich geförderten Wohnungsbaus errichtet

wurden und die den heutigen Anforderungen an Barrierefreiheit bzw. Barrierearmut längst nicht mehr gerecht werden. Unter der Bezeichnung »Betreutes Wohnen« werden sowohl Wohnanlagen mit einem nur rudimentären Dienstleistungsangebot als auch heimähnliche Einrichtungen vermarktet. Erst in jüngster Zeit wird durch Normen und Qualitätssiegel diese Wohnform gegenüber anderen abgegrenzt bzw. erkennbar.

In der überwiegenden Zahl der deutschen Städte und Gemeinden ist ein differenziertes Angebot an altersgerechten Wohnformen vorhanden. Überraschend ist dabei, dass nicht die »altersgerechten Wohnungen« mit knapp 57 % den höchsten Verbreitungsgrad aufweisen, sondern das »betreute Wohnen« mit ca. 80 %. Demgegenüber besteht ein hochpreisiges Residenzangebot nur in ca. 20 % aller Städte und Gemeinden in Deutschland, vornehmlich in den Großstädten. Die o. g. alternativen Wohnformen der Wohngemeinschaften sowie des Mehrgenerationenwohnens sind nur in deutlich weniger als 10 % aller Städte und Gemeinden vorhanden (Schneiders 2010:112).

Als grundlegende Innovation im Wohnungssektor muss die Verknüpfung der Bereitstellung von Wohnraum mit einem Dienstleistungsangebot (z. B. in Form des Betreuten bzw. Service-Wohnens) angesehen werden. Schon in den 1970er Jahren konnten ältere Menschen über ein Hausnotrufsystem, das anfangs auf einem eigenen Funknetz basierte, später über das normale Telefonnetz funktionierte, Hilfe- bzw. Unterstützung anfordern (s. Kap. 8.2.1). Eine umfassende Integration von Informations- und Kommunikationstechnologie in die Haustechnik erfolgte jedoch erst in den 1990er Jahren (Heinze, Hilbert, Paulus 2009). »Smart Homes« oder »Intelligente Häuser« zielten zunächst auf Produktinnovationen im Bereich informations- und kommunikationsgestützter technischer Hilfsmittel sowie deren Verknüpfung und zentraler Steuerung. Der Umweltbezug konzentrierte sich im Wesentlichen auf das Auslösen von Notsignalen bei Warnmeldungen der einzelnen technischen Komponenten (Notrufmeldung bei Rauchentwicklung, Wasser, Gas bzw. bei nicht wahrgenommenen Vitalparametern). Die Vision der Lebensweise eines älteren Menschen in einem intelligenten Haus, die Ende der 1990er Jahre entwickelt wurde (Meyer, Schulze, Müller 1997), ist technisch längst realisierbar. Gleichwohl haben sich die technischen Lösungen bislang nicht in der Breite durchgesetzt. Dies ist vor allem auf die Vernachlässigung der Nutzerperspektive bei der technischen Entwicklung zurückzuführen. Zukünftige Altengenerationen werden aufgrund der veränderten Technikaffinität diesen Innovationen offener gegenüberstehen (s. Kap. 8.2.2).

Auf Technik und IT-Nutzung basierende Konzepte zur Förderung selbstständiger Lebensführung im Alter sind angewiesen auf eine Innovationsstrategie, die sowohl technische Innovationen fördert als auch konkrete Unterstützungsnetzwerke aufbaut. Viele der neuen technologischen Optionen (etwa im Bereich der ambulanten Pflege und der Telemedizin für Risikopatienten oder bei einer ambulanten Rehabilitation) sind zudem unter einer rein ökonomischen Betrachtung noch nicht profitabel. Deshalb müssen diese Prozesse einerseits optimiert werden (d. h. vor allem muss die Infrastruktur auf den neuesten Stand gebracht werden) und auch Unterstützungsleistungen von Seiten der klassischen professionellen Dienste (etwa der Ärzte oder des ambulanten Pflegepersonals in Sozialstationen) eingebracht werden, zudem ist das Feld der technisch-sozialen Dienste aber auch ein Experimentierfeld für neue Konzepte des »Wohlfahrtsmix« (Schneiders 2010) (s. Kap. 8.7.9).

Optionen für vernetztes Wohnen sind jedoch nur dann handlungs- und vor allem überlebensfähig, wenn alle Akteure (auch die Kostenträger) aktiv mitarbeiten und es zu tragfähigen Projekt- und Innovationsnetzwerken kommt. Kooperation ist deshalb das Schlagwort der Stunde. Wichtig für die Umsetzung ist deshalb dabei aber gerade im Bereich der Gesundheit die aktive Beteiligung der zentralen Leistungsträger im deutschen Gesundheitssektor wie der Krankenkassen. Nachdem die technische Infrastruktur für AAL inzwischen vorhanden ist und die Wohnungen entsprechend aufgerüstet sind, geht es nach der Modellprojektphase nun also um konkrete Umsetzungsformen, i. d. R. um die Anwendung und den Aufbau innovativer Allianzen. Hierfür müssen neue Kooperationsformen zwischen Wohnungsunternehmen, sozialen und Gesundheitsdiensten, Informations- und Kommunikationswirtschaft sowie Kranken- und Pflegekassen entwickelt werden. Um eine Breitenwirkung zu erzielen, sind neben den privaten Haushalten weitere Kostenträger von den Vorteilen der neuen Option des technikunterstützten Lebens und Alterns zu Hause zu überzeugen. AAL-Konzepte müssen letztendlich in die Leistungskataloge der Kanken- und Pflegeversicherungen aufgenommen werden (Henke, Troppens 2010b).

8.5.4   Fazit: Ausdifferenzierung und Vernetzung im Quartier

Mit zunehmendem Alter wird Wohnen zum zentralen Faktor für die individuelle Lebensqualität. Mit dem Alter sich verändernde Ansprüche betreffen zum einen die bauliche Qualität von Wohnung, Gebäude und Wohnumfeld (Stichwort Barrierefreiheit), in zunehmendem Maße aber auch die soziale Qualität. Alle empirischen Studien zeigen, dass für Ältere (ebenso wie für junge Menschen) eine selbstbestimmte Lebensführung von zentraler Bedeutung ist. Der mit der Einführung der Pflegeversicherung postulierte Anspruch »ambulant vor stationär« wird bislang nur unzureichend eingelöst: Weiterhin lebt etwas ein Drittel aller Pflegebedürftigen in stationären Einrichtungen – zudem mit leicht steigender Tendenz (s. Kap. 8.9.2).

Neue Wohnformen wie z. B. das Betreute bzw. Service-Wohnen stoßen als Alternative zur stationären Einrichtung auf ein großes Interesse. Es bestehen jedoch noch erhebliche quantitative und qualitative Engpässe. Ausgehend von ca. 2,3 Mio. Seniorenhaushalten, in denen Menschen mit Einschränkungen leben (KDA 2009), sind die bislang vorhandenen Angebote nicht ausreichend. Darüber hinaus werden neben hochwertigen Konzepten immer noch auch Wohnungen als altersgerecht oder »betreut« bezeichnet, die weder hinsichtlich ihrer baulichen Gestaltung noch im Bezug auf das Dienstleistungsangebot den Bedarfen älterer Menschen entsprechen. Hinzu kommt, dass ein Großteil dieser Wohnangebote entweder im Hochpreissegment oder aber mit öffentlichen Mitteln errichtet wurde. Es fehlen zurzeit noch Angebote für Bezieher mittlerer Einkommen. Als zukunftsfähig gelten vor dem Hintergrund der Wünsche und Bedarfe vor allem Wohnangebote, die über eine gute

Anbindung an die lokale Infrastruktur verfügen und eingebunden sind in das sozialpflegerische Netz vor Ort. Durch die Nutzung von neuen Informations- und Kommunikationstechnologien (s. Kap. 8.2) können diese Vernetzungen unterstützt werden.

Ausschließlich individuelle oder wohnungsbezogene Aktivitäten greifen deshalb zu kurz; es reicht nicht, Bestandswohnungen zu altengerechtem Wohnraum umzubauen oder ganze Seniorenwohnanlagen neu zu errichten. Vielmehr ist eine Aufwertung des gesamten Wohnquartiers oder Stadtviertels erforderlich. Beispielsweise gehört dazu die Einrichtung eines Beratungsbüros im Quartier oder die Aktivierung des Bürgerengagements. Solche Quartierskonzepte erhöhen nicht nur die Lebensqualität der Zielgruppen, sondern sind auch aus gesamtgesellschaftlicher Perspektive sinnvoll (s. Kap. 7).

Auch die Fokussierung auf Wohn- und Hausgemeinschaften als alleinige Lösung entspricht weder den Bedarfen noch den Wünschen der Älteren. Angesichts der sozialstrukturellen Ausdifferenzierung auch innerhalb der Gruppe der Älteren (s. Kap. 5.1) ist vielmehr ein vielfältiges Wohnangebot erforderlich, das Individualität und Gemeinschaft gleichermaßen ermöglicht.

Zusammenfassend bestehen die *wirtschaftlichen Potentiale* im Feld »Wohnen im Alter« in folgenden Bereichen:

- Neubau von unterschiedlichen barrierefreien Wohnformen mit und ohne integriertem Dienstleistungsangebot,
- bauliche Anpassungsmaßnahmen im (privaten) Wohnungsbestand, vor allem in Eigenheimen,
- strukturelle Modernisierung und Neuerrichtung von Wohnungsbeständen, die den besonderen Bedürfnissen älterer Menschen gerecht werden,
- Entwicklung von sozialen Dienstleistungen (sowohl pflegerische, insbesondere aber auch hauswirtschaftliche und Freizeitdienstleistungen),
- Entwicklung, Herstellung und Vertrieb von Hilfsmitteln (im weitesten Sinn »Haustechnik«) zur Unterstützung der selbstständigen Lebensführung auch bei körperlichen Einschränkungen,

• Entwicklung und Integration informationstechnisch basierter
  Hilfsmittel (»intelligente Wohnungen«).

Angesichts einer geschätzten Versorgungslücke von zurzeit ca.
2,5 Mio. altersgerechten Wohnungen (KDA 2009) ergeben sich
insbesondere Potentiale für die Bauwirtschaft, Wohnungsunternehmen und -genossenschaften sowie das Handwerk. Dies umso
mehr, als die Nachfrage anderer wohnungswirtschaftlicher Zielgruppen in vielen Regionen Deutschlands eher zurückgehen
wird (BBSR 2010). Ältere Haushalte gewinnen daher sowohl als
Mieter wie auch als Erwerber von Neubauten (insbesondere im
Geschosswohnungsbau) an Bedeutung. Abzuwarten bleibt, wie
sich die Bewohnerstruktur der vor allem in den 1970er und
1980er Jahren im Umfeld der Großstädte errichteten Einfamili-
enhaussiedlungen entwickelt und welche Auswirkungen eine
steigende Mobilität bzw. Fluktuation auf die lokalen Wohnungsmärkte sowie das Immobilienvermögen der älteren Haushalte
hat (Ziesenitz 2007).

Neben diesen unmittelbaren wirtschaftlichen Potentialen für
die Wohnungs- und Immobilienwirtschaft hat die Branche zudem
eine Schlüsselfunktion in der Aktivierung weiterer seniorenwirtschaftlicher Potentiale in angrenzenden Dienstleistungssektoren.
Letztendlich unterscheiden sich altersgerechte Wohnungen neben einer besonderen baulichen Ausstattung von »Normalwohnungen« insbesondere durch die Integration eines sozialen
Dienstleistungsangebotes (s. Kap. 8.7.8). Erst durch die Vernetzung verschiedener Branchen aus dem Gesundheits- bzw. Pflegesektor mit der Wohnungswirtschaft können die Potentiale des
Sektors tatsächlich aktiviert werden. Sowohl die Wohnungswirtschaft (BFW 2007; GdW 2008) als auch die Wissenschaft (Naegele et al. 2006; Schneiders 2010) haben auf die Bedarfe im Bereich altersgerechte Wohnformen und die daraus resultierenden
Potentiale für die angesprochenen Branchen hingewiesen.

8.6   Handwerk

Das Handwerk zeichnet sich durch ein breites und differenziertes Leistungsspektrum für die unterschiedlichsten Kundengruppen – Privatverbraucher, Industrie, Handel oder die öffentliche Hand – aus, das nahezu alle Lebensbereiche berührt. Zu den Wesensmerkmalen von Handwerksbetrieben gehört die Herstellung von Produkten oder Dienstleistungen für Endverbraucher. Diese *Endverbraucherorientierung* entspricht in ganz besonderer Weise dem Ziel der Seniorenwirtschaft, nämlich einen Beitrag zur Verbesserung der Lebensqualität älterer Menschen zu leisten. Vom demographischen Wandel sind die einzelnen Sektoren des Handwerks in unterschiedlicher Weise betroffen, für weite Bereiche des Handwerks ergeben sich z. T. erhebliche seniorenwirtschaftliche Potentiale.

8.6.1   Sektoren und wirtschaftliche Bedeutung

In den zurzeit ca. 967 000 Handwerkerunternehmen in Deutschland erwirtschaften etwa 4,8 Mio. Beschäftigte einen Gesamtumsatz von ca. 512 Mrd. Euro (Angaben für 2008; www.zdh.de). Mit einem durchschnittlichen Umsatz von knapp über 100 000 Euro pro Beschäftigten ist das Handwerk damit im Vergleich zu anderen Unternehmen sehr beschäftigungsintensiv. Für die Seniorenwirtschaft von besonderem Interesse sind vor allem Gewerke, die

- bauliche Wohnanpassungsmaßnahmen (Beseitigung von Schwellen und Barrieren) erbringen,
- den Einbau von Hilfsmitteln anbieten, die die selbstständige Lebensführung unterstützen (Haltegriffe, Handläufe etc.),
- die Installation von technischen Geräten zur Erhöhung von Komfort und Sicherheit (elektrische Rollläden, elektrische Herdabschaltungen, Bewegungsmelder, Überwachungssysteme etc.) übernehmen,
- Datenübermittlungsgeräte zur Vernetzung der technischen Infrastrukturen in der Wohnung programmieren und installieren (u. a. zur Gesundheitsüberwachung),
- Renovierungsarbeiten mit ergänzenden Dienstleistungsangeboten (Umzugsmanagement, Einlagerung von Möbeln etc.) durchführen,

- gesunde Lebensmittel nicht nur herstellen, sondern auch damit verbundene Beratungs- und Lieferservices im Angebot
  haben, und
- Beratung zu und Herstellung von Gesundheitsprodukten und
  ggf. Weitervermittlung an Dienstleistungsunternehmen erbringen.

Somit ergibt sich eine große Bandbreite an »demographiesensiblen« Gewerken. Dazu gehören neben dem Bau- und Ausbau-
gewerbe (Klempner, Installateure, Maurer etc.), dem Elektrohandwerk (Installateure und Informationstechniker), dem
Gesundheitshandwerk (Orthopädieschuhmacher, Orthopädie-
techniker, Hörgeräteakustiker, Zahntechniker, Augenoptiker)
auch Handwerksbetriebe im Bereich der Lebensmittelproduk-
tion (Fleischer, Konditoren, Bäcker). Zur Erschließung der Wirtschaftskraft Älterer ist zum einen die Entwicklung von neuen
Produkten und speziellen Dienstleistungen und deren angemes-
senes Marketing erforderlich. Über alle Gewerke hinweg steigt
aufgrund der spezifischen Anforderungen Älterer zudem der
Bedarf an individuellen Beratungsleistungen bzgl. der eigenen
Produkte/Dienstleistungen sowie die Notwendigkeit der Kooperation mit benachbarten Gewerken.

8.6.2   Produkte und Dienstleistungen des Handwerks

Handwerksunternehmen verfügen in zwei für die Sicherung und
Erhaltung der Lebensqualität im Alter zentralen Bereichen über
besondere Kompetenzen: Die Gestaltung der *Wohnung* und den
Erhalt der *Gesundheit*.

Vor allem um den veränderten Wohnbedürfnissen älterer
Menschen gerecht zu werden und die selbstständige Lebensführung aufrecht zu erhalten, können Umbaumaßnahmen und
die Unterstützung durch technische Geräte und Hilfsmittel erforderlich werden. Aber nicht nur die meisten älteren Menschen
mit körperlichen Einschränkungen, sondern insgesamt die
überwiegende Mehrheit der Älteren insgesamt leben in »Normalwohnungen« ohne besondere altersgerechte Ausstattung.
Somit ergeben sich schon rein quantitativ – in Abhängigkeit
vom architektonischen bzw. baulichen Zustand der Wohnung

und den z. T. sehr differenzierten Bedarfen und Wünschen der Älteren – ein vielfältiger und zudem häufig sehr individueller baulicher Anpassungsbedarf und für das Handwerk vielfältige Optionen.

Im Bereich »barrierefreies Wohnen« kommt insbesondere dem *Bau- und Ausbau-* sowie dem *Elektrogewerbe* eine Schlüsselfunktion zu. Das Spektrum der vom Bau- und Ausbaugewerbes angebotenen Dienstleistungen reicht vom Einbau zusätzlicher Haltegriffe im Bad über die für die Nutzung von Gehhilfen (Rollatoren, Rollstühlen) erforderliche Verbreiterung von Türen bis hin zur Veränderung von Grundrissen zur Erweiterung von Bewegungsflächen sowie dem Einbau von Rampen zur Überwindung von Niveauunterschieden. Von besonderer Bedeutung für ältere Menschen ist bei eintretenden körperlichen Einschränkungen die Nutzbarkeit des Sanitärbereichs. In Abhängigkeit von den finanziellen Möglichkeiten, den baulichen Voraussetzungen und den Wünschen bzw. Bedarfen der Bewohner sind sowohl einfache Maßnahmen wie die Installation von technischen Hilfsmitteln (Badewannenlifter) als auch komplexe Umbaumaßnahmen (Ersatz der Badewanne durch eine (bodengleiche) Dusche möglich.

Gerade Veränderungen im Sanitärbereich stellen Handwerksbetriebe vor mehrere Herausforderungen: Zum einen ist die Zusammenarbeit verschiedener Gewerke (Elektrohandwerk, Klempner bzw. Installationsbetriebe sowie Fliesenleger und ggf. Heizungsbauer) erforderlich. Zum anderen handelt es sich oftmals um Maßnahmen, deren Durchführung – vor allem, wenn in bewohntem Zustand umgebaut wird – unter hohem Zeitdruck durchgeführt werden müssen. Und drittens müssen die ausführenden Betriebe die Bedarfsgerechtigkeit der Maßnahme auch noch mit der normgerechten Ausführung im Sinne der Gewährleistungspflicht in Einklang bringen.

Andere Gewerke wie *Metallbauer* bieten die Produktion und Installation von Geländern, Treppenhandläufen, Treppenliften, Plattformliften oder Transporthilfen an. *Maler* und *Lackierer* können durch die farbliche Gestaltung Orientierungshilfen geben. Letztere können vor allem bei Sehbehinderung und/oder kognitiven Einschränkungen bedeutsam werden.

Im Bereich *Mikroelektronik* und *Telekommunikation* werden
maßgebliche Ergänzungsmöglichkeiten für die Wohnraumanpassung entwickelt. Für die Elektro- und Informationstechni-
schen Handwerke bietet sich hier ein zukunftsfähiges Marktsegment, in dem sowohl Installations- und Programmierungs- als
auch Wartungs- und Reparaturleistungen nachgefragt werden
(s. Kap. 8.2.1).

Nicht zu unterschätzen sind auch die seniorenwirtschaftlichen Potentiale im Ernährungshandwerk. Eine gesunde bzw.
ausgewogene Ernährung trägt (nicht nur bei älteren Menschen)
im hohen Maße zum allgemeinen Wohlbefinden und zur Lebensqualität bei und hat überdies einen positiven Einfluss auf
den Gesundheitszustand und damit die Lebenserwartung. Insofern ergeben sich für Herstellerbetriebe von Lebensmitteln
auch erhebliche gesundheitswirtschaftliche Chancen im »Seniorenmarkt«. Allerdings ist auch richtig, dass eine gesunde und
ausgewogene Ernährung nicht nur ein wichtiges Ziel für ältere
Menschen, sondern für die gesamte Bevölkerung ist. Die (primärpräventive) Rolle der Ernährung bei der Entstehung von
chronischen Krankheiten (Herz-Kreislauf-Erkrankungen, Diabetes mellitus II etc.) mit hoher Bedeutung für die Morbiditätsstruktur im Alter ist durch verschiedene Studien belegt worden
(Renner, Staudinger 2008: 196ff.). Bei vorhandenen Krankheiten
kann durch das Einhalten diätetischer Vorschriften der Verlauf
einer vorhandenen Krankheit positiv beeinflusst werden. Dennoch gilt, dass die weitaus meisten älteren Menschen keine besondere Schonkost oder ein spezifisches »Seniorenessen« benötigen. Allerdings können hier die Servicequalitäten der einzelnen
Betriebe bedeutsam werden.

Wie weite Teile des Handwerks befindet sich auch das *Ernährungshandwerk* in einer Umbruchsituation. So wird beispielsweise im Bäckerhandwerk immer mehr handwerkliche Arbeit
durch industriell geprägte Prozesse ersetzt. Mittlerweile wird in
Deutschland mehr als die Hälfte aller Backwaren in Supermärk-
ten und Discountern gekauft – und das zu Preisen weit unterhalb
der handwerklich gefertigten Waren. Daher ist es gerade für
diese Betriebe notwendig, mit innovativen Konzepten Kunden
zu halten bzw. neue zu gewinnen. Ähnliches trifft auch auf das

Fleischerhandwerk zu. Auch hier ist ein Trend hin zu Super-
märkten und Discountern zu erkennen.

Speziell vor dem Hintergrund sich mit fortschreitendem Alter wandelnder Einkaufs- und Konsumbedürfnisse und -inter-
essen ergeben sich vielfältige Chancen gerade auch für das Ernährungshandwerk: So ist bei älteren Kunden nicht in erster
Linie der Preis ausschlaggebend, vielmehr beeinflussen häufig
Faktoren wie Erreichbarkeit, Service, Beratung und nicht zuletzt
die Handhabbarkeit eines Produktes ihre Kaufentscheidung.
Genau hier können innovative Konzepte und Marktstrategien
ansetzen. Vor allem alleinstehende ältere Menschen bevorzugen
oftmals kleinere Packungsgrößen bzw. kleinere Lebensmittel-
portionen. Für kleinere Betriebe günstig ist in diesem Zusammenhang deren Nähe zur Kundschaft und die damit verbundene Möglichkeit zur individuellen Versorgung, denn mit
zunehmendem Alter sinkt häufig auch die Mobilität. Gut zu
erreichende »kleine Geschäfte an der Ecke« haben aus seniorenwirtschaftlicher Sicht daher gute Chancen. Speziell bei älteren
Kunden dürften zudem Information und Beratung über Herkunft, Herstellungsverfahren und dergleichen immer wichtiger
werden. Dies gilt insbesondere in Zeiten sich häufender Lebens-
und Nahrungsmittelskandale (s. Kap. 8.1).

Ein weiterer seniorenwirtschaftlicher Anknüpfungspunkt
könnte für bestimmte Gruppen Älterer der Ausbau der Liefer-
und Mittagstischangebote sein. Dabei lassen sich durch Kooperationen und Netzwerke auch Wegstrecken kürzen und somit
die Kosten für den Lieferservice minimieren. Denkbar sind etwa
Kooperationen mit Pflegediensten oder Anbietern von hauswirtschaftlicher Versorgung. Allerdings gilt immer auch zu beachten,
dass Mahlzeitendienste bei sonst noch mobilen älteren Menschen zu einer aus gerontologischer Sicht eher ungewollten De-
aktivierung beitragen (können).

Im Gegensatz zum Ernährungshandwerk verfügt das *Gesundheitshandwerk* traditionell und schon seit längerem über gute
Zugänge zur Seniorenwirtschaft. Zum Gesundheitshandwerk
werden Augenoptiker, Hörgeräteakustiker, Zahntechniker, Or-
thopädietechniker und Orthopädieschuhmacher gerechnet. Schon
heute gehören ältere Menschen zu den primären Zielgruppen von

medizinischen Pflege-, Hilfs- und Heilmitteln, die u. a. vom Gesundheitshandwerk hergestellt bzw. angepasst werden. Über 65 % der über 90-Jährigen hat 2008 mindestens eine Hilfsmittelverordnung erhalten, die vom Gesundheitshandwerk ausgeführt bzw. angepasst wird. Zum Vergleich: In der Gruppe der 40- bis 50-Jährigen waren es lediglich 15 % (Kemper, Sauer, Glaeske 2009: 7). Dennoch sieht sich die Branche in den letzten Jahren erheblichen Herausforderungen ausgesetzt. Im Rahmen verschiedener Gesundheitsreformen ist auch die Verschreibungsfähigkeit von vielen Hilfsmitteln auf den Prüfstand gekommen. Die Entwicklung des Gesundheitshandwerks wird daher in Zukunft zunehmend von der Bereitschaft der (älteren) Bevölkerung abhängig sein, für Hilfsmittel und ähnliche Produkte auf das eigene Einkommen bzw. Vermögen zurückzugreifen. Angesichts eines steigenden Gesundheitsbewusstseins in der (nicht nur älteren) Bevölkerung verfügt das Gesundheitshandwerk trotz des partiellen Rückzugs der öffentlichen Finanzierung durchaus über Entwicklungspotentiale. Zur Aktivierung dieser Potentiale bedarf es jedoch – ähnlich wie in anderen Gewerken – neben den entsprechenden fachlichen Qualifikationen angemessener Marketing- und Kommunikationsstrategien. Speziell hier sind viele Handwerksbetriebe im Vergleich zu anderen Unternehmen aus strukturellen Gründen noch vergleichsweise schlecht aufgestellt.

8.6.3   Strukturen des Handwerks

Handwerkliche Dienstleistungen werden überwiegend von kleinen bzw. mittelständischen Unternehmen angeboten. Bei der Mehrheit der Handwerksbetriebe handelt es sich dabei um Kleinstbetriebe mit weniger als 20 Beschäftigten. 50 % der Betriebe haben weniger als 5 und 94 % weniger als 20 Mitarbeiter (Müller 2005). Die kleinteilige Struktur ermöglicht es den Unternehmen einerseits, sehr flexibel auf Veränderungen der jeweiligen Märkte zu reagieren. Darüber hinaus verfügen deutsche Handwerksunternehmen in ihren jeweiligen Branchen über eine hohe Fachlichkeit. Die Kombination dieser Kompetenzen ist zentrale Voraussetzung für die Entwicklung innovativer Produkte und Dienstleistungen, die allerdings nur von einem Teil der

Betriebe geleistet wird. Da es sich hierbei meist um sehr individuelle Lösungen handelt, die oftmals in Einzelfertigung hergestellt werden, werden sie von der überlokalen Öffentlichkeit nur
unzureichend wahrgenommen. Die große Stärke der Handwerksunternehmen besteht in ihrem regionalen bzw. lokalen
Bezug, der es ihnen grundsätzlich leichter macht, auf Veränderungen der Nachfrage gezielt zu reagieren.

Der relativ geringe Planungshorizont vieler Handwerksunternehmen führt auf der anderen Seite aber auch dazu, dass die
Entwicklung neuer Produkte und Dienstleistungen aus Zeit- und
Kapazitätsgründen nicht prospektiv erfolgen kann. Darüber hinaus verfügen die Unternehmen zwar in ihren jeweiligen Gewerken über entsprechende Qualifikationen. Angrenzende kaufmännische Kompetenzen des Marketings, wie z. B. die Entwicklung
von Vertriebsstrategien, Beratungskompetenzen und Zielgrup-
penmanagement, sind jedoch meist nur unzureichend ausgeprägt, was u. a. eine gezielte Aktivierung der Potentiale des demographischen Wandels erschwert. Als Hemmnis erweisen sich
zudem (vor allem in jüngster Zeit) vergleichsweise schlechte Fi-
nanzierungsmöglichkeiten.

Im Vergleich mit anderen Unternehmen haben sich Handwerksbetriebe stark unterdurchschnittlich mit dem Thema des
demographischen Wandels auseinandergesetzt. Ca. 25 % der
Handwerksunternehmen haben sich noch gar nicht damit beschäftigt (andere Unternehmen 15 %), fast 50 % haben zwar
schon einmal vom Thema gehört (andere Unternehmen 44 %),
aber noch nicht über die Konsequenzen nachgedacht. Eine wirk-
liche intensive Beschäftigung geben nur etwa 30 % (andere Unternehmen 41 %) an. Die informierten Handwerksunternehmen
erwarten vom demographischen Wandel vor allem eine sinkende Inlandsnachfrage (37 %) sowie veränderte Kundenbedürfnisse (60 %) (IfM 2009).

Die Einschätzung eines noch stark defizitär ausgeprägten In-
formationsstandes wird auch von den Handwerkskammern
geteilt. Etwa drei Viertel schätzen, dass Unternehmen nicht in
ausreichender Zahl über Marktpotentiale informiert sind (BMWI
2009). Allerdings tut sich hier einiges: Etwa 50 % der Handwerkskammern bieten ihren Mitgliedern mittlerweile Informa-

tionen und Schulungen zum Thema »Zukunftsmarkt 50+« an, davon fokussiert die Mehrzahl auf altersgerechtes Bauen und Wohnen.

So hält z. B. die Handwerkskammer Mannheim im Rahmen der Initiative »jung wohnen – alt werden« (www.jung-wohnen-alt-werden.de), die sich der barrierefreien und zukunftsgerechten Gestaltung von Wohn- und Lebensumgebungen für ältere und behinderte Menschen widmet, ein umfangreiches Paket an Bildungsmaßnahmen, Checklisten und Informationen bereit. Dies wendet sich auch nicht ausschließlich an Handwerker, sondern ebenso an Interessierte aus anderen Bereichen wie Sozialverwaltungen, Wohlfahrtsverbände etc. In NRW organisiert z. B. das Handwerkszentrum »Wohnen im Alter« der Handwerkskammer Düsseldorf Weiterbildungsmaßnahmen zu einer Vielzahl seniorenwirtschaftlicher Themen (www.wia-handwerk.de). Bestandteil dieses Angebotes ist u. a. ein Fernlehrgang, mit dem die Anwesenheitszeitproblematik bei Präsenzlehrgängen überwunden und die Teilnahme für Interessenten aus dem gesamten Bundesgebiet ermöglicht werden soll.

Ein weiterer Aspekt ist die Schaffung von Angebotstransparenz durch die Erstellung und Verbreitung von lokal orientierten Branchenführern für ältere Verbraucher. Damit sollen zum einen die Kompetenz der Betriebe hinsichtlich der Seniorenwirtschaft gesteigert, zum anderen die Unternehmen für den Seniorenmarkt sensibilisiert werden. Zu den Leistungen zählen spezielle Informationen über die Zielgruppe der älteren Menschen und deren Bedürfnisse, Vermarktungshilfen, Informationen zu Finanzierung und Förderung oder die Unterstützung bei Unternehmenskooperationen. Die Angebote der jeweiligen Fachverbände sind in Abhängigkeit von Branche und Region sehr unterschiedlich und reichen von einer völligen Negierung des Themas bis hin zu umfassenden Informations- und Qualifikationsangeboten (BMWI 2009). Der Fachverband »Sanitär-Heizung-Klima« z. B. organisiert bereits seit mehreren Jahren zertifizierte Fortbildungsmaßnahmen im Bereich altersgerechte Wohnraumanpassung.

8.6.4 Künftige seniorenwirtschaftliche Potentiale

Die verschiedenen Gewerke sind in unterschiedlicher Weise von den demographischen und sozialstrukturellen Entwicklungen betroffen. Je nach Bereich lassen sich unterschiedlich starke seniorenwirtschaftliche Potentiale erkennen.

Sicher ist z. B. eine demographisch wachsende Nachfrage für die *Gesundheitshandwerke*, zu deren Hauptkundschaft schon immer überwiegend ältere Menschen gezählt haben. Für die *Bau- und Ausbaugewerke* sind weitere Nachfragesteigerungen beim »barrierefreien Wohnen« zu erwarten, die entsprechend qualifiziert bedient werden wollen. Im *Ernährungshandwerk* wird die »gesunde Ernährung«, der damit verbundene Beratungsbedarf sowie der Aspekt »Convenience« (bei Fertiggerichten bzw. vorproduzierten Speisen) an Bedeutung gewinnen. Auch das *Kraftfahrzeughandwerk* könnte vom demographischen Wandel profitieren: Ältere bleiben immer länger mobil, das eigene Kraftfahrzeug wird so lange wie möglich zur Gewährleistung der Selbstständigkeit und Mobilität genutzt. Spezielle Serviceangebote ebenso wie besondere »Aufrüstungen« durch Komfortpakete, die auf die besonderen Bedürfnisse älterer Autofahrer abgestellt sind, dürften hier ebenfalls für zusätzliche Nachfrage sorgen. Besondere Marktnischen bestehen z. B. für auch für *Fahrrad*läden und -reparaturbetriebe, da das Radfahren zu einer zunehmend wichtigen Freizeitbeschäftigung gerade »junger Alter« geworden ist. Bei Elektronikprodukten dürfte der alterstypische Wunsch nach mehr Komfort die Nachfrage beeinflussen. Hier wächst der Beratungsbedarf nicht nur im Vorfeld der Kaufentscheidung, auch danach bedarf es bei vielen Produkten einer Einweisung in Bedienung und Handhabung. Nicht selten nehmen gerade Ältere auch noch zusätzliche Dienstleistungen in Anspruch, wie z. B. die Lieferung und den Anschluss von Elektrogeräten (GFK 2008).

Über alle Gewerke hinweg kann schließlich eine bessere Verknüpfung von Produkten und ergänzenden Dienstleistungen sowie eine verbesserte Kooperation verschiedener Gewerke dazu führen, mehr ältere Menschen zu erreichen und optimal zu bedienen. Die Zusammenarbeit von Handwerksunternehmen verschiedener Gewerke bietet dabei nicht nur für Anbieter, sondern auch für die Nachfrager entscheidende Vorteile. Die Bündelung von Kompetenzen kann zur Erhöhung der Gesamtqualität eines Angebotes und durch verbesserte Planungsstrukturen zu Minimierung von Ausfall- und Wartezeiten beitragen. Insbesondere die Übernahme der Organisations- und Koordinationsleistung bei gewerkeübergreifenden Maßnahmen bietet erhebliche Vorteile für die Kundschaft und bedeutet gerade für ältere Interessierte eine deutliche Entlastung, die ein kaufentscheidendes Argument sein kann.

In seniorenwirtschaftlichen Zusammenhängen haben sich schon vereinzelte Kooperationsgemeinschaften mit unterschiedlicher Ausrichtung im Bereich Wohnraumanpassung und Lebensqualität gebildet. Die große Stärke von Handwerksunternehmen besteht gerade in ihren lokalen bzw. regionalen Bezug und den dortigen Vernetzungsmöglichkeiten.

Hinzu kommt, dass die bestandserhaltenden Leistungen des Handwerks (Reparatur, Austausch, Restaurierung) auch aus ökologischen und ökonomischen Gründen zukunftsträchtig sind. Angesichts explodierender Rohstoff- und Energiepreise sind diese Kompetenzen des Handwerks auch aus gesamtgesellschaftlicher Perspektive erforderlich. Auch die aus der Europäischen Einigung veränderten rechtlichen Rahmenbedingungen (Dienstleistungsrichtlinie) werden sich auf lokal agierende Handwerksunternehmen nur begrenzt negativ auswirken, wenn die Vorteile deutlich herausgestellt werden.

8.7   Soziale Dienstleistungen

Mit ihrer seit den 1970er Jahren positiven Entwicklung haben vor allem die sozialen Dienstleistungen erheblich dazu beitragen, dass Dienstleistungen insgesamt den Arbeitsmarkt dominieren.

Der Markt für soziale Dienstleistungen gilt inzwischen als »Megamarkt«. Im Einzelnen umfasst er die Sektoren Gesundheit, Pflege, Kinder- und Jugendhilfe, Bildung sowie Hilfen in besonderen Lebenslagen. Nach aktuellen Schätzungen sind hier zwischen 8 und 10 Mio. Erwerbstätige beschäftigt. Die Ausgaben in diesem Segment umfassen knapp 20 % des Bruttoinlandsproduktes (Meyer 2008: 114). Nach vorsichtigen Schätzungen bezieht sich mittlerweile mehr als die Hälfte des insgesamt geleisteten sozialen Dienstleistungsvolumens in Deutschland auf solche, die »rund um das Alter« erbracht werden (Naegele 1999).

Allein die in der Bundesarbeitsgemeinschaft Freie Wohlfahrtspflege (BAGFW) organisierten Wohlfahrtsverbände beschäftigten 2008 in der Altenhilfe (die sowohl die Sektoren Altenpflege als auch weitere soziale Dienste berücksichtigt) in über 16 524 Einrichtungen und Diensten über 398 000 Mitarbeiterinnen und Mitarbeiter. Die Altenhilfe stellt damit neben der Kinder- und Jugendhilfe sowie der Gesundheitsversorgung einen der größten Arbeitsbereiche der freien Wohlfahrtspflege dar (BAGFW 2009). Hinzu kommen Gesundheitsdienstleistungen für Ältere, die jedoch nicht gesondert statistisch ausgewiesen werden sowie die sozialen Dienstleistungen, die von anderen privat-gewerblichen bzw. kommunalen Trägern bzw. Anbietern erbracht werden.

Im Folgenden wird auf soziale Dienste jenseits von Pflege und Gesundheit eingegangen; wegen ihrer außerordentlichen Bedeutung wird auf diese beiden Sektoren in gesonderten Kapiteln eingegangen (s. Kap. 8.8 und 8.9).

8.7.1 Soziale Dienste für Ältere

Die Begriffe soziale Dienste oder soziale Dienstleistungen – beide Begriffe werden vielfach, so auch hier, synonym verwandt – werden in den Sozialwissenschaften häufig nur grob umrissen; der Sektor ist durch eine große Heterogenität geprägt. Von sozialen Diensten kann immer dann gesprochen werden, wenn es sich um sozialpolitisch relevante personenbezogene Dienstleistungen handelt, die auf die Linderung bzw. Überwindung von spezifischen immateriellen Hilfe- und Bedarfssituationen im Kontext sozialer Risiken und Probleme zielen (Bäcker, Naegele et al. 2010, Bd. II). In Abgrenzung zu unternehmens- bzw. produktionsorientierten Dienstleistungen richten sich soziale Dienstleistungen stets unmittelbar an natürliche Personen (personenbezogene Dienstleistungen) bzw. mittelbar an Personen in ihren jeweiligen Haushaltszusammenhängen (haushaltsbezogene Dienstleistungen).

Soziale Dienste werden von Menschen an Menschen erbracht, sie sind helfend und stützend und umfassen zumeist Beratung, Behandlung, Betreuung, Pflege, Vermittlung und Case Management. Ganz generell werden sie zumeist entgeltlich organisiert und professionell, d. h. von Angehörigen sozialer Berufe, erbracht. Dabei bedienen sie sich häufig ergänzend des sozialbürgerschaftlichen Engagements, der organisierten Selbst- und – insbesondere bei älteren Menschen – in den weitaus meisten Fällen auch der Angehörigenhilfe. Sie kommen weit überwiegend auf örtlicher Ebene zum Einsatz. Dies entspricht zugleich der kommunalen Daseinsvorsorgeverpflichtung nach Art. 28 II GG, aber auch dem Subsidiaritäts- und Föderalismusprinzip (Naegele 2010b; Naegele, Gerling 2007). Sie werden aufgrund ungenügender Marktfähigkeit (s. Kap. 8.7.3) in den weitaus meisten Fällen zudem kostenfrei zur Verfügung gestellt. Denn erfahrungsgemäß würde jedwede Form der Marktsteuerung zu sozialpolitisch nicht gewollten Ergebnissen führen – so insbesondere Unterversorgung oder Ausgrenzung über den Preis (Bäcker, Naegele et al. 2010, Bd. II).

Zu den personenbezogenen sozialen Dienstleistungen zählen Gesundheitsdienstleistungen (vor allem in den Bereichen Behandlung, Therapie, Rehabilitation und Pflege), Erziehung, Bildung und Beratung. Hinzu kommen stärker haushaltsbezogene soziale Dienstleistungen, d. h. solche, die der Förderung der Aufrechterhaltung der selbstständigen Lebensführung in den haushaltsbezogenen Alltagsverrichtungen dienen und die für solche (zumeist ältere und/oder behinderte) Menschen erbracht werden, die dazu nicht (mehr) in der Lage sind bzw. diese als stützende Komfortleistung schätzen. Hierzu gehören u. a. Putz- und Reinigungsdienste, Einkaufsdienste, Begleit- und Besuchsdienste, Mahlzeitendienste und Sicherheitsdienstleistungen (Wachdienste) (Schneiders 2010: 36).

Auch wenn Alter keineswegs gleichgesetzt werden kann mit Hilfe- und Unterstützungsbedarf, so besteht empirische Evidenz für **strukturell altersgebundene immaterielle soziale Risiken** und infolgedessen für Probleme und steigenden Bedarf an sozialen Diensten (Blome, Keck, Alber 2008; Clemens, Naegele 2004; Kuhlmey, Schaeffer 2008; Landtag NRW 2005; Tesch-Römer, Engstler, Wurm 2006).

Allerdings ist der **überwiegende Teil älterer Menschen nicht** von typischen altersgebundenen sozialen Risiken und Problemen betroffen. Legt man z. B. das 65. Lebensjahr als Abgrenzungskriterium zugrunde, dann dürften derzeit von allen **über 65-Jährigen** lediglich zwischen **15 % und 20 %** zu den »Risikogruppen« gehören. Nimmt man jedoch die Altersgruppe der über **80-Jährigen** in den Blick – hier sind die stärksten Zuwachsraten zu erwarten (s. Kap. 4.1) –, dann sind es bereits **knapp ein Drittel**, von den **über 90-Jährigen** sogar **deutlich über die Hälfte** (Rothgang et al. 2008). Insofern kann der demographische Trend zur **Hochaltrigkeit** als die **eigentliche treibende Kraft des sozialen Dienstleistungsbedarfs** im Bereich der hilfe- und pflegeorientierten Dienste gelten.

In dieser Entwicklung spiegeln sich die Konsequenzen des allgemeinen sozialen Wandels wider. Dazu zählen u. a. Veränderungen in den Wohn- und Lebensformen der (nicht nur älteren) Menschen, **getrenntes Wohnen der Generationen,** Zunahme von (freiwilligen) **Single-Haushalten** auch im Alter, **steigende Frauenerwerbstätigkeit,** Folgen von (dauerhafter) Migration oder insgesamt strukturelle Veränderungen in den Familienbeziehungen (Bäcker, Naegele et al. 2010 Bd. II; Clemens, Naegele 2004) (s. Kap. 5.1). Typisch für das höhere (und insbesondere sehr hohe) Alter ist dabei die kumulative Problembetroffenheit. Aufgrund der höheren Lebenserwartung von Frauen und der für diese Kohorten typischen Unterschiede in den Heiratsaltern sind Frauen (»Feminisierung des Alters«) überdurchschnittlich häufig betroffen. Quer dazu stehen traditionelle schichttypische und/oder neuerdings zunehmend ethnische Schwerpunkte in den sozialen Bedarfslagen (Künemund, Schröter 2008).

Aus sozialpolitischer Perspektive lassen sich soziale Dienstleistungen für ältere Menschen folgendermaßen einteilen (Naegele, Gerling 2007):

1. Maßnahmen zur Integrationssicherung
2. Maßnahmen zur Förderung der selbstständigen Lebensführung
3. Maßnahmen bei eingetretener Hilfe- und Pflegebedürftigkeit

Zu großen Teilen sind sie im SGB V (Krankenversicherungsrecht), SGB IX (Rehabilitation und Teilhabe behinderter Menschen), SGB XI (Pflegeversicherung) und SGB XII (Sozialhilfe) gesetzlich geregelt. In der Praxis beziehen sich heute die meisten sozialen Dienste für Ältere auf die Maßnahmenbereiche der Punkte 2 und 3 und zeichnen sich somit durch eine starke Hilfeorientierung (»Defizitorientierung«) aus. Vor dem Hintergrund veränderter Lebenslagen gibt es insbesondere im Kontext von Integrationssicherung neue Unterziele und -aufgaben, so soziale Integration, Förderung des sozialen Engagements, Berücksichtigung und Ausschöpfen von Stärken und Potentialen des Alters, Formen des »active ageing« (s. Kap. 2.1) und Nutzerbeteiligung (Naegele 2010b). Die darauf bezogenen sozialen Bedarfslagen sind aber bislang kaum »verrechtlicht« (s. Kap. 8.7.7), entsprechend gibt es in diesen neuen Arbeitsfeldern nur wenige lokale Beispiele für bewährte Verfahrensweisen sozialer Dienste.

In Anlehnung an die von der Enquete-Kommission »Demographischer Wandel« in ihrem Abschlussbericht 2002 vorgelegte Bedarfstypologie (Deutscher Bundestag 2002) lassen sich für die Zukunft insbesondere folgende Dienstleistungsschwerpunkte erkennen:

• hauswirtschaftlicher Dienste für ältere Menschen und Familien gleichermaßen,
• Hilfen für ältere Menschen mit Behinderungen,
• Beratungs- und Vermittlungsdienste,
• Case Management Strukturen,
• differenzierte Wohn- und Hilfsangebote für alleinstehende/ alleinlebende, vor allem sehr alte Menschen,
• Angebote und Dienste zur Kompensation von demographisch bedingt rückläufigen Netzwerkressourcen (z. B. im Bereich von Kommunikation und Kontaktsicherung),
• Unterstützung der selbstständigen Lebensführung chronisch kranker Menschen,

- Ausbau und Weiterentwicklung von Präventions- und Rehabilitationsmaßnahmen zur Vermeidung von Pflegebedürftigkeit, insbesondere von Demenz,
- Ausbau und Weiterentwicklung der gesundheitlichen und pflegerischen Dienste für Familien und andere Lebensgemeinschaften mit hilfe- und pflegebedürftigen Angehörigen,
- Unterstützung helfender und/oder pflegender Angehöriger,
- Herstellung und Förderung der besseren Vereinbarkeit von häuslicher Familienpflege und Erwerbstätigkeit,
- Aufbau und Weiterentwicklung der Hospizarbeit, insbesondere im ambulanten Bereich,
- interkulturelle Öffnung der Leistungsträger und -angebote,
- Aus- und Aufbau einer Altenhilfestruktur für ältere Migranten und Migrantinnen,
- institutionalisierte »demographiesensible« Fort- und Weiterbildung.

8.7.2 Arbeitsmarktpolitische Bedeutung

Trotz partiell fehlender Marktfähigkeit können die sozialen Dienste in Deutschland als zunehmend bedeutsames Arbeitsmarktsegment bezeichnet werden: Mehr als 10 % aller Beschäftigten arbeiten im Gesundheits- und Sozialwesen – und dies mit stetig steigender Tendenz (vgl. **Tab. 8.1**). Es zeigt sich, dass die Bundesrepublik bei der Entwicklung vom System der Einkommenssicherung zum »Soziale-Dienste-Staat« weit vorangeschritten ist. Dennoch verlief die Expansion der Beschäftigung im internationalen Vergleich eher zurückhaltend. Im westeuropäischen Vergleich belegt die Bundesrepublik maximal einen mittleren Rang.

Im Hinblick auf die arbeitsmarktpolitische Bedeutung der Dienstleistungen kommt der Unterscheidung zwischen dem formellen und informellen Sektor eine erhebliche Bedeutung zu, da die Bandbreite der Überschneidungen beider Sektoren traditionell sehr hoch ist. Die gängigen Statistiken erfassen allerdings nur solche Tätigkeiten und Personen, die formell als Erwerbsarbeit organisiert bzw. als sozialversicherungspflichtig beschäftigte Arbeitnehmer registriert werden. Wenn nun eine bestimmte Tätigkeit, beispielsweise die Kinderbetreuung, die bislang von den Erziehungsberechtigten in Eigenarbeit geleistet wurde, in einem Kindergarten (also durch erwerbstätige Kindergärtner) erbracht wird, dann kann der Dienstleistungssektor statistisch einen Zuwachs verbuchen. Diese Wanderungsbewegungen zwischen dem (statistisch erfassten) formellen Sektor und dem (statistisch nicht erfassten) informellen Sektor sind vor allem bei den sozialen Dienstleistungen häufig zu beobachten, weil dort eher als bei der Warenproduktion Substitutionsprozesse möglich sind. Vor allem gilt dies für die häusliche Pflege (s. Kap. 8.9.2).

Tab. 8.1: Beschäftigte im Bereich sozialer Dienste 1999 und 2007 (Quelle: IAB, Berufe im Spiegel der Statistik, http://www. pallas.iab.de/bisds/berufe.htm)

	1999		2007	
	absolut	in % aller Beschäftigten	absolut	in % aller Beschäftigten
nach Wirtschaftsgruppen				
Gesundheitswesen	1 600 876	6,2	1 795 898	7,1
Sozialwesen	1 261 402	4,9	14 32 412	5,7
nach Berufsgruppen und -ordnungen				
Ärzte, Apotheker	159 321	0,6	194 729	0,8
übrige Gesundheitsberufe	1 441 555	5,6	1 601 169	6,4
darunter:				
Krankenschwestern, -pfleger, Hebammen	592 062	2,3	638 797	2,5
Helfer in der Kranken- pflege	199 874	0,8	220 418	0,9
Sozialpflegerische Berufe	853 870	3,3	1 048 847	4,2
darunter:				
Sozialarbeiter, Sozial- pfleger, Jugend- und Altenpfleger	307 938	1,5	399 905	1,6
Heimleiter, Sozial- pädagogen	198 106	0,8	245 718	1
Kindergärtnerinnen u. -pflegerinnen	338 863	1,3	383 773	1,5

Neben der quantitativen Ausweitung der Beschäftigung kann im Sektor der sozialen Dienste außerdem eine weitere Ausdifferenzierung der Berufsgruppen beobachtet werden. Dabei wird zwischen Gesundheitsberufen und sozialpflegerischen Berufen (z. B. Sozialarbeiter, Sozialpfleger, Jugend- und Altenpfleger) unterschieden, die im Vergleich zum Jahr 1999 um fast 14 % gestiegen sind. Außerdem gibt es eine große Heterogenität in arbeitsrechtlicher Hinsicht: So wird zwischen Erwerbstätigen (sozialversicherungspflichtig Beschäftigten in Voll- und Teilzeit, ABM-Kräften, Jahrespraktikanten, geringfügig Beschäftigten und Honorarkräften) und einer Vielzahl von Nicht-Arbeitnehmern (wie etwa Zivildienstleistenden, Ordensangehörigen, Absolventen des Freiwilligen Sozialen Jahres, unbezahlten Praktikanten oder ehrenamtlichen Mitarbeitern) unterschieden. Insgesamt jedoch »[…] lässt sich im Sozialwesen – wie zuvor schon im Gesundheitswesen – ein Trend zur Professionalisierung der Tätigkeit erkennen, denn immer mehr Beschäftigte weisen eine fachspezifische Berufsausbildung und (Fach-)Hochschulausbildung auf« (Bäcker, Naegele et al. 2010, Bd. II: 519).

Damit werden solche sozial- und arbeitsmarktpolitischen Argumente widerlegt, wonach viele soziale Dienste im Grundsatz »Jedermannstätigkeiten« seien, die sich als relativ voraussetzungslose Arbeit besonders gut für unqualifizierte Langzeitarbeitslose eignen würden. Entsprechende Tendenzen können bereits seit langem bei vornehmlich öffentlichen und gemeinnützigen Anbietern beobachtet werden: Dort werden in hohem Maße Beschäftigte eingesetzt, die deutlich preisgünstiger als sozialversicherungspflichtige Vollzeitbeschäftigte sind. Dies betrifft z. B. geringfügig Beschäftigte, selbstständige Honorarkräfte, Praktikanten, Schüler in den Ausbildungsberufen oder Studierende im Praktikum oder Anerkennungsjahr. Ein besonderes Gewicht kommt dabei den ca. 90 000 Zivildienstleistenden sowie den etwa 30 000 Helfern im freiwilligen sozialen und ökologischen Jahr zu, ohne deren Arbeit die Versorgung in bestimmten Dienstleistungssektoren wie etwa der Pflege häufig nicht mehr garantiert werden könnte. Allerdings ist ihre Zahl – demographisch bedingt – rückläufig.

Traditionell arbeitet fast ein Drittel aller Beschäftigten im Sektor soziale Dienste auf Teilzeitbasis – mit steigender Tendenz. Im internationalen Vergleich scheint die Bundesrepublik damit hinsichtlich des Wachstums und der internen Strukturveränderung der sozialen Dienstleistungen einen nicht unproblematischen Weg zu gehen: Eine Kombination aus Vollzeitbeschäftigung und einem zunehmenden Anteil an teilweise prekären Teilzeit- und sozial nicht bzw. nur gering abgesicherter (Neben-)Erwerbstätigkeit wird zum prägenden Muster. Mit der Ausweitung von Teilzeitbeschäftigung übernimmt vor allem die freie Wohlfahrtspflege bei der Flexibilisierung von Beschäftigungsverhältnissen eine ambivalente »Pionierfunktion«.

Für die Zukunft lässt sich die potentielle Wachstumsdynamik sozialer Dienstleistungen insbesondere aus Annahmen über die Entwicklung des Bedarfs abschätzen. Berührt sind vor allem die Bereiche Gesundheit und Pflege (s. Kap. 8.8.2 und 8.9.1). Allerdings ist die Beschäftigung in den sozialen Diensten stark von politischen Entscheidungen, institutionellen Arrangements, ihrer jeweiligen Verrechtlichung und Refinanzierung abhängig und deshalb nur schwer im Einzelnen prognostizierbar, zumal die Stabilität der traditionellen sozialpolitischen Verlaufsmuster für die Zukunft nicht mehr unterstellt werden kann. Dennoch wird ein weiterer Anstieg der Beschäftigtenzahlen im Bereich der sozialen Dienste prognostiziert. Hiervon profitieren die verschiedenen Bereiche jedoch sehr unterschiedlich.

Zu den eher zweifelhaften »Neuheiten« im Feld der Beschäftigung im sozialen Dienstleistungssektor zählt weiterhin die Zunahmen der informellen und teilweise illegal Beschäftigten in Privathaushalten. Dies gilt insbesondere für den Bereich der häuslichen Altenpflege. Es gibt nur wenige belastbare Daten, aber Experten gehen davon aus, dass mittlerweile zwischen 100 000 und 150 000 Pflegekräfte bzw. Haushaltshilfen aus Mittel- und Osteuropa in deutschen Haushalten – mehr oder weniger illegal – beschäftigt sind. Allerdings leidet dieser Bereich bislang durch unzureichende empirische Durchdringung. Folglich fehlen vor allem Aussagen zur Qualität von Arbeits- wie Versorgungsbedingungen gleichermaßen (s. Kap. 8.9.6).

Träger professioneller Dienste sind neben den Wohlfahrtsverbänden und übrigen frei-gemeinnützigen Trägern die Kommunen (diese aber mit deutlich rückläufigen »Marktanteilen« in bestimmten Segmenten wie z. B. der Pflege), kirchliche sowie privat-gewerbliche Anbieter. Letztere agieren vorzugsweise in Marktsegmenten mit öffentlicher Refinanzierungszusage – wie z. B. im ambulanten Pflegesektor und damit mit besonderer Relevanz für ältere Menschen (Schneiders 2010). In eher seltenen Fällen treten auch Sozialversicherungsträger selbst als Dienstleistungsanbieter in Erscheinung – z. B. Beratungsdienste der Kranken- und Pflegekassen, neuerdings die Pflegekassen mit der Möglichkeit als Träger von Pflegestützpunkten (KDA 2009). Ansonsten sind sie weit überwiegend Finanziers sozialer Dienste im »sozialwirtschaftlichen Finanzierungsdreieck«. Ob die (insbesondere gegenüber älteren Angehörigen) im Familienverband geleistete Angehörigenhilfe und -pflege ebenfalls zu den »sozialen Diensten« zu rechnen ist, ist strittig. Wenn sie allerdings – was heute häufig der Fall ist – aktiv eingebundener Bestandteil eines ansonsten schwerpunktmäßig professionell organisierten häuslichen Hilfe- und Pflegearrangements sind (Blinkert 2007), spricht im Grundsatz nichts gegen eine solche Zuordnung.

8.7.3 Integrationssichernde soziale Dienste für Ältere

Bezüglich der sozialen Dienstleistungen für Ältere jenseits von Pflege und Gesundheitsdienstleistungen liegen nur wenige Daten vor. Im Wesentlichen handelt es sich um jene Dienste und Einrichtungen, die üblicherweise zu den integrationssichernden Maßnahmen zählen (Naegele 2010b). Speziell dieser Bereich erfährt auf örtlicher Ebene derzeit einen grundlegenden *Paradigmenwechsel*. Ausgehend von der wachsenden (sozialen) »Differenzierung des Alters« (s. Kap. 5.1) richten sich neuere Konzeptualisierungen des sozialen Daseinsvorsorgeauftrags der Kommunen auf eine über die klassischen Felder von Altenhilfe und -pflege hinausgehende, *alle* Lebenslagen im Alter einbeziehende kommunalpolitische Gesamtverantwortung. Erweitertes Ziel ist jetzt die soziale Gestaltung der Gesamtheit der Lebensverhältnisse einer älter werdenden Bevölkerung bzw.

einer »Gesellschaft des langen Lebens« (z. B. Bertelsmann Stiftung 2007; Deutscher Verein 2006, 2007). Soziale Dienste für
ältere Menschen werden demnach nicht mehr nur vornehmlich
als sozialpolitisches *Versorgungs-*, sondern – entsprechend der
»Gestaltungsfunktion von Sozialpolitik« (Bäcker, Naegele et al.
2010, Bd. I) – als Angebote zur Gestaltung veränderter Lebenslagen sowie zur Umsetzung neuer Leitbilder vom Alter begrif-
fen. Dabei lassen sich folgende *thematisch-inhaltliche* Schwerpunkte und in ihrem Gefolge auch neue *Zielgruppen*
identifizieren, die vor allem dem sogenannten »jungen« und
»aktiven« Alter zuordenbar sind:

- Arbeit und Beschäftigung,
- Freizeit, Kommunikation, Bildung und Kultur,
- Gesundheit, Vorsorge, Gesundheitsförderung,
- Wohnen, Wohnumfeld, Mobilität,
- alltagsbezogene Dienstleistungen,
- Unterstützung von Familien- und Generationenbeziehungen
  und anderer sozialer Netzwerke,
- Nutzung der Wirtschaftskraft Alter,
- Partizipation, Ehrenamt, bürgerschaftliches Engagement.

Aus den USA stammend (Walker 2010) und u. a. hierzulande
ausgelöst durch den Fünften Altenbericht der Bundesregierung
von 2006, nach dem »unsere Gesellschaft nicht auf die *Potentiale* des Alters verzichten kann – weder in der Arbeitswelt, noch
in der Wirtschaft, weder in der Familie noch in der Kommune«
(BMFSFJ 2005), ist das *moderne Leitbild* des Alters das eines
produktiven, aktiven Alters. Es verweist – ausgehend von ko-
hortentypischen »Niveaueffekten« – auf die stark gestiegenen
Potentiale, Ressourcen und Kompetenzen der heute älteren
Menschen, die es sowohl im Eigen- wie im öffentlichen Interesse stärker zu nutzen bzw. einzusetzen gilt. Hier könnte sich
künftig speziell auf örtlicher Ebene ein wichtiges neues Handlungsfeld ergeben.
　　Zu den integrationssichernden Maßnahmen traditionell zählen die Beratungsleistungen, die neben den Kommunen und
anderen öffentlichen Trägern vor allem von den Wohlfahrtsverbänden erbracht werden. Daher kann hilfsweise zur Abschätzung

des Umfangs und seniorenwirtschaftlichen Potentials auf die
Daten der Bundesarbeitsgemeinschaft der Freien Wohlfahrtspflege (BAGFW) zurückgegriffen werden. Sie deuten darauf hin,
dass sich dieser Bereich – verglichen mit dem Pflege- und Gesundheitssektor – eher unterdurchschnittlich entwickelt hat.

So ist z. B. die Zahl der Beratungsstellen bzw. Seniorenbüros
zwischen 1996 und 2008 um ca. ein Drittel zurückgegangen.
Ähnliches gilt auch für hauswirtschaftliche Dienstleistungen wie
z. B. die Mahlzeitendienste, auch »Essen auf Rädern« genannt.
Auch aus diesem Bereich scheint sich ein erheblicher Teil der
wohlfahrtsverbandlichen Anbieter zurückzuziehen. Verfügten
1996 noch über 2 200 Einrichtungen oder Träger über ein am-
bulantes Mahlzeitenangebot, waren es 2008 nur noch ca. 930.
Gleichzeitig sank die Zahl der dort beschäftigten Vollzeitkräfte
um über 55 %, die Zahl der Teilzeitbeschäftigten stieg im Gegenzug um über 70 % (BAGFW 2009). Neben möglichen statistischen Verzerrungseffekten und Erfassungsproblemen sind
diese Veränderungen vor allem auf zwei Entwicklungen zurückzuführen: Zum einen ist im Bereich der hauswirtschaftlichen
Dienstleistungen eine zunehmende Präsenz privat-gewerblicher
Anbieter erkennbar. Unternehmen wie z. B. Apetito beliefern
zunehmend neben Altenpflegeheimen auch Privathaushalte.

Hinzu kommen organisatorische Veränderungen bei den
Wohlfahrtsverbänden. Immer mehr frei-gemeinnützige Einrichtungen und deren Träger gehen dazu über, Teile der hauswirtschaftlichen Dienstleistungen in sogenannte Service-Gesellschaften auszulagern. Diese Service-Gesellschaften agieren als
privat-wirtschaftliche GmbHs zum Teil nicht mehr unter dem
Dach der Wohlfahrtsverbände und werden demzufolge auch
nicht von der BAGFW-Statistik erfasst (Schneiders 2010).

8.7.4 »Wohlfahrtsmix« der sozialen Dienste für Ältere

Speziell im Bereich der sozialen Dienste für Ältere gilt das »alte«
Problem ihrer unzureichenden Abstimmung und Integration.
Dieses ist durch Einführung und Novelle des SGB XI noch ak-
zentuiert worden. Der Grund liegt wesentlich darin, dass ver-

schiedene soziale Bedarfslagen Älterer, obwohl sehr häufig kumulativ auftretend, in unterschiedlichen Zuständigkeiten liegen bzw. in unterschiedlichen Sozialgesetzen (i. W. SGB V, IX, XI und XII) ressortieren. In der Praxis bedeutet dies vielfach unkoordiniertes Nebeneinander und »Versorgungsdickicht«. Das Konzept des »Wohlfahrtsmix« zielt in diesem Zusammenhang auf die Herstellung von mehr Ordnung und dann auch mehr Transparenz.

Traditionell bezieht sich das Wohlfahrtsmix-Konzept auf die örtliche Ebene und meint hier die »richtige Mischung« der drei Trägergruppen Kommunen, Frei-Gemeinnützige und Privat-Gewerbliche (Bäcker, Naegele et al. 2010 Bd. II; Evers, Olk 1996; Merchel 2003). Für soziale Dienste für Ältere liegen keine expliziten Zuordnungsvorschläge vor. Wendet man jedoch die Empfehlungen der Enquete-Kommission »Demographischer Wandel« an (Deutscher Bundestag 2002a), dann sollten die Kommunen die Vorleistungsverpflichtungen (FFG 2008) sowie die Gesamt- und Letztverantwortung für die Steuerung, Bereitstellung und politische Ausgestaltung der Dienste (Deutscher Verein 2006) auf sich nehmen und als erste Anlaufstelle für Erkennung und Regelung der Absicherung neuer, bislang nicht abgesicherter sozialer Bedarfslagen fungieren. Die traditionelle Zuständigkeit der frei-gemeinnützigen Träger wird insbesondere in der Wahrnehmung (sozial-)anwaltschaftlicher Funktionen, der Absicherung nicht-marktfähiger sozialer Dienstleistungsbedarfe, im Einbezug sozial-bürgerschaftlichen Engagements sowie in der Förderung von Gemeinwesenorientierung und von Selbsthilfestrukturen gesehen (Merchel 2003). Die Zuständigkeit der Privat-Gewerblichen wird schließlich – allerdings unter öffentlicher (Letzt-) Verantwortung – vor allem dort gesehen, wo es um marktfähige und/oder unter Wettbewerbsbedingungen öffentlich bzw. sozialversicherungsrechtlich refinanzierte Leistungen geht; nicht zuletzt, um den Qualitätswettbewerb mit den hier traditionell stark engagierten Wohlfahrtsverbänden zu fördern.

Die zweite Interpretation des »Wohlfahrtsmix«-Konzepts zielt auf die Gewährleistung einer optimalen Gesamtversorgung mit Diensten und Einrichtungen in einer Region durch Abstimmung der jeweils beteiligten Träger und Akteure. Sie be-

trifft somit die träger- und institutionsbezogene Gesamtsteue-
rung des sozialen Daseinsvorsorgeauftrags der Kommunen.
Die früheren BSHG-Arbeitsgemeinschaften und »IAV-Stellen«
(Informations-, Anlauf- und Vermittlungsstellen; BaWü.), »So-
zialgemeinden«, »Gesundheitskonferenzen«, »Pflegekonferenzen« und »Pflegeberatungsstellen« (NRW) (Rosendahl 1999),
die Koordinierungsstellen »rund um das Alter« (Berlin), die
»gemeinsamen Servicestellen« in der örtlichen Behindertenar-
beit gemäß §§ 22 ff. SGB IX oder neuerdings die sogenannten
»Beratungs- und Koordinationsstellen« (BeKos; Rheinland-
Pfalz und Hessen) sowie verschiedene kommunale Einzelmo-
delle (Frommelt et al. 2008) sind frühere und aktuelle Beispiele von örtlicher Träger- und Akteurvernetzung von sozialen
Diensten nicht nur für ältere Menschen. Auch die mit der SGB
XI-Novelle von 2008/9 eingeführten »Pflegestützpunkte« stehen in dieser Tradition (s. Kap. 8.9.3) .

8.8   Gesundheitswirtschaft

Die Gesundheitswirtschaft ist mit einer Leistung von über 10 %
des BIP (2006) ein zentraler Bestandteil der deutschen Volkswirtschaft. Gemäß einer OECD Statistik liegt Deutschland damit
um mehr als einen Prozentpunkt über dem Durchschnitt der
übrigen OECD-Länder (8,9 %). Höher als in Deutschland lag
der Anteil nur in den Vereinigten Staaten (16 %), Frankreich
(11 %) und der Schweiz (10,8 %). Die in diesem Sektor zum Teil
erheblichen Umsatz- und Beschäftigungszuwächse der Vergangenheit wurden sowohl vom Gesundheitswesen im engeren
Sinne als auch von den der Gesundheitswirtschaft zugeordneten
ergänzenden Bereiche wie Wellness, Fitness etc. erzielt. Dabei
zählen zum Gesundheitswesen im engeren Sinne alle Leistungen
und Güter der Prävention, Behandlung und Rehabilitation sowie
ebenfalls die Pflege, betriebliche Gesundheitssicherung sowie
alle gesundheitlichen Maßnahmen zur Wiedereingliederung ins
Erwerbsleben (RKI, Statistisches Bundesamt 2009b: 8).
   Auch beschäftigungspolitisch gehört die Gesundheitswirtschaft im Gegensatz zu einer Vielzahl anderer Branchen zu den

prosperierenden Sektoren (verschiedene Beiträge in Merz 2008).
Die Zahl der hier Beschäftigten ist nach der Gesundheitsperso-
nalberechnung von 1997 bis 2007 (dem letzten Jahr, für das
aktuelle Daten vorliegen) von 4,107 Mio. auf 4,368 Mio. bzw.
6,3 % gestiegen. Davon waren rund 80 % sozialversicherungspflichtig beschäftigt. Allerdings ist in diesen Zahlen der besonders expandierende Wellness-Bereich nicht berücksichtigt. Insgesamt ist die Gesundheitswirtschaft auch deshalb so
personalintensiv, weil die besonderen Anforderungen zur Erhaltung und Wiederherstellung der Gesundheit i. d. R. profes-
sionelles Handeln durch Menschen an Menschen erfordert und
daher als wenig rationalisierungsfähig gilt (RKI, Statistisches
Bundesamt 2009b: 9).

8.8.1   Die Morbiditätsstruktur der Älteren und altersgerechte Versorgungsstrukturen

Ältere Menschen stellen aufgrund ihrer besonderen Morbiditätsstruktur eine der zentralen Zielgruppen der Gesundheitswirtschaft dar. Obwohl Alter(n) nicht generell mit Krankheit
gleichzusetzen ist – es gibt keinen monokausalen Zusammenhang zwischen Alter und Krankheit –, steigt mit zunehmendem
Alter die Wahrscheinlichkeit chronisch-degenerativer Erkrankungen. Diese ziehen – insbesondere bei Patienten höheren und
sehr hohen Alters – eine kontinuierliche wie zugleich kostenin-
tensive Behandlung nach sich und sind nach heutigem For-
schungsstand nicht heilbar, sondern allenfalls in ihren (weiteren
negativen) Wirkungen zu begrenzen.

Typisches Kennzeichen geriatrischer Krankheitsmuster ist die
Ko- bzw. Multimorbidität, d. h. das gleichzeitige Auftreten mehrerer Krankheiten. Je nach Untersuchungen schwankt die Zahl
der festgestellten Krankheiten zwischen drei und sechs bei den
über 60-Jährigen. Etwa 30 % der Älteren weisen fünf und mehr
Diagnosen auf. Nach neueren Studien ist Multimorbidität bei
über 65-Jährigen mit mehr als vier Diagnosen der Regelfall. In
der Morbiditätsstruktur und -rangfolge bei älteren Menschen
rangieren dabei an erster Stelle Gelenk-, Knochen-, Bandschei-
ben- und Rückenleiden, gefolgt von Herz-/Kreislauferkrankun-

gen, Krankheiten der Blutgefäße und Durchblutungsstörungen, Augenleiden und Sehstörungen, Ohrenleiden und Schwerhörigkeit, Typ-2-Diabetes, Blasenleiden, Atemwegserkrankungen, Asthma und Atemnot sowie Magen- oder Darmerkrankungen. Zudem sind somatische Erkrankungen im Alter häufig überlagert von psychischen Erkrankungen, darunter mit stark wachsender Bedeutung depressive Störungen sowie bei sehr alten Menschen Demenzerkrankungen (verschiedene Beiträge in Kuhlmey, Schaeffer 2008).

Die Zuwachsraten innerhalb der Gesundheitswirtschaft sind zu einem Gutteil auf demographische Effekte zurückzuführen. Die Tatsache, dass ca. 20 % der Bevölkerung (Ältere ab 65) über 47 % aller direkten Krankheitskosten, die 2006 insgesamt 261,6 Mrd. Euro betrugen, auf sich vereinen, stellt das deutsche Gesundheitssystem zunehmend vor vielfältige Herausforderungen. Analysiert man dabei die altersspezifischen Gesundheitskosten genauer, dann wird deutlich, dass Ältere in allen Segmenten des gesundheitlichen Versorgungssystems mehr Kosten als andere verursachen. Besonders stark ausgeprägt ist dies jedoch im Krankenhaussektor, wo Ältere ohnehin stark überrepräsentiert sind (RKI, Statistisches Bundesamt 2006).

Allerdings sind hinsichtlich der Diagnosen Kohortenunterschiede zu beachten: So sind bei den 65- bis 84-Jährigen Herz-Kreislauferkrankungen (22,7 %), Muskel-Skelett-Erkrankungen (12,4 %) und Krankheiten des Verdauungstraktes (10,0 %) sowie bösartige Neubildungen (9,6 %) besonders kostenrelevant, während bei den 85-Jährigen und Älteren psychische und Verhaltensstörungen (darunter Demenzerkrankungen mit 19,6 %) sowie Herz-Kreislauf-Erkrankungen an erster Stelle stehen (RKI, Statistisches Bundesamt 2009a).

Gleichzeitig steigt mit dem Alter jedoch auch die Bereitschaft, für gesundheitsbezogene Dienstleistungen eigenes Geld einzusetzen. Dies gilt insbesondere für Güter und Dienstleistungen auf den gesundheitserhaltenden »Nebenmärkten«.

Bei der Entwicklung der Krankheitskosten nach Alter lässt sich auf der einen Seite zwar ein kontinuierlicher Anstieg beobachten. Sie sind besonders hoch bei über 85-jährigen Frauen, was wesentlich auf die Kosten für psychische und Verhaltensstörungen (insbesondere Demenzerkrankungen) sowie die bei dieser Gruppe häufigere pflegebedingte teil- und vollstationäre Unterbringung (s. Kap. 8.9.2) zurückzuführen ist. Andererseits wird die Bedeutung des Alters auch überschätzt, denn bei einer Lebenslaufbetrachtung zeigt sich, dass die letzten Lebensjahre besonders kostenwirksam sind; und die sind bei jüngeren Menschen deutlich höher als bei Hochaltrigen aufgrund ihrer kürzeren Sterbephase und der damit bedingten geringeren Kosten für die Krankenhausversorgung (Deutscher Bundestag 2002).

Auch ist bei alters- und zukunftsbezogenen Kostenbeurteilungen zu beachten, dass künftige Kohorten älterer Menschen vermutlich insgesamt gesünder sein werden als die jetzigen. Hinzu kommen schichtspezifische Unterschiede in den Krankheitsrisiken und entsprechend den Kosten: So treten die mit der insgesamt steigenden Lebenserwartung verbundenen »kranken Jahre« früher und häufiger bei älteren Angehörigen der unteren Sozialschichten auf (Kümpers, Rosenbrock 2010). Eine wirksame Politik zur Eingrenzung der Krankheitskosten im demographischen Wandel sollte daher (auch) in einer Fokussierung auf soziale schwächere Bevölkerungsschichten liegen, anstatt primär bei Ausgabenbegrenzungen anzusetzen (Bosbach, Bingler 2008).

In einer Gesellschaft des langen Lebens meint gesundheitliche Versorgung heute ohnehin weit mehr als nur die bedarfsgerechte Behandlung von Krankheiten. Mindestens ebenso bedeutsame Versorgungsziele sind (Naegele 2009):

- der Erhalt und die Förderung von subjektiver Gesundheit und Lebensqualität im Alter – trotz objektiv vorhandener Einschränkungen und Krankheiten – sowie
- die Unterstützung des speziell im hohen Alter dominanten Wunsches nach Verbleib und Versorgung in der gewohnten häuslichen Umgebung selbst bei eingetretener Hilfe- und Pflegebedürftigkeit.

Als die auf die Multikomplexität von Gesundheit und Krankheit im Alter fachlich angemessene Antwort gilt heute die *integrierte Versorgung*. Darunter versteht man die auf den Einzelfall bzw. ein bestimmtes soziales Problem bezogene, professions- und

organisationsübergreifende Zusammenarbeit der jeweils beteiligten Dienste, Institutionen und Einzelakteure. Ziel ist, in ko-
ordinierter Weise auf multiple soziale Dienstleistungsbedarfe
einer Person zu reagieren und somit Versorgungskontinuität
jenseits institutioneller und unterschiedlich »verrechtlichter«
Zuständigkeiten zu sichern. Es besteht weitgehend Einigkeit
darüber, dass die bestehenden, primär auf Akutversorgung ausgerichteten Gesundheitssysteme mit zumeist fragmentierten
Leistungsstrukturen und Handlungslogiken darauf in aller Regel
nicht ausgerichtet sind (SVR 2005, 2007, 2009). So heißt es z. B.
im Sondergutachten des Sachverständigenrates zur Begutachtung der Entwicklung im Gesundheitswesen von 2009 (SVR
2009: 2): »Die Gesundheitsversorgung (älterer Menschen i.d.V.)
stellt sich damit in die aus integrativer Sicht anspruchsvolle Aufgabe, hausärztliche und fachärztliche, ambulante und stationäre
sowie pflegerische Behandlungsleistungen im Rahmen einer
interdisziplinären Kooperation mit Präventionsmaßnahmen, der
Rehabilitation, der Arzneimitteltherapie sowie mit Leistungen
von sozialen Einrichtungen und Patientenorganisationen ziel-
und funktionsgerecht zu verzahnen.«

Zwar kennt das SGB V bereits seit 2000 die Möglichkeit der
integrierten Versorgung, diese konnte sich aber bislang nur
schleppend durchsetzen, u. a. wegen institutioneller Barrieren
und des Widerstandes der jeweils beteiligten Professionen. Zudem hat bislang der systematische Einbezug der Pflege gefehlt.
Neben der mit dem GKV-Wettbewerbsstärkungsgesetz von 2007
gegebenen Möglichkeit, die integrierte Versorgung auf den Übergang in die verschiedenen Versorgungsbereiche (Krankenhaus,
Rehabilitation, Pflege) auszudehnen, hat insbesondere die Novelle des SGB XI (Pflegeversicherungsgesetz) seit 2008 die Möglichkeit geschaffen, durch die Einrichtung von *Pflegestützpunkten* integrierte Versorgungsstrukturen im Bereich der Pflege zu
implementieren (s. Kap. 8.9.3). Unter seniorenwirtschaftlicher
Perspektive von Bedeutung sind zudem die beachtlichen Beschäftigungseffekte, die sich im Gefolge der Umsetzung von
Konzepten der integrierten Versorgung ergeben werden. Vor
allem im Bereich der vermittelnden, steuernden und beratenden
Tätigkeiten liegen ganz erhebliche Beschäftigungspotentiale bis

hin zur Entwicklung neuer Berufe und Berufsgruppen (z. B. Care Manager) (Frommelt et al. 2008).

8.8.2 Wirtschaftliche, beschäftigungspolitische und gesellschaftliche Bedeutung

Gesundheit, bzw. die Gesundheitsversorgung der Bevölkerung, wurde in der Öffentlichkeit lange Zeit vor allem als Kostenfaktor wahrgenommen (SVRKAIG 1996). Neben dem sozialpolitischen Impetus verfügt der Sektor aber auch über eine zunehmende wirtschafts- bzw. beschäftigungspolitische Bedeutung. Experten erwarten einen weiteren Anstieg der hier Beschäftigten auf bis zu ca. 6,7 Mio. im Jahr 2030 (Henke, Troeppens 2010a; vgl. **Abb. 8.3**).

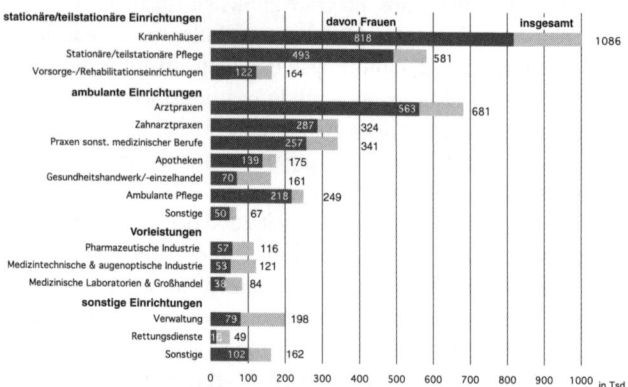

Abb. 8.3: Beschäftigte im Gesundheitswesen 2008 (nach Einrichtung und Geschlecht, in absoluten Zahlen) (Datenquelle: Gesundheitspersonalrechnung; eigene Darstellung)

Allerdings wird eine genauere Bestimmung der Umsatz- und Beschäftigtenzahlen dadurch erschwert, dass es sich bei der Gesundheitswirtschaft um eine Querschnittsbranche handelt, die nicht nur viele zum Teil sehr unterschiedliche Berufe in sich vereint, sondern außerdem auch die sektoralen Grenzen zwischen industriellem und Dienstleistungssektor überschreitet.

Während in der traditionellen Gesundheitssystemforschung zwischen den Institutionen des Gesundheitswesens der stationä-

ren Einrichtungen, inklusive Vorsorge- und Rehabilitationsein-
richtungen sowie der ambulanten Versorgung durch niedergelassene Ärzte und durch nichtärztliche Gesundheitsdienstleistungen
in den Bereichen Pflege, Therapie und Arzneimittelversorgung
unterschieden wird, orientieren wir uns im Folgenden an einem
erweiterten Begriff der Gesundheitswirtschaft. Hier ist der Wachs-
tumstrend eindeutig: So stieg allein die Zahl der sozialversicherungspflichtig Beschäftigten zwischen 2003 und 2007 um knapp
über 2 %, während sie in der Gesamtwirtschaft rückläufig war
(verschiedene Beiträge in Goldschmidt, Hilbert 2009; Dahlbeck,
Hilbert 2008). Hinsichtlich der regionalen Schwerpunktbildungen
haben sich dabei die Standorte als besonders beschäftigungsintensiv herauskristallisiert, in denen Universitätskliniken mit Vor-
leistungs- und Zulieferbereichen verknüpft sind.

Mit dem erweiterten Gesundheitssystembegriff werden auch
angrenzende Wirtschaftssektoren erfasst, die gesundheitsrele-
vante Produkte bzw. Dienstleistungen erstellen – unabhängig
von ihrer Finanzierung. Mit dem hier verwendeten Begriff der
Gesundheitswirtschaft wird darüber hinaus auf ihren produktiven bzw. wertschöpfenden Charakter fokussiert – jenseits der
von öffentlicher Hand bzw. Sozialversicherung zu finanzieren-
den Leistungen. Das »Zwiebel-Modell« orientiert sich nicht an
der traditionellen Unterscheidung zwischen den Kostenträgern
bzw. Standorten der Gesundheitsproduktion (ambulant bzw.
stationär), sondern rekurriert auf alle gesundheitswirtschaftli-
chen Unternehmen bzw. Einheiten (vgl. **Abb. 8.4**).

Die Graphik macht deutlich, dass die Gesundheitswirtschaft
sowohl Dienstleistungen im Bereich der ambulanten und stationären Gesundheitsversorgung als auch die kapital- und tech-
nologieintensive Vorleistungs-und Zulieferindustrien sowie die
Randbereiche und Nachbarbranchen mit ausgeprägten gesundheitlichen Bezügen umfasst. Während die Kernbereiche der
ambulanten und stationären Gesundheitsversorgung (Kranken-
häuser, niedergelassene Ärzte, Apotheken etc.) in den letzten
Jahren vor dem Hintergrund der Gesundheitsreformen und dem
damit verbundenen Kostendruck eher unterdurchschnittliche
Wachstumsquoten verzeichnen konnten, handelt es sich bei einem Teil der Vorleistungs- und Zulieferindustrien (Pharmazeu-

tische Industrie, Medizin- und Gerontotechnik, Bio- und Gentechnologie, Gesundheitshandwerk sowie Groß- und Facheinzelhandel) um Branchen mit zum Teil erheblichen Wachstumsquoten, auch im Export. So wurde in der Gesundheitswirtschaft im Jahr 2005 ein Außenhandelsüberschuss von 7,8 Mrd. Euro erwirtschaftet (Henke et al. 2010).

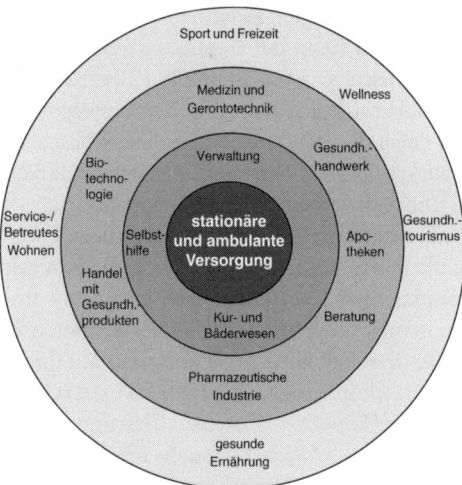

Abb. 8.4: Das Zwiebelmodell der Gesundheitswirtschaft (Konzeption und Darstellung IAT)

Neben diesen, eindeutig der Gesundheitswirtschaft zuzurechnenden Bereichen sind im Modell auch Randbereiche und Nachbarbranchen der Gesundheitswirtschaft erfasst. Vor allem in der Verknüpfung gesundheitsbezogener Dienstleistungen mit den Angeboten aus anderen Wirtschaftsbereichen entstehen neue Produkte und Dienstleistungen wie Gesundheitstourismus, Wellness, Service-Wohnen, aber auch gesundheitsbezogene Sport- und Freizeitangebote (s. Kap. 8.3 und 8.5). Dies gilt angesichts eines zunehmenden Gesundheitsbewusstseins der nachrückenden Kohorten Älterer (»Niveaueffekte«) für das seniorenwirtschaftlich relevante Segment der Gesundheitswirtschaft in besonderer Weise.

Andere Konzepte sprechen hingegen nicht von der Gesundheitswirtschaft, sondern vom Gesundheitsmarkt, und rücken damit ökonomische Aspekte in den Vordergrund. Dabei kann zwischen dem Ersten Gesundheitsmarkt – hierunter fallen alle von den Krankenkassen bezahlten Gesundheitsdienstleistungen und Produkte – und dem Zweiten Gesundheitsmarkt – mit allen privat gezahlten Leistungen – unterschieden werden. Neuere Modelle kombinieren eine güterbezogene Abgrenzung (differenziert nach Kern- und erweitertem Bereich der Gesundheitswirtschaft) mit einer Abgrenzung über die Finanzierung (differenziert nach Mitteln aus Krankenversicherungen bzw. dem Staat sowie privaten Aufwendungen) (Kartte, Neumann 2008).

Aussagen über mögliche Chancen und bisherige Entwicklungen gestalten sich weiterhin schwierig, da keinerlei amtliche Statistiken existieren, die basierend auf einer standardisierten Definition einheitliche Zahlen zum Thema bieten. Hinsichtlich einer statistischen Betrachtung nach Wirtschaftsbranchen ist eine Zuordnung der Wachstumsmärkte schwierig, da sich Vermischungen zwischen verschiedenen klassischen Abgrenzungen entwickelt haben (etwa Freizeit, Wellness und Gesundheit oder Tourismus). Da genau diese neuen Verknüpfungen aber aus beschäftigungspolitischer und wirtschaftssoziologischer Sicht bedeutsam sind, wird vom Cluster Gesundheitswirtschaft gesprochen (Hilbert, Naegele 2002).

Im hier interessierenden Zusammenhang sollen neben der Gesundheitsversorgung im engeren Sinne insbesondere auf solche neuen Verknüpfungen eingegangen werden, wie sie sich v. a. in der Telemedizin manifestieren und wie sie insbesondere für die gesundheitliche Versorgung einer insgesamt alternden Gesellschaft von Bedeutung sein könnten. In der Telemedizin bestehen demnach besondere Entwicklungschancen in einer Gesellschaft des langen Lebens.

8.8.3 Der Haushalt als Dritter Standort der Gesundheitsproduktion: E-Health und Telemedizin

Gesundheitsbezogene Aktivitäten fanden schon immer auch in Haushalten eigenständig statt; im Laufe der historischen Entwicklung wurden aber viele professionelle Systeme ausgelagert. In letzter Zeit mehren sich die Hinweise auf eine Verlangsamung in der Auslagerung. Dabei eröffnet insbesondere die Telekommunikationstechnik zu Hause lebenden Menschen zeitnahe und sehr direkte Möglichkeiten, sich im Krankheitsfall und/oder bei den eigenen Gesundheitsaktivitäten unterstützen zu lassen. Vieles deutet darauf hin, dass das Gesundheitsgeschehen im Haushalt so durch Kompetenz aufgeladen werden kann, dass von einem »dritten« Gesundheitsstandort gesprochen werden kann, an dem professionelle Gesundheitsdienstleistungen erstellt werden – in engem Zusammenspiel mit den ambulanten und stationären Gesundheitsdiensten. »Homecare« oder in nicht seltenen Fällen sogar »hospital at home« gewinnen im Zusammenspiel mit der Medizintechnik, die zu einer der (wenigen) prosperierenden Branchen in Deutschland gehört, weiter an Relevanz. Dies gilt vor allem auch für ältere und ganz besonders sehr alte Menschen, für die auch jetzt noch – nicht selten mangels alternativer ambulanter Versorgungsmöglichkeiten zu Hause – das Krankenhaus sehr häufig zum »Normalfall« gesundheitlicher Versorgung (Rentelen-Kruse 2008) (s. Kap. 8.2).

Während technische Geräte in der »klassischen« Medizin der niedergelassenen Ärzte und in Krankenhäusern seit Jahrzehnten eingesetzt werden und integraler Bestandteil von Diagnostik und Therapie sind, ist der Einsatz von medizintechnischen Geräten im Privathaushalt noch relativ neu. Der Haushalt als »dritter« Standort der Gesundheitsproduktion etabliert sich erst seit den letzten Jahren. Die Entwicklung wird vor allem vorangetrieben durch immer bessere, kleinere, kostengünstigere und – zum Teil – sogar intuitiv bedienbare Geräte. Darüber hinaus hat die Verbesserung der Datenübertragungsmöglichkeiten über Funk oder DSL-gestütztes Internet die Übertragung größerer Datenmengen erst möglich gemacht. Das Internet hat sich inzwischen auch in Deutschland als Informations- und Kommunikationsmedium durchgesetzt. Im Vergleich zu Funk, Fernsehen und den Printmedien liegt sein besonderer Vorteil darin, dass der Nutzer besser und schneller nach den Informationen suchen kann, die für seinen speziellen Fall passen. Darüber hinaus erlaubt es auch einen schnellen und unkomplizierten

Austausch mit anderen Menschen, die ähnliche Fragestellungen und Interessen haben oder über Kompetenzen verfügen, von denen man profitieren will (etwa im Krankheitsfall). Es ist deshalb nicht überraschend, dass sowohl auf Anbieter – als auch auf Nutzerseite Gesundheitsthemen im Internet eine außerordentlich wichtige Rolle spielen.

Eine mögliche Reduzierung der Krankheitskosten für die Kostenträger macht die technischen Geräte auch für das Krankenversicherungssystem attraktiv. Diabetes- und Blutdruckmessgeräte gehören mittlerweile zum Standard in vielen Altenhaushalten. Telemedizinische Anwendungen, die sich dadurch auszeichnen, dass der Patient seine Vitalparameter per Mobiltelefon an eine medizinische Diagnoseeinheit überträgt, die diese dann auswertet und dem Patienten Hinweise zur Therapie übermittelt, haben sich bislang allerdings noch nicht flächendeckend durchsetzen können. So besteht seitens der niedergelassenen Ärzte oft noch Widerstand gegen diese neuen Verfahren, weil befürchtet wird, dass die eigenen Diagnose- und Therapieressourcen nicht mehr nachgefragt werden. Die Zielgruppen für telemedizinische Dienstleistungsangebote sind vielfältig sowohl aufgrund der individuellen Risikoprofile, der allgemeinen demographischen Entwicklung als auch der gestiegenen Bedeutung von Prävention.

Im Einzelnen kommen v. a. folgende Zielgruppen in Frage: Patienten mit bereits erkannten gesundheitlichen Beeinträchtigungen oder Risiken, aber auch an Gesundheit und Sicherheit interessierte Menschen, die ihren körperlichen Zustand oder ihren Trainingsfortschritt regelmäßig und aktivitätsbegleitend überwachen und coachen lassen wollen. Dies betrifft insbesondere Menschen mit kardiologischen Erkrankungen – und das sind weit überwiegend ältere Patienten. Nach einer aktuellen Studie wird – unter Ceteris-paribus-Bedingungen – allein aufgrund des demographischen Wandels bis 2050 eine Zunahme der Zahl der Menschen mit Herz-Kreislauf-Erkrankungen wie Herzinfarkt und Schlaganfall um 75 % bzw. 62 % erwartet (Beske et al. 2009). Vor allem die für ältere Patienten wichtige Rehabilitation (vgl. Schulz, Kurtal, Steinhagen-Thiessen 2008) wird dann kaum mehr komplett in einer Face-to-face-Beziehung zu

gewährleisten sein, und schon bestehende Formen telemedizinisch unterstützter ambulanter Rehabilitationen werden sich
ausbreiten.

Bereits heute gibt es einige Krankenkassen, die bei Risikopatienten oder in der Phase nach schweren Krisen oder Eingriffen
die Kosten für eine telemedizinische Betreuung übernehmen.
Da erste klinische Studien zu dem Ergebnis kommen, dass die
Telemedizin sowohl hilft, Gesundheitskosten zu sparen, als auch
einen positiven Einfluss auf die Lebensqualität von Patienten
hat, ist mittelfristig damit zu rechnen, dass solche Dienste zu
einem Standardangebot werden (Körtke et al. 2006).

Von solchen Innovationen in der Gesundheitswirtschaft
(s. Kap. 3) würden auch arbeitsmarktpolitische Effekte ausgehen,
denn medizintechnische Erneuerungen sind immer gekoppelt
mit medizinischen und sozialen Dienstleistungen. In diesem
Handlungsfeld zeigt sich exemplarisch, wie eng Dienstleistungen
und Industrie inzwischen miteinander verknüpft sind und dass
rigide Trennungen zwischen unterschiedlichen Wirtschaftssektoren kontraproduktiv sind. Die stärkere Inanspruchnahme der
Telemedizin ermöglicht zum einen die aktive Nutzung des gewachsenen individuellen Verantwortungsgefühls für Gesundheitsvorsorge und Behandlungen, das insbesondere für künftige
Kohorten älterer Menschen erwartet werden kann. Zum anderen
ergeben sich durch die Telemedizin neue wirschaftliche Impulse, die auch für die Zukunftschancen auf dem Arbeitsmarkt in
Deutschland von Bedeutung sind.

Vorhandene beschäftigungspolitische Wachstumschancen
können aber nur dann genutzt werden, wenn man die sich neu
herauskristallisierenden Wertschöpfungsnetzwerke erfolgreich
bearbeitet. Potentiell stellt sich Telemedizin aus heutiger Sicht
schon deshalb als dynamisch heraus, weil durch die demographische Entwicklung und die Anwendung bei »Volkskrankheiten«
(etwa Herz- und Kreislauferkrankungen, Diabetes) ein steigender
Bedarf an innovativen gesundheitsbezogenen Dienstleistungen
vorprogrammiert ist. Hier eröffnen sich für den Einzelnen neue
Chancen, eigenverantwortlich für die Gesundheit zu sorgen und
im Bedarfsfall auf ein integriertes Versorgungssystem zurückzugreifen. Insgesamt bilden sich so gesundheitsorientierte Nachfra-

gepotentiale heraus, die sowohl im Bereich einfacher als auch hoch qualifizierter Dienstleistungen erhebliche Beschäftigungswirkungen haben. Auch die fehlende Zahlungsbereitschaft kann nur eingeschränkt ins Feld geführt werden – so bewegen sich die monatlichen Kosten für eine kardiologische Überwachung auf dem Preisniveau eines Notrufsystems. Telemedizinische und Telecare-Anwendungen stoßen insbesondere auf Bedenken der Ärzte, Pflegekräfte und Sozialarbeiter (Scharfenorth 2004) (s. Kap. 8.2.2).

Medizinisch-technische Innovationen erwiesen sich in den vergangenen Jahren als Wachstumsquelle. Durch Produktinnovationen wurde eine Leistungsausweitung in der Prävention, Diagnostik, Therapie und Rehabilitation ausgelöst (etwa neue endoskopische Operationsweisen, die Mikrotherapie oder bildgesteuerte Therapieverfahren). Hier werden Produkte und Dienstleistungen entwickelt, die nicht nur im deutschen System zur Steigerung der Lebensqualität und Beschäftigungssicherung gleichermaßen beitragen. Auch im Export eröffnen sich für deutsche Produkte interessante Perspektiven.

8.8.4   Inanspruchnahmeverhalten, Nachfrage und Finanzierung

Während die gesetzliche Krankenversicherung im Kernbereich (ambulante und stationäre Versorgung) mit ca. 70 % aller Ausgaben weiterhin die finanzielle Hauptlast der gesundheitlichen Versorgung der Bevölkerung trägt, werden die Leistungen des erweiterten Bereichs (Fitness und Wellness, weitere Dienstleistungen, besondere Ernährungsmittel etc.) zu 48 % von den Privathaushalten finanziert (Henke et al. 2010). Vor diesem Hintergrund überrascht es nicht, dass ältere Haushalte mit durchschnittlich 92 Euro (65- bis unter 70-Jährige) bzw. 115 Euro (70- bis unter 80-Jährige) pro Monat deutlich mehr Geld für die Gesundheitspflege ausgeben als der bundesdeutsche Durchschnittshaushalt (82 Euro). Mit 125 Euro pro Haushalt und Monat stellen für die über 80-Jährigen Ausgaben für Gesundheitsleistungen neben den Wohn- und Nahrungsmittelkosten einen der höchsten Posten aller Konsumausgaben dar (EVS 2007).

Hinzu kommen gesundheitsbezogene Leistungen, die von den Sozialversicherungssystemen bzw. der öffentlichen Hand getragen werden.

Die Gesundheit gewinnt im Alter aber nicht nur aus finanzieller Perspektive an Bedeutung. Das Gesundheitsverhalten im Alter ist insgesamt ausgeprägter als in jüngeren Kohorten in Bezug auf das Sucht- und Ernährungsverhalten. Hingegen sind gesundheitsfördernde körperliche Aktivitäten in jüngeren Kohorten stärker verbreitet und nehmen im Alter wieder ab (Renner, Staudinger 2008).

Unterscheidet man Nutzungszusammenhänge in den beiden Kategorien »gesundheitsorientierte« und »wellness-orientierte« Dienstleistungen, können bezogen auf die verschiedenen Altersgruppen folgende Aussagen getroffen werden: Deutlich unterdurchschnittlich gesundheitsorientiert sind Personen unter 40 Jahren, diese nehmen vorrangig Wellness-Angebote wahr. Die Wellness-Orientierung nimmt mit zunehmenden Alter rapide ab; hier wiederum rücken gesundheitsorientierte Dienstleistungen in den Mittelpunkt des Interesses. Diese werden in der Altersspanne zwischen 40 und 70 Jahren am intensivsten genutzt. Aufgrund der demographischen Entwicklung öffnet sich für diese Altersgruppe (hier insbesondere auch für die über 70 Jährigen) möglicherweise eine Dienstleistungslücke in der Primär- bzw. Sekundärprävention, die durch kommerzielle Gesundheitsdienstleistungen geschlossen werden könnte.

Durch den demographischen Wandel wächst der Gesundheitswirtschaft also ein Nachfragepotential zu, dass aktiv beworben werden muss und dessen gesundheitsorientierte Bedürfnisse in das Dienstleistungsangebot der Anbieter integriert sein wollen. Dies gilt im Grundsatz für den ersten wie für den zweiten Gesundheitsmarkt gleichermaßen, allerdings dürfte die Dynamik im zweiten noch ausgeprägter sein, da gerade hier eine »niveaubedingte« Nachfragesteigerung zu erwarten ist. Dies gilt in besonderer Weise für solche Angebote und Dienste, die auf die subjektive Gesundheit, auf Erhalt von Lebensqualität, Förderung selbstständiger Lebensführung und dabei auch auf die Förderung der (wachsenden) gesundheitlichen Eigenverantwortung der nachrückenden Kohorten älterer Menschen zielen.

8.8.5 Fazit: Vernetzung zwischen Segmenten und Standorten der Gesundheitsproduktion

Aktuelle Studien prognostizieren eine Entwicklung hin zu einem integrierten Gesundheitsmarkt, bei dem ehemals trennscharfe Abgrenzungen verschwimmen (Kartte, Neumann 2008). So kann es zum Beispiel in verschiedenen Bereichen der Gesundheits- und Freizeitwirtschaft Ziel sein, die Gesunderhaltung bzw. die Formung des menschlichen Körpers zu unterstützen. Zum anderen wächst auch die private Nachfrage außerhalb des staatlichen Gesundheitssystems. Die Gesundheitsfelder erstrecken sich dabei von der Anwendung neuer Heilungs- und Präventionsmethoden bei Volkskrankheiten über neue Operations- und Therapieverfahren bis hin zur Telemedizin. In allen Segmenten der Gesundheitswirtschaft lassen sich Bereiche identifizieren, deren private Nachfragepotentiale geradezu erblühen. Selbst der Kernbereich der ambulanten und stationären Versorgung, der bislang überwiegend durch die Krankenversicherungen abgedeckt wurde, erfährt z. B. durch privat bezahlte Schönheitsoperationen eine marktliche Öffnung, wenn auch zunehmend mit sozial selektiven Nutzungseffekten.

Durch den Ausbau der gesundheitsbezogenen und sozialen Dienstleistungen in den letzten Jahrzehnten hat sich die Gesundheitswirtschaft zu einem beschäftigungsintensiven und innovationsträchtigen Wirtschaftsbereich gewandelt, der auch eine ausgeprägte Zukunftsorientierung bietet. Die »Jobmaschine« Gesundheitswirtschaft und die neuen technologischen Optionen sind jedoch an bestimmte Bedingungen gebunden. Hierzu zählen neben der Vernetzung und der Koordinierung der Tätigkeiten auch ein kontinuierlicher Wissensaustausch der zentralen Akteure aus Wirtschaft, Politik und Wissenschaft sowie eine gemeinsame Definition und Koordination der angestrebten Ziele und Vorgehensweisen. Zuallererst muss dafür die Debatte im Gesundheitswesen in eine offensive Richtung gewandelt werden. Die einseitige Sicht auf die Kosten für die öffentlichen Haushalte verdeckt die innovativen Potentiale und Wachstumsperspektiven des Sektors (s. Kap. 3).

Speziell aus einer gerontologischen Perspektive wäre es jedoch verkürzt, lediglich die demographisch induzierten *quantitativen*

Wachstumseffekte zu betonen. Vielmehr besteht speziell im Kernbereich der Gesundheitswirtschaft, nämlich der gesundheitlichen Versorgung, mit Blick auf ältere Menschen ein ganz erheblicher *qualitativer Veränderungsbedarf*, der bislang viel zu selten in der offiziellen Gesundheitspolitik thematisiert worden ist. Dazu gehört vor allem die bedarfs- und bedürfnisgerechte Anpassung der bestehenden Gesundheitsversorgungssysteme an das besondere Krankheitsspektrum älterer Menschen, d. h. an chronische Erkrankungen und an Multimorbidität. In besonderer Weise angesprochen sind dabei die Qualifikationen der verschiedenen Gesundheitsprofessionen, vor allem aber der niedergelassenen und in Krankenhäusern praktizierenden Ärzte, die immer noch zu stark auf Kuration, dagegen viel zu wenig auf Prävention und Rehabilitation ausgerichtet sind und die es sowohl in der Aus- wie in der Fort- und Weiterbildung dringend »demographiesensibel« anzupassen gilt (Naegele 2009). Daneben besteht speziell in der Versorgung geriatrischer Patienten ein ganz erheblicher Bedarf an vernetzter, d. h. integrierter Versorgung durch die einzelnen Systeme bzw. der in ihnen arbeitenden Fachkräfte. Einzubeziehen sind dabei nicht nur die Patienten selbst (z. B. Empowerment), sondern auch die privaten Helfer aus dem familiären und/oder informellen Umfeld. Zusätzlicher Handlungsbedarf besteht darüber hinaus in den immer noch, was ältere Patienten betrifft, stark vernachlässigten Bereichen Rehabilitation und Prävention.

Wenn es künftig darum geht, die auf Ältere bezogene Gesundheitswirtschaft als wesentlichen Motor für Wachstum und Arbeitsplätze anzuerkennen und entsprechend politisch zu gestalten, dann sollte dies in sozialpolitisch verantwortlicher Weise nur im Rahmen einer gleichzeitigen »Offensive« für Innovationen innerhalb der einzelnen Systeme erfolgen; mit dem Ziel, die Systeme wie die Gesundheitsprofessionen an demographisch veränderte gesundheitliche Bedarfs- und Bedürfnislagen anzupassen.

8.9   Pflege

In keinem anderen Bereich der Seniorenwirtschaft hat das demographische Altern der Bevölkerung eine so große Bedeutung wie im Pflegesektor, hier sind die Beschäftigungs- und Wachstumspotentiale am größten, gilt der Pflegesektor als ein zunehmend wichtiger Faktor für die Beschäftigungsentwicklung. Andererseits ist auch kein anderer Bereich der Seniorenwirtschaft so stark gesetzlich reguliert wie der Pflegesektor (Igl, Naegele, Hamdorf 2007). Von einem Pflege-»Markt« kann im Grundsatz keine Rede sein, schon allein deswegen, da Pflege weit überwiegend sehr alte Menschen betrifft, die i. d. R. kaum die Möglichkeit haben, sich marktrational (i. S. eines homo oeconomicus) zu verhalten. Umso wichtiger sind hier (allerdings derzeit noch nicht sehr weit greifende) Bemühungen zur Qualitätssicherung und zum Verbraucherschutz (s. Kap. 8.10.3).

Definition
▶ Unter Pflegebedürftigkeit ist das ständige Angewiesensein auf die persönliche Hilfe anderer bei den gewöhnlichen und regelmäßig wiederkehrenden Verrichtungen des täglichen Lebens (z. B. An- und Auskleiden, Körperpflege, Benutzung der Toilette, Essen und Trinken, häusliche Versorgung, Fortbewegung, Erhaltung und Vermittlung sozialer Kontakte) zu verstehen. Nach der Legaldefinition von Pflegebedürftigkeit im SGB XI gilt: »Pflegebedürftig sind Personen, die »wegen einer Krankheit oder Behinderung für die gewöhnlichen und regelmäßig wiederkehrenden Verrichtungen des täglichen Lebens auf Dauer, voraussichtlich für mindestens sechs Monate, in erheblichem Maße der Hilfe bedürfen.«◀◀

Der Grad der Pflegebedürftigkeit wird gegenwärtig (noch) durch drei Pflegestufen bestimmt, die jeweils unterschiedliche Leistungen nach sich ziehen. Die Feststellung selbst und die entsprechende Zuordnung zu einer der Pflegestufen werden vom Medizinischen Dienst der Krankenkassen vorgenommen.
      Das *verrichtungsbezogene* Konzept von Pflegebedürftigkeit ist seit langem in der Kritik. Diese richtet sich vor allem gegen die Ausgrenzung wesentlicher Dimensionen bei Personen mit eingeschränkter Alltagskompetenz. Benachteiligt sind insbesondere dementiell erkrankte Pflegebedürftige. Ein breiteres und zudem pflegewissenschaftlich begründetes Konzept von Pflegebedürf-

tigkeit, das auf die Überwindung des engen verrichtungsbezogenen Konzepts zielt, liegt seit 2009 vor (BMG 2009a; Wingenfeld et al. 2008) und wartet auf seine flächendeckende Umsetzung.

8.9.1 Arbeitsmarktpolitische Bedeutung

2008 bot der Pflegesektor rund 810 000 Arbeitsplätze, was etwa 580 000 Vollzeitäquivalenten entsprach. Erwirtschaftet wurde dabei ein Volumen von über 29 Mrd. Euro. (Enste 2009; Enste, Pimpertz 2008). In diesen Zahlen spiegelt sich nicht nur die Zunahme der Zahl der Pflegebedürftigen wider (s. Kap. 8.9.2), sondern insbesondere auch der Einfluss der umlagefinanzierten Pflegeversicherung (s. Kap. 8.9.3). Speziell am Beispiel der Pflege lässt sich eine wichtige Erkenntnis zur sozialen Dienstleistungsentwicklung insgesamt belegen: Diese verläuft immer dann positiv, wenn ihre Finanzierung gesichert ist (Bäcker, Naegele et al. 2010, Bd. II).

Dessen ungeachtet lässt sich gerade im Pflegesektor eine zutiefst widersprüchliche Argumentation erkennen: Zum einen gelten die (steigenden) Kosten der Pflege Kritikern als zunehmend bedeutsamer Beleg für das demographische Krisenszenarium, das auf die gesamt-gesamtgesellschaftliche Belastung des kollektiven Altern der Bevölkerung abhebt (s. Kap. 2.2). Andererseits signalisieren aus ökonomischer Sicht die steigenden Ausgaben gleichzeitig steigende Umsätze, denn hinter den Leistungen der Pflegeversicherung stehen in stark wachsendem Ausmaß Beschäftigte und Verdienste. So sind rund zwei Drittel der Pflegesätze in Heimen und dergleichen durch Personalkosten bedingt. Auch gilt zu beachten, dass längst nicht alle Ausgaben der Pflege durch die Pflegeversicherung finanziert werden: Private Haushalte sind immerhin mit 31 % und die Sozialhilfeträger mit 9 % an den Kosten beteiligt (Enste 2009).

Der professionelle Pflegesektor ist zu einem ganz erheblichen »Jobmotor« avanciert. Allein zwischen 1999 und 2007 hat sich die Zahl der hier beschäftigten Pflegekräfte um etwa 30 % erhöht. Dieser Anstieg betrifft insbesondere den stationären Bereich. 1999 gab es insgesamt 10 820 zugelassene Pflegedienste, bis 2007 stieg ihre Zahl nur um etwa 7 % auf heute rund 11 500.

Der ambulante Bereich ist heute mehrheitlich in privater Hand. Der Anteil privat-erwerbswirtschaftlicher Träger an allen zugelassenen ambulanten Pflegediensten lag 2007 bei knapp 58 %, frei-gemeinnützige Träger hatten hier einen Anteil von knapp 41 %. Ende der 1990er Jahre war das Verhältnis dagegen noch in etwa ausgeglichen. Öffentliche Träger gab es schon Ende der 1990er Jahre kaum, seither ist ihre Zahl sogar noch weiter zurückgegangen und lag 2007 bundesweit bei etwa 200 Anbietern.

Vergleichsweise stärker angestiegen im ambulanten Bereich ist die Zahl der Beschäftigten: Sie nahm zwischen 1999 und 2007 von etwa 184 000 auf rund 236 000 Beschäftigte zu. Unter Berücksichtigung der hohen Teilzeitquote hier entspricht dies rund 155 000 Vollzeitäquivalenten. Nur etwa ein Viertel der Beschäftigten waren hier 2007 vollzeitig tätig. Dies war bereits Ende der 1990er Jahre der Fall. Nahezu konstant geblieben ist der Anteil der geringfügig Beschäftigten mit jeweils etwas mehr als 20 %.

Vergleichsweise am stärksten gestiegen ist der stationäre Sektor. Gab es 1999 8 850 zugelassene Einrichtungen, so stieg ihre Zahl um 24 % auf über 11 000 im Jahre 2007. Mit etwa 55 % waren hier die frei-gemeinnützigen Einrichtungen etwas stärker, die privaten mit 38 % etwas schwächer vertreten. Dennoch ist auch hier der Anstieg privater Träger bemerkenswert, er betrug zwischen 1999 und 2007 etwa 40 % und war damit etwa doppelt so hoch wie im frei-gemeinnützigen Bereich. Für die Zukunft wird eine weitere Bedeutungszunahme erwartet (Enste, Pimpertz 2008). Der Anteil der kommunalen Träger ist seit Jahren rückläufig. Sehr häufig ist hier auch eine Ausgliederung auf GmbHs mit kommunaler Beteiligung erfolgt. Insgesamt entspricht der Anstieg der Zahl der Pflegeheime in etwa dem der Zahl der Heimplätze.

In allen Heimen arbeiteten 2007 rund 574 000 Beschäftigte, davon etwa 38 % der Beschäftigten auf Vollzeitbasis, aber etwa 54 % in einer versicherungspflichtigen oder versicherungsfreien Teilzeitbeschäftigung. 1999 waren es erst knapp 441 000 Beschäftigte. Der Anstieg ist dabei wesentlich auf die Ausweitung von Teilzeitbeschäftigung zurückzuführen.

Der überwiegende Tätigkeitsbereich des Heimpersonals lag 2007 bei Pflege und Betreuung (69 % der Beschäftigten, darunter 134 000 staatlich anerkannte Altenpfleger und knapp 62 000 Krankenschwestern und -pfleger). Auf den hauswirtschaftlichen und haustechnischen Bereich entfielen 21 % und auf die Verwaltung und Geschäftsführung etwa 5 % des Personals (Rothgang et al. 2009). Gerade in der stationären Pflege haben somit auch Fachfremde gute Jobchancen. Der Anteil geringfügiger Beschäftigung ist hier nur etwa halb so hoch wie im ambulanten Sektor.

Der Beschäftigungsausweitung in der professionellen Pflege kommt somit ein hoher, allerdings kaum quantifizierbarer indirekter Einfluss auf die Beschäftigungsentwicklung in Deutschland zu: Erst dadurch ist es vielen, vor allem weiblichen Beschäftigten möglich geworden, Pflege und Beruf miteinander zu vereinbaren. Vermutlich wären die beruflichen Einschränkungs- und Aufgabequoten aufgrund von privaten Pflegeverpflichtungen anderenfalls deutlich höher (Reichert 2003). Immerhin haben von den privaten Pflegepersonen etwa 10 % aufgrund von Pflegebedürftigkeit von Angehörigen ihre berufliche Tätigkeit vollständig aufgegeben und weitere 11 % teilweise eingeschränkt (Schneekloth 2006).

8.9.2 Pflegearrangements

Pflegebedürftigkeit ist heute kein Einzelschicksal mehr, sondern zu einem allgemeinen Lebensrisiko vor allem für sehr alte Menschen geworden. Die Zahl der in Deutschland lebenden Pflegebedürftigen im Sinne des SGB XI belief sich 2008 auf etwa 2,25 Mio. Personen. Weitere 3 Mio. Personen gelten zudem als »hilfebedürftig«. 68 % waren Frauen, 83 % 65 Jahre und älter, rund 35 % über 85 Jahre alt. Vor allem mit sehr hohem Alter steigt die Wahrscheinlichkeit, pflegebedürftig zu werden. Zunehmend sind dementielle Erkrankungen der Auslöser. In der Altersgruppe der 65- bis 70-jährigen Männer (Frauen) waren 2008 »nur« 2,8 % (2,4 %) pflegebedürftig, in der Altersgruppe der 85- bis 90-Jährigen dagegen bereits 26,9 % (39,7 %). Vor dem Hintergrund der erwarteten demographischen Vorausberechnungen, die einen

Anstieg insbesondere der Zahl sehr alter Menschen anzeigen (s. Kap. 4.1), wird eine deutliche Zunahme der Zahl der Pflegebedürftigen bis 2050 von – je nach Annahmen – zwischen 4,1 Mio. (Enste, Pimpertz 2008) und 4,7 Mio. (DIW 2008) erwartet, dabei insbesondere im Bereich schwerer Pflegebedürftigkeit (s. Kap. 8.9.6).

Grundsätzlich lassen sich zwei Versorgungssituationen unterscheiden: die häusliche Pflege sowie die Betreuung in einem Heim. Ende 2008 wurden mehr als zwei Drittel (68 % bzw. 1,53 Mio.) der Pflegebedürftigen zu Hause und 32 % (0,72 Mio.) in Pflegeheimen versorgt. Auch wenn sich diese Relation gegenüber dem Einführungsjahr der Pflegeversicherung 1994 (71 % zu 29 %) leicht nach oben verschoben hat, so bleibt der Privathaushalt der zentrale Ort der Betreuung und Versorgung.

In der *häuslichen Pflege* spielen die Angehörigen die entscheidende Rolle, Nachbarn oder Bekannte übernehmen eher selten Pflegeaufgaben. Nur rund jeder dritte Pflegehaushalt erhält Unterstützung durch professionelle Pflegedienste. In fast allen Fällen ist die Hauptpflegeperson eine eng verwandte Person, die wiederum in über der Hälfte der Fälle mit dem Pflegebedürftigen in einem gemeinsamen Haushalt lebt. Die Hauptlast der familiären Pflege tragen die Frauen, meist die Ehefrauen, oft die Töchter und Schwiegertöchter. Entsprechend der Altersstruktur der Pflegebedürftigen werden Pflegeleistungen von Familienangehörigen sehr häufig von älteren Menschen für ältere Menschen erbracht. Allerdings ist die Bereitschaft zur Übernahme häuslicher Pflege in den Familien heute deutlich voraussetzungsvoller geworden. Dies gilt insbesondere für die oberen sozialen Milieus und bezieht sich hier vor allem auf mehr Maßnahmen zur besseren Vereinbarkeit von Erwerbstätigkeit und Pflege, auf flexible Arbeitszeitarrangements sowie insgesamt auf mehr Pflegeberatung und entlastende Infrastrukturen (Blinkert 2007; Reichert, Naegele 2009).

Der Umzug in eine *stationäre Einrichtung* erfolgt heute in aller Regel erst dann, wenn aufgrund des Grades der Pflegebedürftigkeit und/oder aufgrund fehlender häuslicher Versorgungsmöglichkeiten keine andere Wahl mehr bleibt. Demenzerkrankungen bilden heute den wichtigsten Anlass. Ein hoher

Anteil der Heimbewohner wird zudem direkt aus den Akutkran-
kenhäusern übernommen. Rüstige ältere Menschen ziehen dagegen i. d. R. nicht in ein Heim – es sei denn, sie können und
wollen sich ein privates, sehr teures Altenwohnstift mit hohem
Prestigewert leisten. In der Konsequenz befinden sich in den
Heimen heute weit überwiegend Schwer- und Schwerstpflege-
bedürftige. Die Übersiedlung in ein Heim kommt dabei einer
Einbahnstraße gleich: Eine Rückkehr in eine Form selbstständigen Wohnens erfolgt nur selten (verschiedene Beiträge in Igl,
Naegele, Hamdorf 2007; Rothgang et al. 2009).

8.9.3   Institutionelle Rahmenbedingungen

Der Pflegesektor ist in hohem Maße gesetzlich reguliert. Im Pflegeversicherungsgesetz (SGB XI) und den damit verbundenen
Ergänzungsgesetzen sowie den auf Bundeländerebene verabschiedeten Landespflege- und Heimgesetzen werden wesentliche
Rahmenbedingungen für die Anbieter von stationären und ambulanten Pflegedienstleistungen gesetzt. Hierzu gehört insbesondere die gesetzliche Pflegeversicherung, die seit 1994/5 zu-
ständig ist für die Absicherung des sozialen Risikos der
Pflegebedürftigkeit. Träger der Pflegeversicherung sind die Pflegekassen, die organisatorisch den gesetzlichen und privaten
Krankenkassen zugeordnet sind. Jede Krankenkasse verfügt zugleich auch über eine Pflegekasse. Ihnen obliegt der *Sicherstel-*
lungsauftrag. Da Pflegekassen keine eigenen Einrichtungen vor-
halten (dürfen), mit denen sie den Sicherstellungsauftrag
erfüllen können, schließen ihre Landesverbände Versorgungsverträge mit den einzelnen Trägern von Pflegeeinrichtungen und
ambulanten Pflegediensten ab. Zumeist handelt es sich dabei um
frei-gemeinnützige und privat-gewerbliche Träger. Ihre Dienste
und Einrichtungen müssen zugelassen, d. h. qualitative Mindest-
voraussetzungen müssen erfüllt sein. Die Finanzierung der
Dienste und Einrichtungen folgt dabei einem »dualen Finanzie-
rungssystem«: Für die Kapazitätsvorhaltung und die Investitionen im stationären Sektor sind die Länder verantwortlich, die
laufenden Betriebs- und Versorgungskosten werden im Rahmen
der mit den Trägern ausgehandelten Sätze von den Pflegekassen

übernommen bzw. müssen durch den »Verkauf« von Eigenleistungen von den Anbietern selbst erwirtschaftet werden.

Der Versorgungsbedarf beim einzelnen Versicherten und die darauf bezogenen Leistungen (s. Kap. 9.9.4) werden von den Pflegekassen unter Einschaltung ihrer medizinischen Dienste selbst festgestellt. Im Gegensatz zur Krankenversicherung gilt bei der Pflegeversicherung das Bedarfsdeckungsprinzip nicht. Ziel ist es, lediglich die pflegerische Grundversorgung abzusichern, die Kosten für Unterkunft, Verpflegung sowie für die Pflegeleistungen, die über die Grundversorgung hinaus reichen, müssen hingegen selbst getragen oder im Bedarfsfall von der Sozialhilfe übernommen werden (»Teilkaskoversicherung«).

Seit 2008 hat der einzelne Versicherte gegenüber den Pflegekassen einen Rechtsanspruch auf umfassende Pflegeberatung im Rahmen eines Fallmanagements, welches die zielgerichtete Unterstützung des Einzelnen gewährleisten und für die Anpassung des Versorgungsarrangements an veränderte Bedarfe sorgen soll. Quartiersbezogene Pflegestützpunkte (je 20 000 Einwohner) sollen künftig integrierte wohnortnahe Versorgungs- und Betreuungsleistungen fördern und ermöglichen (KDA 2009; Lang 2007). Beide befinden sich derzeit noch in der Erprobungsphase.

8.9.4 Leistungen der Pflegeversicherung und Inanspruchnahme

Die im Falle von Pflegebedürftigkeit von den Pflegekassen gewährten Leistungen unterscheiden sich in Leistungen bei häuslicher, teilstationärer und stationärer Pflege sowie in Sach- und Geldleistungen. Grundsätzlich besteht dabei für den Einzelnen die Wahlfreiheit. Die Leistungen gehen nur an die Pflegebedürftigen selbst. In ihrer Höhe staffeln sie sich jeweils nach dem Grad der Pflegebedürftigkeit (vgl. **Tab. 8.2**).

Ende 2008 erhielten rund 2,25 Mio. Personen Leistungen der (gesetzlichen und privaten) Pflegeversicherung. 68 % wurden ambulant und 32 % stationär versorgt. Von den ambulant versorgten Leistungsempfängern waren etwa 59 % in der Pflegestufe I, 32 % in der Pflegestufe II und 9 % in der Pflegestufe III. In der stationären Pflege waren erwartungsgemäß die oberen Pflegestu-

fen stärker vertreten: 40 % gehörten zur Pflegestufe I, weitere 40 %
zur Pflegestufe II und 20 % zur Pflegestufe III. Insgesamt hat sich
seit 1995 die Zahl der pflegebedürftigen Leistungsempfänger deutlich erhöht: von 1,55 Mio. auf 2,25 Mio. Ende 2008. Dies entspricht
einem Anstieg von rund 45 %, der sich wie folgt verteilt: ambulante Pflege +32 %, stationäre Pflege +49 %. Der Anstieg betrifft
somit überproportional den stationären Bereich.

Tab. 8.2: Sach- und Geldleistungen der Pflegeversicherung nach
Leistungshöhe in Euro (Stand 2010)

	Pflegestufe I Erheblich Pflege-bedürftige	Pflegestufe II Schwerpflege-bedürftige	Pflegestufe III Schwerstpflege-bedürftige
Ambulante Pflege			
Pflegegeld	225	430	685
Pflegesachleistung	440	1 040	1 510 in Härtefällen bis zu 1 918
Stationäre Pflege	1 023	1 279	1 510 in Härtefällen bis zu 1 825
Kurzzeitpflege bzw. Pflegevertretung	Bis zu 1 510 Euro bis max. 4 Wochen/Kalenderjahr		
Tages- und Nacht-pflege	440	1 040	1 510
Anpassung des Wohnumfelds	2 557 je Maßnahme (unter Berücksichtigung einer angemessenen Eigenbeteiligung)		

Die Verteilung der Leistungsempfänger nach Leistungsarten zeigt
eine immer noch herausragende Bedeutung des Pflegegeldes.
Ende 2005 wählten etwa 48 % der Empfänger diese Leistungsart,
gefolgt von knapp 28 % der Leistungsempfänger von vollstatio-
närer Pflege. Gut 10 % beanspruchten die Kombinationsleistung
aus Pflegegeld und Pflegesachleistung. Und nur knapp 9 % ent-
schieden sich ausschließlich für die Pflegesachleistung. Die Verteilung der Leistungsarten variiert deutlich nach den Pflegestufen:
In der Pflegestufe I dominiert das Pflegegeld, in den Pflegestufen

II und III nimmt dann die Bedeutung der Sachleistung bzw. der vollstationären Pflege sukzessive zu. Generell hat sich in allen Pflegestufen der Anteil der stationären Leistungsempfänger zu Lasten der ambulanten Leistungen erhöht.

Von Interesse ist die Situation in der häuslichen Pflege: Betrug hier die Relation Geldleistungs- zu Sachleistungsempfängern bei Einführung der Pflegeversicherung noch 88:12, so lag sie Ende 2009 bei 79:21. Auffallend ist weiterhin die Zunahme der Kombinationsleistungen. Diese Entwicklung kann als Beleg für zunehmende Probleme der privaten Pflegehaushalte bei der Sicherstellung der häuslichen Versorgung und als steigender Bedarf an professioneller Unterstützung interpretiert werden. Allerdings ist nicht genau bekannt, wie viele illegal beschäftigte Pflegekräfte tätig sind (s. Kap. 8.7.4).

Obgleich die Sachleistungen deutlich höher als das Pflegegeld budgetiert sind, wird immer noch vergleichsweise selten auf professionelle pflegerische Dienste zurückgegriffen. Dies hat mehrere Gründe: Zunächst dürften finanzielle Motive überwiegen, denn das Pflegegeld steht als anrechnungs- und steuerfreies Einkommen zur individuellen Verfügung und kann das Haushaltsbudget nicht unerheblich aufbessern, ohne dass es für pflegebezogene Leistungen verwendet wird. Hinzu kommt die soziale Absicherung. Diese spielt insbesondere bei jenen pflegenden Angehörigen eine Rolle, die nicht (mehr) erwerbstätig sind oder wegen der Pflegeverpflichtungen ihre Erwerbstätigkeit aufgegeben haben (Reichert 2003, 2010). Zum anderen ist zu berücksichtigen, dass die von der Pflegeversicherung finanzierten Sachleistungen begrenzt sind, da die festgeschriebenen Leistungshöchstsätze – selbst bei Schwerstpflegebedürftigkeit – nur eine geringe Zahl täglicher Pflegeeinsätze ermöglichen und immer nur eine Ergänzung zur familiären Pflege darstellen. Dies kann ein Beweggrund dafür sein, lieber die Pflege ganz zu übernehmen und dafür ein ungeschmälertes Pflegegeld zu erhalten.

8.9.5   Ausgabenhöhe und -struktur

Betrachtet man die Struktur der Ausgaben, so hat 2008 die vollstationäre Pflege mit etwa 47 % (9,05 Mrd. Euro) knapp die

Hälfte der Gesamtausgaben von 19,14 Mrd. Euro ausgemacht; auf das Pflegegeld entfielen etwa 22 % (4,24 Mrd. Euro) und auf die Pflegesachleistungen knapp 14 % (2,60 Mrd. Euro) der Ausgaben. Für die übrigen Leistungen lässt sich folgende Ausgabenverteilung erkennen: Soziale Sicherung der Pflegepersonen 0,87 Mrd. Euro, Pflegemittel/technische Hilfen etc. 0,46 Mrd. Euro, Pflegeurlaub 0,29 Mrd. Euro und Kurzzeitpflege 0,27 Mrd. Euro. Seit Einführung der Pflegeversicherung 1994/1995 haben insbesondere die Ausgaben für die stationäre Pflege stark zugenommen, während die anderen Ausgabensektoren sich nur schwach erhöht haben (Sachleistungen) oder sogar rückläufig sind (Pflegegeld) (BMG 2009b).

Für den einzelnen Heimbewohner stellt sich die Kostensituation wie folgt dar: In der Pflegestufe I betrug die monatliche Vergütung 2007 für die Pflege, Unterkunft und Verpflegung durchschnittlich 1 915 Euro/Monat, in der Pflegestufe II 2 340 Euro und in der Pflegestufe III 2 766 Euro/Monat (Rothgang et al. 2009). Seit Einführung der Pflegeversicherung lässt sich zudem wieder ein kontinuierlicher Anstieg der Sozialhilfeempfänger in den Heimen beobachten. So sank zwar die Empfängerquote (bezogen auf alle Empfänger innerhalb und außerhalb von Einrichtungen und die Gesamtbevölkerung in 1000) durch Einführung der Pflegeversicherung von 8,6 auf 3,5 (1998), lag aber 2008 bereits wieder bei 4,5 (Statistisches Bundesamt 2009b).

8.9.6 Pflege im demographischen Umbruch – Beschäftigungs- und Wachstumsmotor der Zukunft

Vorliegende Szenarien auf der Grundlage von demographischen Vorausberechnungen lassen für 2050 fast eine Verdreifachung der Zahl der Beschäftigten sowie einen Anstieg des Umsatzvolumens auf bis zu 90 Mrd. Euro erwarten (Enste 2009). Im Einzelnen werden folgende Entwicklungen prognostiziert (vgl. **Tab. 8.3**).

Tab. 8.3: Beschäftigungsprojektion im Pflegebereich bis 2050 (Quelle: Enste, Pimpertz 2008: 9; Daten für 2005: Statistisches Bundesamt, 2007; ab 2010 Schätzungen des Instituts der deutschen Wirtschaft Köln)

Ohne Produktivitätsfortschritt			
	Ambulante Pflege	Stationäre Pflege	Gesamt
2005	140 514	408 768	549 282
2010	165 876	504 840	670 716
2020	218 325	681 174	899 499
2030	272 160	846 720	1 118 880
2040	316 680	960 960	1 277 640
2050	369 000	1 180 800	1 549 800
Mit 0,5 % Produktivitätsfortschritt pro Jahr			
	Ambulante Pflege	Stationäre Pflege	Gesamt
2005	140 514	408 768	549 282
2010	161 793	492 111	653 904
2020	202 581	632 674	834 255

Diese Entwicklung wird im Wesentlichen auf zwei Gründe zurückgeführt: die Zunahme der Zahl zumeist sehr alter Pflegebedürftiger – entsprechend dem starken Anstieg sehr alter Menschen (s. Kap. 4.1) – sowie der Rückgang im informellen Pflegepotential bzw. in den privaten Pflegearrangements (Blinkert 2007). Vorliegende Status-Quo-Erhebungen zur künftigen Pflegebedürftigkeit reichen ebenfalls bis 2050 und kommen – je nach Annahmen – zu Zahlen auf zwischen 4,1 Mio. (Enste, Pimpertz 2008) und 4,7 Mio. (DIW 2008). Allerdings beruhen derartige, allein aus der Alterszusammensetzung der Bevölkerung abgeleitete Berechnungen auf bestimmten und durchaus strittigen Voraussetzungen: Die gegenwärtigen Pflege- und Erkrankungswahrscheinlichkeiten (Prävalenzen) nach Altersgruppen werden dabei i. A. konstant gesetzt und auf die zukünftigen Altersgruppen übertragen. Da die Besetzungsstärke vor allem in den höheren Altersgruppen steigt, erhöht sich entsprechend auch die Zahl der Kranken und Pflegebedürftigen. Hinzu kommt, dass auch die gerontologischen Kenntnisse bezüglich der Zukunft der

Gesundheit im Alter keineswegs eindeutig sind (Kompressions-
vs. Medikalisierungsthese; verschiedene Beiträge in Kuhlmey,
Schaeffer 2008). Nicht zuletzt lassen derartige Status-quo-Sze-
narien potentielle Innovationen in Medizin und Prävention (z. B.
bei der Begrenzung des Demenzrisikos) außer Acht.

Schwierig ist es insbesondere, den Entwicklungstrend der Art
der Versorgung – ambulant, teilstationär oder stationär – und
damit die Inanspruchnahme der Leistungsvarianten der Pflegeversicherung und die Verteilung auf die Pflegestufen einzuschätzen. Hier lässt sich ein breites Band von Bestimmungsfaktoren
identifizieren, die vom ökonomischen, sozial-strukturellen und
sozial-kulturellen Wandel geprägt sind (Blinkert 2007):

• Durch die niedrige Geburtenhäufigkeit wird sich das familiäre Pflegepotential ausdünnen; da immer mehr ältere Menschen keine oder nur wenige Kinder haben, fehlen im Umfeld
  der Abstammungsfamilie Personen, die eine häusliche Pflege
  übernehmen können.
• Dieser Prozess eines rückläufigen familiären Pflegepotentials
  überlagert sich mit den Auswirkungen der steigenden Frauenerwerbstätigkeit, veränderten Lebens- und Familienformen
  und wachsender beruflicher und räumlicher Mobilität.
• Insbesondere der erwartete Anstieg kleinerer bzw. von Ein-
  personenhaushalten Älterer (s. Kap. 4.2) begrenzt die Möglichkeiten ambulanter häuslicher Versorgung durch naheste-
  hende familiäre und informelle Helfer.

Vieles deutet darauf hin, dass sich die schon jetzt beobachtbare
Verschiebung von den ambulanten auf teilstationäre und stationäre Versorgungsformen fortsetzen wird, ebenso die von den
Geldleistungen hin zu den Sach- und Kombinationsleistungen.
So prognostiziert das Institut der deutschen Wirtschaft (IW) auf
der Basis von Status-quo-Annahmen einen Anstieg der Plätze in
der stationären Pflege (von jetzt rd. 723 000) auf knapp 2 Mio.
und eine Zunahme der Zahl ambulanter Pflegesachleistungen
(von jetzt etwa 507 000) auf über 1,2 Mio., andererseits einen
Rückgang in der Angehörigenpflege (von jetzt etwas über 1 Mio.
Fälle) auf rund 900 000 in 2050 (Enste, Pimpertz 2008). Studien
zur Pflegebereitschaft in Privathaushalten stützen derartige Sze-

narien, indem sie z. B. einen Rückgang der Milieus mit hoher familiärer Pflegebereitschaft prognostizieren (Blinkert 2007).

Andererseits ist die Frage, in welchem Maße sich diese Trends weiter ausprägen werden, nicht losgelöst von den politisch gestaltbaren Maßnahmen zur Stärkung des familiären, nachbarschaftlichen und ehrenamtlichen Pflegepotentials zu sehen. Wenn es beispielsweise gelingt, familiäre Pflege und Berufstätigkeit besser als bislang zu vereinbaren, dann kann über diesen Weg der steigende Bedarf an professionellen Pflegeleistungen zwar nicht gestoppt, aber doch begrenzt werden. Dies wird ebenfalls durch Studien bestätigt, welche die künftige familiäre Pflegebereitschaft als eindeutig abhängig von der Bereitstellung infrastruktureller Stütz- und Vereinbarkeitsmaßnahmen ausweisen (Blinkert 2007)

Für die Seniorenwirtschaft im Segment Pflege kann als gesichert gelten, dass der Pflege-»Markt« angesichts der demographischen und sozial-strukturellen Trends ein Wachstumsmarkt bleiben wird. Dabei bleibt der Einfluss künftiger politischer Regulierungen unberücksichtigt. Eine zunehmende Liberalisierung und weiter wachsende Privatisierung könnte womöglich zu einer Begrenzung der Nachfrage nach professioneller Pflege führen, allerdings mit negativen Rückwirkungen insgesamt auf den Arbeitsmarkt bei dadurch bedingtem zunehmenden Rückzug von privaten Pflegepersonen vom allgemeinen Arbeitsmarkt. Auch ist die Entwicklung der Produktivität in der professionellen Pflege nicht vorhersehbar. Allerdings sind Produktivitätsfortschritte (Rationalisierungen, Pflegeroboter etc.) im arbeitsintensiven Pflegebereich zumeist nur zu Lasten der Pflegequalität zu erzielen. Damit würde sich die Seniorenwirtschaft – zumindest im Bereich der Pflege – in eine Richtung entwickeln, die ihre Protagonisten gerade nicht wollten, nämlich zu Lasten der Lebensqualität der Betroffenen.

Eine weitere, durchaus realistische Option ist die der Zunahme der illegalen Beschäftigung in der Pflege. Schon jetzt greifen viele Haushalte aus Kostengründen auf die (häufig illegale) Beschäftigung von ausländischen Pflegerinnen und Pflegern zurück. Nach Schätzungen sind bereits jetzt zwischen 100 000 und 150 000 Pflegekräfte illegal in deutschen Pflegehaushalten tätig (Enste, Pimpertz 2008). Genaue Daten sind aufgrund des überwiegend illegalen Charakters der Beschäftigungsverhältnisse bislang nicht vorhanden. Vorliegende Studien stützen sich aufgrund der schwierigen Datenlage daher vor allem auf qualitative Interviews (Karakayali 2008) bzw. Stichproben (Runde et al. 2009). Experten führen diese im internationalen Vergleich niedrigen Quoten auf die relativ gut ausgebaute und (nicht zuletzt über die Pflegeversicherung) gut refinanzierte professionelle Pflegeinfrastruktur hierzulande zurück. Allerdings sind sie z. B. in den Niederlanden oder skandinavischen Ländern noch deutlich niedriger. Demgegenüber weisen Staaten mit deutlich höherer illegaler familiärer Altenpflege durch Migranten, wie z. B. Italien und Spanien, nur eine vergleichsweise niedrige professionelle Pflegeinfrastruktur auf (verschiedene Beiträge in Larsen et al. 2009; Theobald 2008).

Aus Sicht der Pflegebedürftigen bzw. deren Angehörigen ist die Beschäftigung von Migranten und deren Aufnahme in der eigenen Häuslichkeit insbesondere aus Kostengründen attraktiv. Für eine »Rund-um-die-Uhr«-Betreuung, die insbesondere für Menschen mit dementiellen Erkrankungen oftmals die einzige Alternative zur stationären Pflege darstellt, entstehen Kosten von 800 und 1 200 Euro zzgl. Unterkunfts- und Verpflegungskosten. Bei Inanspruchnahme eines ambulanten Dienstes müssten für einen vergleichbaren Zeitumfang nach Schätzungen (ca. 3,5 Vollzeitäquivalente zzgl. Urlaubs- bzw. Krankheitsvertretung) bis zu 10 000 Euro kalkuliert werden. Mit den Leistungen der Pflegeversicherung ist eine solche umfassende Betreuung – selbst in Pflegestufe III – nicht refinanzierbar. Seitens der Pflegebedürftigen bzw. ihrer Angehörigen ist allerdings die Akzeptanz ausländischer Haushalts- und Pflegehilfen in den letzten Jahren deutlich gestiegen (Runde et al. 2009; Vincentz Network 2006).

Mit der jüngst verabschiedeten Reform des Pflegeversicherungsgesetzes wird die Beschäftigung von ausländischen Pflegekräften grundsätzlich erleichtert, da nach § 77 SGB XI nun auch Versorgungsverträge mit Einzelpersonen geschlossen werden können,[10] die die Bedingungen nach § 71 SGB XI zu Qua-

---

10 Vor der Reform war der Abschluss von Versorgungsverträgen mit sogenannten Einzelpersonen nicht möglich.

lifikationsprofilen etc. erfüllen. Das heißt, dass diese Leistungen nun auch innerhalb des höheren Budgets der Sachleistungen abgerechnet werden können. In § 72,3 SGB XI ist jedoch geregelt, dass bei mehreren Anbietern die Versorgungsverträge vorrangig mit privat-gewerblichen und frei-gemeinnützigen geschlossen werden sollen. Die Zulassung wird weiterhin dahingehend beschränkt, dass »Verträge mit Personen, die mit dem Pflegebedürftigen in häuslicher Gemeinschaft leben, unzulässig sind« (§ 77 SGB XI). Die Aufnahme der Pflege in das Entsendegesetz hat auf die derzeitigen legalen Beschäftigungsverhältnisse von Haushaltshilfen aus Osteuropa hingegen zunächst keinen Einfluss, da diese ja explizit keine Pflegeleistungen erbringen dürfen, weshalb die illegalen Beschäftigungsverhältnisse per se nicht erreicht werden. Spätestens mit der Vollendung der Arbeitnehmerfreizügigkeit in der Europäischen Union zum 1. Mai 2011 wird jedoch die Beschäftigung von Migranten und Migrantinnen aus osteuropäischen Staaten uneingeschränkt – allerdings zu Bedingungen der deutschen Arbeits- und Sozialgesetzgebung – legalisiert. Inwieweit dann illegale Beschäftigungsverhältnisse tatsächlich in legale überführt werden, bleibt abzuwarten.

Auch in der Pflege gilt der Technikeinsatz und/oder computergestütztes »assisted living« als wirksame Möglichkeit zur Unterstützung der Betroffenen einschließlich ihrer privaten und/oder professionellen Helfer. Allerdings ist ihr Verbreitungsgrad – je nach System und/oder Zielgruppe – vergleichsweise gering bzw. vernachlässigbar. In Anlehnung an eine von der Enquete-Kommission »Pflege« des nordrhein-westfälischen Landtages in ihrem Abschlussbericht von 2006 u. a. vorgenommene Systematisierung möglicher technischer Hilfen, einschließlich solcher der Kommunikations- und Informationstechnologie, lässt sich eine Unterscheidung in eine »Allgemeine Technik zur Förderung selbstständiger Lebensführung im Alter« sowie »Technische Haushalts- und Mobilitätshilfen« treffen (Landtag NRW 2005; s. Kap. 8.2).

Unter allgemeine technische Maßnahmen fallen z. B. drehbare Pflegebetten, innovative Rollstühle oder leicht handhabbare Handys etc., während technische Haushalts- und Mobilitäts-

hilfen insbesondere auf die Ausstattung privater Haushalte
älterer Menschen mit bedienerfreundlichen Haushaltsgeräten
fokussieren, sowie spezielle technische Geräte umfassen, mit
denen spezifische Beeinträchtigungen kompensiert werden können wie Rollatoren oder Rollstühle. Letztere sind insbesondere
durch moderne Mikroelektronik verbessert und verfeinert worden.

Ganz besondere Aufmerksamkeit haben in den letzten Jahren
sogenannte Serviceroboter erhalten, die mit Blick auf ihre potentiellen Einsatzmöglichkeiten in der häuslichen Altenpflege auch
als Pflegeroboter bezeichnet werden. Dieses technische System
will zum einen Unterstützungen für den Alltag leisten (z. B. Ho-
len und Anreichen von Haushaltsgegenständen, Unterstützung
beim Greifen oder Heben, Mobilitätsförderung) und zum anderen zur Eigeninitiative anleiten. Das vom Fraunhofer Institut für
Produktionstechnik und Automatisierung entwickelte System
»Care-O-Bot« reagiert dabei auf akustische Sprachsignale.

Hinzu kommen technische Hilfsmittel im Zusammenhang
mit der Wohnungsanpassung, die das Haushaltsmanagement
und den Pflegealltag erleichtern können (s. Kap. 8.5.1) sowie
technikgestützte Gesundheitsförderung und -kontrolle
(s. Kap. 8.8.3).

Kontrollfragen zu Kapitel 8

Warum handelt es sich bei der Seniorenwirtschaft um ein
»Cluster« und wodurch ist dieses Cluster gekennzeichnet?

Warum nimmt das »Wohnen« eine zentrale Position in der
Seniorenwirtschaft ein?

Welche Sektoren verfügen über besonders hohe Wachstumsperspektiven?

Welche Restriktionen stehen einer Expansion der Seniorenwirtschaft entgegen?

Weiterführende Literatur

Bundesministerium für Familie, Senioren Frauen und Jugend (BMFSFJ). (2006). *Fünfter Bericht zur Lage der älteren Generation in der Bundesrepublik. Potentiale des Alters in Wirtschaft und Gesellschaft. Der Beitrag älterer Menschen zum Zusammenhalt der Generationen.* Berlin:

Eitner, C. (2009). *Die Reaktionsfähigkeit des deutschen Einzelhandels auf den demographischen Wandel. Eine qualitative und quantitative Analyse unter zielgruppen- und netzwerkspezifischen Gesichtspunkten.* Inauguraldissertation. Bochum.

Goldschmidt, A.J.W. & Hilbert, J. (Hrsg.). (2009). *Gesundheitswirtschaft in Deutschland: Die Zukunftsbranche.* Stuttgart: Thieme.

Heinze, R.G., Ley, C. & Schneiders, K. (2010). Innovationsmotor Alter: Wohn- und Lebensformen im Wandel. In R.G. Heinze & G. Naegele (Hrsg.), *EinBlick in die Zukunft. Gesellschaftlicher Wandel und Zukunft des Alterns im Ruhrgebiet* (S. 303– 24). Münster: LIT Verlag.

Kuhlmey, A. & Schaeffer, D. (Hrsg.). (2008). *Alter, Gesundheit und Krankheit.* Bern: Huber

Mollenkopf, H. (2008). Neue technische Entwicklungen und Erhalt der Selbstständigkeit im Alter. In: A. Kuhlmey & D. Schaeffer (Hrsg.), *Alter, Gesundheit und Krankheit* (S. 225–244). Bern: Huber.

Schneiders, K. (2010). *Vom Altenheim zum Seniorenservice. Institutioneller Wandel und Akteurkonstellationen im sozialen Dienstleistungssektor.* Baden-Baden: Nomos.

Zahl, B., Lohmann, M. & Meinken, I. (2007): Reiseverhalten zukünftiger Senioren. Auswirkungen des soziodemographischen Wandels. In C.H. Lanzenauer & K. Klemm (Hrsg.), *Demographischer Wandel und Tourismus. Zukünftige Grundlagen und Chancen für touristische Märkte* (S. 91–108). Berlin: Erich Schmidt.

9 Sektorenübergreifende Herausforderungen für die Seniorenwirtschaft

Alle hier betrachteten Sektoren weisen aus seniorenwirtschaftlicher Sicht erhebliche Wachstumspotentiale auf, die bislang jedoch nur zum Teil aktiviert werden. Unterschiede bestehen vor allem zwischen, aber auch innerhalb der Bereiche. Während z. B. die Sektoren Soziale Dienste, Gesundheit und Pflege schon immer auf die Zielgruppe der Älteren fokussiert sind, befinden sich der Handel oder das Handwerk eher am Anfang einer strategischen Neupositionierung. Und die Wohnungswirtschaft als wichtige Querschnittsbranche übernimmt bislang nur ansatzweise die erforderlichen Koordinations- und Kooperationsaufgaben zwischen bzw. mit anderen Sektoren. Dies ist u. a. der hohen Zersplitterung des Marktes geschuldet, der in weiten Teilen durch eine sehr kleinteilige Eigentümerstruktur gekennzeichnet ist. Der in vielen Branchen Deutschlands besonders beschäftigungsintensive Mittelstand (kleine und mittlere Unternehmen mit teilweise nur wenigen Beschäftigten) scheint die Potentiale offensichtlich am wenigsten ausschöpfen zu können.

Die hier vorgestellten Sektoren der Seniorenwirtschaft unterscheiden sich somit zum Teil erheblich bezüglich der relevanten Unternehmensstrukturen, Akteurskonstellationen und institutionellen Rahmenbedingungen. Es kristallisieren sich folgende Handlungsfelder heraus, die über alle Sektoren hinweg von zentraler Bedeutung sind: Der nachhaltige Erfolg unternehmerischer Aktivitäten wird in allen Sektoren mitbestimmt durch ein entsprechendes *Marketing*, das auch Aspekte von *Design* und *Verpackung* mit einschließt, spezifische fachliche und sozialkommunikative *Qualifikationen* der Mitarbeiter sowie die *Sicherung der Qualität* der Produkte bzw. Dienstleistungen.

Fehlende bzw. mangelhafte Marketingkonzepte führen dazu, dass auf Seiten der Unternehmen keine ausreichenden Kenntnisse über Konsumwünsche und -bedürfnisse älterer Menschen vorliegen. Auf Seiten der Nachfrager bestehen einerseits Akzeptanzprobleme wie die Nicht-Identifikation mit der Gruppe der Älteren oder Probleme im Verständnis und Umgang mit Produkten und Dienstleistungen sowie andererseits auch Informationsdefizite über das bestehende Leistungsangebot der verschiedenen Sektoren. Erschwert wird die Entwicklung und Vermarktung einer Vielzahl seniorenwirtschaftlicher Produkte und Dienstleistungen auch durch die im Grundsatz bisher unbekannte Notwendigkeit der Kooperation sehr unterschiedlicher Sektoren bzw. Unternehmenstypen wie beispielsweise Touristikunternehmen und Anbietern von sozialen und Gesundheitsdienstleistungen. Hinzu kommt, dass die von einzelnen »schwarzen Schafen« angebotenen überteuerten Güter auf intransparenten Märkten (z. B. im Bereich des Betreuten Wohnens) zu einer Verunsicherung der potentiellen Zielgruppe geführt haben.

Zur weiteren Aktivierung der Sektoren sind vor diesem Hintergrund zum einen die Entwicklung eines Seniorenmarketings (s. Kap. 9.1), die Weiterbildung und Sensibilisierung der Mitarbeiter und Mitarbeiterinnen in den Unternehmen (s. Kap. 9.2) sowie die Forcierung der Entwicklung von Instrumenten der Qualitätssicherung und des Verbraucherschutzes erforderlich (s. Kap. 9.3). Strategien zur Koordination und Vernetzung der einzelnen Sektoren werden in Kapitel 10 im Rahmen der Seniorenwirtschaftsregionen dargestellt.

9.1 Seniorenmarketing

Die grundsätzliche Problematik des Seniorenmarketings besteht nicht nur in der Heterogenität der Zielgruppe (s. Kap. 5.1), sondern auch darin, dass die überwiegende Mehrheit der Älteren eine explizit *senioren*spezifische Ansprache, die einseitig entweder aus der Defizit- oder der Aktivitätshypothese abgeleitet wird, ablehnt. Aus Marketingsicht entsteht so ein Dilemma: Auf der einen Seite weisen ältere Menschen eine Reihe von Charaktereigenschaften und Werten auf, die sie von anderen Zielgruppen unterscheiden und auf die im Rahmen eines Marketingkonzepts eigentlich rekurriert werden müsste, auf der anderen Seite soll die Zielgruppenansprache nicht (zu) offenkundig auf das Alter bezogen sein, weil die Selbstzuordnung oft fehlt.

Als Konsequenz aus diesen Erkenntnissen wurde in Abkehr einer spezifischen Zielgruppenorientierung das Konzept des *Universal Design* entwickelt. »Design für Alle« (DFA) ist in Deutschland noch relativ neu und wurde vor allem in Architektur und Planung bzw. im Designkontext entwickelt. Dahinter verbergen sich Inhalte wie Gebrauchstauglichkeit bzw. Usability und Ergonomie, denen z. B. in der Entwicklung von Konsum- und Investitionsgütern bereits seit langem eine hohe Priorität eingeräumt wird (IDZ, SIBIS 2009). DFA-Produkte zeichnen sich dadurch aus, dass sie von einem möglichst großen Nutzerkreis – also nicht nur von Älteren – verwendbar sowie für unterschiedliche Anforderungen adaptierbar sind. Ziel des DFA ist nicht zuletzt, die Vergrößerung der Absatzmärkte für Produkte bzw. neue Absatzmärkte zu erschließen.

Dieser Anspruch der universellen Nutzbarkeit kann jedoch nicht für jedes Produkt bzw. technische Gerät eingelöst werden, da zum Teil von den verschiedenen Nutzergruppen divergierende Anforderungen gestellt werden. So ist z. B. für sehbehinderte Menschen ein audiobasierter Klingelton, für hörbehinderte Menschen dagegen ein visuelles Signal das geeignete Medium zur Übertragung von Warntönen. Den Gegenpol zum Design für Alle bildet die Konzentration auf sehr kleine Zielgruppen bzw. Nischenmärkte wie eben Menschen mit speziellen funktionalen Beeinträchtigungen.

Eine mittlere Option zwischen dem Anspruch der Nutzbarkeit für Alle und der sehr spezifischen Zielgruppenorientierung ist die Identifizierung von größeren Gruppen von älteren Menschen mit ähnlichen Anforderungen an Produkte bzw. Dienstleistungen. Mittlerweile haben fast alle führenden Marktforschungsinstitute Typologien der Älteren entwickelt, von denen man sich eine bessere Zielgruppenerreichung verspricht (s. Kap. 5.3). In den jeweiligen Modellen werden auf der Basis von Repräsentativbefragungen Ältere zu Gruppen mit ähnlichen Wert- bzw. Konsumpräferenzen zusammengefasst. In die Entwicklung der verschiedenen Typen gehen dabei neben Wert- und Bedarfsdimensionen teilweise auch Lebenslagefaktoren wie ökonomisches

Potential etc. ein. Ihre praktische Nutzbarkeit ist für Unternehmen, die sich in der Seniorenwirtschaft engagieren möchten, jedoch kritisch einzuschätzen. Die Typologien bzw. die den einzelnen Gruppen zugeordneten Werte und Bedarfe weichen zum Teil erheblich voneinander ab.

Mehr als grobe Hinweise auf die Präferenzen einzelner Zielgruppen können die Modelle nicht bieten. Auch in der Praxis wird eine Zuordnung zu einzelnen Gütergruppen nur in Ausnahmefällen vorgenommen (bspw. für den Wohnbereich; GdW 2008). In den meisten Modellen ist zudem eine grundsätzliche Fehleinschätzung erkennbar: Die oftmals sehr breite kalendarische Zielgruppeneingrenzung wie z. B. 50+ ist insofern kontraproduktiv, als sie die zunehmende Differenzierung des Alters vollständig negiert. In der Konsequenz fühlen sich jüngere Altersgruppen noch nicht und die über 70-Jährigen nur bedingt angesprochen. Auch insgesamt ist die (nicht nur kalendarische) Abgrenzung bestimmter Gruppen Älterer zu anderen im Marketing kritisch zu prüfen. Auch Produkte und Dienstleistungen für jüngere Altersgruppen werden nicht exkludierend beworben; die jeweilige Zielgruppe wird vielmehr durch die Gestaltung und das Design des Produktes sowie die Auswahl der Werbemittel zu erreichen versucht.

Auch aus verschiedenen Studien extrahierte »goldene Regeln« zum Seniorenmarketing reichen über traditionelle bzw. klassische Marketingstrategien nicht wesentlich hinaus. Hinweise, dass der »Nutzen bzw. der Mehrwert des Produktes herausgestellt werden müsse«, gelten für (fast) jedes Produkt und jede Zielgruppe; hilfreich sind jedoch solche zur Klarheit von Layout und Schriftgröße in Texten (grundsätzlich nicht kleiner als 14 Punkt, aber auch nicht wesentlich größer, da dies dann wieder als stigmatisierend empfunden werden kann) sowie zum Verzicht auf Anglizismen (MGFFI 2006: 25ff.). Letztendlich werden ältere Zielgruppen am besten erreicht, wenn man stigmatisierende Zuweisungen vermeidet und ähnliche Marketingstrategien wie für andere Altersgruppen verwendet.

Für die Auswahl der geeigneten *Medien*, mit denen ein Produkt bzw. eine Dienstleistung den potentiellen älteren Kunden näher gebracht werden kann (Zielgruppenansprache), kann auf vorliegende Untersuchungen zum Medienverhalten bzw. zur Mediennutzung zurückgegriffen werden, zumal diese eine gewisse Altersabhängigkeit ausweisen. Insbesondere das Fernsehen gewinnt im Alter zu Lasten anderer Medien wie Printmedien an Bedeutung (MGFFI 2006). Die größten Zuwachsraten in der Altersgruppe der über 65-Jährigen weist jedoch das Internet auf (s. Kap. 8.2.2). Der große Vorteil dieses Mediums ist die Anpassbarkeit der Vermittlung der Inhalte (z. B. variable Schriftgröße, Sprachausgabe) an die individuellen Präferenzen und Bedarfe der Nutzer.

Darüber hinaus ist zwischen den einzelnen Sektoren zu differenzieren. Während die Konsumgüterindustrie und ein Teil der pharmazeutischen Industrie Werbemaßnahmen insbesondere im Vorabendprogramm des Fernsehens plaziert, sind handwerkstypische Ansprechmedien für Ältere Faltblätter, Anzeigen in Wochenblättern, Apothekenzeitschriften oder in Kirchenzeitungen. Dies sind oft preiswerte Werbemittel, mit denen eine große Anzahl von potentiellen älteren Kunden erreicht wird. Wichtig ist auch hier die Formulierung der Werbung jenseits des Defizitmodells des Alters. So bewerben nur wenige Reiseanbieter Reisen für die Zielgruppe der Älteren als »Seniorenreisen«, was angesichts eines Anteils von 80 % der Älteren, die ihren Urlaub *nicht* in einem *Senioren*hotel verbringen wollen (Ranft 2001), nur stringent ist. Vielmehr ist ein sensibles und nicht offensichtliches Vorgehen Voraussetzung für einen Marketingerfolg. So haben z. B. Touristikunternehmen textliche Varianten für verschiedene Zielgruppen entwickelt, die graduelle Unterschiede im Bezug auf die Formulierung der Anforderungen an die körperliche Fitness von Städtetouristen aufweisen (MGFFI 2006: 29).

Neben den klassischen Werbeträgern ist in den letzten Jahren die Zahl der *Messen* im Bereich der Seniorenwirtschaft regelrecht explodiert. Neben der national ausstrahlenden RehaCare Düsseldorf, die zunächst auf Menschen mit Behinderungen, zunehmend aber auch auf alle Älteren fokussiert, ist eine Vielzahl von regionalen Messeangeboten getreten; zum Teil als Ergänzung zu allgemeinen Verbrauchermessen (wie die Vitactiv im Rahmen der ModeHeimHandwerk in Essen), zum Teil aber auch als eigenständige Fachmessen. Die SenOva, die im Zusammenhang mit dem Deutschen Seniorentag der BAGSO veranstaltet wird, ist die vielleicht größte nationale Fachmesse mit dem expliziten Fokus auf älteren Menschen.

Werbung im Sinne der Information über Produkte und Dienstleistungen kann aber auch über die Kontaktaufnahme in Seniorenbeiräten, Seniorennetzwerken und Seniorenclubs erfolgen. Hierfür ist jedoch – wie für die Erschließung der Seniorenwirtschaft insgesamt – ein entsprechendes Knowhow in den betroffenen Unternehmen erforderlich.

9.2   Qualifikation und Weiterbildung

Gerade die Zielgruppe der Älteren hat vergleichsweise hohe Ansprüche an die fachlichen, aber auch sozial-kommunikativen Kompetenzen der Anbieter. Nur gut aus- und weitergebildete Mitarbeiter können diesen Ansprüchen gerecht werden. Die *fachlichen* Anforderungen variieren dabei naturgemäß in Abhängigkeit vom jeweiligen Sektor. So sind im Handwerk jeweils aktuelle Kenntnisse über neue Produkte und deren spezifische Vor- und Nachteile (z. B. rutschhemmende Fliesen für den Sanitärbereich) und Verfahren und Techniken (z. B. die Voraussetzungen für den Einbau schwellenloser Balkonübergänge) zentral. Im Bereich der Gesundheits- und Pflegedienstleistungen konzentrieren sich die Qualifizierungsbedarfe beispielsweise auf innovative Diagnose- und Therapieangebote bzw. neue medizintechnische Produkte, während Beschäftigte im Sektor der sozialen Dienste im engeren Sinne ihre Kenntnisse bezüglich der aktuellen Rechtsprechung ständig aktualisieren müssen.

In allen Sektoren sind grundlegende Kenntnisse sozialrechtlicher Rahmenbedingungen von Relevanz. Insbesondere Informationen über die Möglichkeiten der Refinanzierbarkeit von Produkten und Dienstleistungen durch Sozialversicherungen bzw. die öffentliche Hand (z. B. bei Umbaumaßnahmen oder für Pflegehilfsmittel) ergänzen die fachliche Beratungskompetenz der Anbieter. Darüber hinaus ist über alle Sektoren hinweg die Ausbildung sozialkommunikativer Kompetenzen sowohl in Be-

zug auf den direkten Kundenkontakt, aber auch in Kooperation
mit anderen Anbietern bzw. Sektoren und weiteren Multiplikatoren bzw. Organisationen förderlich.

Die Defizite hinsichtlich der besonderen Bedarfe und Wünsche älterer Menschen sind in den klassischen Sektoren der Seniorenwirtschaft wie Pflege und soziale Dienste naturgemäß
aufgrund der bereits sehr zielgruppenorientierten Ausbildung
nicht ganz so ausgeprägt wie in den Sektoren Handwerk, Einzelhandel, Finanzdienstleistungen und Wohnen. Aber auch hier
ist die kontinuierliche Weiterbildung der Mitarbeiter u. a. über
angrenzende Fachgebiete erforderlich. Dies betrifft insbesondere Kenntnisse über lokale Beratungsinfrastrukturen (z. B. zur
Vermittlung weitergehender Beratungskompetenzen) und alternative Wohn- und Lebensformen für ältere Menschen. Aufge-
fordert sind neben den entsprechenden Kammern und Berufs-
verbänden insbesondere auch die Wirtschaftsförderungen in
den Städten und Gemeinden.

9.3   Qualitätssicherung und Verbraucher-
schutz

In allen wirtschaftlichen und gesellschaftlichen Bereichen gewinnen die Themen Qualitätssicherung und Verbraucherschutz aufgrund komplexer werdender Produkte und Dienstleistungen und
eines gestiegenen Verbraucherbewusstseins an Bedeutung. Entsprechende Aufgaben werden in Deutschland durch gesetzliche
Normen, aber auch im Rahmen verbandlicher, zivilgesellschaft-
licher oder unternehmerischer Initiativen übernommen. Gesetzliche Regelungen zur Qualitätssicherung finden sich insbesondere in den Bereichen, in denen die Gesundheit der Bürger
potentiell gefährdet ist, z. B. im Gesundheitswesen und in der
Pflege. In diesen Sektoren übernehmen staatliche Behörden die
Überprüfung der Einhaltung der Standards entweder selbst oder
beauftragen andere Organisationen (z. B. übernehmen die MDKs
die Überprüfung der Qualität in stationären Pflegeheimen gemäß
Pflegeweiterentwicklungsgesetz und das IQWIG-Institut für Qualität und Wirtschaftlichkeit im Gesundheitswesen die Überprü-

fung der Vor- und Nachteile medizinischer Leistungen für Patienten).

Für eine Vielzahl von Konsumgütern und technischen Geräten liegen auch umfangreiche Normen vor (DIN, ISO), auf die für die Beurteilung/bzw. Überprüfung der Qualität grundsätzlich zurückgegriffen werden kann. Technische Regeln werden in Deutschland, wie auch in anderen westeuropäischen Ländern, überwiegend von privatrechtlich verfassten Organisationen, vor allem dem »Deutschen Institut für Normung«, entwickelt. Die Genese der technischen Normen erfolgt im Rahmen von »Normenausschüssen«, an denen die interessierten Kreise beteiligt sind. Grundsätzlich steht jedem Akteur die Teilnahme an den Normenausschüssen offen. Der Teilnehmerkreis setzt sich in der Regel aus den Interessenverbänden des entsprechenden Wirtschafts- bzw. Berufszweiges, Vertretern großer Unternehmen sowie den Gewerkschaften und anderer gesellschaftlicher Gruppen zusammen. Die Beteiligung von potentiell schlecht zu organisierenden kollektiven Interessen (v. a. Verbraucherinteressen) wird staatlich unterstützt. Technische Normen erreichen oftmals eine faktische Rechtsrelevanz, was auch für den Bereich altersgerechter Wohn- und Lebensformen zutrifft. So wurde die DIN 18025, die die baulichen Anforderungen an das barrierefreie Wohnen für Menschen mit Behinderungen (Teil 1) bzw. für ältere Menschen (Teil 2) beschreibt, in eine Reihe von Landesbauordnungen in Form von technischen Baubestimmungen überführt. Die Re-Definition und Integration der beiden Normen in eine neue DIN 18040 steht noch aus.

Neben den Normen für den bautechnischen Bereich altersgerechter Wohn- und Lebensformen wurde 2006 die DIN 77800 verabschiedet, die als Dienstleistungsnorm Anforderungen an Informationspflichten in betreuten Wohnformen formuliert. Angestoßen durch Verbraucherverbände, die die Intransparenz im Bereich des Betreuten Wohnens kritisierten, konnte die DIN 77800 bislang jedoch nicht die Bedeutung der bautechnischen Normen erreichen. Bis Ende 2008 hatten sich lediglich 19 Anlagen zertifizieren lassen.

Ähnlich wie die DIN 77800 entstanden auch die meist auf regionaler bzw. lokaler Ebene entwickelten »Qualitätssiegel« im

Bereich des Betreuten Wohnens als Reaktion auf die Intransparenz im Bereich der vorstationären Wohnformen des Betreuten bzw. Service-Wohnens. Diese Strategie wird in Baden-Württemberg, Nordrhein-Westfalen, Sachsen-Anhalt, Bayern und Schleswig-Holstein verfolgt. Abgesehen von Baden-Württemberg und Nordrhein-Westfalen haben die Initiativen jedoch keinen hohen Verbreitungsgrad erzielen können. Die Anzahl der zertifizierten Einrichtungen gibt die Bedeutung der Siegel jedoch nur unzureichend wider. Das hohe Interesse an den Broschüren, in denen die Anforderungen dargestellt werden, zeigt, dass viele Investoren die Anforderungen als Folie für ihre Planungen nutzen, auch wenn sie sich anschließend u. a. aus Kostengründen nicht dem Zertifizierungsprozess unterziehen.

Vor allem im Bereich der Pflege kommen dem Verbraucherschutz und der Qualitätssicherung wegen der fehlenden Marktstärke der weitaus meisten Betroffenen eine hohe Bedeutung zu. Allerdings gilt gerade hier die »rechtliche und faktische Einlösung von Qualität in der Pflege« (Igl 2008: 41) als begrenzt. Zudem fokussiert die gesetzlich normierte Qualitätssicherung stark auf die stationäre Pflege, wohingegen sich die häusliche Angehörigenpflege weitgehend der Qualitätsüberprüfung entzieht. Dies gilt insbesondere für die hier traditionell stark dominierenden Geldleistungen (s. Kap. 8.9.4).

Die häusliche Versorgung durch Angehörige gilt naturgemäß als schwer zugänglich für Maßnahmen der externen Qualitätssicherung. Anders dagegen ist die Lage, wenn professionelle Pflege geleistet wird. Im Bereich der internen Qualitätsprüfung sind hier die Einrichtungen zwar zu Leistungs- und Qualitätsvereinbarungen verpflichtet, die gemeinsam mit den Pflegekassen festzulegen sind. Diese beziehen sich jedoch primär auf die Strukturqualität. Im Übrigen setzt das zuständige Bundesgesundheitsministerium hier stark auf das eigene interne Qualitätsmanagementbemühen seitens der Träger und begreift Qualität somit als einen Wettbewerbsfaktor. Unterstützend dazu wirkt die Entwicklung und flächendeckende Umsetzung von Expertenstandards und -niveaus (Igl 2008) jenseits der gesetzlichen Normierung.

Für die häusliche Pflege bleibt abzuwarten, inwieweit künftig die (gesetzlich eingeforderte) Pflegeberatung im Rahmen des

Fallmanagements in den neu geschaffenen Pflegestützpunkten zur Qualitätssicherung beiträgt (s. Kap. 8.9.3).

Als generelles Problem personenbezogener sozialer Dienste, das insbesondere auf die Pflege zutrifft, gilt die schwierige Überprüfung von Ergebnisqualität. Der Grund liegt darin, dass hierbei die für typische Vertrauensgüter (s. Kap. 8.7.3) erforderliche Messung von Outcomes kaum möglich ist, denn das Ergebnis ist nicht die Dienstleistung selbst, sondern ihre Wirkung. Diese wiederum lässt sich kaum eindeutig dem Input zuordnen, sondern ist neben dem Beziehungsgeflecht zwischen Diensterbringer und Dienstempfänger (»Ko-Produktion«) abhängig von zahlreichen weiteren Rahmenbedingungen wie z. B. in der stationären Pflege von vorherrschenden Pflegekonzepten, der Qualifikation des Personals oder der »Pflegekultur« einer Einrichtung (Bäcker, Naegele et al. 2010, Bd. II). Vergleichsweise neue Instrumente der Nutzerbeteiligung – teilweise noch in der Erprobungsphase – sind Beschwerdemanagement und Bewohnerbefragungen. Gelten letztere für die Erfassung von Merkmalen der Struktur- und Prozessqualität als durchaus geeignet, so ergeben sich auch hier hinsichtlich der Ergebnisqualität erhebliche methodische Probleme. So ist z. B. wenig darüber bekannt, wie diese von den älteren Nutzern selbst interpretiert wird. Neuere Konzeptualisierungen bei pflegebedürftigen älteren Menschen versuchen, Befunde und Konzepte aus der Lebensqualitätsforschung mit Bemühungen zur Erfassung von Ergebnisqualität zu verbinden (Schönberg 2005). Nahezu unlösbar scheint das Problem der angemessenen Nutzerbeteiligung im Falle dementiell erkrankter Pflegebedürftiger.

Als zentrale Akteure der Qualitätssicherung und des Verbraucherschutzes mit Blick auf ältere Menschen fungieren auch Verbände und Vereine allgemeiner Verbraucherinteressen. Eine Vielzahl von Verbraucherzentralen hält spezifische Beratungsangebote für ältere Menschen vor und/oder entwickelt Materialien und Publikationen als Entscheidungshilfen. Der größte Interessenverband für Senioren im engeren Sinne ist die Bundesarbeitsgemeinschaft der Seniorenorganisationen (BAGSO), die unter ihrem Dach über 100 Organisationen, Verbände und Initiativen der Altenarbeit vereint. Insgesamt vertritt die BAGSO damit ca.

12 Mio. Menschen. Neben der politischen Interessenvermittlung im engeren Sinne übernimmt die BAGSO zunehmend auch Aufgaben des Verbraucherschutzes. In diesem Zusammenhang hat die BAGSO u. a. eine Service-Gesellschaft gegründet, die die BAGSO Verbraucherempfehlungen verbreitet.

Von grundlegender Bedeutung für Qualitätssicherung und Verbraucherschutz in der stationären Pflege sind in diesem Zusammenhang auch die Arbeiten der BIVA e. V., die bundesweit die Interessen der Nutzer von Wohn- und Betreuungsangeboten im Alter und bei Behinderung vertritt. Derzeit erarbeitet die BIVA mit Unterstützung des Verbraucherministeriums ein internetgestütztes Verzeichnis aller Altenpflegeeinrichtungen, in dem neben den relevanten Strukturdaten weitere Qualitätshinweise enthalten sein sollen (www.heimverzeichnis.de).

Die Internetnutzung hat sich in der Zwischenzeit insgesamt zu einem wichtigen Medium zur Qualitätssicherung und Information (diesseits und jenseits der Pflege) entwickelt. In verschiedenen Internetforen und Communities tauschen sich heute Ältere über Vor- und Nachteile von Produkten und Dienstleistungen aus (www.feierabend.de). Auch die im Rahmen des Pflegeweiterentwicklungsgesetzes von 2008 erhobenen Ergebnisse zur Qualität stationärer und ambulanter Pflege werden im Internet veröffentlicht (www.pflegenoten.de). Durch den Einsatz dieser neuen Medien und Kommunikationsmöglichkeiten zwischen den Verbrauchern konnte ein Teil der strukturellen Probleme der Qualitätssicherung sozialer Dienstleistungen beseitigt werden.

Jenseits der Pflege beachtenswert sind darüber hinaus – allerdings regional begrenzte – Eigeninitiativen Älterer als Verbraucherschützer. So untersuchen z. B. ehrenamtlich tätige und eigens dafür geschulte Ältere als »Seniorenscouts« die »Seniorenfreundlichkeit« von Geschäften und dergleichen und vergeben u. a. Gütesiegel (so z. B. in Baden-Württemberg, Bayern und Mecklenburg-Vorpommern).

Gütesiegel mit Selbstverpflichtungscharakter gibt es seit kurzem auch im Handel: Angeregt durch die Bundesinitiative »Wirtschaftsfaktor Alter« werden hier zertifizierte Qualitätssiegel (z. B. Qualitätszeichen generationenfreundliches Einkaufen) in Pilotprojekten geprüft (s. Kap. 8.1.4).

Auf der örtlichen Ebene gehört die Nutzerbeteiligung sowohl zu den Regel- wie zu den freiwilligen kommunalen Aufgaben. Erstere beziehen sich insbesondere auf die durch die unterschiedlichen Kommunalverfassungen geregelten Mitwirkungsformen, die im Grundsatz allen offen stehen (wie beispielsweise Bürgerbegehren, Bürgerentscheid, Petition oder Einwohnerantrag) (Deutscher Bundestag 2002b; Naegele 2006a). Sie werden aber speziell von Älteren nur stark unterdurchschnittlich genutzt, und noch seltener als mögliche Instrumente der externen Qualitätssicherung bei sozialen Diensten (Frerichs et al. 1999). Dem entspricht ein vergleichsweise geringes Engagement der örtlichen Seniorenvertreter in den Pflegekonferenzen (Rosendahl 1999). Wenig bekannt ist, inwieweit sich die mittlerweile weit über 700 Seniorenbeiräte (Eifert 2005) in der Qualitätssicherung engagieren, obwohl immer wieder gefordert (Bertelsmann-Stiftung 2007; Naegele 2006a, 2006b). Nicht bekannt ist auch, ob die Qualitätssicherung für die (allerdings sehr wenigen) örtlichen »Senioren- und Demographiebeauftragten« ein wichtiges Betätigungsfeld darstellt.

Kontrollfragen zu Kapitel 9

Warum ist der Aspekt der Qualitätssicherung in der Seniorenwirtschaft von besonderer Bedeutung?

Welche Marketingmaßnahmen sind im Bereich der Seniorenwirtschaft besonders vielversprechend?

Mit welchen Qualifikationsanforderungen sind Unternehmen in der Seniorenwirtschaft konfrontiert?

Weiterführende Literatur

Gassmann, O. & Reepmeier, G. (2006). *Wachstumsmarkt Alter. Innovationen für die Zielgruppe 50+*. München: Hanser.
Meyer-Hentschel, H. & Meyer-Hentschel, G. (2008). *Jahrbuch Seniorenmarketing 2008/2009. Management in Forschung und Praxis*. Frankfurt/Main: Deutscher Fachverlag.

10 Die Förderung der Senioren- wirtschaft als strukturpolitische Strategie

Die in den letzten Jahren stark gewachsene Wirtschaftskraft Älterer und die zunehmende Heterogenität ihrer Konsumwünsche und -bedürfnisse sind auch Gegenstand wirtschafts- bzw. strukturpolitischer Initiativen. Ausgehend von Überlegungen, dem Negativszenario »Demographische Belastung« etwas entgegenzusetzen, wird darin – unter explizitem Bezug auf Vorbildaktivitäten z. B. in den USA und vor allem in Japan, wo die Potentiale des Silver Market längst erkannt worden sind – nach Wegen gesucht, die beiden Ziele einer Verbesserung der Lebensqualität älterer Menschen einerseits sowie die Erschließung neuer Beschäftigungspotentiale durch innovative Produkte und Dienstleistungen anderseits miteinander zu verknüpfen (vgl. Gerling et al. 2004, die Beiträge in Goldschmidt, Hilbert 2009; Scharfenorth 2004).

Angesichts der erheblichen Bedeutung der Vernetzung bzw. Kooperation verschiedener Branchen zur Entwicklung von Produkten und Dienstleistungen für ältere Menschen werden die Potentiale der Seniorenwirtschaft insbesondere im Kontext der regionalen Struktur- bzw. Wirtschaftspolitik diskutiert.

In neuen Ansätzen der regionalen Innovationsforschung wird betont, dass es nicht mehr isolierte Schlüsseltechnologien sind, die neuen Wohlstand und Arbeitsplätze schaffen, sondern die Zukunft in der Verknüpfung von Technologien und Dienstleistungen in Kompetenznetzen liegt. Kompetenzfelder, Cluster oder auch regionale Netzwerke sind die Stichworte, die genannt werden, wenn es um den zukünftigen Kurs der Strukturpolitik geht. Im Clusterkonzept wird empfohlen, die eigenen regionalen Stärken zu bündeln, um die oft noch schlummernden Innovationspotentiale zu entfalten. Zielgerichtete Interaktion und Kooperation in ausgewählten Kompetenzfeldern erhöhen die konkrete Handlungsfähigkeit regionaler Projekte und sind demnach wichtige Faktoren einer erfolgreichen Standortpolitik.

Von regionalen Innovationsnetzwerken, die sich durch ein enges Zusammenspiel von Wirtschaft, Wissenschaft und Politik und die Konzentration auf eigene regionale Kompetenzen auszeichnen, werden erhebliche arbeitsmarkt- und beschäftigungspolitische Impulse erwartet (Heinze 2009: 157).

In vielen deutschen Regionen ist die Seniorenwirtschaft in den letzten Jahren in diesem Kontext zu einem der wirtschaftspolitischen Leitthemen avanciert. Die Seniorenwirtschaft als Wachstumscluster wird sowohl auf der Ebene der Bundesländer durch die jeweiligen Landesregierungen (bspw. in NRW, Bayern und Niedersachsen) als auch in kleinräumigeren Einheiten (bspw. dem Ruhrgebiet) bzw. auf kommunaler Ebene (Herten, Bad Tölz) konzeptualisiert. Seniorenwirtschaftliche Aktivitäten wurden insbesondere von bzw. in deutschen Regionen entfaltet, die bereits Erfahrung mit strukturpolitischen Umwälzungen (NRW) hatten oder aber aufgrund der Bevölkerungsstruktur (Ruhrgebiet) eine erhöhte Sensibilität für das Thema aufweisen. Darüber hinaus wird das Thema im Kontext mit den Potentialen der Gesundheitswirtschaft und der Lösung strukturpolitischer Probleme (bspw. Mecklenburg-Vorpommern) fokussiert.

Nordrhein-Westfalen nimmt im Ländervergleich eine Vorreiterrolle ein. Die Aktivierung der wirtschaftlichen Potentiale Älterer ist dort bereits seit Ende der 1990er Jahre Teil der Strukturpolitik des Landes. Im Zusammenhang mit dem nordrhein-westfälischen Bündnis für Arbeit der damaligen Landesregierung wurde im Jahr 1999 eine Initiative Seniorenwirtschaft zur Aktivierung der »Wirtschaftskraft Alter« ins Leben gerufen. Die konzeptionelle Grundlage bildete das Memorandum »Wirtschaftskraft Alter« (Barkholdt et al. 1999). Hier wurde erstmals aufgezeigt, welche wirtschafts- und arbeitsmarktpolitischen Effekte durch eine Aktivierung der Wirtschaftskraft Älterer realisiert werden können. Innerhalb des nordrhein-westfälischen Bündnisses für Arbeit, Ausbildung und Wettbewerbsfähigkeit wurde eine Arbeitsgruppe »Seniorenwirtschaft« gegründet. Als Träger der AG Seniorenwirtschaft fungierten die Arbeitgeberverbände und Gewerkschaften, Kammern und Fachverbände von Handwerk, Industrie und Handel sowie die Landesregierung NRW; die Federführung oblagen dem Ministerium für Frauen,

Jugend, Familie und Gesundheit des Landes NRW (MFJFG-NRW) und dem Ministerium für Arbeit, Soziales, Qualifikation und Technologie des Landes NRW (MASQT-NRW). Für die Arbeitsgruppe wurden die Themenkomplexe

- Telekommunikation und Neue Medien,
- Wohnen, Handwerk und Dienstleistungswirtschaft,
- Freizeit, Tourismus, Sport, Wellness und Kultur

als prioritäre Handlungsfelder festgesetzt.

Die Arbeitsschwerpunkte wurden um die Themen »Ernährung im Alter« sowie »Ältere Menschen mit Zuwanderungsgeschichte« erweitert. Neben der Analyse und Diskussion wurden Handlungsempfehlungen und -strategien sowie Projektideen entwickelt. Darüber hinaus wurden die im Handlungsfeld notwendigerweise zu gestaltenden Rahmenbedingungen (z. B. Qualifizierung, Qualitätssicherung, Förderung von Existenzgründung) thematisiert. Aus der Landesinitiative ist eine Reihe von Projekten hervorgegangen, die zum Teil auch über die Laufzeit der Initiative hinaus Bestand haben. Hierzu zählen neben der Entwicklung von Materialien, die seniorenwirtschaftliche Initiativen unterstützen, vor allem die Gründung von neuen intermediären Organisationen (z. B. Kuratorium Qualitätssiegel Betreutes Wohnen für ältere Menschen in NRW e. V.) sowie die Einrichtung von Informations- und Schulungszentren (Handwerkszentrum Wohnen im Alter in Oberhausen), aber auch kleinere Existenzgründungen. Eine genaue Quantifizierung der unmittelbaren Beschäftigungseffekte aber ist nicht möglich; hervorzuheben sind vor allem die Schaffung neuer intermediärer Institutionen sowie eines regionalen Netzwerks, das wirtschaftliche, politische und wissenschaftliche Akteure zusammengeführt hat (vgl. Roes 2005).

In einer nordrhein-westfälischen Region, dem Ruhrgebiet, ist die Seniorenwirtschaft als strategische Option der Strukturpolitik von besonderer Bedeutung. Das Ruhrgebiet übernimmt hinsichtlich des in fast allen deutschen Regionen festzustellenden Bevölkerungsrückgangs eine Vorreiterfunktion. Der demographische Wandel trifft die Region früher und stärker als andere Regionen. Schon heute leben hier verhältnismäßig weniger junge Menschen, und der Anteil der Älteren liegt höher als im Landes- und Bundesdurchschnitt. Hinzu kommt, dass der Anteil der älteren Menschen mit Migrationshintergrund in den Großstädten des Reviers bereits jetzt sehr hoch ist und weiter wachsen wird.

Neben diesen demographischen Herausforderungen ist das Ruhrgebiet seit mehr als 30 Jahren von einem tiefgreifenden wirtschaftlichen Strukturwandel geprägt. Der Übergang von der Industrie- zur Dienstleistungsgesellschaft war im monostrukturierten Ruhrgebiet, das im Wesentlichen durch die Montanindustrien Kohle und Stahl geprägt war, besonders schwierig. Erst in jüngster Zeit wird das Ruhrgebiet auch als Metropolregion und Wirtschaftsstandort mit Perspektive wahrgenommen. Standortpolitische Profilierungen wurden u. a. durch den Aufbau neuer Wirtschaftssektoren wie beispielsweise dem Informations- und Kommunikationssektor vorgenommen. Der Bruttowertschöpfungsanteil der Dienstleistungen im Ruhrgebiet hat sich in der letzten Dekade ähnlich stark wie in Gesamtdeutschland entwickelt; innerhalb von zehn Jahren ist ihr Anteil an der Gesamtwertschöpfung um rund 12 % gestiegen, während das produzierende Gewerbe stark an Bedeutung verloren hat. Insbesondere die Gesundheitswirtschaft, die große Schnittmengen mit der Seniorenwirtschaft aufweist, hat sich mit mittlerweile knapp 200 000 Beschäftigten als Wachstumsmotor erwiesen. Einzelne Städte, wie etwa die Stadt Herten, haben sich in besonderer Weise dem Thema »Altersgerechte Stadt« verschrieben.

Auch in Niedersachsen und in Schleswig-Holstein wurden in Anlehnung an die nordrhein-westfälische Landesinitiative Leitlinien der Seniorenpolitik verabschiedet, die seniorenwirtschaftliche Aspekte thematisieren. Auf Bundesebene wird das Thema mittlerweile im Nachgang zum Fünften Altenbericht der Bundesregierung im Rahmen der Initiative »Wirtschaftsfaktor Alter« bearbeitet.

Kontrollfragen zu Kapitel 10

Warum ist die Förderung der Seniorenwirtschaft eine vielversprechende strukturpolitische Option?

Welche Erkenntnisse lassen sich aus den Erfahrungen in NRW ableiten?

Weiterführende Literatur

Roes, A. (2005). Die Landesinitiative Seniorenwirtschaft NRW. In G. Naegele & F. Schönberg (Hrsg.), *Alter hat Zukunft* (S. 359–374). Münster: LIT Verlag.

11 Japan – der Pionier

Von Florian Kohlbacher

Japan ist das vom demographischen Wandel am stärksten betroffene Land (Coulmas 2007) und gleichzeitig auch eines der fortschrittlichsten Länder in Bezug auf Produktentwicklung und Innovationen, mit wohlhabenden und konsumfreudigen, aber auch anspruchsvollen Konsumenten (Herstatt et al. 2006; McCreery 2000). Die Bevölkerung Japans ist im Jahr 2005 zum ersten Mal geschrumpft und Schätzungen für das Jahr 2009 zeigen, dass die über 64-Jährigen bereits 22,7 % der Bevölkerung ausmachen, die über 49-Jährigen sogar 43 % (Ministry of Internal Affairs and Communications 2009b). Diese tiefgreifenden Veränderungen der japanischen Bevölkerungsstruktur werfen eine Vielzahl wichtiger Fragen auf, die Unternehmen nicht unbeantwortet lassen können. Schon heute beeinflusst der demographische Wandel Personalpolitik, Marketing und Absatz vieler Unternehmen. Dieser Trend wird sich weiter verstärken.

Zwar stehen in Zeiten einer globalen Wirtschafts- und Finanzkrise in vielen Unternehmen andere Themen im Vordergrund, langfristig aber müssen sich nahezu alle Unternehmen der »Herausforderung demographischer Wandel« stellen, wenn sie auch in Zukunft erfolgreich sein wollen. Gleichzeitig bietet ein Engagement in einem so rasch alternden Markt wie Japan die Chance, frühzeitig von Erfolgsbeispielen und Lösungsansätzen zu lernen und diese auf den Weltmarkt zu übertragen. Japan erlebt momentan die schnellsten demographischen Veränderungen innerhalb der führenden Industrienationen, aber es ist nicht das einzige Land, auf das die Alterswelle zurollt. Die Erfahrungen im japanischen »lead market« (Kohlbacher, Herstatt, Schweisfurth 2010) können nicht nur wertvolle Einblicke in die gesellschaftlichen Implikationen des demographischen Wandels geben, sondern auch Trends, Chancen und innovative Ansätze für die Bearbeitung der sich entwickelnden Märkte aufzeigen.

11.1 Schrumpfung und Alterung der Erwerbsbevölkerung – Herausforderungen für Japans Wirtschaft

Im Jahr 2005 ist Japans Bevölkerung zum ersten Mal geschrumpft und damit auch seine Erwerbsbevölkerung. Sollten keine Maßnahmen ergriffen werden, um die Beteiligung von Senioren und Frauen am Erwerbsleben zu erhöhen, wird die arbeitende Bevölkerung stark abnehmen. Laut einem Weißbuch des japanischen Kabinettamtes wird die Erwerbsbevölkerung von 66,57 Mio. im Jahr 2006 auf 42,28 Mio. Personen im Jahr 2050 sinken (Cabinet Office 2009). Schon bis zum Jahr 2030 wird ein Rückgang um mehr als 10 Mio. Erwerbspersonen befürchtet. Prognosen zufolge wird bis zum Jahr 2015 bereits ein Viertel aller Japaner über 65 Jahre alt sein, bis zum Jahr 2025 bereits jeder Dritte. Bei den Frauen ist das Phänomen u. a. aufgrund der höheren Lebenserwartung sogar noch stärker ausgeprägt als bei den Männern. 2009 machten die über 64-Jährigen 22,7 % der Bevölkerung aus, bei den Frauen steht dieser Prozentsatz sogar bereits bei 25,4 %, d. h. jede vierte Frau in Japan ist mindestens 65 Jahre alt (Männer: 20,0 %). Die Generation 50+ liegt bei 43 % der Gesamtbevölkerung und wird damit schon bald – Prognosen sehen den Prozentsatz im Jahr 2030 bei 54,03 % (IPSS 2009a) – die Mehrheit in Japan bilden (Ministry of Internal Affairs and Communications 2009b).

Japans Bevölkerungsstruktur hat sich bereits von der Form der traditionellen Bevölkerungspyramide abgekehrt, und wird in den nächsten Jahren mehr und mehr die Form eines Drachenvierecks annehmen und somit die klassische Struktur im wahrsten Sinne des Wortes auf den Kopf stellen. Die Anzahl der älteren Menschen in Japan wird weiterhin ansteigen, während die Bevölkerung insgesamt aufgrund geringer Geburtenraten Hochrechnungen zufolge auf ca. 95 Mio. im Jahr 2050 schrumpfen wird (vgl. **Abb. 11.1**).

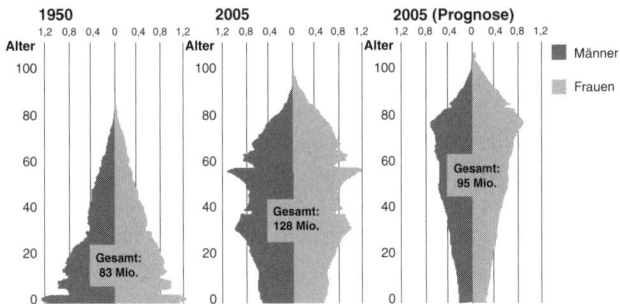

Abb. 11.1: Von der Pyramide zum Drachenviereck: Entwicklung
der japanischen Bevölkerungsstruktur 1950 – 2050
(Quelle: National Institute of Population and Social Security
Research, IPSS 2009b)

Ausgelöst durch die Veränderung der Bevölkerungsstruktur wird
die Bevölkerung im erwerbsfähigen Alter in Zukunft in vielen
Ländern immer stärker abnehmen. In Japan wurde diese Entwicklung zum Teil unter dem Schlagwort »Jahr-2007-Problem«
(nisennananen mondai) thematisiert, mit dem die planmäßige
Pensionierung der Babyboomer-Generation ab 2007 bezeichnet
wurde (Conrad 2008; Kohlbacher 2007; Nihon Rōdō Kenkyū
Zasshi 2006). Die japanische Babyboomer-Generation umfasst
nach der engen Definition die Jahrgänge 1947 bis 1949 und
macht einen beachtlichen Anteil der Erwerbsbevölkerung aus.
Legt man die weite Definition, die auch die Jahrgänge 1950 und
1951 mit einschließt, zugrunde, so gibt es insgesamt 10,7 Mio.
Babyboomer in Japan, von denen 2006 8,2 Mio. zur Erwerbsbevölkerung gehörten, mehr als 12 % der gesamten Erwerbsbevölkerung.

Unternehmen müssen damit rechnen, dass der Arbeitskräf-
tepool junger Japaner über kurz oder lang deutlich abnehmen
wird. Diese Entwicklung – gekoppelt mit einer schrumpfenden
Gesamtbevölkerung – führt dazu, dass sich Unternehmen in den
kommenden Jahren vermutlich auf ein steigendes Durchschnitts-
alter ihrer Belegschaft einstellen müssen. Des Weiteren werden
sich mit einer alternden Belegschaft langfristig auch Arbeitsab-
läufe und das Arbeitsumfeld ändern, denn ältere Mitarbeiter

haben andere physiologische sowie psychologische Voraussetzungen und Bedürfnisse und stellen auch andere Anforderungen an ihr Arbeitsumfeld (z. B. Mertens, Russell, Steinke 2008).

Unter den alternden Mitarbeitern sind oft wichtige Wissensträger und Experten, deren nahende Pensionierung zu Wissensverlust und Erfahrungsschwund führt, vor allem dann, wenn ein besonders geburtenstarker Jahrgang, wie beispielsweise Japans Babyboomer, gleichzeitig in Rente geht und eine Firma den Abgang mehrerer Wissensträger auf einmal zu verzeichnen hat. Eine wichtige Rolle spielt hierbei auch die japanische Art des Wissensmanagements in Organisationen, die vor allem auf implizitem, schwer kodifizierbarem Wissen basiert. Nachdem sich japanische Firmen hauptsächlich auf die direkte Weitergabe von Wissen durch persönliche Kommunikation und Interaktion konzentriert haben, gibt es eine große implizite Wissensbasis, die nie wirklich externalisiert – also von implizitem in explizites Wissen umgewandelt – oder schriftlich dokumentiert wurde. Jetzt könnte dieses Wissen im wahrsten Sinne des Wortes einfach zur Türe hinaus spazieren, wenn die Babyboomer in den Ruhestand gehen. Außerdem ist in Firmen mit traditionell japanischem Beschäftigungssystem – lebenslange Anstellung und Senioritätsprinzip – die Notwendigkeit für eine systematische und explizite Wissensdokumentation bei weitem nicht so groß wie bei Betrieben mit höherer Fluktuation wie in vielen Firmen in Europa und Nordamerika. Wissen wird in japanischen Firmen hauptsächlich im direkten Kontakt – sowohl während der Arbeitszeit als auch abends bei den häufigen gemeinsamen Abendessen – sowie durch On-the-job-Training in impliziter Form weitergegeben. Dies braucht natürlich Zeit, sodass ein gleichzeitiges Ausscheiden vieler Wissensträger sofort zu einem großen Problem wird (Kohlbacher 2006, 2007).

Was die Personalmanagementstrategien in Bezug auf die Babyboomer-Pensionierungen in Japan angeht, scheinen Firmen die Anstellung von älteren Arbeitnehmern und Frauen zu betonen, und dabei auch stärker die Entwicklung der Kompetenzen von Mitarbeitern zu fördern (Mitani 2008). Umfragen zufolge setzt eine deutliche Mehrheit der japanischen Firmen ein Weiterbeschäftigungssystem ein, wobei sie die Angestellten nach der

Pensionierung direkt wiedereinstellen oder deren Beschäftigung übergangslos verlängern. In der Regel erfolgt dies dann mit Einjahresverträgen, die nach Ablauf erneuert werden können. Der Hauptgrund für die Wahl dieser Option liegt in der damit verbundenden Kostenersparnis, da die Mitarbeiter nach Wiedereinstellung meist deutlich weniger als vorher verdienen (Conrad 2008; Williamson, Higo 2009). Mitani (2008: 20) kommt zu dem Schluss, dass obwohl viele Firmen planen, Personalmanagementstrategien zur Förderung der Beschäftigung älterer Menschen einzuführen, nur eine kleine Anzahl tatsächlich die (firmeninterne) Altersgrenze anhebt oder alle Mitarbeiter, die es möchten, weiter beschäftigt; er sieht darin einen Beweis für die vorsichtige Einstellung der Firmen gegenüber einer Ausweitung der Beschäftigung älterer Arbeitnehmer.

Zwischen 2005 – dem Jahr vor Inkrafttreten der Novelle des »Gesetzes zur Stabilisierung der Beschäftigung älterer Personen« – und 2009 hat sich die Anzahl der regulären Arbeitnehmer im Alter von 60 bis 64 Jahren um 80,8 %, und die derjenigen 65 und älter um 104,9 % erhöht (Ministry of Health, Labor and Welfare 2009); eine deutliche Auswirkung der im Jahr 2006 in Kraft getretenen Gesetzesnovelle. Diese stellt Firmen mit einem internen Ruhestandsalter von weniger als 65 Jahren vor die Wahl einer Anhebung der internen betrieblichen Altersgrenze, einer Einführung eines Weiterbeschäftigungssystems oder der gänzlichen Abschaffung der (betriebsinternen) Altersgrenze. Ziel ist das Erreichen einer Anpassung des Rentenalters auf 65 Jahre bis zum Jahr 2013 (vgl. **Abb. 11.2** sowie Fujimoto 2008). Eine Weiterbeschäftigung über dieses Alter hinaus bleibt den Firmen freigestellt.

Daten des Ministry of Health, Labour and Welfare (2009) zur Umsetzung der Gesetzesnovelle zeigen folgendes Bild (Stand Juni 2009): 97,2 % aller Firmen mit mehr als 50 Mitarbeitern haben eine der drei Maßnahmen umgesetzt, wobei es sich dabei um 98,7 % aller großen Firmen (mehr als 300 Mitarbeiter) und 95,3 % der Klein-und Mittelbetriebe (30–300 Mitarbeiter) handelt. Die meisten Firmen haben eine der drei Maßnahmen innerhalb des ersten Jahres nach der Novelle eingeführt (Fujimoto 2008). Große Firmen mussten bis Ende März 2009 und

kleine Firmen müssen bis Ende März 2011 eine der drei Maßnahmen umgesetzt haben, wobei bei Nichteinhaltung keine
Sanktionen vorgesehen sind. Der Prozentsatz an Firmen, in denen jeder Mitarbeiter, der möchte, bis 65 Jahre und länger weiter
arbeiten kann, beträgt 44,6 %, für bis zu 70 Jahre immerhin
16,3 %. Interessant ist dabei, dass dieser Prozentsatz bei Klein-
und Mittelbetrieben jeweils fast doppelt so hoch ist wie bei großen Firmen (Ministry of Health, Labor and Welfare 2009). Die
Dringlichkeit für eine Weiterbeschäftigung der Mitarbeiter
scheint also bei den Klein- und Mittelbetrieben deutlich stärker
ausgeprägt zu sein.

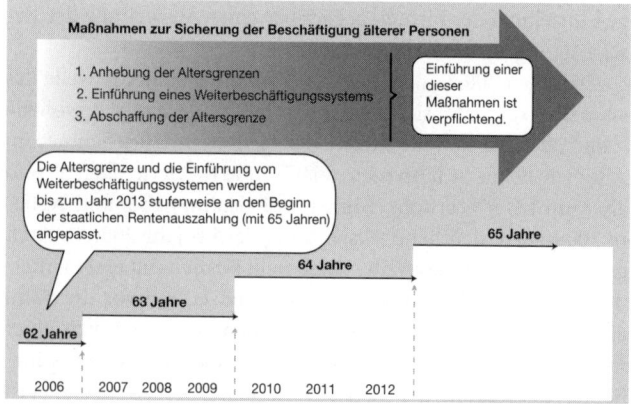

Abb. 11.2: Novelle des Gesetzes zur Stabilisierung der Beschäftigung
älterer Personen (Quelle: Ministry of Health, Labour and
Welfare 2006)

Die Weiterbeschäftigung oder Einstellung älterer Mitarbeiter
kann aber nicht voraussetzungslos durchgeführt werden. In Japan wird darüber hinaus die Bekämpfung der Altersdiskriminierung zu einem wichtigen Thema.

In einer empirischen Untersuchung in Japan konnten Yamada
et al. (2005) zeigen, dass ein niedrigeres Niveau an wahrgenom-
mener Altersdiskriminierung zu einem erhöhten Engagement
für die Organisation führt und somit die Hypothese unterstützen,
dass Organisationen ohne Altersdiskriminierung potentiell pro-

duktiver sind. Das Problem der Altersdiskriminierung ist sowohl
für die bestehende Belegschaft als auch für potentielle Jobkandi-
daten von Relevanz. Leider beharren selbst angesehene Experten
oftmals auf veralteten Ansichten und argumentieren, dass jüngere Mitarbeiter produktiver seien und dass »[a]ging depresses
the average quality of the workforce and lowers labor productivity« (Matsutani 2006: 78).

Auch sind gewichtige japanische Sonderprobleme zu beachten (z. B. Murata 2007). Bei einer Wiederanstellung oder Weiterbeschäftigung auf Vertragsbasis nach Ruhestandsantritt oder
Erreichen der betrieblichen Altersgrenze, müssen die Arbeitnehmer Gehaltseinbußen von bis zu 50 % hinnehmen (Williamson, Higo 2009). Jüngere, ehemals in der Hierarchie tiefer ange-
siedelte Angestellte haben nun eine höhere Stellung und/oder
sind sogar direkte Vorgesetzte. Aus diesem Grund bevorzugen
viele Wiederangestellte oder Weiterbeschäftigte, in einer anderen
Abteilung oder einer Tochter- oder Schwesterfirma eingesetzt
zu werden. Aber selbst wenn sie damit ehemaligen Mitarbeitern
oder Untergebenen aus dem Weg gehen können, müssen sie sich
doch in der Hierarchie unter den Jüngeren einordnen, was in
Japan aufgrund des teilweise immer noch stark verankerten Se-
nioritätsdenkens problematisch sein kann. Umgekehrt fühlt sich
die jüngere Generation durch die wieder angestellten oder weiter beschäftigten »Alten« in ihren Möglichkeiten, Innovationen
und Veränderungen voranzutreiben, eingeschränkt. Diese Pro-
blematiken, die daraus entstanden sind, dass die Babyboomer
nicht wie erwartet in den Ruhestand gehen, wurden vom japanischen Wirtschafts- und Demographieexperten Horiyuki Murata unter dem Stichwort »Retire Moratorium« zusammengefasst
(Murata 2007).

Dennoch lassen sich in diesem Zusammenhang nur schwer
pauschale Handlungsempfehlungen geben. Grundsätzlich
kommt es sehr stark auf die individuellen Bedürfnisse der Einzelnen sowie auf den Grad der Flexibilität an. Für ältere Arbeitnehmer z. B., die rein aus finanzieller Notwendigkeit weiter arbeiten, können die eingeschränkten Verdienstmöglichkeiten
nach Wiederanstellung ein Problem darstellen; für andere wiederum entspricht die mit dem geringeren Verdienst einherge-

hende geringere Verantwortung und niedrigere Zahl an Arbeits-
stunden genau ihren Wunschvorstellungen.

Laut Conrad (2008: 995) ist die dringendste Angelegenheit
für das Personalmanagement in Bezug auf Alter und Altern die
Restrukturierung der senioritätsbasierten Bezahlungspraktiken,
obwohl er optimistisch ist, dass »Japanese HRM practices will be
fit to face the ageing labour force once appraisal systems and pay
systems have been sufficiently fine-tuned«. Insgesamt bleiben die
Herausforderung einer alternden und schrumpfenden Bevölkerung bestehen und damit das Problem alternder Belegschaften
und des Arbeitskräftemangels relevant. Dies verlangt nach Maßnahmen in allen Teilbereichen der Unternehmensstrategie.

11.2   Das Silbermarktphänomen in Japan

Der demographische Wandel bringt auch eine Verschiebung der
Marktsegmente mit sich: So steht dem – gemessen an der Anzahl
junger Leute – immer kleiner werdenden Jugendsegment ein
ständig wachsendes Seniorensegment gegenüber (Kohlbacher
2007; Kohlbacher, Herstatt 2008). In der Tat sind viele Markt-
teilnehmer über die schrumpfende Kundenbasis junger Käufer
und die oft noch unbekannten Ansprüche einer älteren Zielgruppe beunruhigt. Der demographische Wandel bringt daher
besonders für die Unternehmen Probleme mit sich, die ihr
Marktangebot nicht anpassen oder ihre Zielgruppe nicht erweitern. Allerdings bestimmt nicht nur die Anzahl potentieller
Kunden die Geschäftsmöglichkeiten: Kaufkraft und Konsumverhalten spielen eine entscheidende Rolle und können eine
sinkende Kundenzahl unter Umständen kompensieren.

In Japan stehen momentan die Babyboomer als wichtigste
Gruppe der älteren Konsumenten im Mittelpunkt der Ge-
schäftsaufmerksamkeit (z. B. Dentsu Senior Project 2007). Die
japanische Babyboomer-Generation galt schon immer als
enorm aktive und tatkräftige sowie auch konsumorientierte,
wohlhabende Bevölkerungsgruppe, die zudem eine ausgeprägte Neugier für technische Neuerungen und eine entsprechende
Kaufbereitschaft mitbringt (z. B. McCreery 2000). Mit der Pen-

sionierung kommt dann noch die neu gewonnene freie Zeit hinzu. Dies macht diese kaufkräftige und konsumwillige Generation als potentielle Zielgruppe im Silbermarkt für Unternehmen besonders interessant (Kohlbacher 2007; Sekizawa 2008). Nicht zuletzt auch deshalb, weil Senioren ihr akkumuliertes Einkommen und Vermögen eher ausgeben, anstatt es zu sparen (Gassmann, Keupp 2005). Japanische Privathaushalte mit Haushaltsvorständen über 49 Jahren geben pro Kopf erheblich mehr Geld für den Konsum aus als solche mit jüngeren. Über welch immense Kaufkraft die Senioren verfügen, macht auch ein Blick auf die Ersparnisse deutlich: So besitzen japanische Haushalte mit Haushaltsvorständen über 59 Jahren durchschnittliche Ersparnisse von etwa 20 Mio. Yen. Die Senioren bilden damit die Spitzengruppe aller Altersgruppen. Pro Person ergeben sich für die Generation der über 69-jährigen Japaner statistisch im Durchschnitt Ersparnisse von mehr als 10 Mio. Yen, dicht gefolgt von den 60- bis 69-Jährigen mit 8,6 Mio. Yen. Laut den neuesten Schätzungen aus dem Jahr 2009 halten ältere Menschen in Japan tatsächlich einen überdurchschnittlich hohen Anteil des persönlichen Finanzvermögens: Menschen zwischen 50 und 60 Jahren besitzen 21 %, jene zwischen 60 und 70 Jahren sogar 31 % und die 70 und älteren 28 %, d. h. zusammen genommen besitzt die Generation 50+ in Japan etwa 80 % des gesamten persönlichen Finanzvermögens (The Nikkei Weekly 2010). Außerdem haben sie i. d. R. kaum Schulden und leben meist in einer eigenen Immobilie (Conrad 2007).

Allerdings gilt dies keinesfalls für alle älteren Menschen in Japan und für die Zukunft ist eher ein Anstieg an ärmeren Senioren zu erwarten (z. B. Fukawa 2008: 2). Außerdem müssen die oben genannten Zahlen mit Vorsicht interpretiert werden. Zum einen handelt es sich dabei um Durchschnittswerte, die nichts über die genaue Verteilung innerhalb der Bevölkerung aussagen (wie weiter unten kurz erwähnt werden wird, machen sich in den letzten Jahren verstärkt steigende soziale Ungleichheiten bemerkbar). Zum anderen sind die Daten auf der Haushaltsebene aggregiert und sagen daher nichts darüber aus, wer die Ersparnisse tatsächlich verwaltet und wer die Konsumausgaben tatsächlich tätigt.

Momentan ist der Silbermarkt noch ein Wachstumsmarkt, sowohl auf der Nachfrager- als auch auf der Anbieterseite (vgl.
Abb. 11.3 u. 11.4). So sind z. B. seit Mitte der 1980er die Konsumausgaben der über 60-Jährigen deutlich stärker angestiegen
als die der 35- bis 39-Jährigen (Conrad 2007). Aber auch hier
hinterlässt die Finanzkrise ihre Spuren und einige Firmen mussten feststellen, dass z. B. der Konsum durch die Babyboomer-
Generation sich nicht so stark wie ursprünglich erwartet entwickelt hat. Anstatt ihr Vermögen für sich selbst auszugeben,
müssen nun viele Babyboomer ihre Kinder oder Enkelkinder
finanziell unterstützen oder sparen aufgrund der unsicheren
Zukunft ihr Geld (Nihon Keizai Shimbun 2010).

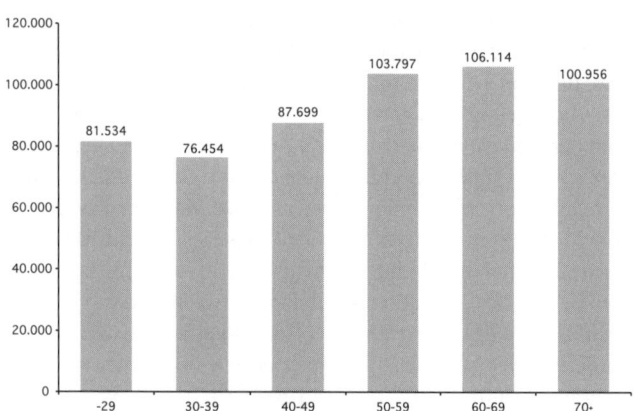

Abb. 11.3: Durchschnittliche monatliche Konsumausgaben pro Haushalt nach Alter des Haushaltsvorstands in Yen, 2008,
durchschnittlich für eine Person, in Haushalten mit zwei
oder mehr Personen (Quelle: Ministry of Internal Affairs
and Communications 2009a)

Bevor nun die verschiedenen Segmente im japanischen Silbermarkt behandelt werden, hier zunächst noch einige Zahlen und
Fakten, die das Silbermarktphänomen in Japan exemplifizieren.
Dazu gehört, dass in einigen Produktmärkten, die ältere – oder
zumindest die mittelalte Generation ab 40 Jahre – bereits 50 %
oder mehr des Konsums ausmacht und damit die jüngeren Ge-

nerationen als wichtigstes Kundensegment abgelöst hat. Dies gilt z. B. für den Markt für Wegwerfwindeln, in dem 2008 erstmals umsatzmäßig genauso viele Windeln für Erwachsene wie für Säuglinge und Kleinkinder abgesetzt wurden. Während erwartet wird, dass in den nächsten fünf Jahren der Markt für Wegwerfwindeln für Säuglinge und Kleinkinder um 10 % schrumpfen wird, soll der Absatz für solche für Erwachsene um 40 % steigen und zu einem insgesamt wachsenden Markt beitragen (Nihon Keizai Shimbun 2009). Weitere Belege sind (ibid.):

- 40 % des Gesamtkonsums fallen auf Haushalte mit einem Haushaltsvorstand älter als 60 Jahre (Stand 2009).
- Der Anteil der Kunden, die 40 Jahre und älter sind und Convenience Stores des Marktführers »7-Eleven« besuchten, stieg von 21 % (1993) auf 43 % (2008).
- Der Anteil der Personen von 40 Jahren und mehr, die das beliebte Disney Resort Tokyo besuchten, stieg von 15,2 % (2003) auf 17,9 % (2008).
- Der Anteil an Personen von 40 Jahren und mehr, die Auslandsreisen unternahmen, betrug 2008 54,5 % (ein Anstieg von 9 Prozentpunkten gegenüber 1998).

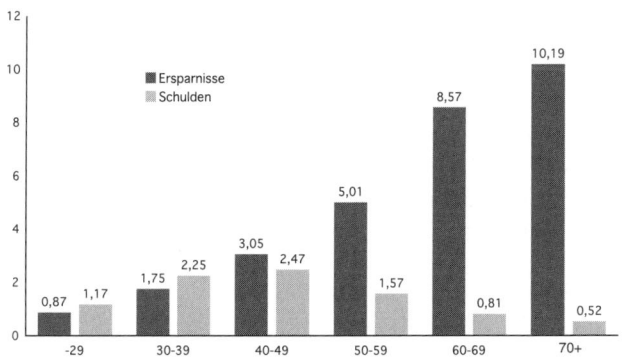

Abb. 11.4: Durchschnittliche Ersparnisse und Schulden pro Haushalt nach Alter des Haushaltsvorstands in Mio. Yen, 2008, durchschnittlich für eine Person, in Haushalten mit zwei oder mehr Personen (Quelle: Ministry of Internal Affairs and Communications 2009a)

11.2.1 »Silbermarkt«-Segmentierungen

Der Silbermarkt oder »Wachstumsmarkt Alter« wird sehr unterschiedlich definiert und umfasst je nach Auslegung alle Menschen über 49 oder 54 Jahre (Generation 50+ oder 55+) bis ins hohe Alter von 90 bis 100 Jahren. Das Silbermarktphänomen in Japan erklärt sich also zum einen durch die demographische Entwicklung, d. h. durch die rapide Alterung der Gesellschaft und das damit einhergehende Wachstum der Altersgruppen ab 50 Jahren. Zum anderen resultiert es aus der finanziellen Situation des Silbersegments und seiner potentiell starken Kaufkraft. Dazu kommt die aufgrund der steigenden Lebenserwartung immer länger gewordene Periode zwischen dem Ruhestandseintritt und dem Tod, die den Menschen im Prinzip einen neuen Lebensabschnitt beschert, oder diesen Lebensabschnitt zumindest drastisch verändert. Bei einem Beginn des Ruhestands mit 60 Jahren und einer Lebenserwartung von etwa 80 Jahren bleiben ca. 20 Jahre, die gefüllt werden möchten.

Auch wenn sich Begriffe wie Silbermarkt oder Seniorenmarkt griffig anhören und den Eindruck erwecken, man könne mit ihnen tatsächlich ein einziges, homogenes Marktsegment beschreiben, ist dies in der Realität keineswegs der Fall. Die Grenzen der Variable Alter als Segmentierungskriterium sind in der Marketingliteratur schon lange erkannt worden, und Silbermarktexperten weisen zu Recht darauf hin, dass das »Segment« der Älteren sogar noch heterogener ist als die Gruppe der jüngeren Menschen (Moschis 1994). Wesentlich stärker als das chronologische Alter beeinflussen der individuelle Lebensstil sowie die finanzielle, berufliche und gesundheitliche Situation etc. die Wünsche und Bedürfnisse der Konsumenten und damit auch ihre Konsumentscheidungen. Dennoch ist eine erste Annäherung an das Silbermarktphänomen über altersbasierte Segmente plausibel und kann zu einem besseren Verständnis beitragen.

Der japanische Silbermarkt lässt sich grob in vier altersbasierte Segmente einteilen:

1. das klassische Silbersegment 65+
2. die Babyboomer-Generation
3. die Generation »around fifty« (47–52 Jahre)
4. die noch namenlose Gruppe der 53- bis 59-Jährigen

Das klassische Silbersegment 65+: Hierbei handelt es sich um die Gruppe der mehr als 28 Mio. Menschen über 64 Jahre, für die sich seit etwa den 1980er Jahren u. a. auch der Begriff »Silber« (shirubā) eingebürgert hat (in Anspielung auf die weiße, etwas positiver ausgedrückt: silberfarbene Haarpracht). Vom »klassischen« Silbersegment lässt sich deshalb sprechen, weil es zum einen die auch in Japan Anwendung findende Definition der WHO für »ältere Person« 65 Jahre als Altersgrenze vorsieht, und zum anderen, weil es sich hierbei um ein schon seit langer Zeit bestehendes Marktsegment handelt. Im Vordergrund stehen dabei medizintechnische und Pharmaprodukte sowie Unterstützungs-, Pflege- und Defizitausgleichsprodukte und -dienstleistungen. Mit der steigenden Lebenserwartung und der länger werdenden Zeitspanne der gesunden Lebensjahre befindet sich dieses Segment aber im Wandel. Die meisten Japaner sind mit 65 Jahren noch keineswegs alt, sondern noch sehr aktiv und gesund und die Vorstellung von alt verschiebt sich weiter nach oben (Prieler et al. 2009). Die Bedürfnisse des klassischen Silbersegments gibt es aber natürlich auch heute noch, und im Prinzip hat sich auch hier das Alter einfach um etwa zehn Jahre nach hinten verschoben. Das, was ehemals das klassische Silbersegment ab 65 Jahren war, umschreibt nun eher die Gruppe der über 74-Jährigen und wird in Zukunft dann zu 80+ und weiter zu 85+ werden. Da 65 heute das Renteneintrittsalter ist, bleibt 65+ weiterhin eine magische Zahl im Silbermarkt.

Die *Babyboomer*, in Japan als »Klumpengeneration« (dankaisedai) oder neuerdings auch als »R60-Generation« (around 60) bezeichnet, wurden nach der engen Definition zwischen 1947 und 1949 und nach der weiten Definition zwischen 1947 und 1951 geboren und umfassen derzeit 7 bzw. 10,7 Mio. Menschen. Sie gelten als besonders wohlhabend und konsumfreudig und wesentlich egoistischer als frühere Generationen, die im Alter ihren Konsum stark zurückfuhren und ihre Ersparnisse lieber ihren Kindern zukommen ließen. Von den Babyboomern hingegen erwartet man, dass sie Ihr Vermögen vorwiegend für sich selbst ausgeben und ihren Ruhestand genießen möchten. Ihr Finanzvermögen wird auf etwa 130 Billionen Yen geschätzt, also ca. 10 % des gesamten Privatvermögens in Japan (The Nikkei Weekly 2009). Es ist daher nicht überraschend, dass die japanische Industrie die Babyboomer als besonders attraktive Zielgruppe ansieht und ihr besonders viel Aufmerksamkeit schenkt. Aufgrund des noch relativ jungen Alters der Babyboomer (jünger als 65) und ihrer guten Gesundheit spielen in diesem Segment klassische Silbermarktprodukte kaum eine Rolle. Auf die Babyboomer zugeschnitte Produkte und Dienstleistungen bzw. solche, für die die Werbung auf sie abzielt, bewegen sich hauptsächlich im Premium- und Luxusbereich und dienen dazu, das Leben nach dem Ruhestand zu genießen.

Die *Generation around fifty (47–52 Jahre)*: Diese Gruppe der »Um-die-50-Jährigen« wird in Japan als »arafif«, in Ableitung bzw. Abkürzung des englischen »around fifty« bezeichnet. Diese 47- bis 52-Jährigen machten 2009 9,3 Mio. Menschen aus. Laut einer Studie des Nikkei Marketing Journals (2009) sind 15 % dieser Gruppe sogenannte »progressive«, also besonders konsumfreudige »arafifs«, die einerseits dazu bereit sind, neue Lebensstile anzunehmen bzw. auszuprobieren, und andererseits aber auch als relativ loyale Kunden gelten.

Die noch namenlose Gruppe der 53- bis 59-Jährigen: Diese Gruppe besteht derzeit aus etwa 5 Mio. Menschen und ist von der Marktforschung bisher noch kaum beachtet worden. Allerdings werden sie auch oft mit den arafifs (bzw. genau genommen einem Teil der arafifs) als 50plus-Gruppe zusammengefasst (2009 etwa 55 Mio. Menschen in Japan).

Einen großen Einschnitt stellen der Austritt aus dem Erwerbsleben und der Beginn der Pensionierung dar, sodass der Silbermarkt unabhängig vom Alter auch in die Gruppen »Prä-Pensionierung« und »Post-Pensionierung« eingeteilt werden kann. Ähnlich divers wie die individuellen Wünsche und Bedürfnisse der Senioren sind damit auch die Bereiche und Branchen, die den Silbermarkt bedienen und von dieser Entwicklung profitieren (können). Die folgenden Bereiche gelten dabei als besonders vielversprechend: Produkte der Medizin- und Gerontotechnik, Altenpflege, Reha, Präventivmedizin, Kosmetika, Ernährungsprodukte, Automobile, Hobbyausrüstungen, Haushaltsgeräte, Wohnaccessoires, Bekleidung, Finanz- und Versicherungsprodukte, Fortbildung und Reisen. Ein weiterer wichtiger Bereich sind Luxus- und Retroprodukte (Conrad, Gerling 2005; Coulmas 2007; Kohlbacher 2007).

Nach Produktgruppen lässt sich der Silbermarkt grob in folgende drei Untersegmente einteilen (Kohlbacher 2007):

- Einfach zu bedienende und einfach zu verwendende Produkte: Ein klassisches Beispiel dafür auf dem japanischen Markt ist das Mobiltelefon »Raku-Raku-Phone« (s. u.).
- Luxusgüter für die wohlhabenden Senioren: Bedürfnisse sind nicht nur oder notwendigerweise altersspezifisch. Ältere Konsumenten fragen auch die gleichen oder ähnliche Produkte und Dienstleistungen nach wie andere Alterssegmente. Aufgrund ihrer finanziellen Ausstattung sowie der vermehrten Zeit, die nach ihrer Pensionierung zum Konsum zur Verfügung steht, bietet es sich aber an, diese Kundengruppen spezifisch und gezielt anzusprechen. Erfolgreiche Beispiele sind (Gruppen-)Reisen, Yachten und Retroprodukte wie Elektrogitarren und bestimmte Motorradmarken. Generell gehen japanische Unternehmen davon aus, dass ältere Konsumenten letztendlich andere, durchaus höhere Ansprüche an Produktdesign, Qualität und Service stellen und bieten daher entsprechende Produkte und Dienstleistungen an (Gassmann, Reepmeyer, Walke 2005; Himpel, Berzlanovich 2007).
- Gerontotechnologien, Unterstützungs- und Pflegeapparate/ -geräte für ältere Menschen mit Behinderungen oder Einschränkungen: Natürlich sind solche Produkte und Dienstleistungen insofern altersunabhängig, als sie auch von jüngeren Menschen mit Einschränkungen in Anspruch genommen werden können, aber die wachsende Anzahl Älterer sowie der steigende Bedarf im Alter machen Gerontotechnologien zu einer wichtigen Silbermarktanwendung. Einen besonderen Wachstumsbereich stellen hier zum Beispiel Roboter für den Haushalt und den Gesundheits- und Pflegesektor dar. Auch die Automobilindustrie stellt sich mit »Silver Cars«

bereits auf eine stetig zunehmende Zahl älterer Fahrer ein
(z. B. Moerke 2008).

Ein wichtiger Punkt im Zusammenhang mit dem Silbermarkt
und seiner altersspezifischen Segmentierung ist, dass sich erfolgreiche neue Produkte, die sich an den Bedürfnissen älterer Menschen orientieren, nicht ausschließlich auf den Gebrauch durch
ältere Menschen beschränken. So bieten zum Beispiel praktische,
hilfreiche und leicht zu bedienende Produkte einen Mehrwert
für alle Konsumenten, ungeachtet des Alters. Deshalb sind neue
Produkte, die altersunabhängig – also universell – von jüngeren
und auch von älteren Kunden verwendet werden können, besonders effektiv und erfolgreich (Gassmann, Reepmeyer 2006). In
diesem Zusammenhang spielen die Stichworte »ageless marketing« oder »age-neutral marketing« (Stroud 2005; Wolfe, Snyder
2003), »universal design« sowie »transgenerational design« (Pirkl
1994) eine wichtige Rolle. Universell gestaltete Produkte sollen
altersunabhängig von allen genutzt werden können, das heißt
etwa auch von Menschen mit altersbedingten Einschränkungen,
ohne aber auf diese hinzuweisen und somit auf jüngere Menschen
– oder gar die Älteren selbst – abschreckend zu wirken (Gassmann, Reepmeyer 2006). Ein interessantes Beispiel für ein trans-
generationales Produkt ist Nintendos erfolgreiche Spielkonsole
Wii (s. u.), die bewusst mehrere Generationen im gemeinsamen
Spiel miteinander zu verbinden sucht und somit die gesamte
Familie inklusive Großeltern anspricht (Kohlbacher, Hang 2007).
Darüber hinaus werden aber auch Spiele angeboten, die Ältere
– wie auch Jüngere – körperlich und geistig fit halten sollen.

11.2.2 Unternehmensreaktionen und Produktbeispiele

Auf Anbieterseite entstehen als Reaktion auf die Alterung und
die damit aufkommenden neuen Wünsche und Bedürfnisse ver-
schiedene neue Geschäftszweige und -möglichkeiten. Japanische
Unternehmen haben daher schon früh und zum Teil mit großem
Erfolg begonnen, bestehende Produkte zu adaptieren und neue
Produkte und Technologien für diese Zielgruppe zu entwickeln.
Ob benutzerfreundliche Handys, Roboter für die Altenpflege
oder Premiumangebote, um das Rentnerleben zu genießen: Im-

mer mehr japanische Unternehmen stellen sich mit innovativen Produkten auf den wachsenden Markt für die alternde Bevölkerung ein. Allerdings gilt dies nach wie vor nur für eine eingeschränkte Anzahl an Pionierfirmen, und selbst diese haben erst die Spitze des Eisbergs dieses großen Marktpotentials erreicht.

Eigene bisherige empirische Forschung in Japan hat ergeben, dass es grundsätzlich vier generische Silbermarktstrategien gibt, die Firmen in Japan bei der Entwicklung und Vermarktung von Produkten für den Silbermarkt einsetzen:

Innovationsstrategien, die darauf abzielen, Produkte und Dienstleistungen speziell für ältere Menschen zu entwickeln und zu vermarkten: In diesen Bereich fallen z. B. Pflegroboter. Während zahlreiche Entwicklungen in der Robotik darauf abzielen, die Effizienz von Produktionsabläufen in der Industrie zu steigern, schlagen Entwickler mit den sog. »Mental Commitment«-Robotern eine ganz andere Richtung ein. Diese sollen in Interaktion mit Menschen emotionale Zugehörigkeit stimulieren und bieten im Gegensatz zu den effizienzsteigernden Kollegen aus der Industrie eine rein psychologische Bereicherung. Ein Beispiel ist der von Dr. Takanori Shibata am National Institute of Advanced Industrial Science and Technology entwickelte Roboter »Paro«. Der Roboter in Gestalt einer Baby-Robbe bietet älteren Menschen in Krankenhäusern oder Pflegeheimen die Möglichkeit, ein Haustier zu besitzen, ohne Infektionsrisiken und unabhängig von Verboten. Zwar wird der Einsatz von Robotern in der Pflege im Westen gern belächelt, doch zeigen Studien besonders bei Demenzkranken konkrete positive Effekte, die über psychologische Verbesserungen durch Entspannung bis hin zu einer Verbesserung der körperlichen Verfassung und der sozialen Kontaktfähigkeit gehen (z. B. Wada, Shibata 2007; Wada et al. 2008).

Innovationsstrategien, die darauf abzielen, bestehende Produkte und Dienstleistungen speziell für ältere Menschen anzupassen: Beispiele hierzu finden sich u. a. auf dem Handy- und Computermarkt. Das »Raku-Raku Phone« (raku = einfach) ist mit mehr als 17 Mio. verkauften Geräten seit Markteinführung im Herbst 1999 ein voller Erfolg in Japan. Die zunächst von Panasonic und dann ab 2001 von Fujitsu entwickelte und von Marktführer NTT DoCoMo angebotene Handy-Serie überzeugt nicht nur Senioren durch eine leichter lesbare Schrift auf dem Display, größere Tasten, leichte und intuitive Bedienbarkeit, ein Geräuschreduktionssystem, das automatisch die Lautstärke des Gesprächspartners an den Geräuschpegel in der Umgebung anpasst und Hintergrundgeräusche unterdrückt, sodass die Stimme klar übertragen werden kann, sowie eine Sprechverlangsamungsfunktion, die ebenfalls die Hörqualität verbessert. Mittlerweile gibt es verschiedene Modelle vom einfachen Raku-Raku Phone Simple (produziert von Mitsubishi Electric) bis zum neuesten, wasserfesten Raku-Raku Phone 6 (produziert von Fujitsu) mit digitalem Fernsehen und vielen anderen High-End-Funktionen. Seit 2008 gibt es nun auch das Raku-Raku Notebook von Fujitsu, das beim erfolgreichen Konzept bleibt und mit einer großen Tastatur und einem telefonischen Support für alle Fragen zur PC-Nutzung ältere Kunden gewinnen möchte, vor allem solche, die bisher noch kein Notebook benutzt haben (Kohlbacher, Hideg 2010).

Innovationsstrategien, die darauf abzielen, »alterslose«/»altersneutrale« Produkte und Dienstleistungen zu entwickeln und zu vermarkten, die älteren Menschen einen Nutzen bieten, aber gleichzeitig auch attraktiv für jüngere Konsumenten sind: Beobachtet man das Marktverhalten mancher Anbieter, so scheint es immer wieder, als hätten diese Firmen vergessen, dass auch Senioren ganz normale Menschen sind. Deshalb handelt es sich hierbei auch um die mit Abstand größte Gruppe von Produkten und Produktkategorien, denn umgekehrt betrachtet sind schließlich Produkte mit einer altersbasierten Nutzungsbeschränkung – sieht man einmal von gesetzlichen Regelungen oder der Nutzung durch Kleinkinder ab – eher die Minderheit. Allerdings macht die momentane Konstellation der Babyboomer-Generation diese als Zielgruppe für Premium- oder Luxusprodukte besonders attraktiv. Darunter fallen dann z. B. PKWs im gehobenen Segment wie Toyota Premio oder Lexus oder Harley Davidson Motorräder oder Yachten. Zwar werden diese Produkte nicht für eine bestimmte Altersgruppe entwickelt oder adaptiert, dennoch deutet die Ansprache in der Werbung und in Prospekten etc. auf eine vorwiegend ältere Zielgruppe hin. Verstärkt wird dies dann manchmal noch durch spezielle altersbasierte Rabatte oder Vergünstigungen. Sehr erfolgreich ist damit die ehemals staatliche Eisenbahngesellschaft Japan Railways (JR) East, die den Mitgliedern ihres Otona no kyūjitsu Clubs Vergünstigungen zwischen 5 und 30 % auf Reisen anbietet. Dabei gibt es zwei Gruppen, jeweils mit einem Mindestalter für die Mitgliedschaft von 50 oder 65 Jahren (bei Frauen 50 und 60).

Innovationsstrategien, die darauf abzielen, transgenerationale/ universale Lösungen zu entwickeln und zu vermarkten, die von allen Konsumenten ungeachtet des Alters genutzt werden können, die aber besonders darauf fokussieren, verschiedene Generationen miteinander zu verbinden: Ein anschauliches Beispiel hierzu kommt von Nintendo. Transgenerationale Produkte wie Nintendos Spielkonsolen Wii oder DS sprechen Teenager genauso an wie dynamische Senioren, unabhängig von deren Alter oder Verfassung. Während die ganze Familie mit der Wii-Konsole gemeinsam Tennis spielt oder boxt, können sich ältere Menschen durch DS-Gehirnjogging geistig fit halten oder ihr Englisch auffrischen. Die Öffnung für ältere Zielgruppen ist Nintendo gelungen, ohne dabei die bisherige junge Kernklientel zu verlieren. Das Beispiel zeigt, wie man per Neudefinition einer scheinbar altersabhängigen Tätigkeit (Computerspielen) Generationen verbinden kann und dadurch den Absatzmarkt für seine Produkte erheblich erweitert.

Auch für ausländische Firmen ist der japanische Silbermarkt attraktiv. Für die Allianz z. B. war die demographische Situation Japans Anlass, im April 2008 erstmals auf dem japanischen Markt Lebensversicherungsprodukte anzubieten. Auch die ThyssenKrupp-Tochterfirma ThyssenKrupp Access sah in Japans alternder Gesellschaft den Anlass, vor wenigen Jahren mit dem Treppenliftprodukt Flow in den japanischen Markt einzutreten. Unter den deutschen Firmen sind diese Beispiele aber eher die Ausnahme als die Regel, wie eine Studie der Deutschen Industrie- und Handelskammer in Japan gezeigt hat (Kohlbacher, Gudorf, Herstatt 2009).

11.3 Lessons learned from Japan

Japan wird vielfach als Vorreiter im Bereich Seniorenwirtschaft gesehen, was zum einen mit der demographischen Entwicklung

des Landes zu tun hat, zum anderen mit dem Konsumentenverhalten sowie der Innovationsfähigkeit der japanischen Unternehmen. Japanische Kunden gelten generell als sehr anspruchsvoll, und für die »reiferen« unter ihnen scheint dies besonders
der Fall zu sein. Hohe Qualität und guter Service sind daher
unumgänglich. Hinzu kommt eine im Vergleich mit anderen
Gesellschaften größere Offenheit für technische Neuerungen. In
der Regel sind die älteren Kunden auch bereit, einen entsprechenden Premiumpreis zu bezahlen. Allerdings handelt es sich
beim Silbermarkt – schon allein aufgrund der breiten Altersspanne – keineswegs um ein homogenes Marktsegment. Eine
adäquate Markterschließung setzt deshalb voraus, sowohl kohortenspezifisches Verhalten als auch altersspezifische Präferenzen zu berücksichtigen (Coulmas 2007)

In der Tat erscheint die Zielgruppendefinition über das Alter
allein nicht ausreichend, da das biologische Alter eines Menschen sehr wenig über den leistungs- und aktivitätsbezogenen
Zustand oder über individuelle Prädispositionen, Bedürfnisse
und Präferenzen aussagt (Himpel, Berzlanovich 2007; Moschis
1994). Die meisten älteren Menschen fühlen sich oft um ca. zehn
Jahre jünger als ihr tatsächliches Alter oder identifizieren sich
stärker mit Personen in dieser Altersgruppe. Dieses Phänomen
des kognitiven Alters ist besonders in der Ansprache der Silbermarktzielgruppe zu beachten (z. B. Van Auken, Barry 2009). Dies
könnte auch eine Erklärung dafür sein, dass ältere Menschen in
der japanischen Fernsehwerbung deutlich unterrepräsentiert
sind (Prieler et al. 2009).

Die beiden Themenbereiche Personalmanagement und Produktinnovation/Marketing können in der betrieblichen Realität
nicht als unabhängig voneinander betrachtet werden. So kennen
und verstehen ältere Mitarbeiter oft die Wünsche und Bedürfnisse Gleichaltriger besser als jüngere und können somit zu
Schlüsselfiguren in Produktentwicklung, Marketing und Vertrieb
werden. Umgekehrt lassen sich ältere Kunden z. B. auch lieber
von Gleichaltrigen bedienen, gerade dort wo persönliche Beratung eine große Rolle spielt wie bei Hygiene- und Kosmetikprodukten oder bei technischen Geräten, die verständlich erklärt
werden müssen. Anderseits helfen die langjährige Berufserfah

rung, Expertise, das Führungspotential und ein großes Netzwerk älteren Mitarbeitern, sich gewinnbringend in Innovations- oder Strategieprojekte einzubringen, jüngere Mitarbeiter auszubilden und Verantwortung zu übernehmen. Außerdem besitzen altersgemischte Teams ein hohes Kreativitäts- und Innnovationspotential, das sich mit dem richtigen Leadership und Personalmanagement auch nutzen lässt.

Japan ist natürlich nicht das einzige Land, auf das die Alterswelle oder der »Babyboomer-Tsunami« zurollt. Prinzipiell sind aufgrund ihrer demographischen Struktur fast alle Industrienationen sowie auch bereits einige Entwicklungs- oder Schwellenländer betroffen. Die in diesen Märkten aktiven Unternehmen sollten sich Gedanken zum Umgang mit Themen wie der alternden Erwerbsbevölkerung, Wissensverlust und Arbeits- bzw. Fachkräftemangel sowie zum Umgang mit entsprechenden neuen Produkten, Innovationen und Technologien für ältere Menschen machen. Japan scheint als eines der ersten Länder direkt mit den Auswirkungen konfrontiert zu sein, und kann damit eine wertvolle Vorreiterrolle für den adäquaten Umgang mit dem Problem für andere Länder einnehmen, da nicht nur die demographische Entwicklung am weitesten vorangeschritten, sondern auch die Wirtschaft auf die älter werdende Kundschaft besser eingestellt ist. Allerdings sollte man nicht vergessen, dass auch im Vorreiterland Japan das Potential des Silbermarkts noch lange nicht voll entwickelt und ausgeschöpft ist.

Schon ein Blick auf die japanischen Schriftzeichen macht klar: In jeder Krise (kiki, 危機) steckt auch zugleich eine Chance (kikai, 機会). In der Tat kann auch die sogenannte demographische Krise einige Chancen und Möglichkeiten bieten, die zunächst vielleicht gar nicht offensichtlich erscheinen. Angesichts der höheren Lebenserwartung und längeren produktiven Lebenszeitspanne erscheinen manche der derzeitigen Ruhestands- und Anstellungsregelungen und -praktiken antiquiert. Der amerikanische Demographie- und Managementexperte Ken Dychtwald und sein Team haben bereits 2004 postuliert: »It's time to retire Retirement« (Dychtwald, Erickson, Morison 2004). Die Anhebung des Rentenalters sowie eine flexiblere Gestaltung der Arbeitsverhältnisse in Japan scheinen ein wichtiger Schritt in diese Richtung zu sein. Eine weitere Chance eröffnet sich vor allem für ausländische Firmen in Japan, und das in zweierlei Hinsicht: Sowohl als kaufkräftige und konsumwillige potentielle Zielgruppe im Silbermarktsegment, als auch als hoch motivierte potentielle Mitarbeiter oder Berater mit einem breiten Erfahrungsschatz und genauer Kenntnis des japanischen Marktes und der japanischen Firmen. Gerade Teilzeit- oder Beratungsverträge mit hochkarätigen Babyboomern könnten auch in finanzieller Hinsicht interessant sein, da sie ohnehin mit Einkommenseinbußen – auch bei Weiterbeschäftigung in derselben Firma – nach Erreichen der Altersgrenze rechnen müssen. Mitani (2008: 7) merkt an, dass – neben den oben angesprochenen Problemen – der Ruhestandsantritt der Babyboomer auch mit positiven Aspekten verbunden ist: Reduzierung der Arbeitskosten, eine Lösung des Problems des Mangels an verfügbaren Posten, eine Verjüngung der Belegschaft, die zu einer ausgeglicheneren Generationsstruktur als momentan führt.

Der Silbermarkt kann vor allem aufgrund der wirtschaftlich besonders attraktiven Babyboomer-Generation, die über die nächsten Jahre in Pension geht und damit zusätzlich zu Geld auch über viel Zeit verfügen wird, als ein sehr lukratives Marktsegment angesehen werden. Zwar liegt das Hauptaugenmerk momentan auf den »old, rich & healthy«, während die »old, poor & sick« deutlich weniger Aufmerksamkeit erfahren, allerdings gibt es Anzeichen, dass der Silbermarkt der Zukunft völlig anders aussehen wird und die Gruppe der »old, poor & sick« die klare Mehrheit bilden könnte:

- ansteigende soziale Ungleichheiten (Stichwort kakusa shakai, »Differenzgesellschaft«)
- immer mehr über 74-Jährige (seit November 2007 erstmals mehr als 10 % der japanischen Bevölkerung) – ein Alter, ab dem der körperliche Verfall sich deutlich beschleunigt
- eine hohe Anzahl an nicht-regulär Beschäftigten (mehr als ein Drittel aller Beschäftigten in Japan), die nur unzureichend sozialversichert sind

In der Tat sind Einkommens- und andere ökonomische Ungleichheiten sowie Altersarmut Themen von steigender Bedeutung in Japan (Fukawa 2008; Ohtake 2008; Shirahase 2008). Dies könnte zu einer demographischen Zeitbombe werden und wirft unter anderem die Frage auf nach einer unternehmerischen Sozialverantwortung zur Bereitstellung von Produkten und Dienstleistungen, die ältere Menschen in ihrem Lebensalltag unterstützen und ihnen ein humanes Altern ermöglichen. Mit dem richtigen Geschäftsmodell lässt sich durch sozial und ethisch verantwortungsvolles Handeln auch gewinnbringend wirtschaften, vom positiven Effekt auf Ruf und Ansehen gar nicht zu sprechen (Kohlbacher, Weihrauch 2009).

Kontrollfragen zu Kapitel 11

Inwiefern unterscheidet sich die japanische Seniorenwirtschaft von der deutschen?

Welche Erkenntnisse lassen sich aus Japan auf Deutschland übertragen?

Weiterführende Literatur

Kohlbacher, F. & Herstatt, C. (Hrsg.) (2008). *The Silver Market Phenomenon. Business Opportunities in an Era of Demographic Change.* Berlin, Heidelberg: Springer-Verlag.

Kohlbacher, F. Gudorf P. &. Herstatt C. (2009). *Silver Business in Japan: Auswirkungen des Demographischen Wandels auf Personalpolitik und Marketing.* Tokyo: Deutsche Industrie- und Handelskammer in Japan.

Kohlbacher, F. & Herstatt, C. (Hrsg.) (2011). *The Silver Market Phenomenon. Marketing and Innovation in the Ageing Society,* 2. Aufl. Berlin, Heidelberg: Springer-Verlag.

12 Wirtschaftliche Potentiale des Alters im Diskurs

Die Alterung der Gesellschaft als *wirtschaftliche* Chance zu begreifen, ist (noch) ein relativ neues Paradigma, das sich zunehmend gegen demographische Krisenszenarien durchsetzt. Dieser Perspektivenwechsel wird insbesondere durch Marketingstudien befördert, die sich die Silver Economy teilweise durch die Ausweitung der Zielgruppe bis ins mittlere Erwachsenalter »schönrechnen«. Dass (bereits heute) ein erheblicher Teil der privaten Nachfrage nach Produkten und Dienstleistungen von Älteren ausgeht, ist mittlerweile unstrittig. Viel weniger werden dagegen die wirtschaftlichen Potentiale, die ältere Menschen in der Arbeitswelt sowie im informellen Sektor bereitstellen, zur Kenntnis genommen. Angesichts der demographischen Entwicklung wird es sich die deutsche Gesellschaft jedoch künftig nicht mehr leisten können, auf die ökonomische und gesellschaftliche Produktivität von mehr als 30 % der Bevölkerung zu verzichten.

Auch die bei vielen immer noch manifeste Einschätzung, dass Ältere im und außerhalb des Arbeitsprozesses weniger leistungsfähig seien, ist durch umfangreiche Studien längst revidiert worden. In der Arbeitswelt sind Workability und Employability von vielen Faktoren jenseits des kalendarischen Alters abhängig. Und schon gar nicht kann von einer generell alterskorrelierten Abnahme des beruflichen wie außerberuflichen Leistungsvermögens gesprochen werden. Ohne die Potentiale der Älteren wären zudem weite Teile des informellen Sektors verwaist. Hier engagieren sich Ältere insbesondere in den gesellschaftlich zunehmend wichtigen Bereichen von Erziehung, Pflege und sozialen Diensten. Studien belegen, dass sich ehrenamtlich und bürgerschaftlich engagierende Ältere die vorhandenen Ressourcen erfolgreich einsetzen und auch neue Kompetenzen erwerben können. Angesichts eines Anteils von fast 40 % der 60- bis 69-Jährigen, die zum Teil mit erheblichen Zeitumfängen bürgerschaftlich aktiv sind und ihre freie Zeit in dieser Weise gesellschaftlich nützlich einbringen, ist die These von der »gesellschaftlichen Nutzlosigkeit des Alters«, wie sie noch in den 1980er Jahren in der Literatur vertreten wurde, heute nicht mehr haltbar.

Die Aktivierung der gesellschaftlichen ebenso wie der wirtschaftlichen Potentiale des Alters ist jedoch nicht voraussetzungslos. In der Arbeitswelt und im informellen Sektor gilt es, Rahmenbedingungen zu schaffen, die für die jeweilige Potentialnutzung Älterer förderlich sind. Für die Seniorenwirtschaft im engeren Sinne ist neben der Sensibilisierung der Unternehmen für die Anliegen Älterer als Verbraucher auch die systematische Verknüpfung von Alter und (sozialen) Innovationen eine wichtige Voraussetzung für nachhaltige Erfolge. Obwohl das Feld der Seniorenwirtschaft in den letzten Jahren zunehmend als eine wichtige Gestaltungsaufgabe für Sozial- und Wirtschaftspolitik erkannt worden ist, wird es noch immer nicht ausreichend bearbeitet. Dennoch ist mittlerweile ein breites Netzwerk von Akteuren entstanden. Die Akzeptanz in Wirtschaft und Politik ließe sich aber noch steigern, wenn diese sich noch stärker engagieren würden.

Heute ist gleichsam »evidenzbasiert« davon auszugehen, dass die Seniorenwirtschaft eine Zukunftsbranche ist, die es weiter zu entdecken und noch stärker zu bearbeiten lohnt; und zwar in beiderseitigem Interesse – dem der Älteren ebenso wie dem unterschiedlicher Wirtschaftsakteure. Dafür sprechen u. a. folgende Gründe:

- Trotz einer rückläufigen Bevölkerungsentwicklung ist in Zukunft von einer deutlich wachsenden Zahl an Haushalten, insbesondere kleinerer Haushalte, auszugehen. Dieser Trend der Haushaltsverkleinerung, der u. a. auch auf die Alterung der Gesellschaft zurückzuführen ist, ist deshalb so bedeutsam, weil private Kaufentscheidungen nicht etwa nur von der *Zahl* der Nachfrager abhängig sind, wie im demographischen Krisenszenarium unterstellt, sondern vielmehr zumeist in einem und für einen Haushaltskontext getroffen werden.
- Speziell ältere »Kunden« wurden lange Zeit auf privaten Konsumgüter- und Dienstleistungsmärkten vernachlässigt, wofür u. a. der weitgehend negativ besetzte Begriff »Alter« sowie die

daran anknüpfenden, gängigen Altersklischees (»bescheiden«, »bedürfnislos«) verantwortlich waren. Aus Anbietersicht wurden sie allenfalls als Zielgruppe für soziale Dienstleistungen ernst genommen.

- Die heute älteren Menschen sind in wachsendem Maße konsuminteressiert. Die Zeit der »dankbaren« Nehmer primär öffentlich bereitgestellter Güter und sozialer Dienste ist endgültig vorbei. Vor allem die nachrückenden Kohorten älterer Menschen sind hinsichtlich ihrer Konsuminteressen und -bedürfnisse zugleich anspruchsvoller und kritischer und verfügen z. T. auch über die wirtschaftlichen Potentiale, diese Ansprüche zu verwirklichen.

- Auf ihrer individuellen Präferenzskala rangieren neben dem Gesundheitszustand und der sozialen Einbindung insbesondere Wünsche nach Erhöhung von Lebensqualität und Erhaltung der Selbstständigkeit an der Spitze. Die Qualität von Wohnung und Wohnumfeld sind in diesem Zusammenhang von herausragender Bedeutung und nehmen innerhalb der Seniorenwirtschaft eine zentrale Position ein, die insbesondere auf Chancen für das Handwerk verweist.

Andererseits sind ältere Menschen eine sehr heterogene Bevölkerungsgruppe mit differenzierten Lebenslagen und damit zusammenhängend differenzierten Konsuminteressen und -bedürfnissen. Neben lebensphasentypischen Differenzierungen auch im Alter kommen unterschiedliche zeitgeschichtliche Hintergründe und Sozialisationen sowie stark differierende Konsum- und Technikerfahrungen. Auch innerhalb einer einzigen Seniorengeneration differenzieren sich Lebenslagen und -stile immer weiter aus. Dies eröffnet vielen Branchen neue Entwicklungspotentiale, so etwa der Wohnungswirtschaft, den Anbietern von haushaltsnahen Dienstleistungen, der Tourismusbranche oder den Finanzdienstleistern.

Wirtschaftliche Potentiale liegen dabei insbesondere in der Verbindung von typischen Seniorenwirtschaftsbranchen mit sozialen Dienstleistungsanbietern, so z. B. im Zusammenwirken von Tourismus und Gesundheitsförderung. Die Clusterbildung vor allem unter Einbezug von sozialen Dienstleistungsanbietern gilt dabei als ein wichtiges Erfolgskonzept der Seniorenwirtschaft.

Seniorenwirtschaftliche Potentiale betreffen die einzelnen Wirtschaftsbereiche in unterschiedlichem Maße. Es konnte gezeigt werden, dass nicht nur die klassischen, d. h. unmittelbar demographiesensiblen Bereiche (soziale Dienste, Gesundheitswirtschaft, Pflege) vom Altern der Gesellschaft in ökonomischer und arbeitsmarktpolitischer Hinsicht »profitieren«, sondern auch Sektoren, deren Demographiesensibilität auf den ersten Blick nicht sofort ersichtlich ist, wie etwa die Finanzdienstleistungsbranche oder der IT-Sektor.

Die Entfaltung der wirtschaftlichen und beschäftigungspolitischen Potentiale der Seniorenwirtschaft erfolgt nun aber nicht quasi im Selbstlauf. Vielmehr erfordert sie neben einem Bewusstseinswandel bei vom demographischen Wandel besonders betroffenen Konsumgüter- und Dienstleistungsanbietern auch ein Umdenken in der Personalpolitik, der Arbeitsorganisation sowie der Aus- und Weiterbildung. So ist es ein eklatanter Widerspruch – und auch im Interesse der Absatzsteigerung angesichts alternder Kundschaften in den Anbieterbetrieben kontraproduktiv –, in den jeweiligen Betrieben eine fortgesetzte Strategie der Verjüngung der Belegschaften und damit de facto eine Ausgrenzung des Alters zu praktizieren.

Dies gilt allerdings auch für die Gesamtbevölkerung. Eine Gesellschaft, die in weiten Bereichen immer noch die Alten ausgrenzt (z. B. in der Arbeitswelt), macht sich unglaubwürdig und trägt damit indirekt zur Diskriminierung des Alters bei, wenn sie andererseits versucht, die (wohlhabenden) Alten lediglich im Segment des Konsums zu integrieren. Die unterschiedliche Praxis des Umgangs mit der ökonomischen Altersproduktivität wirft viele Fragen für alle altenpolitisch relevante Akteure innerhalb und außerhalb der Seniorenwirtschaft auf.

Dies gilt im Grundsatz auch für die vielfach zu beobachtende Separierung der älteren Verbraucher in »interessante« (kaufkräftige) und »weniger interessante« Marktsegmentierungen durch zentrale Akteure der Seniorenwirtschaft. Dazu müssen dann auch die aus gerontologischer Sicht im Grundsatz unsinnigen Zielgruppenumschreibungen wie »50+« herhalten. Zumal über die-

sen Weg dann auch noch die (i. d. R. höhere) Kaufkraft der ökonomisch besser ausgestatteten noch erwerbstätigen Älteren in
den Blick genommen wird. Zweifellos liegt eine der Schlüsselhe-
rausforderungen für die Zukunft der Seniorenwirtschaft darin,
über die öffentlichen und halböffentlichen Mittel (aus den Sozialversicherungen) hinaus zusätzliche private Kaufkraft zu aktivieren. Dennoch kann in diesem Zusammenhang die Gefahr
steigender sozialer Ungleichheit nicht übersehen werden. Aus
sozialpolitischer Perspektive wird kritisch zu beobachten sein,
inwiefern primär die Verfügbarkeit über hinreichende private
Kaufkraft den Zugang zum privaten Konsum und darüber ver-
mittelte Lebensqualität reguliert und wer über diesen Weg von
mehr Lebensqualität im Alter ausgeschlossen wird.

Um die positiven Wachstums- und Beschäftigungswirkungen
in einer alternden Gesellschaft auch in einem gesellschaftlich
nützlichen und zugleich sozial verträglichen Sinne auszuschöpfen,
sind umfassende Schritte in Richtung einer sozialinvestiven und
auf Nachhaltigkeit bedachten Strategie in Gesellschaft, Wirtschaft
und Politik erforderlich. Die Spannbreite reicht dabei von Maßnahmen, die Arbeitswelt so umzugestalten, dass auch Ältere dort
ihre Kompetenzen länger und produktiver einbringen können,
bis hin zu Bemühungen, die Produkt- und Dienstleistungsangebote so anzupassen, dass die jeweiligen Interessen und Bedürfnisse *aller* Segmente der älteren Bevölkerung stärker Berücksichtigung finden. Ganz zentral sind dabei die gesundheitlichen
Bedürfnislagen älterer Menschen, denn es ist sowohl für den Einzelnen als auch für die Gesellschaft von großer Bedeutung, dass
die gewonnenen Jahre möglichst gesunde Jahre sind und bleiben.
Gesundheitsfördernden und -erhaltenden sowie primär-präven-
tiven Maßnahmen im Sinne der *Prävention* kommen in diesem
Zusammenhang eine überragende Bedeutung zu. Dies betrifft
nicht nur, aber insbesondere auch, die Zeit der Erwerbstätigkeit
im späten Erwachsenenalter. Durch eine entsprechende Gestaltung der Arbeitsumwelt können nicht nur gesundheitliche Einschränkungen und Beeinträchtigungen vermieden bzw. reduziert
und somit die Kompetenzen älterer Arbeitnehmer länger genutzt
werden. Die damit bewirkte Potentialerhaltung und -nutzung gilt
zugleich auch für die Zeit nach der Erwerbsarbeit.

In diesem Zusammenhang ist vor allem auf die (auch ökonomische) Produktivität Älterer im bürgerschaftlichen Engagement zu verweisen. Dadurch lassen sich z. B. Generationenbeziehungen aktivieren, die u. a. den besonderen Bedürfnissen von Familien mit Kindern im lokalen Umfeld besser entsprechen, und die Vereinbarkeitsproblematik abmildert, wodurch die Erwerbsbeteiligung von Frauen gefördert werden kann. Ganz generell kann die Vernetzung von bürgerschaftlichem Engagement mit der Seniorenwirtschaft als zentrale Herausforderung für die verschiedenen Akteure gelten, die es vielfach erst einmal zu entdecken und zu konzeptualisieren gilt. Dies ist für die Wohnungswirtschaft unmittelbar einsichtig, gilt aber auch für andere Sektoren wie der Gesundheitswirtschaft (z. B. Gesundheitsförderung), der Pflege, der Freizeitindustrie, der Verkehrs- oder der Tourismusbranche. Immer da, wo die Seniorenwirtschaft auf ältere Menschen in ihren konkreten sozialen und lebensweltlichen Bezügen zielt, sind entsprechende Anknüpfungspunkte für Vernetzungen mit dem bürgerschaftlichen Engagement auszuloten. Dies zu leisten ist von den Anbietern der Seniorenwirtschaft im engeren Sinne nicht unbedingt zu erwarten und somit auch Aufgabe der für das bürgerschaftliche Engagement zuständigen zivilbürgerschaftlichen Akteure.

Potentiale für bürgerschaftliches Engagement liegen darüber hinaus insbesondere in der Qualitätssicherung und im Verbraucherschutz innerhalb und außerhalb der Seniorenwirtschaft. Hier bieten sich zahlreiche Betätigungsmöglichkeiten insbesondere für die verschiedenen Akteure der Bürger- und Zivilgesellschaft auf lokaler Ebene. Die in einigen Kommunen derzeit laufenden Aktivitäten nach dem Muster der Senioren-Scouts sind ein interessantes Beispiel mit potentieller Breitenwirkung.

In der in den letzten Jahren lebhaft geführten Debatte um das bürgerschaftliche Engagement wird versucht, sowohl das breite Spektrum der gesellschaftlichen Selbstorganisation insbesondere älterer Menschen anzusprechen als auch den Bürgern verbesserte Möglichkeiten der Einflussnahme auf die öffentliche Politik zu geben. Bürgerschaftliches, informelles Engagement stützt das individuelle Wohlbefinden der Menschen gerade in schwierigen sozialökonomischen Lebenslagen und kann hinsichtlich der intergenerationellen Beziehungen weiter intensiviert werden. Angesichts des vielfach belegbaren Wandels der Motivationen und Formen freiwilligen Engagements taucht allerdings verstärkt die Frage auf, ob sich mit dem geringeren Grad an persönlicher Verpflichtung und Bindung auch die Qualität des sozialen Kapitals verringert.

Aufgabe eines »aktivierenden« Staates bleibt es deshalb, gerade in einer alternden Gesellschaft alle Interessen und Problemlagen in Verhandlungsnetze einzubinden, um adäquate Lösungen für den gesellschaftspolitischen Handlungsbedarf zu finden. Ziel staatlicher Politik sollte also eine Aktivierung der in der Gesellschaft und in den traditionellen Institutionen schlummernden Wohlfahrtspotentiale sein. Das neue Staatsverständnis darf sich nicht darin begrenzen, den nunmehr »schlanken« Staat nur noch als Dienstleistungsunternehmen zu sehen. Leitbild sollte nicht ein Aufgaben- und Ressourcenabbau um jeden Preis, also ein »abgemagerter« Staat, sein. Vielmehr sollte eine neue Kooperationskultur und eine Modernisierung der traditionellen Verwaltungsstrukturen vorangetrieben werden.

Der Umbau des bundesrepublikanischen Sozialstaates sollte sich deshalb auch nicht am Leitbild der minimalistischen Version (etwa an den selektiven Sozialstaatsinstitutionen des angelsächsischen Wohlfahrtskapitalismus) orientieren, sondern muss – basierend auf seinen Stärken – neue Innovationsschwerpunkte kreieren, die sowohl sozialintegrierend als auch beschäftigungsfördernd wirken. Zwar gestaltet sich die Umsetzung von Innovationen in den einzelnen Bereichen unterschiedlich, dennoch liegen speziell in der Verschränkung von unterschiedlichen Technologien (etwa Kommunikationstechnik und Medizin) neue interessante Wachstumsfelder gerade auch für die Seniorenwirtschaft. Es wird also darauf ankommen, ob es künftig gelingt, das Altern der Gesellschaft als Motor für Basisinnovationen zu nutzen.

Dazu gehört auch, den Wohlfahrtsstaat nicht nur als Last, sondern als soziale Investition zu begreifen. Für ein weiteres Wachstum des »schlafenden Riesen« der Seniorenwirtschaft muss die Politik vom Prinzip der Statuskonservierung in Richtung einer besseren Nutzung der Innovationspotentiale umorientiert werden, wobei vor allem eine Fokussierung auf Kompetenznetzwerke zu empfehlen ist.

Voraussetzung dafür ist aber, dass sowohl in diesem wirtschafts- und sozialpolitisch interessanten Handlungsfeld, als auch in anderen Wirtschaftsbranchen der für Deutschland so typische *Innovationsattentismus* überwunden wird.

Ein besonders erfolgversprechendes Handlungsfeld für soziale Innovationen und für neue Wertschöpfungsallianzen im Zuge des demographischen Wandels, das ebenfalls unmittelbar die Seniorenwirtschaft tangiert, ist die Verknüpfung von Leben im Alter mit Medizintechnik und Telemedizin. Hier bestehen jeweils hoch bedeutsame wie auch ökonomisch interessante Anwendungsbereiche für eine Vielzahl neuer Technologien. Innovationsforscher wie Nefiodow sprechen in diesem Zusammenhang gar vom »sechsten Kontratieffzyklus«: »Im Gesundheitssektor schlummern die größten Produktivitätsreserven. Eine konsequente Erschließung dieser Reserven durch die Weiterentwicklung der Schulmedizin zu einer ganzheitlichen Heilkunde ist eine Forderung der Zeit« (Nefiodow 2010).

Speziell die Telemedizin ist ohne die Verbreiterung der innovativen informations- und kommunikationstechnischen Ansätze nicht denkbar. Dadurch sind in den letzten Jahren sowohl neue Wege in der Diagnostik und der Therapie, als auch der Prävention und der Rehabilitation eröffnet worden. Allerdings findet diese Neuentwicklung bei den Anbietern immer noch zu wenig Beachtung. Daraus erwächst die Gefahr, dass Deutschland als einstmaliges Zentrum medizinischen Fortschritts und medizintechnischer Pionierarbeit im internationalen Maßstab zurückfällt. Das demographische Altern der Gesellschaft könnte hier eine wesentliche Schubkraft entwickeln.

Um auf dem Zukunftsmarkt der Seniorenwirtschaft eine führende Position einzunehmen, müssen alle verantwortlichen Akteure einen Innovationsschub bewirken, der sowohl die medizinische Qualität erhöht als auch neue Beschäftigungsmöglichkeiten in der Gesundheitswirtschaft schafft. Dies bedeutet aber auch, neue strategische Wertschöpfungsallianzen zu schmieden, was allerdings Innovation und Kreativität für solch

ein »Kontingenzmanagement« erfordert. Für eine derartige
Neuausrichtung kann ein Blick in vergleichbare Länder lohnend sein. Wenn auch aufgrund der besonderen Situation eines
jeden Landes Vergleiche (Benchmarking) nur bedingt hilfreich
sind, sollte man über den Tellerrand hinaus blicken, wie hier
im Buch mit Japan geschehen, um Anregungen für einen innovationsorientierten Umbauprozess zu bekommen. Bedacht
werden muss dabei, dass in die institutionellen Besonderheiten
der jeweiligen Modelle auch kulturelle Faktoren und gesellschaftliche Leitbilder verwoben sind. Zudem gibt es hinsichtlich
der Reichweite nationalstaatlicher Politik allgemeine Grenzen;
angesichts der Einflussgrößen wie etwa der Investitionsentscheidungen von Großunternehmen und der Dynamik von
Finanzmärkten wird die Politik sicherlich eher vom Marktgeschehen getrieben. Trotz dieser ausgezehrten Staatsgewalt zeigen die Innovationsdiskurse in anderen Ländern aber auch auf,
dass nicht nur ein Spielraum für Variationen innerhalb eines
Entwicklungspfades möglich ist, sondern auch Pfadwechsel
oder -kombinationen politisch umsetzbar sind. Schaut man auf
Best-Practice-Beispiele aus den uns interessierenden Sektoren,
wird oft auf skandinavische Länder verwiesen und explizit das
finnische Beispiel der Verbindung von Gesundheitswesen und
Informationstechnologie erwähnt.

Der innovations- und wirtschaftspolitische Erfolg etwa von
Finnland liegt sowohl an der Bildungs- und Wissenschaftspolitik
als auch an den innovativen Clustern (etwa den informations-
technologischen Clustern, die sich dort im vergangenen Jahr-
zehnt entwickelt haben). Grundlage dieser erfolgreichen Wirtschaftsentwicklung ist die enge Symbiose zwischen international
wettbewerbsfähigen Technologiekonzernen und einer staatlichen
Politik, die sich intensiv um die Bildung sowie Forschung und
Entwicklung kümmert (nicht umsonst liegt Finnland weltweit
an der Spitze der staatlichen Ausgaben für Forschung und Entwicklung!). Deutschland steht zwar im internationalen Vergleich
hinsichtlich der Gesamtausgaben für Forschung und Entwicklung
nicht schlecht da (leicht über dem Durchschnitt der OECD-
Länder), liegt aber hinter den skandinavischen Ländern zurück.
Ein ausgebauter Wohlfahrtsstaat braucht also nicht zwangsläufig

der Weiterentwicklung der Wirtschaft im Wege stehen, wie es jahrelang von Marktapologeten gepredigt wurde.

In einer alternden Gesellschaft gibt es zahlreiche ökonomische Risiken. Die Drohpotentiale des demographischen Krisenszenariums werden auch von uns keineswegs verniedlicht oder gar geleugnet. Deren Eintrittswahrscheinlichkeit folgt jedoch keinem demographischen Determinismus. Es hilft weder gerontologisches Schönreden (z. B. durch wiederholte, worthülsenartige Verweise auf (ungenutzte) Potentiale und Ressourcen) noch fortgesetztes Risikogerede weiter. Ein Ziel dieses Buches war es zu verdeutlichen: Die Konsequenzen demographischer Megatrends wie des kollektiven Alterns der Bevölkerung sind politisch gestaltbar, und die Nutzung der wirtschaftlichen gesellschaftlichen Potentiale des Alters und deren Förderung durch Schaffung geeigneter Rahmenbedingungen (i. S. von »Vorleistungsverpflichtungen«) (BMFSFJ 2006) ist in diesem Zusammenhang ein wichtiges Aufgabenfeld für Sozial-, Wirtschafts- und Gesellschaftspolitik. Unter der Perspektive der wirtschaftlichen Potentiale Älterer sind so unterschiedliche Sektoren wie Arbeitswelt, Konsumgüter- und Dienstleistungsproduktion und informeller Sektor gefordert, wobei dem öffentlichen Sektor eine aktivierende, steuernde und moderierende Funktion zukommt. Das vorliegende Buch will für eine bedeutsame gesellschaftliche Größe – die wirtschaftlichen Potentiale des Alters – Handlungsmöglichkeiten aufzeigen und für Studierende unterschiedlicher Disziplinen Anregungen bieten, an der Lösung der gemeinsamen Zukunftsaufgabe »Demographisches Altern der Gesellschaft« mitzuwirken. Dies ist verknüpft mit der Hoffnung, dass dadurch zugleich Abstrahleffekte auf Innovationspotentiale in anderen gesellschaftlichen Bereichen entstehen.

Literatur

Adamy, W. (2006). Zur Arbeitsmarkt-Misere Älterer: Warum in Nachbarländern mehr Ältere beschäftigt sind: Was bringt Münteferings »Initiative 50plus«? *Soziale Sicherheit, 55* (10), 322–330.

Adlwarth, W. (2008). *Markttrends und Marktpotenziale in der Bevölkerungsgruppe 50+. Vortragsmanuskript. 1 Fachforum »Wirtschaftsfaktor« Alter* (Vervielfältigung). Nürnberg: GfK Panel Services Deutschland.

Amann, A. (2006). Unentdeckte und ungenützte Ressourcen und Potenziale des Alter(n)s. In Deutsches Zentrum für Altersfragen (Hrsg.), *Gesellschaftliches und familiäres Engagement älterer Menschen als Potenzial. Expertisen zum Fünften Altenbericht der Bundesregierung.* Münster: LIT.

Amann, A., Ehgartner, G. & Felder, D. (2010). *Sozialprodukt des Alters: Über Produktivitätswahn, Alter und Lebensqualität.* Wien: Böhlau.

Amann, A. & Kolland, F. (2008). *Das erzwungene Paradies des Alters? Fragen an eine Kritische Gerontologie.* Wiesbaden: VS.

Au, C. (2006). »Work Ability« – Das Arbeitsfähigkeitskonzept des Finnish Institute of Occupational Health. *Informationsdienst Altersfragen, 33* (6), 16–18.

AWA (Allensbacher Markt- und Werbeträgeranalyse) (2005). *Allensbacher Markt- und Werbeträgeranalyse 2005.* Allensbach am Bodensee.

Bäcker, G., Naegele, G., Bispinck, R. & Hofemann, K. (2010). *Sozialpolitik und soziale Lage in der Bundesrepublik Deutschland* (5. Aufl.). Bd. 2. Wiesbaden: VS.

Backes, G. M. (1998). Zur Vergesellschaftung des Alter(n)s im Kontext der Modernisierung. In W. Clemens & G. M. Backes (Hrsg.), *Altern und Gesellschaft. Gesellschaftliche Modernisierung durch Altersstrukturwandel* (S. 23–60). Opladen: Leske + Budrich.

Backes, G. M. & Amrhein, L. (2008). Potenziale und Ressourcen des Alter(n)s im Kontext von sozialer Ungleichheit und Langlebigkeit. In H. Künemund & K. R. Schroeter (Hrsg.), *Soziale Ungleichheiten und kulturelle Unterschiede in Lebenslauf und Alter. Fakten, Prognosen und Visionen.* Alter(n) und Gesellschaft (S. 71–83). Wiesbaden: VS.

Backes, G. M. & Clemens, W. (2008). *Lebensphase Alter: Eine Einführung in die sozialwissenschaftliche Alternsforschung* (3., überarb. Aufl.). Grundlagentexte Soziologie. Weinheim: Juventa.

BAGSO (Bundesarbeitsgemeinschaft der Senioren-Organisationen e. V.) (2007). *Supermarkt – gut und bequem einkaufen.* Bonn (BAGSO-

Verbraucherforum, Bericht der Befragung). Verfügbar unter: www. bagso.de/bagso_vf.html.

Bahr, H. & Widmann, G. (2007). Zukunftsperspektiven für Aktien- und Rentenmärkte: »Asset Meltdown« fällt weitgehend aus. In Bundesverband Öffentlicher Banken Deutschlands (Hrsg.), *Auswirkungen der Bevölkerungsentwicklung auf Banken und Volkswirtschaft* (S. 17–32). Meckenheim: Eigenveröffentlichung.

Baltes, M. M. & Montada, L. (Hrsg.). (1996). *Produktives Leben im Alter.* ADIA-Stiftung zur Erforschung neuer Wege für Arbeit und soziales Leben. Schriftenreihe: Bd. 3. Frankfurt a. M.: Campus.

Baltes, P. B. (2005, 19. Mai). »Oma muss ran«. *Die Zeit,* 21, S. 44f.

Bannwitz, J. (2008). *Ältere Beschäftigte und betriebliche Weiterbildung: Ergebnisse des CVTS3.* Wissenschaftliche Diskussionspapiere: Bd. H. 104. Bonn: BIBB.

Barkholdt, C., Frerichs, F., Hilbert, J., Naegele, G. & Scharfenorth, K. (1999). Das Altern der Gesellschaft und neue Dienstleistungen für Ältere. *Mitteilungen aus der Arbeitsmarkt- und Berufsforschung, 32* (4), 488–498.

Bass, S. A. & Caro, F. G. (2003). Productive Ageing – A Conceptual Framework. In N. Morrow-Howell, J. Hinterlong & M. Sherraden (eds.), *Productive Ageing. Concepts and Challenges* (S. 37–78). Baltimore: The Johns Hopkins University Press.

BBSR Bundesinstitut für Bau, Stadt- und Raumforschung. *Wohnungsmärkte im Wandel: Zentrale Ergebnisse der Wohnungsmarktprognose 2025* (BBSR-Bericht Kompakt Nr. 1).

Becker, U., Kaufmann, F.-X., Maydell, B. v., Schmähl, W. & Zacher, H. F. (Hrsg.). (2007). *Alterssicherung in Deutschland: Festschrift für Franz Ruland zum 65. Geburtstag.* Baden-Baden: Nomos-Verlagsgesellschaft.

Beckert, J. (2009). Vermögen und Besteuerung. In T. Druyen, W. Lauterbach & M. Grundmann (Hrsg.), *Reichtum und Vermögen. Zur gesellschaftlichen Bedeutung der Reichtums- und Vermögensforschung* (S. 146–157). Wiesbaden: VS.

Behrens, J. (2003). Fehlzeit, Frühberentung: Länger erwerbstätig durch Personal- und Organisationsentwicklung. In B. Badura, H. Schellschmidt & C. Vetter (Hrsg.), *Fehlzeiten-Report 2002. Zahlen, Fakten, Analysen aus allen Branchen der Wirtschaft. Demographischer Wandel: Herausforderung für die betriebliche Personal- und Gesundheitspolitik* (S. 15–136). Berlin: Springer.

Bellmann, L., Gewiese, T. & Leber, U. (2006). Betriebliche Altersstrukturen in Deutschland. *WSI-Mitteilungen, 59* (8), 427–432.

Bellmann, L., Hilpert, M., Kistler, E. & Wahse, J. (2003). Herausforderungen des demographischen Wandels für den Arbeitsmarkt und die Betriebe. *Mitteilungen aus der Arbeitsmarkt- und Berufsforschung, 36* (2), 133–149.

Bellmann, L., Leber, U. & Gewiese, T. (2006). *Ältere Arbeitnehmer/innen im Betrieb* (Hans-Böckler-Stiftung, Hrsg.). Düsseldorf (Abschluss-bericht).

Berekoven, L. (1990). *Erfolgreiches Einzelhandelmarketing: Grundlagen und Entscheidungshilfen.* München: Beck.

Berliner Zeitung (2005, 3. Dezember). *Was der nächste Reisesommer an Neuem bringt.* Die Highlights aus den Katalogen von TUI, Necker-mann, Dertour, IST FTI und anderen Veranstaltern.

Berner, F. (2008). *Der hybride Sozialstaat. Die Neuordnung von öffentlich und privat in der sozialen Sicherung.* Frankfurt a. M.: Campus.

Berner, F., Romeu, L. & Motel-Klingebiel, A. (2010). Lebenslauforien-tierung in der Alterssicherung. In G. Naegele (Hrsg.), *Soziale Lebens-laufpolitik* (S. 517–550). Wiesbaden: VS.

Bertelsmann-Stiftung (2003). *Altersvorsorge 2003: Wer hat sie, wer will sie? Private und betriebliche Altersvorsorge der 30- bis 50-Jährigen in Deutschland. Vorsorgestudien, 18.* Gütersloh: Bertelsmann-Eigenver-lag.

Bertelsmann-Stiftung (Hrsg.). (2007). *Alter neu denken: Gesellschaftli-ches Altern als Chance begreifen.* Gütersloh: Verlag Bertelsmann Stiftung.

Bertelsmann-Stiftung/Kuratorium Deutsche Altershilfe (KDA) (2003). *Neue Wohnkonzepte für das Alter und praktische Erfahrungen bei der Umsetzung – eine Bestandsanalyse.* Gütersloh: Verlag Bertelsmann-Stiftung.

Beske, F., Katalinic, A., Peters, E. & Pritzkuleit, R. (2009). *Morbiditätspro-gnose 2050: Ausgewählte Krankheiten für Deutschland, Brandenburg und Schleswig-Holstein.* Schriftenreihe/Fritz-Beske-Institut für Gesund-heits-System-Forschung Kiel: Bd. 114. Kiel: Schmidt & Klaunig.

BFW Bundesverband freier Immobilien- und Wohnungsunternehmen e. V. (2007). *BFW-Studie: Wohnen im Alter: Eine Zukunftsaufgabe der europäischen Wohnungs- und Immobilienwirtschaft.*

Binstock, R. H., George, L. K., Cutler, S. J., Hendricks, J. & Schulz, J. H. (Hrsg.). (2006). *Handbook of aging and the social sciences* (6th ed.). Boston, MS/London: Academic Press.

Blanke, S., Roth C. & Schmid J. (2000). *Employability als Herausforde-rung für den Arbeitsmarkt – Auf dem Weg zur flexiblen Erwerbsge-sellschaft. Konzept und Literaturstudie* (Arbeitsberichte Nr. 157). Stuttgart: Akademie für Technikfolgenabschätzung.

Blättel-Mink, B. & Ebner, A. (2009). *Innovationssysteme: Technologie, Institutionen und die Dynamik der Wettbewerbsfähigkeit.* Wiesbaden: VS.

Blinkert, B. (2007). Pflegearrangements – Vorschläge zur Erklärung und Beschreibung sowie ausgewählte Ergebnisse empirischer Untersu-chungen. In G. Igl, G. Naegele & S. Hamdorf (Hrsg.), *Reform der*

Pflegeversicherung – Auswirkungen auf die Pflegebedürftigen und die Pflegepersonen (Sozialrecht und Sozialpolitik in Europa, S. 225–244). Münster: LIT.

Blome, A., Keck, W. & Alber, J. (2008). *Generationenbeziehungen im Wohlfahrtsstaat: Lebensbedingungen und Einstellungen von Altersgruppen im internationalen Vergleich.* Wiesbaden: VS.

BMFSFJ (Bundesministerium für Familie, Senioren, Frauen und Jugend) (2005). *Siebter Bericht zur Lage der Familien: Familie zwischen Flexibilität und Verlässlichkeit.* Berlin: BMFSFJ-Eigenverlag.

BMFSFJ (Bundesministerium für Familie, Senioren, Frauen und Jugend) (2006). *Fünfter Bericht zur Lage der älteren Generation in der Bundesrepublik. Potenziale des Alters in Wirtschaft und Gesellschaft. Der Beitrag älterer Menschen zum Zusammenhalt der Generationen.* Berlin (Stellungnahme der Sachverständigenkommission). Verfügbar unter: http://www.bmfsfj.de/RedaktionBMFSFJ/Abteilung3/Pdf-Anlagen/fuenfter-altenbericht-stellungnahme-der-bundesregierung, property=pdf,bereich=bmfsfj,sprache=de,rwb=true.pdf.

BMFSFJ (Bundesministerium für Familie, Senioren, Frauen und Jugend) (2007). *Wirtschaftsmotor Alter: Endbericht.* Berlin. Verfügbar unter: www.bmfsfj.de/RedaktionBMFSFJ/Abteilung3/Pdf-Anlagen/end bericht-studie-wirtschaftsmotor-alter,property=pdf,bereich=bmfsfj, sprache=de,rwb=true.pdf.

BMFSFJ (Hrsg.) (2010). *Monitor Engagement (Nr. 2) – Freiwilliges Engagement in Deutschland 1999–2004–2009.* Berlin.

BMG (Bundesministerium für Gesundheit) (2009a). *Bericht des Beirats zur Überprüfung des Pflegebedürftigkeitsbegriffs.* Berlin. Verfügbar unter: https://www.bundesgesundheitsministerium.de/uploads/publications/Neuer-Pflegebeduertigkeitsbegr.pdf. Letzter Zugriff: 15.02.2010.

BMG (Bundesministerium für Gesundheit) (2009b). *Zahlen und Fakten zur Pflegeversicherung.* Wiesbaden.

BMWI (Bundesministerium für Wirtschaft und Technologie) (2009). *Zukunftsmarkt 50plus. Handwerk für die Chancen des demografischen Wandels gewinnen.* Berlin. Verfügbar unter: www.wirtschaftsfaktoralter.de/fileadmin/user_upload/RKW_Zukunftsmarkt_50_plus.pdf.

Böhle, F. & Altmann, N. (1972). *Industrielle Arbeit und soziale Sicherheit: Eine Studie über Risiken im Arbeitsprozeß und auf dem Arbeitsmarkt.* Frankfurt a. M.: Athenäum.

Borgetto, B. (2004). *Selbsthilfe und Gesundheit: Analysen, Forschungsergebnisse und Perspektiven in der Schweiz und in Deutschland.* Buchreihe des Schweizerischen Gesundheitsobservatoriums. Bern: Huber.

Born, A., Middendorf, A. S., Perl, W., Bach, J., Weigel, R. & Wiemes, R. (2000). *Tourismus in einer alternden Gesellschaft. Konzeptentwicklung und Qualifizierung für den Erhalt von Arbeitsplätzen in der Fremdenverkehrsregion Teutoburger Wald.*

Börsch-Supan, A. (2007). Bevölkerungsalterung durch die Augen des Ökonomen: Die gesamtwirtschaftlichen Folgen des demographischen Wandels. In H.-W. Wahl & H. Mollenkopf (Hrsg.), *Alternsforschung am Beginn des 21. Jahrhunderts. Alterns- und Lebenslaufkonzeptionen im deutschsprachigen Raum.* (S. 123–144). Berlin: Akademische Verlagsgesellschaft AKA.

Börsch-Supan, A. (2009). Gesamtwirtschaftliche Folgen des demographischen Wandels. In Akademiegruppe Altern in Deutschland (Hrsg.), *Produktivität in alternden Gesellschaften. Altern in Deutschland* (Bd. 4, S. 21–42). Halle/Saale.

Börsch-Supan, A., Düzgün, I. & Weiss, M. (2007). *Der Zusammenhang zwischen Alter und Arbeitsproduktivität. Eine empirische Untersuchung auf Betriebsebene..* Düsseldorf: Hans-Böckler-Stiftung (Abschlussbericht). Verfügbar unter: www.boeckler.de/pdf_fof/S-2004-697-3-5.pdf.

Bosbach, G. & Bingler, K. (2008). Droht eine Kostenlawine im Gesundheitswesen? Demografische Entwicklung und medizinischer Fortschritt. *Soziale Sicherheit, 57* (1), 5–12.

Bosch, G. (2010). Lernen im Erwerbsverlauf – von der klassischen Jugendorientierung zum lebenslangem Lernen. In G. Naegele (Hrsg.), *Soziale Lebenslaufpolitik* (S. 352–370). Wiesbaden: VS.

Brussig, M. (2009). *Neueinstellungen von Älteren: Keine Ausnahme, aber auch noch keine Normalität.* (Altersübergangs-Report Nr. 2009-01). Duisburg: Institut Arbeit und Qualifikation.

Brussig, M. (2010). *Fast die Hälfte aller neuen Altersrenten mit Abschlägen – Quote weiter steigend* (Altersübergangs-Report Nr. 2010-01). Duisburg: Institut Arbeit und Qualifikation.

Bundesgeschäftsstelle der Landesbausparkassen (Hrsg.). *Die Generation über 50: Wohnsituation, Potenziale und Perspektiven.* Berlin.

Bundesverband Öffentlicher Banken Deutschlands (Hrsg.). (2007). *Auswirkungen der Bevölkerungsentwicklung auf Banken und Volkswirtschaft.* Meckenheim: Eigenveröffentlichung. Verfügbar unter: www.voeb.de/de/publikationen/fachpublikationen/publikation_bevoelkerungsentw.pdf.

Burzan, N. (2002). *Zeitgestaltung im Alltag älterer Menschen: Eine Untersuchung im Zusammenhang mit Biographie und sozialer Ungleichheit.* Forschung Soziologie: Bd. 173. Opladen: Leske + Budrich (zugl.: Hagen, Fernuniv., Diss., 2002).

Büscher, A., Emmert, S. & Hurrelmann, K. (2009). *Die Wohnvorstellungen von Menschen verschiedener Altersgruppen.* Veröffentlichungsreihe des Instituts für Pflegewissenschaft an der Universität Bielefeld (IPW): Bd. P09, 141. Bielefeld: IPW.

Cabinet Office (2009). *Heisei 21 nenhan shōshika shakai hakusho.* (2009 White Book on the Society with Fewer Children).

Caro, F. G. (2008). Produktives Altern und ehrenamtliches Engagement in den USA: Konzeptuelle Überlegungen empirische Befunde und Implikationen für die Politik. In M. Erlinghagen & K. Hank (Hrsg.), *Produktives Altern und informelle Arbeit in modernen Gesellschaften. Theoretische Perspektiven und empirische Befunde ; [33. Kongress der Deutschen Gesellschaft für Soziologie, 2006, Kassel].* (Alter(n) und Gesellschaft, S. 75–90). Wiesbaden: VS.

Caro, F. G., Bass, S. A. & Chen, Y.-P. (1993). Introduction: Achieving a productive aging society. *Achieving a productive aging society,* 3–25.

Clemens, W. (2008). Zu früh in die »späte Freiheit«: Ältere Arbeitnehmer im gesellschaftlichen und demographischen Wandel. In A. Amann & F. Kolland (Hrsg.), *Das erzwungene Paradies des Alters? Fragen an eine kritische Gerontologie* (S. 101–120). Wiesbaden: VS.

Clemens, W. & Naegele, G. (2004). Lebenslagen im Alter. In A. Kruse & M. Martin (Hrsg.), *Enzyklopädie der Gerontologie. [Alternsprozesse in multidisziplinärer Sicht].* (Psychologie-Handbuch, S. 387–402). Bern: Huber.

Commerzbank (Hrsg.) (2009). *Abschied vom Jugendwahn? Unternehmerische Strategien für den demografischen Wandel.* Verfügbar unter: www.unternehmerperspektiven.de/de/studie/demografischer_wandel/auswertungen/files/up7_maschinenbau.pdf.

Conrad, H. (2007). Japanische Senioren als Konsumenten und der »Silbermarkt«: Ein Lehrstück für Deutschland? In M. Behrens & J. Legewei (Hrsg.), *Japan Nach Koizumi. Wandel in Politik, Wirtschaft und Gesellschaft* (S. 177–187). Baden-Baden: Nomos-Verlagsgesellschaft.

Conrad, H. (2008). Human Ressource Management Practices and the Ageing Workforce. In F. Coulmas, H. Conrad & A. Schad-Seifert (Hrsg.), *The demographic challenge. A handbook about Japan* (S. 979–997). Leiden/Boston: Brill.

Conrad, H. & Gerling, V. (2005). Der japanische »Silbermarkt«: Marktchancen und Best Practice für deutsche Unternehmen. In K. Bellmann & R. Haak (Hrsg.), *Management in Japan. Herausforderungen und Erfolgsfaktoren für deutsche Unternehmen in einer dynamischen Umwelt* (Wirtschaftswissenschaft, S. 267–278). Wiesbaden: Deutscher Universitäts-Verlag.

Conrad, H., Heindorf, V. & Waldenberger, F. (2008). *Human Resource Management in Ageing Societies: Perspectives from Japan and Germany:* Palgrave Macmillan.

Coulmas, F. (2007). *Die Gesellschaft Japans: Arbeit, Familie und demographische Krise.* Beck'sche Reihe: Bd. 1770. München: Beck.

Coulmas, F., Conrad, H. & Schad-Seifert, A. (Hrsg.). (2008). *The demographic challenge: A handbook about Japan.* Leiden/Boston: Brill.

Dahlbeck, E. & Hilbert, J. (Institut Arbeit und Technik, Hrsg.). (2008). *Beschäftigungstrends in der Gesundheitswirtschaft im regionalen Ver-*

gleich. Forschung Aktuell: 6. Verfügbar unter: www.iatge.de/forschung-aktuell/2008/fa2008-06.pdf.

Dentsu Senior Project (2007) (Hrsg.). *Dankai Marketing.* Tokyo.

Deutsche Bank Research (DBR). (2007). *Wie werden ältere Deutsche ihr Geld ausgeben? Wie demografische Entwicklungen, Wachstum und sich ändernde Verbraucherpräferenzen zusammenspielen.* Frankfurt a. M. (Demographie Special).

Deutscher Bundestag (1994). Zwischenbericht der Enquete-Kommission Demografischer Wandel. Herausforderungen unserer älter werdenden Gesellschaft an den Einzelnen und die Politik. *Zur Sache. Themen parlamentarischer Beratung, 4/21994* (Bundestagsdruckerei, Hrsg.). Bonn.

Deutscher Bundestag (2002a). Abschlussbericht der Enquete-Kommission Demografischer Wandel – Herausforderungen unserer älter werdenden Gesellschaft an den Einzelnen und die Politik. *Zur Sache. Themen parlamentarischer Bildung.*

Deutscher Bundestag (2002b). *Bericht der Enquete-Kommission »Zukunft des bürgerschaftlichen Engagements«. Bürgerschaftliches Engagement: Auf dem Weg in eine zukunftsfähige Bürgergesellschaft.* (Bundestagsdruckerei, Hrsg.) (Bundestags-Drucksache 14/8900). Berlin.

Deutscher Industrie- und Handelskammertag (2009). *Best-Practice-Beispiele »Demografischer Wandel« Einzelhandel, Dienstleistungen & Tourismus: Stand: Juli 2009.* Berlin.

Deutscher Verband für Wohnungswesen, Städtebau und Raumordnung e.V. (2009). *Kommissionsbericht »Wohnen im Alter«.* Berlin.

Deutscher Verein für öffentliche und private Fürsorge (2006). *Empfehlungen zur Gestaltung der sozialen Infrastruktur in den Kommunen mit einer älter werdenden Bevölkerung.* (Vervielfältigung). Berlin.

Deutscher Verein für öffentliche und private Fürsorge (2007). *Positionspapier des Deutschen Vereins: Die Gesellschaft des langen Lebens annehmen und vor Ort gestalten:* (Vervielfältigung). Berlin.

digital media center (dmc) (2009). *Travel-Commerce: Wie nutzen Best Ager den Online-Reisemarkt?* (Studie).

DIW Deutsches Institut für Wirtschaftsforschung (2007). Auswirkungen des demographischen Wandels auf die private Nachfrage nach Gütern und Dienstleistungen in Deutschland bis 2050: Endbericht, Berlin. *Politikberatung kompakt, 26.*

DRV Deutsche Rentenversicherung (Hrsg.). (2010). *Statistische Analysen, Ergebnisse auf einen Blick.* (Vervielfältigung). Berlin.

Dychtwald, K., Erickson, T. & Morison, B. (2004). It's time to retire Retirement. *Harvard Business Review, 82* (3), 48–57.

Ebert, A., Fuchs, T. & Kistler, E. (2006). Arbeiten bis 65 oder gar bis 67? Die Voraussetzungen fehlen. *WSI-Mitteilungen* (8), 492–499.

EDEKA Unternehmensgruppe Nordbayern-Sachsen-Thüringen (Hrsg.) (2009). *Supermarkt der Generationen – Konzept erfolgreich: Presse-*

mitteilung vom 24. März 2009. Verfügbar unter: www.edeka.de/
NORDBAYERN/Content/de/Presse/Pressemeldungen/Pressemel-
dung0150.html.

Eifert, B. (2005). Politische Partizipation älterer Menschen am Beispiel
der Landesseniorenvertretung Nordrhein-Westfalen e. V. *Alter hat
Zukunft,* 97–112.

Eitner, C. (2009). *Die Reaktionsfähigkeit des deutschen Einzelhandels auf
den demographischen Wandel. Eine qualitative und quantitative Analyse unter zielgruppen- und netzwerkspezifischen Gesichtspunkten.*
Inauguraldissertation. Bochum.

Engel, D. et al. (2007*). Unternehmensdynamik und alternde Bevölkerung.
Schriften/RWI: Bd. 80.* Berlin: Duncker & Humblot.

Engstler, H. (2006). Erwerbsbeteiligung in der zweiten Lebenshälfte und
der Übergang den Ruhestand. In C. Tesch-Römer, H. Engstler &
S. Wurm (Hrsg.), *Altwerden in Deutschland. Sozialer Wandel und
individuelle Entwicklung in der zweiten Lebenshälfte.* (S. 85–154).
Wiesbaden: VS.

Engstler, H., Menning, S., Hoffmann, E. & Tesch-Römer, C. (2004). Die
Zeitverwendung älterer Menschen. In Statistisches Bundesamt
(Hrsg.), *Alltag in Deutschland. Analysen zur Zeitverwendung.* Bei-
träge zur Ergebniskonferenz der Zeitbudgeterhebung 2001/02 am
16./17. Februar 2004 in Wiesbaden (Forum der Bundesstatistik,
S. 216–246). Wiesbaden.

Enste, P. (2009). Wirtschaftskraft Alter – finanzielle Potenziale von Senioren. *Seniorenwirtschaft, 1* (1), 18–22.

Enste, P., Naegele G. & Leve, V. (2008). The Discovery and Development
of the Silver Market in Germany. In F. Kohlbacher & C. Herstatt (eds.),
*The Silver Market Phenomenon. Business Opportunities in an Era of
Demographic Change* (S. 325–340). Berlin/Heidelberg: Springer.

Enste, D. & Pimpertz J. (2008). Wertschöpfungs- und Beschäftigungspoten-
ziale auf dem Pflegemarkt in Deutschland bis 2050. *IW-Trends – Vier-
teljahresschrift zur empirischen Wirtschaftsforschung, 35* (4), 103–116.

Erlinghagen, M. (2008). Ehrenamtliche Arbeit und informelle Hilfe
nach dem Renteneintritt: Analysen mit dem Sozio-oekonomischen
Panel (SOEP). In M. Erlinghagen & K. Hank (Hrsg.), *Produktives
Altern und informelle Arbeit in modernen Gesellschaften. Theoretische
Perspektiven und empirische Befunde; [33. Kongress der Deutschen
Gesellschaft für Soziologie, 2006, Kassel].* (Alter(n) und Gesellschaft,
S. 93–117). Wiesbaden: VS.

Erlinghagen, M. & Hank, K. (Hrsg.). (2008). *Produktives Altern und
informelle Arbeit in modernen Gesellschaften: Theoretische Perspektiven und empirische Befunde; [33. Kongress der Deutschen Gesellschaft für Soziologie, 2006, Kassel].* Alter(n) und Gesellschaft: Bd. 16.
Wiesbaden: VS.

European Commission (2007). *Employment in Europe 2007*. Verfügbar unter: http://ec.europa.eu/social/main.jsp?catId=113&langId=de& eventsId=99&moreDocuments=yes&tableName=events.

Evers, A. & Olk, T. (Hrsg.). (1996). *Wohlfahrtspluralismus: Vom Wohlfahrts-staat zur Wohlfahrtsgesellschaft*. Opladen: Westdeutscher Verlag.

EVS – Einkommens- und Verbrauchsstichprobe (2007). Wiesbaden, Statistisches Bundesamt.

Fachinger, U. (2002). *Sparfähigkeit und Vorsorge gegenüber sozialen Ri-siken bei Selbständigen: Einige Informationen auf der Basis der Ein-kommens- und Verbrauchsstichprobe 1998*. ZeS-Arbeitspapier: Bd. 2, 1. Bremen: Zentrum für Sozialpolitik, Universität Bremen.

Fachinger, U. (2006). Einkommensverwendung im Alter. In Deutsches Zentrum für Altersfragen (Hrsg.), *Einkommenssituation und Ein-kommensverwendung älterer Menschen* (Expertisen zum fünften Altenbericht der Bundesregierung). Berlin: LIT.

Fachinger, U. (2009). Wovon leben die »Alten« und wofür geben sie ihr Geld aus? Eine empirische Analyse für Deutschland. In DRV – Deut-sche Rentenversicherung Bund, FNA (Forschungsnetzwerk Alters-sicherung) (Hrsg.), *Die Lebenslagen Älterer, S.* 65–96.

Filipp, S.-H. (1999). Biographische Aspekte des Alterns. In A. Niederfran-ke, G. Naegele & E. Frahm (Hrsg.), *Funkkolleg Altern: Die vielen Ge-sichter des Alterns* (S. 101–136). Wiesbaden: Westdeutscher Verlag.

Flüter-Hofmann, C. (2010). Der Weg aus der Demografie-Falle: Lebens-zyklusorientierte Personalpolitik. In G. Naegele (Hrsg.), *Soziale Lebenslaufpolitik*. (S. 411–428). Wiesbaden: VS.

Franke, A. (2009). *Elderly Entrepreneurs in Germany* – Posterpräsenta-tion im Rahmen des IAGG World Congress of Gerontology and Geriatrics am 8. Juli 2009 in Paris.

Franke, A. (2010). Existenzgründungen im Lebenslauf. In G. Naegele (Hrsg.), *Soziale Lebenslaufpolitik*. (S. 371–410). Wiesbaden: VS.

Frerichs, F. & Georg, A. (1999). *Bewältigung des demographischen Wan-dels in NRW und Maßnahmen zur Unterstützung älterer Arbeitneh-mer*. Münster: LIT.

Frick, J. R. & Grabka, M. M. (2010). Alterssicherungsvermögen dämpft Ungleichheit – aber große Vermögenskonzentration bleibt bestehen. *DIW-Wochenbericht, 77* (3), 2–12. DIW Berlin, German Institute for Economic Research. Verfügbar unter: www.diw.de/documents/pu-blikationen/73/diw_01.c.345838.de/10-3-1.pdf.

Frommelt, D. & Himmelreicher, R. K. (2010). Sinkende Rentenanwart-schaften – vor allem in den neuen Bundesländern. *ISI* (43), 1–5.

Frommelt, M., Klie, T., Löcherbach, P., Mennemann, H., Monzer, M. & Wendt, W.-R. (2008). *Pflegeberatung, Pflegestützpunkte und das Case-Management: Die Aufgabe personen- und familienbezogener Unter-stützung bei Pflegebedürftigkeit und ihre Realisierung in der Reform der Pflegeversicherung*. Freiburg i. Br.: FEL.

Fuchs, J. (2006). Rente mit 67: Neue Herausforderungen für die Beschäftigungspolitik. *IAB-Kurzbericht* (16).

Fujimoto, M. (2008). Employment of older people after the amendment of the act concerning stabilization of employment of older persons: current state of affairs and challenges. *Japan Labor Review, 5* (2), 59–88.

Fukawa, H. (2008). Poverty among the elderly. In F. Coulmas, H. Conrad & A. Schad-Seifert (Hrsg.), *The demographic challenge. A handbook about Japan* (S. 921–931). Leiden/Boston: Brill.

Gassmann, O. & Keupp, M. M. (2005). Wachstumsmarkt der Jungen Alten: Lernen von Japan. *In new managment*, 7–8 & 15–19.

Gassmann, O., Reepmeyer, G., Gassmann, O. & Reepmeyer, G. (2006). *Wachstumsmarkt Alter: Innovationen für die Zielgruppe 50 +*. München: Hanser.

Gassmann, O., Reepmeyer, G. & Walke, A. (2005). Neue Produkte für die jungen Alten. *Harvard Business Manager*, 5–7.

Gaugisch, P., Klein, B. & Schmidt, M. (2006). *Technologische Innovationen für ein selbständiges Leben im Alter: IT-basierte Produkte und Dienste für ältere Menschen – Nutzeranforderungen und Techniktrends*. Stuttgart: Fraunhofer-Institut für System- und Innovationsforschung; ISI (Tagungsband zur Fazit-Fachtagung »Best Agers in der Informationsgesellschaft«).

GdW Bundesverband deutscher Wohnungs- und Immobilienunternehmen e. V. (Hrsg.) (2008). *Wohntrends 2020: Quartiersmanagement, Büroarbeitsplatz zu Hause, Bad und Küche sowie energetische Standards gewinnen an Bedeutung*. GdW Branchenberichte 3. Hamburg: Hammonia.

Gensicke, T. (2008). Gemeinschaftsaktivität und freiwilliges Engagement älterer Menschen: Ergebnisse des Freiwilligensurveys. *Produktives Altern und informelle Arbeit in modernen Gesellschaften*, 119–143.

Gerling, V., Naegele, G. & Scharfenorth, K. (2004). Der private Konsum älterer Menschen. *Sozialer Fortschritt* (11), 292–300.

GfK Gesellschaft für Konsumforschung (Hrsg.) (2002). *Studie 50plus 2002, Band I*. Nürnberg.

GfK Gesellschaft für Konsumforschung (Hrsg.) (2004). *Verbraucherpanel 2004*. Nürnberg.

GfK Gesellschaft für Konsumforschung (Hrsg.) (2008). *Greyhound 2009*. Nürnberg.

Ginn, J., Fachinger, U. & Schmähl, W. (2008). Pension reform and the socioeconomic status of older people in Britain and Germany. In G. Naegele & A. Walker (eds.), *Social Policy in Ageing Societies: Britain and Germany Compared*. (S. 22–45). Basingstoke: Palgrave Macmillan.

Goldschmidt, A. J. W. & Hilbert, J. (2009). *Gesundheitswirtschaft in Deutschland: Die Zukunftsbranche; Beispiele über alle wichtigen Be-*

reiche des Gesundheitswesens in Deutschland zur Gesundheitswirtschaft. Bd. 1. Wegscheid: WIKOM.

Grabka, M. M. (2004). Einkommen, Sparen und intrafamiliale Transfers
von älteren Menschen. DIW-Wochenbericht des Deutschen Instituts
für Wirtschaftsforschung (DIW), 71 (6), 67–72.

Grauel, J. & Spellerberg, A. (2007). Akzeptanz neuer Wohntechniken
für ein selbständiges Leben im Alter: Erklärung anhand sozialstruktureller Merkmale, Technikkompetenz und Technikeinstellungen.
Zeitschrift für Sozialreform, 53 (2), 191–215.

Günterberg, B. (2008). Gründungen und Liquidationen im Jahr 2007 in
Deutschland. Working Paper 03/08, herausgegeben vom IfM Bonn.
Verfügbar unter: http://www.ifm-bonn.org/assets/documents/Wor-
king-Papaer_3_08.pdf.

Guttel, W. H., Konlechner, S., Kohlbacher, F. & Haltmeyer, B. (2009).
Strategies Agains Competency Obsolescecnce: The Case of R&D-
Intensive Organisations. International Journal of Human Resources
Development and Management, 9 (2/3), 124–148.

Hallenberg, B. & Poddig, B. (2005, 07. September). Wissen, wer wo
wohnt – Das Beratungsangebot WohnWissen. vhw 4.

Hardege, S. & Klös, H.-P. (2008). Der deutsche Arbeitsmarkt im Spiegel
der wirtschaftlichen Megatrends. In Institut der Deutschen Wirtschaft (Hrsg.), Die Zukunft der Arbeit in Deutschland, Megatrends,
Reformbedarf und Handlungsoptionen (S. 9–30). Köln: Deutscher
Instituts-Verlag.

Hartmann, A. & Mathieu, H. (Hrsg.). (2002). Dienstleistungen in der
Neuen Ökonomie: Struktur, Wachstum und Beschäftigung. Gutachten
der Friedrich-Ebert-Stiftung.

Hauptverband des deutschen Einzelhandels (HDE) (Hrsg.) (2009). Zah-
lenspiegel 2009. Berlin.

Häussermann, H. & Siebel, W. (1995). Dienstleistungsgesellschaften.
Edition Suhrkamp. Neue Folge: Bd. 964. Frankfurt a. M.: Suhrkamp.

Heinze, R. G. (2006). Wandel wider Willen: Deutschland auf der Suche
nach neuer Prosperität. Wiesbaden: VS.

Heinze, R. G. (2009). Rückkehr des Staates? Politische Handlungsmöglichkeiten in unsicheren Zeiten. Wiesbaden: VS.

Heinze, R. G., Hilbert, J. & Paulus, W. (2009). Der Haushalt – ein Gesundheitsstandort mit Zukunft. In A. J.W Goldschmidt (Hrsg.),
Gesundheitswirtschaft in Deutschland. Die Zukunftsbranche. Beispiele über alle wichtigen Bereiche des Gesundheitswesens in Deutschland
zur Gesundheitswirtschaft (S. 772–800). Wegscheid: WIKOM.

Heinze, R., Ley, C. & Schneiders, K. (2010). Innovationsmotor Alter:
Wohnen und Lebensformen im Wandel. In R. G. Heinze & G. Nae-
gele (Hrsg.), Einblick in die Zukunft. Gesellschaftlicher Wandel und
Zukunft des Alterns. S. 303–324. Münster: LIT.

Heinze, R. G. & Naegele, G. (Hrsg.). (2010). *Einblick in die Zukunft: Gesellschaftlicher Wandel und Zukunft des Alterns.* Münster: LIT.

Henke, K.-D., Neumann, K., Schneider, M. et al. (2010). *Erstellung eines Satellitenkontos für die Gesundheitswirtschaft in Deutschland.* Baden-Baden: Nomos.

Henke, K.-D. & Troppens, S. (2010). Von der qualitativen zur quantitativen Erfassung der Gesundheitswirtschaft unter besonderer Berücksichtigung assistierender Technologien in der Gesundheits- und Pflegeversorgung. *Europäische Schriften zu Staat und Wirtschaft.*

Henke, K.-D. & Troppens, S. (2010b). Zur Finanzierung assistierender Technologien. In Fachinger, U., Henke, K.-D. (Hrsg.). *Der private Haushalt als Gesundheitsstandort: Theoretische und empirische Analysen,* Baden-Baden: Nomos, S. 135–146.

Herstatt, C., Nagahira, A., Stockstrom, C. & Tschirky, H. (Hrsg.) (2006). *Management of Technology and Innovation in Japan.* Berlin/Heidelberg: Springer.

Heyl, V., Oswald, F., Zimprich, D., Wetzler, R. & Wahl, H.-W. (1997). *Bedürfnisstrukturen älterer Menschen – Eine konzeptionelle und empirische Annäherung.* DZFA-Forschungsberichte 1. Verfügbar unter: www.dzfa.uni-heidelberg.de/english_version/pdf/Forschungsberichte/fb1_Need.pdf [18.5.2010].

Hilbert, J. & Naegele, G. (2002). Dienstleistungen für mehr Lebensqualität im Alter: ein Such- und Gestaltungsfeld für mehr Wachstum und Beschäftigung. In G. Bosch, P. Hennicke, J. Hilbert, K. Kristof & G. Scherhorn (Hrsg.), *Die Zukunft von Dienstleistungen – Ihre Auswirkung auf Arbeit, Umwelt und Lebensqualität* (S. 347–369). Frankfurt a. M.: Campus.

Himmelreicher, R. K. & Frommert, D. (2006). Gibt es Hinweise auf zunehmende Ungleichheit der Alterseinkünfte und zunehmende Altersarmut? Der Einfluss von Erwerbs- und Familienbiografien auf die Rentenhöhe in Deutschland. *Vierteljahrshefte zur Wirtschaftsforschung, 75* (1), S. 108–130.

Himpel, F. & Berzlanovich, A. (2007). Produkt- und Produktionsmanagement für Konsumgüter dem japanischen Silbermarkt. In K. Bellmann & R. Haak (Hrsg.), *Der japanische Markt. Herausforderungen und Perspektiven für deutsche Unternehmen* (S. 87–100). Wiesbaden: Deutscher Universitäts-Verlag.

Hock, E.-M. & Bader, B. (2001). Kauf- und Konsumverhalten der 55plus Generation. Ergebnisse einer empirischen Studie in der Schweiz. *THEXIS-Fachbericht für Marketing* (3).

Howaldt, J. & Jacobsen, H. (Hrsg.) (2010). *Soziale Innovation: Auf dem Weg zu einem postindustriellen Innovationsparadigma.* Wiesbaden: VS.

Hradil, S. (2006). Soziale Milieus – eine praxisorientierte Forschungsperspektive. *Aus Politik und Zeitgeschichte,* 44–45, S. 3–10.

Hülskamp, N., Plünnecke, A. & Seyda, S. (2008). Demografischer Wandel: Verknappung des Arbeitsangebotes? In Institut der Deutschen Wirtschaft (Hrsg.), *Die Zukunft der Arbeit in Deutschland. Megatrends, Reformbedarf und Handlungsoptionen* (Schriften zur Wirtschaftspolitik aus dem Institut der deutschen Wirtschaft Köln, S. 9–30). Köln: Deutscher Instituts-Verlag.

Hundertmark-Mayser, J., Möller, B. & Balke, K. (2004). *Selbsthilfe im Gesundheitsbereich.* Gesundheitsberichterstattung des Bundes: Bd. 23. Berlin: Robert-Koch-Institut.

IDZ – Internationales Design Zentrum Berlin (Hrsg.) (2008). *Universal Design, Unsere Zukunft gestalten.* Berlin.

IDZ – Internationales Design Zentrum Berlin & SIBIS Institut für Sozialforschung und Projektberatung (Hrsg.) (2009). *Impulse für Wirtschaftswachstum und Beschäftigung durch Orientierung von Unternehmen und Wirtschaftspolitik am Konzept Design für Alle. Gutachten im Auftrag des Bundesministeriums für Wirtschaft und Technologie.* Verfügbar unter: www.idz.de/dokumente/DFA_schlussbericht.pdf.

IfM – Institut für Mittelstandsforschung (Hrsg.), Kranzusch, P., Suprinovič, O. & Kay, R. (Mitarbeiter). (2009). *Absatz- und Personalpolitik des Handwerks im Zeichen des demografischen Wandels.* IfM-Materialien: 188.

Igl, G. & Klie, T. (Hrsg.). (2008). *Das Recht der älteren Menschen.* Baden-Baden: Nomos-Verlagsgesellschaft.

Igl, G., Naegele, G. & Hamdorf, S. (Hrsg.) (2007). *Reform der Pflegeversicherung – Auswirkungen auf die Pflegebedürftigen und die Pflegepersonen.* Sozialrecht und Sozialpolitik in Europa: Bd. 2. Münster: LIT.

Ilmarinen, J. (2005). *Towards a longer worklife! Ageing and the quality of worklife in the European Union.* Helsinki. Verfügbar unter: http://hawai4u.de/UserFiles/Ilmarinen_2005_Towards%20a%20Longer%20Worklife.pdf.

Ilmarinen, J. & Oldenbourg, R. (2010). Für eine lebenslaufbezogene Arbeitsfähigkeitspolitik. In G. Naegele (Hrsg.), *Soziale Lebenslaufpolitik.* (S. 429–448). Wiesbaden: VS.

Ilmarinen, J. & Tempel, J. (2003). Erhaltung, Förderung und Entwicklung der Arbeitsfähigkeit: Konzepte und Forschungsergebnisse aus Finnland. In B. Badura, H. Schellschmidt & C. Vetter (Hrsg.), *Fehlzeiten-Report 2002. Zahlen, Fakten, Analysen aus allen Branchen der Wirtschaft. Demographischer Wandel: Herausforderung für die betriebliche Personal- und Gesundheitspolitik* (S. 85–100). Berlin: Springer.

Institut für Freizeitwirtschaft (2005). *Langfristige Marktchancen im Wellness- und Gesundheitstourismus. Pressemitteilung.* Verfügbar unter: www.ff-freizeit-wirtschaft.de/pdf/ift-Gesundheits-Tourismus_presse_Okt2005.pdf.

Institut für Zukunftsfragen (2010). Stiftung für Zukunftsfragen stellt die 26. Deutsche Tourismusanalyse vor. *Forschung aktuell, 31* (221).

IPSS – International Institute of Population and Social Security (2009a). *Jinko piramiddo deta: Population Pyramid Data.*

Jansen, K., Schneiders, K. & Bölting, T. (2009). *Gemeinsam statt einsam! Gemeinschaftliche Wohnprojekte für Ältere. Best-Practice-Projekte aus Deutschland und dem europäischen Ausland.* Kuratorium Betreutes Wohnen für ältere Menschen Nordrhein-Westfalen. Verfügbar unter: www.kuratorium-nrw.de/downloads/gemeinsam.php.

Japan Organization for Employment of the Elderly and People with Disabilities (2009). *Dankai sedai no shugyo to seikatsu ni kansuru ishiki chosa 2008: Survey on the Attitudes of the Baby Boomer Generation toward Work and Life.*

Just, T. (2009). *Demografie und Immobilien.* München: Oldenbourg.

Kaapke, A., Knob, A., Wilke, K. & Bald, C. (2005). *Reaktionsmöglichkeiten für Handelsunternehmen im Hinblick auf die Veränderungen der Altersstruktur.* Köln: Institut für Handelsforschung.

Karakayali, S. (2008). *Gespenster der Migration: Zur Genealogie illegaler Einwanderung in der Bundesrepublik Deutschland.* Kultur und soziale Praxis. Bielefeld: Transcript.

Kartte, J. & Neumann, K. (2008). *Der Gesundheitsmarkt: Sicht der Bürger – Strategien der Anbieter.* Berlin: Roland Berger Strategy Consults.

Kaufmann, F.-X. (2005). *Schrumpfende Gesellschaft: Vom Bevölkerungsrückgang und seinen Folgen.* Edition Suhrkamp: Bd. 2406. Frankfurt a. M.: Suhrkamp.

KDA – Kuratorium Deutsche Altershilfe (2006). *Wohnen im Alter Strukturen und Herausforderungen für kommunales Handeln. Ergebnisse einer bundesweiten Befragung der Landkreise und kreisfreien Städte.* Köln: Eigenveröffentlichung.

KDA – Kuratorium Deutsche Altershilfe (2009). *Werkstatt Pflegestützpunkte. Aktueller Stand der Entwicklung von Pflegestützpunkten in Deutschland und Empfehlungen zur Implementierung und zum Betrieb von Pflegestützpunkten.* Köln: Eigenveröffentlichung.

Keck, B. (2005). Ältere als Bankkunden. *BAGSO-Nachrichten,* 15–16.

Kemper, C., Sauer, K. & Glaeske, G. (2009). *GEK-Heil- und Hilfsmittel-Report 2009: Auswertungsergebnisse der GEK-Heil und Hilfsmitteldaten aus den Jahren 2007 und 2008. Kurzfassung.* (Schriftenreihe zur Gesundheitsanalyse Nr. 72). Bremen. Verfügbar unter: www.dbs-ev.de/pdf/Heil-und-Hilfsmittel-Report-2009-Kurzfassung.pdf.

KfW-Bankengruppe. (Hrsg.) (2007). *Gründungsmonitor 2007.* Frankfurt a. M.

KfW-Bankengruppe. (Hrsg.) (2008). *Gründungsmonitor 2008.* Frankfurt a. M.

Kistler, E. (2007). Der Mythos vom demografisch bedingten Arbeitskräftemangel. Arbeits- und Beschäftigungsfähigkeit Älterer in vielen Branchen nicht gegeben. *Soziale Sicherheit* (1), 15–21.

Klammer, U. & Tillmann, K. (2001). *Flexicurity: Soziale Sicherung und Flexibilisierung der Arbeits- und Lebensverhältnisse. Forschungsbericht im Auftrag des Ministeriums für Arbeit und Soziales, Qualifikation und Technologie des Landes Nordrhein-Westfalen* (Gemeinsame WSI-MASQT-Veröffentlichung). Düsseldorf

Klehm, W.R. (Hrsg.) (2002). Das ZWAR-Konzept: Moderation, Animation und existenzielle Begegnung in der Gruppenarbeit mit „jungen Alten". Dortmunder Beiträge zur Sozial- und Gesellschaftspolitik Bd. 36. Münster-Hamburg-London: Lit-Verlag.

Klie, T., Hoch, H., Pfundstein, T. (2005). *BELA Bürgerschaftliches Engagement für Lebensqualität im Alter Schlussbericht zur „Heim- und Engagiertenbefragung".* Freiburg: o.V.

Knopf, D., Schäffter, O. & Schmidt, R. (1989). *Produktivität des Alters.* Beiträge zur Gerontologie und Altenarbeit: Bd. 75. Berlin: DZA – Deutsches Zentrum für Altersfragen.

Kohlbacher, F. (2006). *The Year 2007 Problem in Japan: Dealing with Lost Knowledge and Knowledge Retention Issues* (Paper presented at the 5th Asia Academy of Management Conference, December 19–21). Tokyo.

Kohlbacher, F. (2007). Baby Boomer Retirement, Arbeitskräftemangel und Silbermarkt: Herausforderungen und Chancen des Demographischen Wandels für Unternehmen in Japan. *Wirtschaftspolitische Blätter, 54* (4), 745–758.

Kohlbacher, F., Gudorf, P. & Herstatt, C. (2010). *Silver Business in Japan: Auswirkungen des Demographischen Wandels auf Personalpolitik und Marketing* (Nr. 34). Tokyo: Deutsche Industrie- und Handelskammer in Japan.

Kohlbacher, F. & Hang, C. C. (2007). *Disruptive Innovations and the Graying Market* (1915–1919). Singapur: Proceedings of the 2007 IEEE – International Conference on Industrial Engineering and Engineering Management.

Kohlbacher, F. & Herstatt, C. (Hrsg.) (2008). *The Silver Market Phenomenon: Business Opportunities in an Era of Demographic Change.* Berlin/Heidelberg: Springer.

Kohlbacher, F. & Weihrauch, A. (2009). *Silbermarktphänomen »Revisited« – Goldene Gelegenheit oder rostige Realität?* (JapanMarkt). Tokyo: Deutsche Industrie- und Handelskammer in Japan.

Kohli, M. (2006). Alt & Jung. In S. Lessenich & F. Nullmeier (Hrsg.), *Deutschland – eine gespaltene Gesellschaft.* (S. 115–135). Frankfurt a. M.: Campus.

Koller, B. & Gruber, H. (2001). Ältere Arbeitnehmer im Betrieb und als Stellenbewerber aus der Sicht der Personalverantwortlichen. *Mitteilungen aus der Arbeitsmarkt- und Berufsforschung, 31* (4), 479–505.

Kölzer, B. (2007). Marketingstrategien für ältere Kundensegmente. In M. Holz & P. Da-Cruz (Hrsg.), *Demografischer Wandel in Unterneh-*

men. Herausforderung für die strategische Personalplanung (S. 263–276). Wiesbaden: Gabler.

Körtke, H., Heinze, R., Bockhorst, K. G., Mirow, N. & Körfer, R. (2006). Telemedizinisch basierte Rehabilitation. Nachhaltigkeit von Nutzen. *Deutsches Ärzteblatt, 103* (44), 2921–2924.

Krause, P. & Schaefer, A. (2005). Verteilung von Vermögen und Einkommen in Deutschland: Große Unterschiede nach Geschlecht und Alter. In: DIW-Wochenberichte. *DIW-Wochenberichte, 72* (11), 199–207.

Kruse, A. (2002). *Gesund altern: Stand der Prävention und Entwicklung ergänzender Präventionsstrategien.* Schriftenreihe des Bundesministeriums für Gesundheit: Bd. 146. Baden-Baden: Nomos-Verlagsgesellschaft.

Kuhlmey, A. & Schaeffer, D. (Hrsg.). (2008). *Alter, Gesundheit und Krankheit.* Handbuch Gesundheitswissenschaften. Bern: Huber.

Kues, H. (2005). Profil der Seniorenreisen im Caritasverband der Diözese Münster e.V. In *Forum Seniorenarbeit NRW. Themenschwerpunkt 3/05.* Verfügbar unter: www.forum-seniorenarbeit.de. Letzter Zugriff: 15.02.2010.

Kümpers, S. & Rosenbrock, R. (2010). Gesundheitspolitik für ältere und alte Menschen. In G. Naegele (Hrsg.), *Soziale Lebenslaufpolitik.* (S. 281–308). Wiesbaden: VS.

Künemund, H. (2006). *Partizipation und Engagement älterer Menschen. in: Deutsches Zentrum für Altersfragen (Hrsg.): Gesellschaftliches und familiäres Engagement älterer Menschen als Potenzial. Expertisen zum Fünften Altenbericht der Bundesregierung.* Bd. 5, Münster: Lit-Verlag.

Künemund, H. & Schroeter, K. R. (Hrsg.). (2008). *Soziale Ungleichheiten und kulturelle Unterschiede in Lebenslauf und Alter. Fakten, Prognosen und Visionen.* Alter(n) und Gesellschaft: Bd. 15. Wiesbaden: VS.

Künemund, H. & Schupp, J. (2008). Konjunkturen des Ehrenamts – Diskurse und Empirie. In M. Erlinghagen & K. Hank (Hrsg.), *Produktives Altern und informelle Arbeit in modernen Gesellschaften. Theoretische Perspektiven und empirische Befunde; [33. Kongress der Deutschen Gesellschaft für Soziologie, 2006, Kassel].* S. 145–163). Wiesbaden: VS.

Landtag NRW. (2005). *Situation und Zukunft der Pflege in NRW. Bericht der Enquete-Kommission des Landtags Nordrhein-Westfalen.* Düsseldorf.

Lang, A. (2007). Pflegestützpunkte: Eine neue Form der wohnortnahen Beratung und Versorgung. Vorschläge zur Umsetzung und Finanzierung des integrierten Konzeptes. *Soziale Sicherheit* (10), 330–337.

Lessenich, S. (2005). *Vom Rentner zum Alterskraftunternehmer: Das Alter in der Aktivgesellschaft.* Kolloquium. Berlin: DZA.

Lindenberger, U. (2007). Technologie im Alter: Chancen aus Sicht der Verhaltenswissenschaften. In P. Gross (Hrsg.) *Die Zukunft des Alterns,* S. 220–239. München: CH Beck Verlag.

Lohmann, M. & Aderhold, P. (2009). *Urlaubsreisetrends 2020: Die RA-Trendstudie – Entwicklung der touristischen Nachfrage der Deutschen* (Stand: April 2009). RA ReiseAnalyse trendstudie. Kiel: FUR Forschungsgemeinschaft Urlaub und Reisen e. V.

Lührmann, M. (2005). *Population aging and the demand for goods & services* (MEA discussion papers Nr. 95). Mannheim: Mannheim Research Institute for the Economics of Aging (MEA), Department of Economics.

Matsutani, A. (2006). *Shrinking-population economics: Lessons from Japan* (1. Engl. ed.). LTCB international library selection: Bd. 19. Tokyo: Intern. House of Japan.

May-Strobl, E. et al. (2005). *Die Ich-AG als neue Form der Existenzgründung aus der Arbeitslosigkeit: Eine empirische Analyse des Gründungserfolgs bei Inanspruchnahme des Existenzgründungszuschusses.* Arbeitspapiere: Bd. 13. Bottrop.

McCreery, J. Linwood. (2000). *Japanese Consumer Behavior: From Worker Bees to Wary Shoppers.* University of Hawai'i Press. Honolulu.

Meier, B. & Schröder, C. (2007). *Altern in der modernen Gesellschaft: Leistungspotenziale und Sozialprofile der Generation 50-Plus.* IW-Studien. Köln: Deutscher Instituts-Verlag.

Menning, S. (2006). Die Zeitverwendung älterer Menschen und die Nutzung von Zeitpotenzialen für informelle Hilfeleistungen und bürgerschaftliches Engagement. In Deutsches Zentrum für Altersfragen (Hrsg.), *Gesellschaftliches und familiäres Engagement älterer Menschen als Potenzial. Expertisen zum Fünften Altenbericht der Bundesregierung.* (S. 433–525). Berlin: LIT.

Merchel, J. (2003). *Trägerstrukturen in der Sozialen Arbeit: Eine Einführung.* Weinheim: Juventa.

Mertens, P., Russell, S. & Steinke, I. (2008). Silver Markets and Business Customers: Opportunities for Industrial Markets? In F. Kohlbacher & C. Herstatt (eds.), *The Silver Market Phenomenon. Business Opportunities in an Era of Demographic Change* (S. 353–370). Berlin/ Heidelberg: Springer.

Merz, F. (Hrsg.). (2008). *Wachstumsmotor Gesundheit: Die Zukunft unseres Gemeinwesens.* München: Hanser.

Meyer, D. (2008). Markt – Staat – Wettbewerb in der Sozialwirtschaft. In *Jb. f. Wirtschaftswissenschaften, 59. Jg.* 114–140.

Meyer, S., Schulze, E. & Mollenkopf, H. (Hrsg.) (2009). *Smart Home für ältere Menschen: Handbuch für die Praxis.* Bau- und Wohnforschung: Bd. 2534. Stuttgart: Fraunhofer IRB Verlag.

Meyer, S., Schulze, E. & Müller, P. (1997). *Das intelligente Haus – selb-ständige Lebensführung im Alter: Möglichkeiten und Grenzen vernetz-ter Technik im Haushalt alter Menschen.* Reihe »Stiftung Der Private Haushalt«: Bd. 30. Frankfurt a. M.: Campus.

Meyer-Hentschel, H. & Meyer-Hentschel, G. (2004). *Seniorenmarketing: Generationsgerechte Entwicklung und Vermarktung von Produkten und Dienstleistungen.* Edition Praxis.Wissen. Göttingen: Business Village.

Meyer-Hentschel, H. & Meyer-Hentschel, G. (2008). *Jahrbuch Senioren-marketing 2008/2009: Management in Forschung und Praxis.* Edition Horizont. Frankfurt a. M.: Deutscher Fachverlag.

Meyer-Ohle, H. (2008). Labour Market and Labour Market Policies for the Ageing Society. In F. Coulmas, H. Conrad & A. Schad-Seifert (Hrsg.), *The demographic challenge. A handbook about Japan* (S. 947–962). Leiden/Boston: Brill.

MGFFI (Ministerium für Generationen, Familie, Frauen und Integration) (2006). *Empfehlungsbroschüre „Seniorenmarketing" unter be-sonderer Berücksichtigung einer seniorengerechten Kommunikation und Produktverpackung.* Düsseldorf.

Miegel, M., Wahl, S., Hefele, P., Miegel, M. & Hefele, P. (2002). *Lebens-standard im Alter: Warum Senioren in Zukunft mehr Geld brauchen.* Köln: Deutsches Institut für Altersvorsorge.

Ministry of Health, Labour and Welfare (2009). *Heisei 21 nen 6 gatsu tsuitachi genzai no koreisha koyo jokyo (The Employment Situation of Older Persons as of June 1, 2009).*

Mitani, N. (2008). Mandatory Retirement of Baby Boomers and Human Resource Strategies of Business Firms. *Japan Labor Review, 5* (2), 7–33.

Moerke, A. (2008). The Ageing Society and Reactions of the Automo-bile Industry – a Case Study. In F. Coulmas, H. Conrad & A. Schad-Seifert (Hrsg.), *The demographic challenge. A handbook about Japan* (S. 1017–1032). Leiden/Boston: Brill.

Mollenkopf, H. (2008). Neue technische Entwicklungen und Erhalt der Selbstständigkeit im Alter. In A. Kuhlmey & D. Schaeffer (Hrsg.), *Alter, Gesundheit und Krankheit.* S. 225–244). Bern: Huber.

Mollenkopf, H., Marcellini, F., Ruoppila, I. & Tacken, M. (Hrsg.). (2000). *Ageing and Outdoor Mobility. A European Study.* Amsterdam: IOS Press.

Mollenkopf, H., Oswald, F. & Wahl, H.-W. (2004). Neue Person-Umwelt-Konstellationen im Alter: Wohnen, außerhäusliche Mobilität und Technik. *Sozialer Fortschritt* (53), 11–12.

Mollenkopf, H., Oswald, F. & Wahl, H. W. (2007). Neue Personen-Umwelt-Konstellationen im Alter: Befunde und Perspektiven zu Wohnen, außerhäuslicher Mobilität und Technik. In H.-W. Wahl &

H. Mollenkopf (Hrsg.), *Alternsforschung am Beginn des 21. Jahrhunderts: Alternsund Lebenslaufkonzeptionen im deutschsprachigen Raum* (S. 361–380). Berlin: Akademische Verlagsgesellschaft AKA.

Morrow-Howell, N., Hinterlong, J. & Sherraden, M. (Hrsg.). (2003). *Productive Ageing. Concepts and Challenges*. Baltimore: The Johns Hopkins University Press.

Morschhäuser, M. (2003). Gesund bis zur Rente? Ansatzpunkte einer alternsgerechten Arbeits- und Sozialpolitik. In B. Badura, H. Schellschmidt & C. Vetter (Hrsg.), *Fehlzeiten-Report 2002. Zahlen, Fakten, Analysen aus allen Branchen der Wirtschaft. Demographischer Wandel: Herausforderung für die betriebliche Personal- und Gesundheitspolitik* (S. 59–72). Berlin: Springer.

Moschis, G. P. (1994). *Marketing strategies for the mature market*. Westport, CT: Quorum Books.

Motel-Klingebiel, A., Wurm, S., Tesch-Römer, C. (Hrsg.) (2010). *Altern im Wandel. Befunde des Deutschen Alterssurvey (DEAS)*, Kohlhammer: Stuttgart.

Motel-Klingebiel, A. & Zeman, P. (2007). Wirtschaftliche Lage und wirtschaftliches Handeln älterer Menschen in Deutschland. In Bundesverband Öffentlicher Banken Deutschlands (Hrsg.), *Auswirkungen der Bevölkerungsentwicklung auf Banken und Volkswirtschaft* (S. 59–74). Meckenheim: Eigenveröffentlichung.

Müller, K. (2005). *Beschäftigung im Handwerk. Göttinger Handwerkswirtschaftliche Studien Bd. 72*. Duderstadt: Meckedruck.

Müller-Roth, M. (2004). *»Unser Hamburg existiert nicht mehr« Wie deutsche Rentner auf Mallorca ein Leben zwischen Swimming-Pool und Club führen*. Das Parlament: 48. Verfügbar unter: www.bundestag.de/dasparlament/2004/48/Thema/027.html.

Murata, H. (2007). *Ritaia Moratoriamu (Retire Moratorium)*. Tokyo.

Naegele, G. (1978). *Soziale Ungleichheit im Alter: Sozialpolitische und sozialgerontologische Aspekte der Einkommenserzielung und -verwendung älterer Menschen*. Kölner wirtschafts- und sozialwissenschaftliche Abhandlungen: Bd. 26. Köln: Hanstein.

Naegele, G. (1986). *Konsumverhalten sozial schwacher älterer Menschen – Möglichkeiten und Grenzen einer altersspezifischen Verbraucherpolitik*. Bonn: Arbeitsgemeinschaft der Verbraucher e.V. (Eigendruck).

Naegele, G. (1993). Solidarität im Alter. Überlegungen zu einer Umorientierung der Alterssozialpolitik. *Sozialer Fortschritt* (8), 191–196.

Naegele, G. (1999). Neue Märkte und Berufe. Altern schafft Bedarf. In A. Niederfranke, G. Naegele & E. Frahm (Hrsg.), *Funkkolleg Altern: Lebenslagen und Lebenswelten, soziale Sicherung und Altenpolitik* (S. 435–478). Opladen: Westdeutscher Verlag.

Naegele, G. (2004). *Zwischen Arbeit und Rente – Gesellschaftliche Chancen und Risiken älterer Arbeitnehmer* (2. Aufl.). Augsburg.

Naegele, G. (2005). Nachhaltige Arbeits- und Erwerbsfähigkeit für ältere Arbeitnehmer. *WSI-Mitteilungen, S.* 214–219.

Naegele, G. (2006a). Potenziale des Alters: Neujustierung des gesellschaftlichen Generationenverhältnisses. *Theorie und Praxis der sozialen Arbeit 3.*

Naegele, G. (2006b) Die Potenziale des Alters nutzen – Chancen für den Einzelnen und die Gesellschaft. In K. et al Böllert (Hrsg.), *Die Produktivität des Sozialen – den sozialen Staat aktivieren. Sechster Bundeskongress für Soziale Arbeit* (S. 147–156). Wiesbaden: Westdeutscher Verlag.

Naegele, G. (2010a). Der ältere Verbraucher (k)ein unbekanntes Wesen! In A. Honer, M. Meuser, M. Pfadenhauer & R. Hitzler (Hrsg.), *Fragile Sozialität. Inszenierungen, Sinnwelten, Existenzbastler.* (S. 251–260) Wiesbaden: VS.

Naegele, G. (2010b). Soziale Dienste für ältere Menschen. In R. G Heinze, T. Olk & A. Evers (Hrsg.), *Handbuch Soziale Dienste.* (S. 404–424) Wiesbaden: VS.

Naegele, G. (Hrsg.). (2010). *Soziale Lebenslaufpolitik.* Wiesbaden: VS.

Naegele, G. & Gerling, V. (2007). Sozialpolitik für ältere Menschen in Deutschland – Grundlagen, Strukturen, Entwicklungstrends und neue fachliche Herausforderungen. In Igl, G. & Klie, T. (Hrsg.), *Das Recht der älteren Menschen.* (S. 49–74). Baden-Baden: Nomas.

Naegele, G., Gerling, V., Reichert, A., Heinze, R. G., Helmer-Denzel, A., Franke, A. et al. (2005). *Der demografische Wandel im Ruhrgebiet: Eine Region geht wirtschaftlich voran.* Dortmund.

Naegele, G., Gerling, V. & Scharfenroth, K. (2006). Productivity of Old Age in Labour and Consumption Markets – The German Case. In H.-W. Wahl, C. Tesch-Römer & A. Hoff (Hrsg.), *New dynamics in old age. Individual, environmental, and societal perspectives* (S. 325–342). Amityville, NY: Baywood.

Naegele, G., Heien, T., Kowalski, I., Leve, V., Rockhoff, M., Sporket, M. et al. (2008). *Rente mit 67? Voraussetzungen für die Weiterarbeitsfähigkeit älterer Arbeitnehmerinnen.* Dortmund, Projektbericht für die Initiative Neue Qualität der Arbeit (INQA).

Naegele, G. & Hilbert, J. (2003). Perspektiven der »Seniorenwirtschaft« – Anmerkungen zur Nutzung der »Wirtschaftskraft Alter«. *Theorie und Praxis der sozialen Arbeit* (3), 12–18.

Naegele, G. & Reichert, M. (1999). Zur Lebenslage älter werdender und älterer Singles – ein Literaturüberblick. *Zeitschrift für Sozialreform, 5,* 394–418.

Naegele, G. & Schmähl, W. (2007). Einkommen und Einkommenssicherheit im Alter. In Bertelsmann-Stiftung (Hrsg.), *Alter neu denken.*

Gesellschaftliches Altern als Chance begreifen (S. 190–216). Gütersloh: Verlag Bertelsmann Stiftung.

Naegele, G. & Schmidt, W. (1998). Anmerkungen zur Zukunft der Generationenbeziehungen. In L. Veelken, E. Gösken & M. Pfaff (Hrsg.), *Jung und Alt. Beiträge und Perspektiven zu intergenerativen Beziehungen. Dortmunder Beiträge zur angewandten Gerontologie* (S. 89–122). Hannover: Vincentz Network.

Naegele, G. & Sporket, M. (2010). Perspektiven einer lebenslauforientierten Ältere-Arbeitnehmer-Politik. In G. Naegele (Hrsg.), *Soziale Lebenslaufpolitik*. (S. 449–474). Wiesbaden: VS.

Naegele, G. & Tews, H. P. (Hrsg.). (1989). *Lebenslagen im Strukturwandel des Alters. Alternde Gesellschaft – Folgen für die Politik*. Opladen: Westdeutscher Verlag.

Naegele, G. & Walker, A. (European Foundation for the improvement of the living and working conditions, Hrsg.). (2006). *A guide to good practice in corporate age-management*. Verfügbar unter: www.euro found.europa.eu/pubdocs/2005/137/en/1/ef05137en.pdf.

Naegele, G. & Walker, A. (Hrsg.) (2008). *Social Policy in Ageing Societies. Britain and Germany Compared*. Basingstoke: Palgrave Macmillan.

Nihon Keizai Shimbun (2009). *Seikatsu kanren shohi chu konen ga shuyaku [The Middle-Aged and Older Play a major role in the consumption of Daily Necessities]*, 06.10.2009, S. 3.

Nihon Keizai Shimbun (2010). *Dankei sedai, zeitaku oazuke [Baby Boomers Postpone Consumption of Luxury Goods]*, 05.02.2010, S. 27.

Nihon Rodo Kenkyu Zasshi (2006). Tokshu 2007nen Mondai Wo Kensho Suru. *The Japanese Journal of Labour Studies, 48* (5). (Special Issue: Verification of The »2007« Problem)

Nikkei Marketing Journal (2009). *Sentan arafifu wakawakashiku shohi [The Progressive around fifty Consume like the Young]*, 04.03.2009, S. 1.

OECD (2006). *Live Longer, Work Longer. Ageing and Employment Policies*. Paris: OECD.

Offe, C. & Heinze, R. G. (1990). *Organisierte Eigenarbeit: Das Modell Kooperationsring*. Reihe »Ökonomische und ökologische Perspektiven der Industriegesellschaft«: Bd. 1. Frankfurt a. M.: Campus.

Ohtake, F. (2008). The Ageing Society and Economic Inequality. In F. Coulmas, H. Conrad & A. Schad-Seifert (Hrsg.), *The demographic challenge. A handbook about Japan* (S. 899–919). Leiden/Boston: Brill.

Olk, T. (2010). Bürgerschaftliches Engagement im Lebenslauf. In Naegele, G. (Hrsg.). *Soziale Lebenslaufpolitik*. Wiesbaden: VS Verlag, S. 637–674.

Olschewsky, C. (2008): *Laptop, Haushaltsroboter & Co. Technik im Alter als Antriebsmotor der Seniorenwirtschaft*. Universität Dortmund: Diplomarbeit.

Opaschowski, H. W. (2001). *Das gekaufte Paradies: Tourismus im 21. Jahrhundert.* Hamburg.

Pirkl, J. J. (1994). *Transgenerational Design: Products for an Aging Population.* New York: Van Nostrand Reinhold.

Pohlmann, S. (Hrsg.) (2002). *Facing an Ageing World – Recommendations and Perspectives.* Regensburg.

Prager, J. U. & Schleiter, A. (2006). *Älter werden – aktiv bleiben. Ergebnisse einer repräsentativen Umfrage unter Erwerbstätigen in Deutschland.* (Bertelsmann-Stiftung., Hrsg.). Gütersloh.

Preißner, M. & Knob, A. (2006). Standortplanung im Einzelhandel vor dem Hintergrund des demografischen Wandels. *Handel im Fokus* (2), 101–113.

Prieler, M., Kohlbacher, F., Hagiwara, S. & Arima, A. (2009). Ältere Menschen in der japanischen Fernsehwerbung: Eine umfragebasierte und inhaltsanalytische Untersuchung. In M. Godzik (Hrsg.), *Altern in Japan. Japanstudien 21* (S. 197–222). München: Iudicium.

Ranft, F. (2001). So alt und so mobil. In *Die Zeit 09/2001.*

Reichert, M. (2003). *Älter werdende und ältere Frauen heute: Zur Vielfalt ihrer Lebenssituationen.* Wiesbaden: Westdeutscher Verlag.

Reichert, M. (2010). Pflege – ein lebensbegleitendes Thema?. In Naegele, G. (Hrsg.) Soziale Lebenslaufpolitik. Wiesbaden: VS Verlag, S. 309–332.

Reichert, M. & Naegele, G. (2009). Das Pflegerisiko im Alter – Die Situation Pflegebedürftiger. In Deutsche Rentenversicherung Bund (Hrsg.), *Die Lebenslagen Älterer: Empirische Befunde und zukünftige Gestaltungsmöglichkeiten.* (DRV-Schriften). Berlin.

Reichert, M. & Saup, W. (1999). Die Kreise werden enger: Wohnen und Alltag im Alter. In A. Niederfranke, G. Naegele & E. Frahm (Hrsg.), *Funkkolleg Altern: Lebenslagen und Lebenswelten, soziale Sicherung und Altenpolitik* (S. 245–286). Opladen: Westdeutscher Verlag.

Reidl, A. (2007). *Seniorenmarketing* (2. Auflage). Landsberg am Lech.

Reifner, U. (2005). Bedeutung des Ratings für die private Altersvorsorge. In A.-K. Achleitner & O. Everling (Hrsg.), *Versicherungsrating, Hintergrund – Strukturen – Prozesse* (S. 19–36). Gabler.

Renner, B. & Staudinger, U. M. (2008). Gesundheitsverhalten alter Menschen. In A. Kuhlmey & D. Schaeffer (Hrsg.), *Alter, Gesundheit und Krankheit.* (S. 193–206). Bern: Huber.

Rentelen-Kruise, W. von (2008). Krankenhausversorgung alter Menschen. In A. Kuhlmey & D. Schaeffer (Hrsg.), *Alter, Gesundheit und Krankheit.* (S. 320–333). Bern: Huber.

Riedmüller, Barbara & Willert, M. (2008). *Die Zukunft der Alterssicherung. Analyse und Dokumentation der Datengrundlagen aktueller Rentenpolitik: Abschlussbericht* (Hans-Böckler-Stiftung, Hrsg.). Verfügbar unter: www.boeckler.de/pdf_fof/S-2008-90-4-1.pdf.

Ritter, N. (2009). Eine Frage des Alters von. *Handelsjournal,* 12, S. 22–25.

Robert-Koch-Institut & Statistisches Bundesamt (2006). *Gesundheits-berichterstattung des Bundes: Gesundheit in Deutschland.* Berlin.

Robert-Koch-Institut & Statistisches Bundesamt (2009). Ausgaben und Finanzierung des Gesundheitswesens. *Gesundheitsberichterstattung des Bundes* (45).

Robert-Koch-Institut & Statistisches Bundesamt (2009a). Beschäftigte im Gesundheitswesen. *Gesundheitsberichterstattung des Bundes* (46).

Robert-Koch-Institut & Statistisches Bundesamt (2009b). Krankheits-kosten. *Gesundheitsberichterstattung des Bundes* (48).

Roes, A. (2005). Die Landesinitiative Seniorenwirtschaft NRW. In F. Schönberg & G. Naegele (Hrsg.), *Alter hat Zukunft. 15 Jahre geron-tologische Forschung in Dortmund* (S. 359–374). Münster: LIT.

Roland Berger Consultants (Berlin). *Wirtschaftsmotor Alter. Endbericht für das BMFSFJ.* BMFSFJ-Eigenverlag: Roland Berger Strategy Con-sults.

Roland Berger Strategy Consultants (Hrsg.) (2010). *Wirtschaftsfaktor Alter. Die Kundengruppe 50plus erschließen.* Berlin.

Rosendahl, B. (1999). *Kommunalisierung und korporative Vernetzung in der Implementation der Pflegeversicherung. Wirkungsanalyse regi-onaler Pflegekonferenzen in Nordrhein-Westfalen.* Münster: LIT.

Rothgang, H., Borchert, L., Müller, R. & Unger, R. (2008). *GEK-Pflege-report 2008: Medizinische Versorgung in Pflegeheimen.* St. Augustin: Asgard.

Rothgang, H., Müller, R., Unger, R. & Kulik, D. (2009). *GEK-Pflegereport 2009. Regionale Unterschiede in der pflegerischen Versorgung.* St. Au-gustin: Asgard.

Runde, P., Giese, R., Kaphengst, C., Hess, J. (2009). *AOK-Trendbericht Pflege II. Entwicklungen in der häuslichen Pflege seit Einführung der Pflegeversicherung.* Hamburg.

Scharfenorth, K. (2004). *Mit dem Alter in die Dienstleistungsgesellschaft? Perspektiven des demographischen Wandels für Wachstum und Ge-staltung des tertiären Sektors.* Diss: Utz.

Scherf, H. (2006). *Grau ist bunt: Was im Alter möglich ist.* Freiburg i. Br.: Herder.

Scherf, H. (2008). *Gemeinsam statt einsam: Meine Erfahrung für die Zukunft.* Freiburg i. Br.: Herder.

Schmähl, W. (1988). Einkommensentwicklung und Einkommensver-teilung im Lebenslauf – ein problemorientierter Überblick. *Sozialer Fortschritt, 37,* 221–228.

Schmähl, W. (2005). Einkommenslage und Einkommensverwendungs-potential Älterer in Deutschland. *Wirtschaftsdienst, 85* (3), 156–165.

Schmähl, W. (2006). Die neue deutsche Alterssicherungspolitik und die Gefahr steigender Altersarmut. *Soziale Sicherheit,* 397–402.

Schmähl, W. (2007). Alterssicherungspolitik im Wandel – Anmerkungen zu grundlegenden Reformen der gesetzlichen Rentenversicherung. In U. Becker, F.-X. Kaufmann, B. v. Maydell, W. Schmähl & H. F. Zacher (Hrsg.), *Alterssicherung in Deutschland. Festschrift für Franz Ruland zum 65. Geburtstag* (S. 291–314). Baden-Baden: Nomos-Verlagsgesellschaft.

Schmid, J. (2011). Soziale Dienste und die Zukunft des Wohlfahrtsstaates. In A.Evers, R. G. Heinze, T. Olk (Hrsg.), *Handbuch Soziale Dienste*. (S. 117–144). Wiesbaden: VS.

Schneekloth, U. (2006). *Selbständigkeit und Hilfebedarf bei älteren Menschen in Privathaushalten: Pflegearrangements, Demenz, Versorgungsangebote*. Stuttgart: Kohlhammer.

Schneider, N. & Spellerberg, A. (1999). *Lebensstile, Wohnbedürfnisse und räumliche Mobilität*. Opladen: Leske + Budrich.

Schneiders, K. (2010). *Vom Altenheim zum Seniorenservice. Institutioneller Wandel und Akteurkonstellationen im sozialen Dienstleistungssektor*. Baden-Baden: Nomos-Verlagsgesellschaft.

Schönberg, F. (2005). Qualitätssicherung in der Pflege. In F. Schönberg, G. Naegele (Hrsg.), *Alter hat Zukunft. 15 Jahre gerontologische Forschung in Dortmund* (S. 239–247). Dortmunder Beiträge zur Sozial- und Gesellschaftspolitik, Bd. 56. Münster: Lit.

Schönberg, F. & Naegele, G. (Hrsg.). (2005). *Alter hat Zukunft: 15 Jahre gerontologische Forschung in Dortmund*. Dortmunder Beiträge zur Sozial- und Gesellschaftspolitik: Bd. 56. Münster: LIT.

Schöppmann, S. (2004). Langzeittourismus in der Türkei. Untersuchung des Langzeittourismus am Beispiel der türkischen Stadt Alanya unter Berücksichtigung einer nachhaltigen Entwicklung. In J. Schwark (Hrsg.), *Nachhaltige Tourismusentwicklung in der Türkei – das Beispiel Alanya* (Bocholter Hochschulschriften, S. 143–164).

Schroeder, W., Munimus, B., Rüdt, D. (2010). *Seniorenpolitik im Wandel: Verbände und Gewerkschaften als Interessenvertreter der älteren Generation*, Frankfurt/Main: Campus.

Schüller, H. (1995). *Die Alterslüge: Für einen neuen Generationenvertrag* Berlin: Rowohlt.

Schüller, H. (1997). *Wir Zukunftsdiebe. Wie wir die Chancen unserer Kinder verspielen*. Berlin: Rowohlt.

Schulz, E. (2009). Wohnen im Alter. Bedeutung, Anpassungserfordernisse, Martchancen. In Deutsche Rentenversicherung Bund (Hrsg.), *Die Lebenslagen Älterer: Empirische Befunde und zukünftige Gestaltungsmöglichkeiten*. (DRV-Schriften, Bd. 85, S. 49–64). Berlin.

Schulz, R. J., Kurta, H. & Steinhagen-Thiessen, E. (2008). Rehabilitative Versorgung alter Menschen. In A. Kuhlmey & D. Schaeffer (Hrsg.), *Alter, Gesundheit und Krankheit*. Bern: Huber.

Sekizawa, H. (2008). The Impact of the Ageing of Society on Consumer Behavior and Consumer Markets. In F. Coulmas, H. Conrad & A.

Schad-Seifert (Hrsg.), *The demographic challenge. A handbook about Japan* (S. 999–1016). Leiden/Boston: Brill.

Shirahase, S. (2008). Income Inequality in the Ageing Society. In F. Coulmas, H. Conrad & A. Schad-Seifert (Hrsg.), *The demographic challenge. A handbook about Japan* (S. 217–233). Leiden/Boston: Brill.

SONG (Netzwerk: Soziales Neu Gestalten) (Hrsg.) (2008). *Zukunft Quartier – Lebensräume zum Älterwerden. Eine neue Architektur des Sozialen – Sechs Fallstudien zum Welfare Mix, Bd. 2.* Gütersloh: Verlag Bertelsmann Stiftung.

Sonntag, U. & Sierck, A. (2005). *Urlaubsreisen der Senioren.* (Forschungsgemeinschaft Urlaub und Reisen, Hrsg.).

Sporket, M. (2007). Länger Arbeiten: Das positive Beispiel Finnland. Bessere Rahmen- und Arbeitsbedingungen für ältere Arbeitnehmer. *Soziale Sicherheit,* 268–272.

Sporket, M. (2009). Alternsmanagement in der betrieblichen Praxis. *Zeitschrift für Gerontologie und Geriatrie* (4), 292–298.

Stadelhofer, C. (2002). Fit für die Wissensgesellschaft – Interneterschließung für SeniorInnen. In M. Welker, U. Winchenbach (Hrsg.), *Herausforderung „Internet für alle". Nutzung, Praxis, Perspektiven, Stuttgarter Beiträge zur Medienwirtschaft, Nr. 4, Juli 2002,* 91–103.

Statistisches Bundesamt, Robert Koch-Institut & Deutsches Zentrum für Altersfragen (Hrsg.) Berlin. (2009). *Gesundheit und Krankheit im Alter: Beiträge zur Gesundheitsberichterstattung des Bundes.*

Statistisches Bundesamt (2007). *Laufende Wirtschaftsrechnung. Einnahmen und Ausgaben privater Haushalte.* Fachserie 15, Reihe 1, Wiesbaden.

Statistisches Bundesamt (2008). *Binnenhandel, Gastgewerbe, Tourismus. Beschäftigte, Umsatz, Aufwendungen, Lagerbestände, Investitionen und Warensortiment im Handel 2006. Fachserie 6, Reihe 4.* Wiesbaden.

Statistisches Bundesamt (3/2008). Mikrozensus. Wiesbaden.

Statistisches Bundesamt (2009). *Bevölkerung Deutschlands bis 2060 – 12. koordinierte Bevölkerungsvorausberechnung.* Wiesbaden.

Statistisches Bundesamt (2009a). *Informationsgesellschaft in Deutschland.* Wiesbaden.

Statistisches Bundesamt (2009b). *Statistik der Sozialhilfe, Hilfe zur Pflege 2007.* Wiesbaden.

Staudinger, U. M. (1996). Psychologische Produktivität und Selbstentfaltung im Alter. In M. M. Baltes, L. Montada (Hrsg.), *Produktivität und Altern.* (S. 344–373). Frankfurt/Main: Campus.

Sternberg, R., Brixy, U. & Hundt, C. (2007). *Global Entrepreneurship Monitor: Unternehmensgründungen im weltweiten Vergleich: Länderbericht Deutschland 2006.* Hannover/Nürnberg: Leibniz Universität Hannover.

Stößel, D. (2006). Beschäftigung älterer Mitarbeiter – Wie stehen Unternehmen dazu ? In DZA (Hrsg.), *Informationsdienst Altersfragen, 6,* 7–16.

Streeck, W. (2007). Politik in einer alternden Gesellschaft. Vom Generationenvertrag zum Generationenkonflikt? In P. Gruss (Hrsg.), *Die Zukunft des Alterns. Die Antwort der Wissenschaft – ein Report der Max-Planck-Gesellschaft* (S. 297–304). München: Beck.

Stroud, D. (2005). *The 50-plus Market: Why the Future is age neutral when it comes to Marketing & Branding Strategies.* London: Kogan Page.

SVR Sachverständigenrat zur Begutachtung der Entwicklung im Gesundheitswesen (2005). *Koordination und Qualität im Gesundheitswesen. Jahresgutachten.* Berlin.

SVR Sachverständigenrat zur Begutachtung der Entwicklung im Gesundheitswesen (2007). *Kooperation und Verantwortung – Voraussetzungen einer zielorientierten Gesundheitsversorgung: Jahresgutachten.* Berlin.

SVR Sachverständigenrat zur Begutachtung der Entwicklung im Gesundheitswesen (2009). *Kooperation und Integration – Gesundheitsversorgung in einer Gesellschaft des längeren Lebens. Sondergutachten.* Berlin. Verfügbar unter: www.svr-gesundheit.de/Startseite/Startseite.html (14.07.2009).

SVRKAIG Sachverständigenrat für die konzertierte Aktion im Gesundheitswesen. (1996). *Sondergutachten 1996 – Gesundheitswesen in Deutschland: Kostenfaktor und Zukunftsbranche.* Berlin/Bonn (Vervielfältigung).

Szydlik, M. (2000). *Lebenslange Solidarität? Generationenbeziehungen zwischen erwachsenen Kindern und Eltern.* Lebenslauf – Alter – Generation: Bd. 2. Opladen: Leske + Budrich.

Taylor, P. (2006). *Employment Initiatives for an ageing workforce in the EU-15.* Dublin (European Foundation for the Improvement of Living and Working Conditions).

Tesch-Römer, C., Engstler, H. & Wurm, S. (Hrsg.). (2006). *Altwerden in Deutschland: Sozialer Wandel und individuelle Entwicklung in der zweiten Lebenshälfte.* Wiesbaden: VS.

Tews, H. P. (1989). Neue und alte Aspekte des Strukturwandels des Alters. In G. Naegele & H. P. Tews (Hrsg.), *Lebenslagen im Strukturwandel des Alters. Alternde Gesellschaft – Folgen für die Politik.* (S. 15–42). Opladen: Westdeutscher Verlag.

Tews, H. P. (1996). Produktivität des Alters. In M. M. Baltes & L. Montada (Hrsg.), *Produktives Leben im Alter* (ADIA-Stiftung zur Erforschung neuer Wege für Arbeit und soziales Leben. Schriftenreihe). Frankfurt a. M.: Campus.

Tews, H. P. (1999). Demografische Veränderungen in der Gesellschaft. In A. Niederfranke, G. Naegele & E. Frahm (Hrsg.), *Funkkolleg Al-*

tern: *Lebenslagen und Lebenswelten, soziale Sicherung und Altenpolitik* (S. 137–186). Opladen: Westdeutscher Verlag.

The Nikkei Weekly. (2009). *With Japan's Graying Society Come Golden Marketing Opportunities.*

The Nikkei Weekly. (2010). *Boomers Wield Financial Cloud, 11.01.2010, S. 3.*

Theobald, H. (2008). Care-Politiken, Care-Arbeitsmarkt und Ungleichheit: Schweden, Deutschland und Italien im Vergleich. *Berliner Journal für Soziologie, 18* (2), 257–281.

Theobald, H. (2009). Pflegepolitiken, Fürsorgearrangements und Migration in Europa. In C. Larsen, A. Joost, Haid & Sabine (Hrsg.), *Illegale Beschäftigung in Europa.* Mering: Hampp.

tns infratest Sozialforschung (Hrsg.) (2008). *Situation und Entwicklung der betrieblichen Altersvorsorge in der Privatwirtschaft und im öffentlichen Dienst 2001–2007. Untersuchung im Auftrag des Bundesministeriums für Arbeit und Soziales.* München.

Tremmel, J. (1996). *Der Generationsbetrug: Plädoyer für das Recht der Jugend auf Zukunft.* Frankfurt a. M.: Eichborn.

Tokarski, W. (1998). Alterswandel und veränderte Lebensstile. In W. Clemens, G. M. Backes (Hrsg.), *Altern und Gesellschaft. Gesellschaftliche Modernisierung durch Altersstrukturwandel.* (S. 109–120). Opladen: Leske und Budrich.

van Auken, S. & Barry, T. E. (2009). Assessing the Nomological Validity of a Cognitive Age Segmentation of Japanese Seniors. *Asia Pacific Journal of Marketing and Logistics, 21* (3), 315–328.

van Eimeren, B. & Frees, B. (2008). Internetverbreitung: Größter Zuwachs bei Silver-Surfern ; Ergebnisse der ARD/ZDF-Onlinestudie 2008. *Media-Perspektiven* (7), 330–344.

Vanderheiden, G. (1997). *The principles of universal design. NC State University, The Centre of Universal Design.*

Verbraucherzentrale Bundesverband (Hrsg.) (2009). *Vor Sorge ums Alter. Eine verbraucherpolitische Zwischenbilanz nach acht Jahren Riester-Rente.* Berlin (Vervielfältigung).

Vincentz Network (Hrsg.). (2006). *Das Altenhilfe Jahrbuch 2006* (2 Bände). Hannover: Vincentz Network.

Wada, K. & Shibata, T. (2007). Living with Seal Robots – Its Sociopsychological and Physiological Influences on the Elderly at a Care House. *Transactions on Robotics, 23* (5), 972–980.

Wada, K., Shibata, T., Musha, T. & Kimura, S. (2008). Robot Therapy of Elders Affected by Dementia. *IEEE Engineering in Medicine and Biology Magazine, 27* (4), 53–60.

Wahl, H.-W. (2004). Zur Zukunft des Alterns: Allgemeine Überlegungen und ein Szenarienspiel. *Sozialer Fortschritt, 53* (11/12), 274–280.

Wahl, H.-W. & Mollenkopf, H. (Hrsg.). (2007). *Alternsforschung am Beginn des 21. Jahrhunderts. Alterns- und Lebenslaufkonzeptionen im deutschsprachigen Raum.* Berlin: Akademische Verlagsgesellschaft AKA.

Walker, A. (2002a). A stragety for active ageing. *International Social Security Review* (1), 121–139.

Walker, A. (2002b). The principles and potential of acitve ageing. In S. Pohlmann (Hrsg.), *Facing an Ageing World – Recommendations and Perspectives* (S. 113–118). Regensburg.

Walker, A. (2006a). Ageing and Politics. An International Perspective. In R. H Binstock, L. K George, S. J Cutler, J. Hendricks & J. H Schulz (Hrsg.), *Handbook of aging and the social sciences.* 6th ed., Boston, Mass., London: Academic Press.

Walker, A. (2006b). Active Ageing in employment: Its meaning and potential. *Asia-Pacific-Review* (13), 78–93.

Walker, A. (2007). The new politics of old age. In H.-W. Wahl, C. Tesch-Römer & A. Hoff (Hrsg.), *New dynamics in old age. Individual, environmental, and societal perspectives,* S. 307–324). Amityville, NY: Baywood.

Walker, A. (2010). The emergence and application of active ageing in Europe. In G. Naegele (Hrsg.), *Soziale Lebenslaufpolitik.* (S. 585–602). Wiesbaden: VS.

Werner, A. & Faulenbach, N. (2008). *Das Gründungsverhalten Älterer: Eine empirische Analyse mit den Daten des Gründerpanels des IfM Bonn.* IfM-Materialien: Bd. 184. Bonn: Institut für Mittelstandsforschung.

Wild-Wall, N., Gajewski, P. & Falkenstein M. (2009). Kognitive Leistungsfähigkeit älterer Arbeitnehmer. *Zeitschrift für Gerontologie und Geriatrie* (4), 299–304.

Williamson, J. B. & Higo, M. (2009). Why Japanese Workers Remain in the Labour Force so Long: Lessons for the United States? *Journal of Cross-Cultural Gerontology, 24* (4), 321–337.

Wingenfeld, K., Büscher, A. & Gansweid, B. (2008). *Das neue Begutachtungsassessment zur Feststellung von Pflegebedürftigkeit. Abschlussbericht zur Hauptphase 1: Entwicklung eines neuen Begutachtungsinstruments.* Bielefeld/Münster (Überarbeitete, korrigierte Fassung.).

Wirtschaftswoche (2006, 10. Juli). *Frischer Wind,* Nr. 28.

Wolfe, D. B. & Snyder, R. E. (2003). *Ageless Marketing: Strategies for Reaching the Hearts & Minds of the New Customer Majority.* Chicago.

Wolff, H., Spieß, K., Mohr, H. (2001). *Arbeit, Altern, Innovation.* Wiesbaden: Universum.

Wurm, S. & Tesch-Römer, C. (2008). Gesundheit älterer Erwerbstätiger. In A. Kuhlmey & D. Schaeffer (Hrsg.), *Alter, Gesundheit und Krankheit.* (S. 131–143). Bern: Huber.

Wydra, S. (2009). *Auswirkungen des demografischen Wandels auf die Leistungsfähigkeit von Innovationssystemen: Arbeitspapier im Rahmen*

des Strategiefondsprojektes »Demografie und Innovation« (Fraunhofer Institute, Hrsg.).

Yamada, Y., Sugisawa, H., Sugihara, Y. & Shibata, H. (2005). Factors
relating to Organizational Commitment of older male employees in
Japan. *Journal of Cross-Cultural Gerontology, 20* (3), 181–190.

Zahl, B. et al. Reiseverhalten zukünftiger Senioren: Auswirkungen des
soziodemographischen Wandels. In C. von Haehling Lanzenauer &
K. Klemm (Hrsg.), *Demographischer Wandel und Tourismus. Zukünftige Grundlagen und Chancen für touristische Märkte* (S. 91–107).
Berlin: Erich Schmidt Verlag.

Ziebarth, G. (2007). Demografische Belastungen für Wachstum und
Wohlstand.: Auswirkungen der Bevölkerungsentwicklung auf Ban-
ken und Volkswirtschaft. *Bundesverband Öffentlicher Banken
Deutschlands,* (S. 33–50). Eigenveröffentlichung: Meckenheim.

Ziesewitz, T. A. (2007). Zukunftsperspektiven für den Immobilienmarkt,
in: Bundesverband Öffentlicher Banken Deutschlands. *Auswirkungen der Bevölkerungsentwicklung auf Banken und Volkswirtschaft,*
S. 7–16. Eigenveröffentlichung: Meckenheim.

Stichwortverzeichnis

Clemens Tesch-Römer

Soziale Beziehungen alter Menschen

2010. 296 Seiten mit 6 Abb. und 11 Tab. Kart.
€ 19,90
ISBN 978-3-17-018459-6

Urban-Taschenbücher, Band 758
Grundriss Gerontologie, Band 8

Älter werden wir nicht allein, sondern gemeinsam mit anderen Menschen. Im Verlauf des Lebens sind wir in ein Netz sozialer Beziehungen eingebettet: zu Eltern, Freunden, Partnern, Kindern und Nachbarn. Dieses Netz verändert sich mit dem Älterwerden. Seit einigen Jahrzehnten wandelt sich das gesellschaftliche Umfeld: In Zukunft wird es mehr hochaltrige Familienmitglieder und möglicherweise mehr zur gleichen Zeit lebende Generationen geben, als dies heute der Fall ist. Um die sozialen Beziehungen alter Menschen geht es in diesem Buch. Theoretische Überlegungen und Befunde der Forschung werden verständlich dargestellt, um einen Einstieg in dieses spannende, berührende Thema zu geben.

W. Kohlhammer GmbH · 70549 Stuttgart

Susanne Zank/Meinolf Peters/Gabriele Wilz

Klinische Psychologie und Psychotherapie des Alters

2010. 260 Seiten mit 24 Tab. und 4 Abb. Kart.
€ 19,90
ISBN 978-3-17-018650-7
Urban-Taschenbücher, Band 769
Grundriss Gerontologie, Band 19

Psychische Störungen sind in allen Altersgruppen weit verbreitet. In diesem Buch werden die Besonderheiten der Klinischen Psychologie des Alters erläutert, im historischen Kontext Deutschlands reflektiert und die wichtigsten psychischen Störungen vorgestellt. Psychodynamische und kognitiv-behaviorale Behandlungsansätze, deren Effektivität auch bei älteren Menschen wissenschaftlich belegt ist, werden beschrieben sowie Aspekte der Versorgung erörtert.

„Insgesamt [...] verschafft dieses Taschenbuch im Rahmen des Möglichen eines Kompaktbuches einen schnellen und sehr guten Überblick über das wichtige Thema."

Isabel Hach, Prävention und
Gesundheitsförderung 3/2010

W. Kohlhammer GmbH · 70549 Stuttgart

Ursula Köstler/Frank Schulz-Nieswandt

Genossenschaftliche Selbsthilfe von Senioren

Motive und Handlungsmuster bürgerschaftlichen Engagements

2010. 219 Seiten mit 15 Abb. und 6 Tab. Kart.
€ 25,–
ISBN 978-3-17-021040-0

Zahlreiche Bundesförderprogramme erklären bürgerschaftliches Engagement zum zentralen gesellschaftspolitischen Thema. So ist Hilfe zur Selbsthilfe ein aktuelleres Thema denn je. Mit der politischen Idee der Seniorengenossenschaft werden traditionelle Formen der Solidarität wiederentdeckt. Bürgerinnen und Bürger organisieren auf der Basis von Zeitgutscheinen gegenseitige Hilfen im Alltag und Gesellungsveranstaltungen. Anhand von Biographien von in Seniorengenossenschaften aktiven Menschen werden Verlaufsformen und Sinnorientierung des Engagements gezeigt. Ergänzend wird der Entscheidungsprozess, wie aus Engagementpotenzial tatsächliches Engagement wird, offengelegt. Das Buch richtet sich gleichsam an Experten wie Praktiker.

W. Kohlhammer GmbH · 70549 Stuttgart

Kohlhammer